编委会主要成员

主编

陈静波

副主编

马 辉　尹 刚

编写人员

（按姓氏笔画排序）

马 辉　尹 刚　刘美琳　严小玲　李华青

李 杰　李 俊　李 娟　李 漫　李薇薇

杨金梅　杨 玲　吴 琼　张恩怀　陆 垚

陈小博　陈咏梅　陈静波　武锁萍　周亚文

周 华　孟庆忠　冒晓飞　顾 茜　黄祖明

龚熙华　葛春生　葛 敏

给教师的101条新建议丛书

从三维目标到核心素养

给英语教师的101条新建议

陈静波 主编

马辉 尹刚 副主编

南京师范大学出版社
NANJING NORMAL UNIVERSITY PRESS

图书在版编目(CIP)数据

从三维目标到核心素养:给英语教师的 101 条新建议/陈静波主编. —南京:南京师范大学出版社,2019.6(2023.11重印)
(给教师的 101 条新建议)
ISBN 978-7-5651-3894-2

Ⅰ. ①从… Ⅱ. ①陈… Ⅲ. ①英语课-课堂教学-教学研究-中学 Ⅳ. ①G633.412

中国版本图书馆 CIP 数据核字(2018)第 247556 号

丛 书 名	给教师的 101 条新建议
书　　名	从三维目标到核心素养:给英语教师的 101 条新建议
主　　编	陈静波
副 主 编	马　辉　尹　刚
策 划 人	戴联荣　王　艳
责任编辑	丁　婧
出版发行	南京师范大学出版社
地　　址	江苏省南京市玄武区后宰门西村 9 号(邮编:210016)
电　　话	(025)83598919(总编办)　83598412(营销部)　83373872(邮购部)
网　　址	http://press.njnu.edu.cn
电子信箱	nspzbb@njnu.edu.cn
照　　排	南京理工大学资产经营有限公司
印　　刷	盐城市华光印刷厂
开　　本	710 毫米×1000 毫米　1/16
印　　张	30
字　　数	491 千
版　　次	2019 年 6 月第 1 版　2023 年11月第 3 次印刷
书　　号	ISBN 978-7-5651-3894-2
定　　价	78.00 元

出 版 人　张　鹏

前言

“核心素养”一经提出，就备受学界和一线教育工作者的普遍关注。作为英语教师，我们更关心的是：如何认识和理解英语学科素养？如何在教学实践中将英语学科素养落实、落地？如何真正实现课程标准规定的英语教育目标？应南京师范大学出版社之邀，我们编著了本书。本书内容大致按照英语学科素养语言能力、学习能力、思维品质、文化意识四个部分设计，精选了 101 篇文章，构成了我们“给教师的 101 条新建议”。每一条建议均按照“是什么”“为什么”“怎么做”(即 what to teach, why teach so, and how to teach)的逻辑顺序编写。回答“是什么”(what to teach)的问题是为了提高我们对英语教育目标和任务的理解力；回答“为什么”(why teach so)的问题是为了在理解的基础上提高我们对教学理念和行为的批判力；回答“怎么做”(how to teach)的问题是为了在理解和批判的基础上提供一些操作性的建议，以便提高执行力和教学实践能力。参加本书编著工作的主要有：江苏省特级教师、教授级高级教师陈静波、葛春生、葛敏、李俊、马辉、冒晓飞、孟庆忠、严小玲、周华等老师，江苏省特级教师陈咏梅、黄祖明、刘美琳、杨玲、张恩怀等老师，全国及江苏省小学英语教学竞赛一等奖获得者、江苏省新课程标准培训授课教师、南京外国语学校仙林分校的周亚文老师和南京外国语学校仙林分校的吴琼、杨金梅、李薇薇、龚熙华等其他几位老师，以及南京市学科带头人、优秀青年教师李杰、李娟、李华青、李漫、顾茜、武锁萍、尹刚、陈小博等老师。此外，南京医科大学外国语学院的陆垚老师也参与了本书的编写和审校工作。在此，对他们的辛勤付出表示衷心的感谢！

感谢南京师范大学出版社戴联荣副总编、本书的责任编辑丁婧老师以及其他工作人员为本书的编著工作付出的艰辛劳动。

接受了本书的编著任务,我们深感责任重大。在本书的编写过程中,我们多次召开编委会,组织研讨,确定内容、结构与体例,反复推敲各位编委的稿件,决定取舍。我们从事英语教学与研究工作多年,一直边教边学,边教边写。但是,学习与教学越是深入,我们走进课堂,面对学生时越是觉得战战兢兢;撰写本书时,我们越是谨小慎微,字斟句酌。因为,英语教育以及学科素养内容的复杂性、教学对象的复杂性以及教与学所处的环境的复杂性,使得教学工作的复杂程度难以想象。以上可以说是我们编写过程中最为深切的体会。限于我们的水平、能力和视角,书中错漏之处在所难免。恳请读者不吝赐教。

目　录

第二章

第三章

第四章

第五章

第一章

1

如何利用课文提升学生综合语言技能？

一、什么是综合语言技能？

综合运用语言的能力是英语学科核心素养的重要维度。《义务教育英语课程标准(2011年版)》明确指出，语言技能是语言运用能力的重要组成部分。语言技能主要包括听、说、读、写等方面的技能以及这些技能的综合运用能力。听和读是理解的技能，说和写是表达的技能。它们在语言学习和交际中相辅相成、相互促进。学生应通过大量的专项和综合性语言实践活动，形成综合语言运用能力，为真实语言交际打基础。因此，听、说、读、写既是学习的内容，又是学习的手段。

二、为什么要进行综合技能训练？

在国内英语教学环境中，利用课文进行综合技能训练是英语教学的主要途径，课堂训练是综合技能形成的主要手段。语言学习是综合行为，既要学习语言知识，又要发展语言能力，还要发展文化意识和思维品质。这个过程既需要理解，也需要表达。

首先，课文是语言学习的范本，是语言学习的对象。课文中包含的语言知识、技能要求、文化因素都是学习的目标。

其次，课文是信息的载体。课文中包含的信息是开展听说读写活动、培养学生核心素养的优质素材。

最后，课文是语言输出的平台。学生在掌握了文中的语言知识、理解了文章的信息和意图的基础上,开展语言能力学习,提升口头和笔头表达能力。

三、怎样利用课文进行综合技能训练?

利用课文进行综合技能训练是按照“感知信息(input)—处理和加工信息(intake)—口头/笔头表达信息(output)”的思路设计的。

1. Reading, saying and writing

课文文体不一,内容多样,往往会出现较多生词和复杂的句子结构,所以,学生直接阅读文本可能费时、费力。在教授这样的文章时,不必花费大量的时间和精力去做所谓的导入,可以直接组织学生阅读课文。

(1) Read and answer

Do you come across anything that you don't understand?

Can you guess the meaning of the words with the help of the context?

...

在扫清阅读障碍之后,通过扫读、跳读、精读等方式,回答 yes or no questions, true or false statements 以及 wh-questions 等问题,使学生全面深入地理解课文。

(2) Read and say

学生围绕问题展开阅读并回答问题,如:

What is the topic sentence of Paragraph 1?

What are the supporting details?

What did the writer/character mean by saying ...?

有些问题可以在课文中找到答案,有的则很难找到答案或者没有所谓的正确答案。这个环节重在阅读,要反复阅读、思考,对学生的思维或思辨能力的发展是大有裨益的。充分阅读后,根据课文的长度、难度以及学生的掌握情况,或分段复述,或整篇复述。在学生复述时,不能流于形式,一定要预留充足的时间让学生充分地说,让更多的学生有机会说。

(3) Read and write

在大量的口头练习之后,教师可根据课文内容,结合词汇、语法等方面要求学生缩写、改写、扩写、续写等,让他们学会用自己的话表达思想、情感、观点和态度。

2. Listening，saying and writing

(1) Pre-listening

在 warming-up 活动中通过问答或“头脑风暴”等，唤醒学生头脑中与课文话题或主题相关的知识，激发学生的学习兴趣。

(2) While-listening

组织听力活动(视学生水平、课文难度确定次数)，同时呈现问题。根据教学需要，教师就课文的故事梗概提问，要求学生说出关键句、主题句或全文大意。

(3) Post-listening

前面两个环节是让学生带着任务去听，并根据自己的理解口头表达。在这个环节中，我们可在学生充分地说的基础上，让学生写出有关内容。

3. Looking，saying and writing

让学生捕捉教师事先准备好的图画中的信息，预测课文的主要内容，并用英语把自己预测的内容讲出来。在互动、比较、互相借鉴的过程中校正并完善自己的理解和表达，发展观察能力、概括能力和语言表达能力。

第一，可以浓缩课文内容形成简笔画。俗话说，一张图胜过千言万语。教师可以分步呈现简笔画，让学生集中注意力一幅一幅地观察、描述，就每一幅画说上几句；也可以同时呈现所有简笔画，以便提供更多的信息和线索，促进学生观察、分析问题，最后要求学生用自己的语言连续地表达图画中的主要内容。在充分练习之后，落笔成文。

第二，可以选择适当的现成的图片。选择有一定故事性的、内容连贯的图画，要求学生对每一幅图仔细观察分析，弄清图与图之间的相关信息(如 5 个 W，即何时、何地、何人、何事以及人物、事件之间的关系等)，在充分的口头练习后，让学生看图写话。

第三，可以指导学生对课文的结构、表达方法等进行分析，梳理出常见的谋篇布局的思路和表达方法，在此基础上进行模仿、操练，并将自己口头练习的内容写下来。例如：

① 按照时间顺序表达。

引导学生注意按时间顺序描述事情经过的手法，并结合学过的其他课文中的范例，学会使用以下这类表示时间顺序的短语和词汇：

first, second, third ...

before, after, then, at last ...

in the beginning, then, after that ...

at first, then, after that, in the end ...

...

② 按空间顺序表达。

按照空间关系描述事物是人们常用的表达方法。如从上到下,由近及远,先内后外(或从下到上,由远及近,先外后内)等。应让学生明白介词在表示空间关系上的作用:在描述空间关系的同时,还有一定的动词意义。同时结合其他范例,学会在口头和笔头表达中使用以下这类词汇:

above, below, in the middle of, to, across, besides, next to, between, toward, among, under, around ...

③ 按照功能要求来表达。

语言是用来做事的,这是语言的主要功能之一。介绍、推荐、感谢、投诉等等都是语言功能在生活实践中的具体体现。因此在口头和笔头表达中,学生准确、得体地使用语言也是语言素养的重要组成部分。

2

如何用好课堂话语促进学生语言学习？

一、什么是教师课堂话语？

英语教师话语(English teacher talk)是指英语教师在传授知识、组织英语课堂教学等教书育人活动时所使用的一种语言，它包括课堂用语(classroom English)、讲授用语(instruction English)、师生交流用语(teacher-student interaction English)和教师反馈用语(teacher feedback English)。

二、为什么要用好教师课堂话语？

教师话语在教学中起着举足轻重的作用。在语言课堂里，它不仅是教学的媒介，是体现教学方法和执行教学计划的载体，而且是学习者的目标语，是学生语言输入的一个重要来源。

教师的课堂话语的主要功能特征分别体现在以下几个方面。

1. 提问功能

在学生提问方面，西方教育界根据提问的内容及其功能，将教师提问分成以下几种形式：封闭式问题(closed questions，即有唯一答案的问题)和开放式问题(open questions，即有多种答案的问题)；展示式问题(display questions，即教师本人知道答案的问题)和参阅式问题(referential questions，即教师本人不知道答案或者答案不确定的问题)。

2. 指导功能

在组织学习活动时，教师给学生以方法、程序、内容和要求等多方面的指导，使学生能够顺利进行各种活动。

3. 讲解功能

在单词、句型、文本和语法等内容上用讲授的方法来帮助学生理解，提高教学质量。

4. 反馈功能

教师对学生的课堂行为表现做出反馈，反馈用语既可以是积极反馈（positive feedback），也可以是消极反馈（negative feedback）。肯定的反馈是指用"good" "yes" "okay" "that's right" 等对学生的回答表示赞赏。否定的反馈包括三个方面：一是忽视学生的回答，学生回答正确时教师不表扬；二是批评；三是急于对学生出现的语音、语法、用词方面的错误进行纠正，打断学生的回答。

三、怎样用好教师课堂话语？

下面笔者用一些案例来说明教师课堂话语的功能并提出一些建议（T代表老师，S代表学生）。

1. 指导与示范功能

T：OK. Now first let's have a guessing game. Please guess what weather I'm talking about. *Wow, it's so cold, but we can make a snowman today*. What's the weather like today? Who can tell me? You, please. Please pass the phone to him. Turn it on.

S：Snowy.

T：Yes, very good. It's snowy. OK, thank you. Sit down, please. And next, please listen carefully. *Oh, the wind is so strong, it blows my hat away*. What's the weather like? Would you please pass it to her?

S：Windy.

T：Yes, it's windy. Thank you, very good! And next. *Oh, I'm all wet, I forgot to bring my umbrella*. What's the weather like? Who can tell me? You, please. Please use the microphone.

S：Rainy.

"Please guess what weather I'm talking about"是指导或指令语，之后的

话语不仅是列举,同时也是示范。

教师的课堂话语还有很多是用于指导学生如何参与到课堂活动之中。例如上面片段中的 pass it to her, pass the phone to him, turn it on,use the microphone,等等。教师的课堂话语还在学生的学法指导中起着明显的作用。

2. 提问与支持功能

T: . . . Do you know what happened during earthquakes?

S: Er, I think everything is shaking.

T: Everything is shaking.

S: It's very terrible.

T: Really terrible.

S: Many people were killed in the earthquake.

T: Yeah. Many people died. Yes, that's right. Now I'll show you another video about earthquake. After watching it, please tell me what happened, OK?

在课文理解过程中,教师运用自己的话语、PPT 及其他媒体手段提供知识背景和心理支持,使学生更好地理解课文内容,让学生了解到 this is a big earthquake, and lots of people died in it, but a boy called Timmy survived 这一事实。通过提问"Did Timmy give up or try his best?"以及"What did Timmy see, hear, do?"激发起学生的阅读欲望。

3. 启发与引导功能

以下面的一段实录为例。

T: So what did he hear?

S: He heard bombs underground.

T: Yeah, good, go on. What did he see?

S: He saw people running in all directions.

T: Yeah, it means they ran wildly. Did people try their best to run out of the shopping centre?

S: Yes.

T: Yes, very good, what happened to the glass and bricks?

S: The pieces of glass and bricks were falling down.

4. 认可与激励功能

著名的教育家玛卡连科说过："教师的话语质量直接影响着学生听课的质量。"通过观察一系列展评课，笔者无一例外地发现教师话语对学生有着广泛的显著激励作用，试看下面一段实录。

T：What did Timmy see?

S：He sees ... he see ... he see ... Oh，he saw ...

T：It doesn't matter，go on please ... Good，a very good job!

上面实录中的这位同学可能由于公开课人多，过于紧张，不断地重复着"he see"，虽然很多同学不断提醒他，还发出笑声，但他还是没有听懂，而老师说了上面的话，让他恍然大悟。这只是一个很小的例子。但是教师的话语能给予学生莫大的鼓舞和激励，让学生完成自我思考的过程。教师在课堂中不断地鼓励学生，能让学生完成一个又一个任务，从一个成功走向另一个成功。

3

如何通过“每日展示”培养学生的语言表达能力？

一、什么是“每日展示”？

Daily performance 如同戏曲角色一开始上场时的一段演唱或说白，指在课堂开头 5 分钟左右时间里，学生登台演讲或者做报告，表达观点，并接受评价。

二、为什么要通过“每日展示”培养学生的语言表达能力？

在英语课堂导入(lead-in)中，开展“每日展示”(daily performance)活动，能给一堂课开个好头，不仅可以活跃课堂气氛，而且可以创设学习情境，让学生能够展示自我，提升自信，学会自主合作，提升语言能力。

三、如何通过课堂教学导入培养学生的语言表达能力？

1. 小组合作，面向全体

无论以个人形式还是小组形式进行展示，都要讲合作、勤互动，注意学科整合与文化比较，体现合作精神、每个成员的水平与特长以及参与价值。教师组织每日展示应注意以下问题：一是人数与时间，小组人数最多 6 人，要人人有事干，展示时间不超过 5 分钟；二是题材与形式，由学生自定题材和展示形式，内容要积极健康，课件或板书要呈现主题和典型句型；三是评价与成绩，按既定体系评价，并记录作为平时成绩。

2. 炼词炼意、提升表达

让学生关注身边的人和事，有见解、立意深，启发人、教育人，确立以日常生活为主、风格多样的格局，展示个性风采。比如，让学生围绕话题“学习生活中最快乐的事”，训练使用“支持与反对”的常用语。

S_1：We interviewed 200 students last weekend and made a survey dealing with a topic：happiness at school. We established our top 10 factors which make us happy at school. What is the most important factor for the majority of the students interviewed?

S_2：Academic achievement. I'm sure about it.

S_1：Do you think so?

S_2：Absolutely!

S_1：I appreciate your point of view，but it is having supportive classmates and responsible teachers.

S_3：So we are not mainly motivated by academic achievement.

S_1：Apparently not.

S_2：That's worth thinking about.

S_4：What about other important factors?

S_1：The second most important factor is having after-class activities that are enjoyable.

S_4：It really impresses me.

S_5：Any other interesting idea about the factors?

S_1：The least important factors were having one's abilities recognized and rather surprisingly getting high marks.

学生持之以恒磨炼口语，博闻强识深入思考，才能做到表达简洁流畅、话题深入多样。

3. 完善体系、评出导向

评价旨在引领学生提高语言能力和鉴别能力，要评出信心和勇气、评出要求和导向。

第一，如何做准备？首先，鼓励动手、兼容并包。要求课件简洁、主题鲜明。鼓励学生不拘一格，借助多媒体、板书等多种媒介展现能力。评价要有理有据，言之确凿。其次，发掘内涵，找出联系。把展示和导入结合起来，展示出品位，挖掘出内涵。最后，和谐为贵、锻炼为先。统筹安排，条分缕析，不喧宾夺主，不哗众取宠。

第二，如何评亮点？Daily performance忌平铺直叙、人云亦云。可在三个方面体现亮点。一是情感，关注日常生活，激起情感共鸣。二是互动，有效互动，深化主题。三是形象，展示者衣着得体、台风稳健，彰显个人和小组的形象与力量。让学生各抒己见，思维碰撞。要重视他评的导向作用，关注学生的点滴进步，引导学生合作、探究、创新，提升审美品位。评价时间控制在2分钟内。

第三，如何用体系？评价比重中，小组自评占20%、他评和师评各占40%。评价细则中，口语表达（speaking）、表演内容（content）、合作互动（cooperation）和创新亮点（creativity）可按4∶3∶2∶1占比。评价等级分别为：3 = need improvement，5 = try harder，7 = acceptable，9 = good，10 = excellent。可参考如下评价细则表。

表1　Daily performance（每日展示）表现评价细则表

Reporter：__________　Time：__________　Assessor：__________

Items	Assessment Contents	Scores				
Speaking（40%）	Pronunciation & Intonation	3	5	7	9	10
	Fluency & Speaking loudly/clearly	3	5	7	9	10
	Correct grammar & Perfect expression	3	5	7	9	10
	Appropriate length & behaviours	3	5	7	9	10
Content（30%）	New or sharp ideas	3	5	7	9	10
	Interesting and sufficient information	3	5	7	9	10
	Perfect design	3	5	7	9	10
Cooperation（20%）	Team work in performance	3	5	7	9	10
	Interaction with others	3	5	7	9	10
Creativity（10%）	Creative performance	3	5	7	9	10
Mark __________						

以《牛津高中英语》模块八第一单元 Robert Burns 的 *A Red*，*Red Rose* 一课为例，任同学值日做 daily performance，题为“Hands”，声情并茂、感人至深，教师积极配合朗诵，创造了一个自然流畅的导入。

【案例】

（1）学生动手：形神兼备、细腻入微。首先，任同学在多媒体屏幕上展示了两张手的特写照片，一张是女儿的手，温润柔嫩，另一张是母亲的手，粗糙沧桑。接着提问：“Could you please use one word to describe the photos?”有同学答“breathtaking”“unconditional”，也有人答“devotion”“sacrifice”，还有同学认为：“If a picture is worth a word as it says, then it would take TWO words to describe them! They're TWO GIFTS: one is ‘life’ for daughter; the other is ‘miracle’ for mother.”随后任同学又提出两个问题：

- Are you always looking at your own hands? What have you found?
- Have you ever noticed or felt your parents' hands? What about theirs?

大家自发有序地发言。其后任同学简单谈了自身经历和感受，最后展开问题探讨：

- What will you do in your daily life while at home and in the school?
- Would you please write to your parents and share the first part of the letter with us?

值得一提的是，任同学引用并翻译了老师写过的两句诗：或许给予你的还不够，但我在关注你、欣赏你，从没有放弃；或许对你的期望有点多，但我在了解你、倾听你，一直守望你。

（2）教师动手：因势利导，水到渠成。课文中 Robert Burns 的 *A Red*，*Red Rose* 炽热如烈酒，而叶芝的 *When You Are Old* 深沉而沧桑，两首诗堪称“姊妹篇”。一为“助兴”，二为流畅地进入本课主题，教师即兴朗诵了叶芝的 *When You Are Old*。学生说：老师的朗诵让我们惊喜，让我们在诗的韵律里感悟到了深沉的爱。

这个导入给了我们三点启示：首先，总揽全局、给予提示，让学生易于开口；其次，匠心独运、精选话题，让学生乐于开口；最后，提出问题、共同解决，让学生深入理解。教师着力引领学生从生活走向语言，从语言走向社会，提升心智，健康成长。

如果教师能够进一步优化活动策略和评价体系，就能把握契机，抓实课堂，进一步提升学生的表达能力。

4

如何运用多种策略培养学生的听说技能?

一、什么是听说技能?

语言技能是语言交际能力的重要组成部分。听和读是理解技能,说与写是表达技能,这四种技能在语言学习和交际中相辅相成,互相促进。听是一种主动、积极的交际行为,也是一种心理语言活动过程。说是一种输出性技能,是言者和听者的双向交流。

二、为什么要加强听说技能的培养?

听音模仿是训练学生朗读能力的有效途径,语音教学主要应通过模仿来进行,教师要"提供大量听音、反复模仿和实践的机会,帮助学生养成良好的发音习惯"。朗读对于中学生识记和理解英语课文、培养英语语感、提高口语表达等语言技能有着重要作用。发音准确、大胆大声说英语有利于学生增强学习英语和用英语交际的自信心。

三、如何运用多种策略培养听说技能?

日常教学中教师依据教材而又超越教材,以课标为指导,以课堂为主阵地,充分挖掘教材资源,开发利用其他资源,优化听说教学,培养和提高学生的听说能力。

1. 立足教材板块,奠定听说基础

译林版《牛津初中英语》教材按照"话题—功能—结构—任务"的体系编

写，教材中包含了课标所要求的各个功能意念项目和话题，教材每个单元由8个板块组成，教师要立足教材，开展听说教学，夯实学生的语言基础，提高教学的实效性。

（1）培养听说习惯。

听力习惯的培养和策略指导应渗透在教学中。如指导学生听前预测，听中捕捉重点信息、速记关键信息，听后检查信息、根据所听信息进行推理判断，等等。教师要注意引导学生遇到生词、难句等情况时保持平静心态，去除焦虑、紧张、浮躁等不良情绪，静下心来去听。

（2）夯实语音教学。

新版的牛津英语教材增加了很多语音项目，如七年级上册 Unit 1—4 四个单元中编排了元音字母及字母组合的拼读规则，Unit 5—7 编排了辅音字母及字母组合的拼读规则，Unit 8 是音节划分教学；七年级下册的 Study Skills 板块集中编排了单词重音、句子重音、重读、连读和语调（升调和降调）等方面的知识。教师要充分利用教材内容，让学生通过模仿和反复操练等方法，强化训练，打好语音基础。

教学音标，教师既要帮助学生学好语音知识，更要引导学生把所学音标运用到单词的拼读中去，培养学生在预习中拼读单词的习惯。教师可自主选编更多的绕口令、谚语、诗歌、美文，增加练习量，组织单词拼读、短文拼读、听写、绕口令、朗读等各种比赛，提高教学效率。进行句子重音、语调的教学时，可通过观看英文电影、听英文故事体会语音在交际中的重要性，并引导学生在交际中正确运用语音语调，实现语音知识的交际功能。教师还可组织朗读课文比赛、主持或播音竞赛、课本剧表演等活动调动学生学习、运用语音的积极性，整体提高语音教学效果。

2. 充分利用教材，增加听说实践

教师要充分利用和挖掘教材各板块中的有利资源，增加、拓展学生的听说实践。如教材中 Integrated Skills 板块的目标是通过听说读写的训练，培养学生的综合语言运用能力。该板块分为两个部分：A 部分通常包括听录音完成表格、信息记录或短文，根据信息完成报告，等等；B 部分是关于单元话题的对话，学生仿照 Model 自由会话。教师要充分利用 Integrated Skills 板块，精心设计听中和听后任务，渗透听力策略指导，训练和提高学生的听说能力。

追问是会话中增加话轮的常见策略，教师在教学中要做好对话示范，渗透以追问增加话轮的交际策略，引导学生提高语言输出的质和量。七年级下册第六单元“Outdoor Fun”第一课时的学习目标是了解一些户外活动的名称，谈论所喜欢的户外活动及原因，激起学生参与户外活动的兴趣。课本的对话范例共有四个话轮，交流了各自想尝试的户外运动及原因。进行对话示范时教师在课本的基础上增加了追问，引起了更多话轮的生成。

【教学片断】

T：What outdoor activities would you like to try?

S：I want to go swimming.

T：Why do you want to go swimming?（第一次追问，了解对方喜欢游泳的原因。）

S：Because it is so hot in summer，I feel cool in water.

T：But you must be careful not to swim alone.（有关游泳的安全提醒是对对方回答的后续评价，体现交际的自然、真实。）By the way，do you like horse riding?（第二次追问，引起新的话轮，使会话持续下去。）

S：No. I'm afraid of falling off and the horses always run so quickly. What about you?

T：I really love horses and I really want to ride one.（交流自己对于骑马的看法）

S：What do you like about horse riding?

T：...

对话演示为后续的生生练习提供了语言支架和会话策略。长期坚持，追问策略会被全班学生效仿，能提高会话中语言输出的质和量，促进语言运用能力的发展。

3. 拓展听说资源，增加听说机会

听说训练既要依据教材，基于教材，更要超越教材。教师要充分利用一切可以利用的资源，给学生增加听和说的机会。

《新概念英语》是英语学习的经典教材，一直深受英语学习者的喜爱和好评。《新概念英语》第二册中的短文短小精悍，适合初二、初三学生进行听说拓展训练。教师可在教学中加以应用,配以相应的问题和任务,提高学生获取信息和处理信息的能力,提高学生的复述能力和口语表达能力,同时拓展学生的知识面和英语词汇量。

教师还可以借助英语童谣民谣、英文歌曲、诗歌、Jazz Chants(英语节奏训练教程)等,增强学生语感,激发学生学习的兴趣。英语童谣民谣节奏明快、押韵巧妙、朗朗上口;英文歌曲旋律优美,内容丰富;英语诗歌有很强的节奏感、韵律感和意境美;Jazz Chants 活动"将枯燥的语音重复练习情景化,是一种通过节奏表达语言的方法,将有节奏的英语口语与传统的爵士乐节奏相结合,强调节奏、重音和语调"。丰富的课堂活动和练习形式能够很好地激发学生参与课堂的兴趣,增强学生学好英语的自信心。

总之,教师要充分利用考试的导向作用,在日常教学中,依据教材和课标,多管齐下,优化课堂教学设计,增加听说的机会,努力提高学生的听说能力和综合语言运用能力。

5

如何利用英文歌曲培养听力理解素养？

一、什么是听力理解素养？

听，是对口头信息的接受和理解，是一种最基本的交际行为。在外语教学中，听力教学的本意就在于使学生获得直接听取信息的能力，即交际意义上的听力。为此，应向学生提供大量的以内容为中心的，而不仅仅是以语言形式为中心的听的练习活动。

二、为什么要用歌曲培养听力理解素养？

英语歌曲资源十分丰富，从学生的兴趣、英语水平等角度去考量英语歌曲，既有适合儿童听唱的歌曲，也有适合青年人听唱的歌曲。从听的内容角度去考量，既有优美的田园、乡村歌曲，也有动人的经典电影插曲；既有浪漫的爱情歌曲，还有洋溢着青春气息的奥运会歌曲。歌词大都平实易懂。听歌都是以内容为中心的。只要我们在日常教学工作中注意收集，不管我们的教学对象是小学生、初中生、高中生还是大学生，总有适合他们听唱的歌曲。

1. 听歌是积极的心理语言过程

经验告诉我们，听歌时，我们是在积极主动而不是被动地认知加工信息。听的过程就是感知、联系并形成意义的过程，从辨认连续音流中的语句成分和语言片段，到“短时记忆”并持续迅速地建立片段之间的联系，最后经过辨认和联系形成意义进入“长时记忆”。整个过程中，学生都是积极主动参与的。

2. 听歌具有潜移默化的教育功能

(1) 培养学习兴趣。

学生对英语学习兴趣不大,原因之一就是学习材料和教学方法对学生缺乏吸引力。用学生喜闻乐见的英文歌曲来培养听力,满足学生听唱歌曲的心理愿望、学习需要和学习风格,则容易激发学生的兴趣,让其在不经意中学习了语言,提高了听力。知识是力量,兴趣也是力量,而且是更重要的力量。

(2) 降低焦虑水平。

心理学研究表明,焦虑水平过高,不利于学生发挥应有的水平。而利用歌曲培养听力,有助于学生在比较放松的状态下参与学习活动,能够学得愉快,学得轻松。

(3) 体验美的感受。

学生在听歌、唱歌过程中体验歌曲的音韵美、节奏感。汉语是声调语言,语音的抑扬顿挫靠平仄声来调节。而英语是语调语言,语音、语调的轻重缓急靠音的强弱来调节。歌曲语言材料真实,有韵律,有节奏,朗朗上口,易学易记,可以帮助学生学得更有效。

(4) 集中注意力。在一节课开始时或在教学过程中,听一首简短的歌曲既能帮助学生迅速集中注意力,又可以把听歌曲作为一种热身练习,使学生迅速进入学习状态;还可以通过歌曲内容来复习或激活学生的已学知识或已有知识,为将要进行的学习做铺垫,并且和已有知识建立联系。

三、怎样利用歌曲培养学生的听力理解素养?

1. 运用歌曲进行听力教学的原则

在选择歌曲内容时,除了内容健康、曲调优美,能够催人奋进等基本原则外,在歌词文字上应注意以下几点。

(1) 难度切合学生语言水平。选择歌曲时,要正确估计学生的语言水平和听力理解能力,歌词内容难度应该多样化、有层次、可接受。有的歌曲可以容易一些,让所有学生都能听懂,激发学生听歌曲的兴趣,积极参与到活动中去。

(2) 兼顾语言的真实性和教学的可操作性。材料应力求真实,以便让学生尽可能接触地道的英语。我们毕竟是在课堂教学的环境中练习听力,学生是外语学习者,且为初学者,要让大多数学生能够基本听懂,不可片面追求。

即便语言材料很真实,但是语言现象特殊而复杂(有太多的方言或俚语),学生还是很难听懂,也难有兴趣。

(3) 兼顾歌曲的趣味性和教学的目的性。歌曲内容有趣,学生爱听,这是吸引学生积极参与的外部动力,不能忽视。我们选择的歌曲,要能让学生享受其中,觉得"Listening is fun!"在考虑歌曲的趣味性时,我们还要考虑学生的年龄特征。小学生喜欢的歌曲,中学生就不一定喜欢,反之亦然,即使他们喜欢,用英文也不一定唱得起来。

综上所述,选择歌曲应突出学生的主体地位,服务于英语学习。

2. 利用歌曲进行听力训练的方法

教学是有目的的,目标决定任务,任务决定方法。听力训练的目的就是提高听力理解能力。因此,听力练习应以获取信息、处理加工信息和使用信息为练习的具体目标。目标是有层次的,目标不同,方法也不同。

(1) 听歌曲,理解大意。比如说,要学生听 *Blowing in the Wind* 并理解它的大意,可以在学生听之前,设计这样的两类问题呈现给学生:

① The song is mainly about ________.

A. love　　B. life　　C. war　　D. nature

② What's the main idea of the song?

Blowing in the Wind

How many roads must a man walk down
Before they call him a man?
How many seas must a white dove sail
Before she sleeps in the sand?
How many times must the cannon balls fly
Before they're forever banned?
The answer, my friend, is blowing in the wind,
The answer is blowing in the wind.

How many years can a mountain exist
Before it's washed to the sea?

How many years can some people exist
Before they're allowed to be free?
How many times can a man turn his head
And pretend that he just doesn't see?
The answer, my friend, is blowing in the wind,
The answer is blowing in the wind.

How many times must a man look up
Before he really see the sky?
How many ears must one person have
Before he can hear people cry?
How many deaths will it take till he knows
That too many people have died?
The answer, my friend, is blowing in the wind,
The answer is blowing in the wind.

(2) 听歌曲,做完形填空。如果听的目的是为了让学生理解歌曲的具体细节,可以将歌曲改编成一个"完形填空"练习。以 *Blowing in the wind* 第一段为例:

How many ________ must a man walk down
Before they call him a man?
How many ________ must a white dove sail
Before she sleeps in the sand?
How many ________ must the cannon balls fly
Before they are forever banned?
The answer, my friend, is ________ in the wind,
The answer is blowing in the wind.

如果这样的完形填空难度太大了,可以给出首字母予以提示,还可以设置选择项。让学生听后完成。

(3) 听歌曲,将歌词排序。在听歌曲之前,将歌词发给学生,但是歌词已经不是歌曲中的顺序，要求学生听一两遍后，将歌词重新排序。以 *Blowing in the Wind* 第二段为例。

A. How many years can some people exist
Before they are allowed to be free?

B. How many times can a man turn his head
And pretending that he just doesn't see?

C. How many years must a mountain exist
Before it's washed to the sea?

D. The answer, my friend,
Is blowing in the wind,

E. The answer is blowing in the wind.

对于听歌曲、对歌词排序这样的练习，还可以根据需要做些改变。我们可以将歌词原来的自然顺序打乱，让学生在听完后以段落为单位重新排序；甚至可以将两三段歌词打乱后随意排列，要求学生听完后能够找出这些句子原有的位置。如将 *Blowing in the Wind* 一首歌曲中每一段的前三个句子按照原来的段落但是打乱顺序随意组合。

A_1. How many times must a man look up
Before he can see the sky?

A_2. How many roads must a man walk down
Before they called a man?

A_3. How many years can some people exist
Before they are allowed to be free?

B_1. How many years must a mountain exist
Before it's washed to the sea?

B_2. How many deaths will it take till he knows
That too many people have died?

B_3. How many seas must a white dove sail
Before she sleeps in the sand?

C_1. How many ears must one man have

Before he can hear people cry?

C_2. How many times can a man turn his head

And pretend that he just doesn't see?

C_3. How many times must the cannon balls fly

Before they are forever banned?

由上可见,听力理解是主动解释而不是被动感知;是积极地认知建构而不是被动地接受声音事实。此外,听力理解需要下列“微技巧”:

预估:带着一定的目的、意向和对内容的预期;

猜测:根据上下文猜测不理解的内容;

理解大意:借助首句、关键词、轻重音和语调等;

理解细节:根据线索、重读词汇获取具体信息;

推断:根据说话人的语气、语调、用词、表情、手势等听出言外之意。

6

如何培养学生的口语能力？

一、什么是口语能力？

口语能力是一项重要的语言技能。2000 年起，江苏省开始实施初中英语口语等级测试，并于 2004 年把口语测试成绩计入中考总分。口语测试对口语教学起到了很好的推动作用，学生的口语水平也得到很大提高。

二、为什么要重视口语教学？

省口语测试结果也反映了口语教学中的一些问题，值得英语教师思考。不少学生英语辅音发音太重、元音发音不准确，语调生硬不自然，缺乏语感，出现“唱腔”“背书腔”，不按意群停顿；测试前突击背口语书，对问题的回答简单化、模式化。许多学生对于较难的话题简述也流利自如、毫无障碍，其实都是机械背书的功效，并不能真正反映一个学生口语的流利性和准确性。英语教师要改进口语教学，提高学生口语能力。

三、如何培养学生的口语能力？

1. 夯实语音基本功

(1) 衔接小学、初中，过好语音关。

语音教学是英语入门教学的第一关。初一新生入学以后，要系统复习字母和音标。教师要通过比较和朗读活动，帮助学生读准字母和音标。比如，复习音标/ai/时，可以用 night，right，light，tonight 引出生词“bright”，再编成歌谣、绕口令让学生操练。同时,通过领读、听录音跟读、齐读、分角色读等活动,纠正学生的"唱腔"和"背书腔"。

(2) 基于课本,有序进行语音教学。

教材中每两个单元就在 Study Skills 部分专门设置了 Pronunciation 板块,训练单词重音、句子重音、意群停顿、句子语调、一词多音等语音项目。教材中的语音项目由浅入深,循序渐进。语音教学不能仅满足于掌握语音知识,更要训练学生在朗读、会话中正确使用语音、语调的能力。比如经常组织朗读比赛,并要求学生在朗读中恰当运用连读、意群停顿等语音技巧。

2. 营造宽松氛围,缓解焦虑心理

教师应想方设法营造宽松的英语学习氛围,增强学生用英语交流的自信,减少他们的焦虑感,引导他们积极参与课堂活动。

(1) 话语激励,增强信心。

教师在课堂教学活动中应经常鼓励学生,增强学生开口说话的自信。比如训练学生上课前大声朗读:

We enjoy losing face. It's impossible to defeat a person who never gives up. Today we are proud of our school. Tomorrow our school will be proud of us.

又如朗读前明确要求"read loudly, quickly and fluently"(大声、快速、流利朗读)。

(2) 小组活动,消除焦虑。

小组活动能帮助学生消除焦虑感和紧张感,对话、角色扮演、复述、采访、讨论、辩论等小组活动能够促进生生互动,使学生在自然、轻松的环境中增加语言输出,并习得语言。

(3) 及时评价,积极反馈。

教师要多使用激励性话语,对学生的表现及时做出积极反馈。评价时要注意语言的多样性和有效性。例如:You did a good job. I hope you can be more relaxed next time; Your voice sounds lovely, but if you speak louder, it will be much better ...对于学生不严重的口语错误,教师尽量不要正面否定,也不要打断其表达,而要鼓励学生重新组织语言,保持师生、生生交流的连贯性和流利性。

3. 优化课堂活动，促进语言输出

初中并没有开设专门的英语口语课，因此口语教学应贯穿于阅读、语法和写作等各种课程，用形式多样的活动有效训练学生的口头表达能力。

(1) 游戏的使用。

比如，过去完成时是初中英语中一个比较难的语法项目。在教学这一语法项目时，可以使用以下两个游戏。

第一个游戏是呈现姚明皱眉头的一张图片，让学生猜测：Why did he look so unhappy? 引导学生用过去完成时猜测：Had he ...？学生在小组讨论后给出的答案丰富多样。

第二个游戏是"吹牛故事大比拼"(What had you done before you entered this school?)，学生跃跃欲试，说出了很多有趣的句子。

(2) 多设计参考性问题。

问题通常可分为展示性问题和参考性问题。展示性问题是提问者已经知道答案的问题，通常被问者只需要表层理解便可作答；参考性问题是指提问者并不知道答案，目的是力求扩展信息，要求被问者积极地开展创造性思维。在课堂中多使用参考性问题，可以培养学生的开放性思维，促进学生有意义的语言输出。在9A Unit 5 Comic strip中，卡通狗Eddie告诉Hobo它是超级电影明星，针对此内容可以设计以下问题：What do you want to say to Eddie? Can you give him some advice? 这两个问题没有标准答案，但是可以激发学生的兴趣和思维，引发有价值的语言生成。

4. 注重词块教学，提高流利准确度

词块是指那些兼具词汇和语法特征、有特定话语功能的语言结构。通常由多个词项组成，且整体存储在记忆中，使用时直接提取，无须语法生成和分析。在教学实践中，可以通过引导学生操练积累词块、提取使用词块、巩固内化词块，训练学生的词块运用能力，提高学生口语表达的流利性和准确度。

(1) 在单词学习中操练和积累词块。

初中英语教材中含有大量有用的词块，教师要有意识地培养学生的词块意识。学习新的单词时，要学习与其搭配的词块，而不是孤立地学习单词。比如，在教学单词proud时，要结合词块be proud of sb./sth.，be proud to do sth.，be proud + that从句等进行操练。

(2) 在复述课文的过程中提取和使用词块。

教师要通过各种方式训练学生提取和使用词块的能力,使学生在词块运用中提高口语表达的准确度和流利度。以 8B Unit 5 International Charities 的教学为例,学生整体理解课文后,教师可以提取本课重点词块 used to do sth., be used to sth./doing sth., do/give/perform operation on sb., be proud of/to do sth./that ..., be grateful to sb./for sth., afford sth./to do sth.,要求学生选用以上词块复述课文。

(3) 在话题谈论中巩固和内化词块。

为了促进词块的巩固和内化过程,可以经常在课上设计口头对话和话题描述活动,训练学生创造性地使用词块的能力。比如在 8B Unit 1 Past and Present 单元,要求学生比较并谈论小学和初中生活的差异,在对话中要尽可能多地使用词块。

经常采取小组比赛的形式训练学生运用词块的能力,鼓励学生提取和使用所学词块,在提取和使用词块中巩固和内化词块。

7

如何利用值日生报告发展学生的口语能力?

一、什么是英语值日生报告?

英语值日生报告是指在英语课前5分钟内,让学生到讲台前根据他们事先准备好的材料用英语演讲或即兴演讲的有关语言实践活动。此活动形式多样,话题多样,报告的话题可自由选择,也可源于模块话题或课文话题,报告在形式上整体性和层次性相结合,报告内容要求生活性、趣味性和时代性相结合。

二、为什么要利用英语值日生报告发展学生的口语表达能力?

作为一项课堂教学活动,值日生报告直接指向学生口语能力的发展,在中小学英语课堂教学中,由于没有专门的口语课,口语教学一般都是随机地渗透到教学过程中去,口语练习的强度和容量往往取决于老师的教学理念以及教学时间。重视口语就多练练,不重视就不练;时间充裕了就练练,时间紧迫就不练。另外,课堂上的口语练习活动往往难以设计和操控。

单独设置的值日生报告具有很大优势。一是指向明确,就是练习口语表达能力;二是时间固定,课前5分钟左右专门用来练习口语;三是话题选择空间大,突出学生中心的思想;四是学生自由度大,口语好的可以即兴发挥,口语弱的可以提前做好不同程度的准备。

多年的实践证明,短短5分钟值日生报告不仅能很好地起到课堂热身的作用,吸引学生的学习注意力,提高学生英语学习的兴趣,也能检验学生的知识掌握情况,提高课堂效果,激发学生的参与意识,让他们体会到成功运用英语表达自己的感觉、感受和感想的成就感,培养他们的创造性思维,对教师的听说水平也是一种促进。这种课堂活动形式,提高了学生的听说能力,又能有针对性地改善中国学生不愿主动开口说英语的毛病,培养学生说英语的习惯和综合运用语言的能力,已经越来越多地被英语老师采用。

三、如何利用英语值日生报告发展学生的口语表达能力?

1. 值日生报告的特征

好的值日生报告活动应具备哪些特征?关于这个问题,我们可以借鉴一些学者的观点。Penny Ur(1996)曾总结出一个有效的口语活动应有的特征:

表 1 值日生报告的特征

Learners talk a lot	As much as possible of the period of time allotted to the activity is in fact occupied by learner talk. This may seem obvious, but often most of the time is taken up with teacher talk or pauses
Participation is even	Classroom discussion is not dominated by minority of talkative participants; all get a chance to speak and contributions are fairly evenly distributed
Motivation is high	Learners are eager to speak; because they are interested in the topic and have something new to say about it, or because they want to achieve the objective
Language is of an acceptable level	Learners express themselves in utterances that they are relevant, easily comprehensible to each other, and of an acceptable level of language accuracy

这些特征不仅是我们组织课堂口语活动的依据,也是我们评价课堂口语活动的标准。

2. 值日生报告的选题

根据上述特征,要让学生想说,话题就要有趣;要让学生都来参与、都愿意开口说,话题就要让所有人都觉得很有意思;要想学生能说、能听懂,话题就要贴近社会生活和学生生活;要让所有学生都能听懂、会说,话题必须控制在学生熟知的范围内，控制在学生语言水平之下。下面是一个值日生报告案例。

【案例】

一个冬天的早晨，笔者冒着凛冽的寒风去某名校听高二年级的英语课。因为天气不好，上课铃响了，老师却没有到。一个学生走上讲台，开始了他的值日生报告。

报告的话题是关于足球场上如何排兵布阵以及不同位置不同角色的职责和功能。报告人的英语非常好，台上滔滔不绝，台下鸦雀无声。

当报告进行到 5 分钟时，任课老师行色匆匆走进教室，看到教室里的状况，她走到后排，面带微笑站在教室后面，任由学生继续发挥……

值日生报告完毕，时间已经过去近 20 分钟。提问时间到了。可是，台下冷冷清清，表情茫然。一个男生站了起来，对值日生说：

"Thank you for your speech. I think you chose a very interesting topic and your English is also very good. But I'm sorry to say that few of us could understand you."

以上案例的选题是关于足球的，大多数学生一开始都很感兴趣，值日生准备得也很充分，但是，这个案例也存在不少问题。

第一，话题虽然有趣但是冷僻，如此专业的内容多数学生是不熟悉的。

第二，生僻的词汇阻碍了其他同学的理解，影响了之后的互动。

第三，教师的做法不是放手而是放羊。明知学生讲的内容太难（估计她自己也未必都懂），仍然听之任之，不加干预，让一个高耗低效的活动持续了近 20 分钟（我们建议，值日生报告最好控制在 5 分钟左右，因为，时间是宝贵的，一节课只有 40—45 分钟）。一个不恰当的话题，导致了值日生报告的高耗（用时近 20 分钟）低效（大多数人听不懂）。所以，好的话题应该是学生熟悉的、具有相关知识和经验的、感兴趣的且有话可说、有话想说和有话能说的。

3. 值日生报告活动流程

值日生报告的操作流程大体如下：第一，选好话题。一般由学生自主选择，必要时老师可给予启发。第二，准备报告。由学生自主选择，必要时可求助他人（家长、同学、老师等）。第三，呈现报告。学生自己选择呈现手段（如 PPT 等），时间控制在三分钟以内。第四，同学互动。就这个报告，由报告人提问其他同学，或反之（设计提问环节是为了确保大家都能参与进来，在报告过程中认真听而不是无所事事）。第五，评价报告。同学对报告做出评价。

4. 值日生报告的活动形式

（1）有准备的个人报告。这是值日生报告活动的主要形式。老师在开学初准备一份值日生演讲的话题列表，话题可以是与学生生活息息相关的兴趣爱好，也可以是当今的时事热点。学生们可从中选择，也可自选话题（大致与将要学的课文同步）。

报告顺序是，按学号或抽签决定，每天一人，轮流演讲。学生可利用其他资源，但禁止大段抄袭。可采用 PPT 标出关键词但不允许大段文字出现在 PPT 上。可用图片，但不能冲淡主题，转移或分散注意力。报告中的生词（原则上不超过 5 个）应事先呈现在黑板上或 PPT 上，降低报告难度。其他学生应将生词抄写在词汇本上，有利于课外词汇的积累。演讲时间控制在 5 分钟左右，演讲完后，报告人可针对自己的演讲内容提出 2—3 个问题，检查同学们所听效果。最后是师生点评。

（2）有准备的合作报告。合作报告这一活动形式可用于课本表演、著名电影片段模仿配音、新闻播报与评论、“名人”采访、社会热点问题辩论等，这样既避免了值日生报告形式单一，又培养了学生们互相学习、共同进步的合作精神。教师可提前三天告诉学生合作报告的具体题目和要求，小组成员以自由组合为主，有利于调动学生的积极性，还要注意兼顾男女生搭配，性格内外向学生搭配，基础良好与薄弱的学生搭配，并要求脱稿完成。一轮值日生报告下来，要求人人参与，人人有收获。最后由其他小组学生和老师点评和提问。

（3）临时抽题即兴报告。这一报告形式可以用于基础年级，也可用于毕业年级。此时，学生忙于备考，时间紧，精神压力巨大。即兴报告不需花时间，不查资料、不做 PPT，反而会给他们高中生涯中最后的学习生活带来一道亮色，还有意想不到的收获：训练学生短时间内迅速梳理思路，围绕主题列出提纲，然后组织语言，落实到笔头就是一篇漂亮的作文，学生高考的书面表达一定也会同步提高。

值日同学一下课就到教师处抽题目，回教室后在黑板上写题目，在草稿纸上迅速地列出提纲。例如，一名同学抽到的题目是：Some movies are serious, designed to make the audience think. Other movies are designed primarily to amuse and entertain. Which type of movie do you prefer? 他在这短短的5分钟内，可能会列出如下提纲：

① The type of movie I prefer.（Movies designed primarily to amuse and entertain）

② The reasons for the popularity of those serous movies.（Serious movies are made for people to think; they usually involve profound social, political, economic or educational problems; only really great directors can make fantastic serious movies）

③ The reasons why I like the latter more.（It's amusing and entertaining, so I, a student under great pressure, feel it really necessary to watch such movies; happy movies also try to explore many interesting yet big issues）

④ The conclusion.

做好这些后，该同学就完成了所有准备工作，时间也到了，他走上了讲台，5分钟的具体演讲要靠他拟好的提纲进行即兴发挥。最后是师生的点评，师生可对他报告的内容提出一些问题"为难"他，锻炼他的应变能力。

5. 值日生报告的评价

评价对于值日生报告发挥着良好的导向功能、激励功能和反拨功能，因此是一个不可或缺的重要环节。以下是我们常用的评价指标及其功能：

(1) 内容充实(information)。鼓励学生多说，避免重复或空洞。

(2) 语言流畅(fluency)。鼓励学生多练，避免磕磕碰碰，拖延教学时间。

(3) 形式准确(accuracy)。鼓励学生注意语言形式的准确性。

(4) 语音地道(pronunciation)。鼓励学生练好语音语调。

(5) 生动有趣(interesting)。鼓励学生报告时注意表现力，吸引全班同学积极参与。

打分表示：5非常好，4良好，3一般，2较差，1很差。学生只要针对每一个指标进行评估并在相应的栏目打钩即可。

表 2 值日生报告评价打分表

评价指标	5	4	3	2	1
information					
fluency					
accuracy					
pronunciation					
interest					

6. 容易出现的问题与对策

在做值日生报告时,我们会遇到一些棘手的问题,这些问题主要来自学生。大多数小学生会积极主动地参与,到了中学,尤其是高中,很多学生都会觉得做报告"傻乎乎的"。主要表现为:

(1) 过分拘谨。与"读""听""写"不同的是,值日报告需要学生"现场直播",将自己实时置身于大庭广众之下,加之用外语做报告,担心出错(对他们来说就意味着出丑),往往表现得很拘谨,甚至回避因其报告很精彩而吸引来的羡慕的目光。

(2) 无话可说。即便不拘谨的学生,他们面对话题也会犯愁,觉得啥也不想说,也无话可说。

(3) 参与程度参差不齐。往往是一个学生说,其他学生仅仅是"看客"或"听众"。加之课堂时间有限,有时仅有少数人得到发言的机会和时间。

(4) 不自觉使用母语。在大家都使用汉语的母语环境中,有的学生使用英语做报告时觉得很不自在,不能得心应手,一紧张会不自觉使用母语。

面对上述问题,我们的建议如下:

(1) 课堂上多开展小组学习活动。给小组成员每人规定任务、角色、讲话时间,让"拘谨"的人"不得不说"。也因为是小组活动,拘谨程度也会降低很多。久而久之,他们胆子慢慢大了,就敢于在大庭广众之下发言了。

(2) 口语活动的语言简单一些。报告前,老师可提供语言知识的支持,使报告中使用的语言难度略低于他们目前的实际水平,并且便于回忆,易于使用,降低他们怕出错的焦虑水平。

发展学生语言能力的方法和途径很多,不同地区、不同学校、不同教师都会有自己独特的方法和策略。但是,根据我们多年的实践,值日生报告这种形式对于提高学生口语能力效果显著。只要我们在操作中遵循本文中提出的做法,特别是在细节方面多为学生着想,让学生在值日生报告中"想说""敢说""会说","说得好"并不是梦想。

8

如何运用 PPPC 模式培养阅读能力？

一、什么是 PPPC 阅读模式？

PPPC 阅读模式是一种积极的阅读策略，包括 prediction（预测阶段）、pattern（文章结构）、personalizing（内化阶段）、context（语境化）四个阶段。该阅读模式借助于以语言输入为基础的感知输入和以读者原有的知识处理为基础的非感知输入的共同作用，激发学生积极主动地阅读，以达到最佳阅读效果。

二、为什么要运用 PPPC 模式？

随着新课标的深入实施和核心素养的提出，阅读教学的目标正由培养阅读技能向发展阅读素养过渡。阅读不仅有利于学生培养学习和运用所学语言和其他知识获取信息、建构意义的能力，而且通过阅读，学生可以更好地深化跨文化理解、发展多元思维、获得审美体验、形成正确的价值观、养成良好的习惯。PPPC 模式十分有利于提升学生的阅读素养。

三、如何运用 PPPC 模式培养阅读技能？

1. Prediction（预测阶段）

预测是阅读前的"热身运动"，是"成功的阅读者应掌握的策略之一"。教师可引导学生根据标题、图片等对文章内容和结构等进行预测，不仅可以激活学生相关的背景图式，而且能激发学生的阅读兴趣和愿望，使学生进入阅读前的积极状态。

(1) 根据标题预测。好的标题是文章的关键,能帮助学生预测整篇文章的主要内容。如 9A Unit 5 Reading 的标题是“Hollywood's All-time Best-Audrey Hepburn”,可以选择题的形式引导学生预测文章内容:What is the article about?

A: It's about Hollywood's films.

B: It's about Audrey Hepburn's life.

(2) 利用插图预测。牛津英语教材中有很多插图,利用插图可以激发学生的学习兴趣,培养学生的预测能力。如在九年级下册第四单元 *The most Famous Astronaut Neil Armstrong* 一课的教学中,可以引导学生看插图自由会话。

(3) 根据主题句进行预测。主题句通常在文章的开头或结尾部分,教师要引导学生阅读文章首段尾段,寻找文章的主题句。如 9A Unit 1 *Star Signs*,笔者要求学生浏览文章第一段,找出主题句“people born under the same star signs share similar characteristics”,并引导学生根据主题句预测文章内容。

2. Pattern(文章结构)

(1) 把握篇章结构。初中英语常见的语篇形式主要有以下三种:

第一,概括—具体模式,又称一般—特殊模式(general-particular pattern)。如九年级上册第一单元的文章 *Star Signs* 和九年级上册第二单元的文章 *Colours* 就是典型的概括—具体模式,作者在首段就表明观点“people born under the same star signs share similar characteristics”和“what colours can do and what they represent”,然后再分别介绍说明 12 个星座所代表的性格特点和颜色的含义及作用。教学中教师要指导学生分析、理清文章结构,并找出文章的主题句和段落的主题句,帮助学生提高整体把握语篇的能力。

第二,比较匹配型模式,用来比较两种事物的相同点和不同点。如《牛津初中英语》九年级下册第一单元的阅读文本是关于未来生活的(*Life on Another Planet*),围绕“differences between life on Earth today and on Mars in 2100”“the advantages and disadvantages of living on Mars”“the advantages and disadvantages of living on Earth”等方面设计表格,比较地球

生活和 2100 年的火星生活的不同以及地球生活和火星生活的优点和不足，取得了很好的教学效果。

第三，主张—反主张型语篇模式，主要是作者提出一种人们认可的观点，然后分析澄清，最后说明自己的观点。如一篇关于比萨斜塔的文章，作者首先指出一些人想要修理比萨斜塔的观点后，提出尝试修塔不是一个好主意，最后发表自己的感想：没有什么是十全十美的，人们不应当追求事事完美。教师要指导学生注意文章的关键，抓住作者的观点和意图。可以以问题串的形式引导学生理解语篇：Does the writer think it's a good idea to fix the tower? Does the writer like what the tower looks like? In the writer's eyes, why is the Leaning Tower of Pisa so famous? In your opinion, do you think it's necessary to fix the tower?

(2) 把握时空顺序。时空顺序是英语记叙文的主要线索。把握文章的时空顺序，有助于学生更好地理清作者的思路、掌握文章的内容，提高阅读速度。九年级上册第五单元 *Audrey Hepburn* 一文以时间顺序介绍了奥黛丽·赫本的生平，课文生词多，难度较大。建议在教学中以填表和排序的形式帮助学生理解文章。

3. Personalizing(内化阶段)

在阅读中教师要引导学生以自己的知识经验，对文章中作者的观点和价值取向提出自己的思考和个人感悟，不断深入理解文本，激发交流欲望，从中享受到阅读乐趣。

在九年级上册第一单元 Reading 部分设计了问题"Do you believe what the star signs say about your characteristics and your future? What decides our future?"引导学生形成科学的世界观和人生观，而不是迷信星座。学生对星座很感兴趣，这样的问题更能激发学生的兴趣和思考；在九年级下册第一单元的 *Life on Mars* 一文中，以问题"Do you like the life on Mars? Why or why not?"引导学生进行批判性阅读，训练学生积极思维，敢于质疑，提高学生的批判性阅读能力和反思能力；在 9B Unit 2 Robots 教学中，让学生展开讨论"What advantages and disadvantages can robots bring us?"引导学生畅所欲言，帮助学生深层次理解文章，培养学生的思维能力和语言表达能力。

4. Context(语境化)

语境化是指在阅读文章中根据上下文语境以及词的构成推测文章中生词、短语以及句子的意义。除了上下文外，还应考虑到文章的话题背景、说话人的身份及相互关系等方面的因素。

(1) 上下文。阅读是对语篇的解读过程，是作者与读者之间的对话和交流，阅读最重要的语境要素就是上下文。教师要经常训练学生根据上下文推测词、短语和句子的含义。如一篇关于"mental health"的阅读文章，教师没有给生词"mental"注上中文，而是要求学生从文章上下文去解读其含义。除此以外，教师还要注意引导学生分辨文中指示代词的指代关系、上下文的因果关系，分辨事实与作者的观点等等。

(2) 说话人的身份及相互关系。很多学生阅读时只注意词句的表面含义，不能进入语篇中的语境解读文字背后的含义。教学中教师要"训练学生的语境反应能力和重构能力"。以以下文本阅读为例：

格林先生在街上被一陌生人叫住，陌生人说："你还记得几年前我刚到纽约，孤立无助，你给了我一些钱吗?"格林先生让对方继续他的故事，陌生人回答："Would you like to take another chance?"

学生需要仔细揣摩格林先生和陌生人之间的关系，才能明白句中"another chance"是指"希望格林先生能再一次资助他一些钱"。

(3) 语篇关键词。语篇关键词是用于连接不同句子、表达各种信号关系的连接词。关键词能帮助学生在阅读中把握文章的结构以及段与段、句与句之间的关系，帮助学生对文章进行分析、概括、推理和主旨归纳，促进学生对文章细节和具体词句的理解。以下面一段文本为例：

Sometimes a cat likes to play with a small animal it catches. So if you **"play cat and mouse"** with someone, it **means** that you change between different kinds of behaviour when dealing with another person. **For example**, a girl might offer something sweet to her little brother and then take it away when he reaches for it.

教师要引导学生在阅读过程中注意关键词"means""for example"来推断、理解"play cat and mouse"的含义。

◆◆ 9 ◆◆

如何运用概念图培养学生的英语阅读能力?

一、什么是概念图?

"概念图"是美国康奈尔大学的约瑟夫·D.诺瓦克博士根据美国心理学家奥苏伯尔的学习理论在20世纪60年代研究出来的一种教学工具,它用节点代表概念、用连线表示概念间关系。我们可以把概念图作为一种教学和学习策略来建构知识、组织信息和表征知识。

奥苏伯尔认为新知识的学习取决于新旧知识达到意义的同化。换言之,知识的建构是基于已有的概念对事物进行观察和认识开始的。学习就是建立一个概念网络,不断地向网络增添新内容。奥苏伯尔的另一个重要观点是"有意义学习"。为了使学习有意义,学习者个体必须把新知识和学过的概念联系起来。新知识必须和学习者现有的认知结构产生相互作用,与已有知识结构整合,这是实现有意义学习的关键。奥苏伯尔的第三个主要观点是概念有不同的深度,可以非常笼统,也可以非常具体。而且,笼统的概念中包含着不太笼统的概念,在这些不太笼统的概念中又含有相当具体的概念。所以,根据概念具体的程度可以渐进地对概念进行区别。奥苏伯尔认为,学习者应会辨别新概念的层次。根据层次,把这些概念放入学习者的知识结构中相应的位置上。

二、为什么要用概念图来发展学生的阅读理解能力?

在阅读理解教学中使用概念图,让学生根据阅读内容建构、绘制概念图,并有效地综合使用阅读策略,有利于学生对知识和其间的关系进行深入的理解和探究。因此,在教学中,这种直观形象的思维方式和表达方式对于提高教学效益是非常重要的。

1. 概念图是学会阅读的"脚手架"

帮助学生从"学会"到"会学"不仅是我们的教学理想,也是我们的现实追求。在教学过程中,教师提供的、有待学生根据阅读材料的内容去完成的图表,实际上就是建构主义学习理论中所提倡的"脚手架"。通过指导学生阅读,教师作为学习的帮助者的角色功能在概念图中得到了体现。当学生借助教师为他们搭建的"脚手架"完成了阅读任务时,他们取得的成就不仅仅是认识了多少词汇或理解了多少内容,更重要的是学会了阅读,熟练地掌握了一种阅读策略——概念图,并借助这个"脚手架"不断提高阅读水平和能力。

学生熟悉并熟练掌握概念图之后,原先由教师提供的"脚手架"就可以撤销了。因为他们已经能够熟练地使用该策略,没有老师提供的概念图范例,他们也能通过自己绘制概念图将阅读内容表达出来,促进了阅读能力的提高。阅读能力提高了又有助于学生获取更多、更高层次的信息。

运用概念图策略,学生不再被动地根据文章后的问题去寻找答案,而是主动地对文章中的信息,按照自己的方式进行加工、处理和表达。这就突出了学生在阅读教学中的主体地位,真正将有利于学生的阅读学习作为阅读教学的出发点和归宿。

2. 概念图是综合运用阅读策略的平台

概念图有利于学生将上位阅读(top-down)和下位阅读(bottom-up)策略相结合,实现互动阅读。同时为略读(skimming),查读(scanning),预测下文,理解大意,分清文章中的事实和观点,猜测词义,推理判断,了解重点细节,理解文章结构,理解图表信息、指代关系、逻辑关系、作者意图,以及评价阅读内容等阅读基本技能的运用搭建了平台。

预测策略:利用标题、插图、图表、表格等预测文章的大致内容,以帮助读者"激活"关于文章内容的认识,同时抓住主题句、关键词,更好地从整体上理解文章。

查读:理解材料中的部分信息,以回答个别细节问题。

略读:快速找出文章大意,弄清作者的观点和意图,把握篇章结构,抓住文章的中心思想。

猜测词义：根据上下文、语境以及构词法等线索来猜测词义。

以上这些策略学生有的知道，有的不知道；知道了，不一定会使用；使用的，也不一定正确。如果教师能够根据文章内容和教学目的，结合各种阅读策略来设计概念图，那么，学生完成概念图的过程就可能成为综合使用各种策略的过程。

例如，为了让学生理清阅读内容中主题和细节之间的关系，弄清概念内涵，教师可根据阅读内容为学生提供以下概念图（如图 1）。

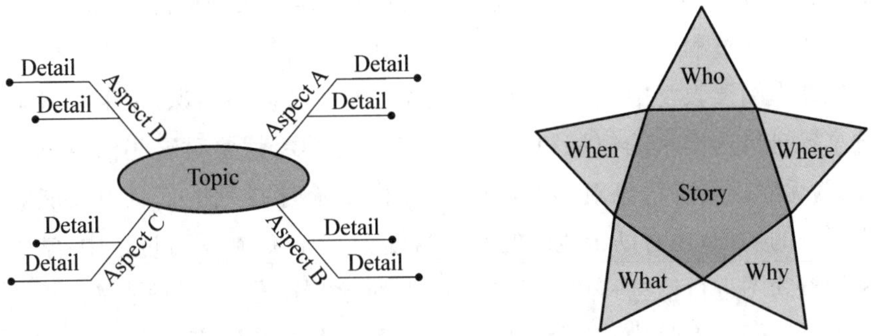

图 1　网状图（左）与“5W”图（右）

在绘制或填写概念图时，学生要在获取、处理信息以及建立文章各个部分、各个话题、人物、事件、知识之间关系的过程中，明确文章的主题、大意、事实和细节，理解文章中的思想和概念，并最终将一些看起来杂乱、零散或无关的信息转换或集中到一个结构图中，以加深对学习内容的理解。这个过程，就是各种阅读策略综合运用的过程。

3. 概念图是发展思维能力的重要手段

通过运用概念图，学生在展示对学习内容理解的同时，形成新的思维方式，并以新的思维方式来收集信息、组织和处理信息；在重新组织文字的过程中，学生注意到了文字、意义、段落、人物、事件、观点之间的联系。这样，学习内容便清晰、有序地纳入他们已有的知识结构中，新的、可视化的图式也就建构起来了。

思维过程明晰化和知识管理直观化有利于学生掌握学习方法，学会思考问题。学生在填写或绘制概念图的同时展示了自己的思维过程、思维方法。学生建构概念图，有时要从时间维度去考虑，有时要从空间维度去考虑。这样，学生在构图中学会了综合运用逻辑思维、直观思维和形象思维，学会从整体上把握事物。学生可以根据需要选择不同的图形。如运用“多因一果”图、“一因多果”图、“循环因果”图等来分析问题，利用思维导图来形成想法，利用图形、图表、表格等来撰写报告，利用流程图或环形图来说明过程，利用图形解读复杂文本和进行知识挖掘等。这样，学生思维的深度、广度和流畅性得到了发展。

4. 概念图是重构认知图式的有效工具

概念图不仅是收集信息的好工具，又是表现信息的好工具。一幅概念图可以容纳大量的信息，学生可以利用概念图总揽章、节、单元或文章所涉及的具体内容，又便于编辑、改写和增删，这样的过程其实就是重构自己知识结构或认知图式的过程。

在课堂阅读教学中，学习材料会传达出各种信息和知识，学生和教师也会分享各自传达出来的信息和知识。有意义的学习就要对这些信息进行整理，因为无序排列的信息对学习者就是无用的，有序排列的信息不仅能够增加学习者的知识，还有助于他们的思考与创新。所以，在学习过程中，学生可以利用概念图进行信息和知识的加工整理，使之层次分明，条理清楚。

在英语阅读教学中，学生可以加工整理的内容有语言知识（如词汇、短语、典型的句子结构、语法知识和修辞知识等等）、文体知识（如叙事、议论、说明等文体，各种文体中段落之间的结构关系等）以及“关于世界的知识”（如各种话题、不同的领域的知识等）。运用概念图构建起来的认知图式便于将新学的知识和学过的知识建立联系，形成结构完整、条理分明、层次清晰的认知结构。

三、怎样运用概念图发展学生的阅读理解能力？

我们将阅读教学分为“教阅读”和“学阅读”两个方面。相应地，概念图作为阅读教学策略也被分为两个应用阶段，即作为阅读教学策略的概念图的应用（教师提供图例）和作为阅读学习策略的概念图的应用（学生创造性地绘制概念图）。

概念图首先是作为教的策略使用的。在学生还不了解概念图是什么时，教师就概念图的功能、在学习中的优点、使用方法等对学生进行指导，并收集、整理部分概念图提供给学生，让学生认识并理解概念图，为在阅读教学中使用做好准备。如：

表 1　概念图教学示例

名称	示例
1. 星状图：如果阅读任务是关于单一话题或某一主题的内容，可用此图将与话题或主题相关的内容建立联系。	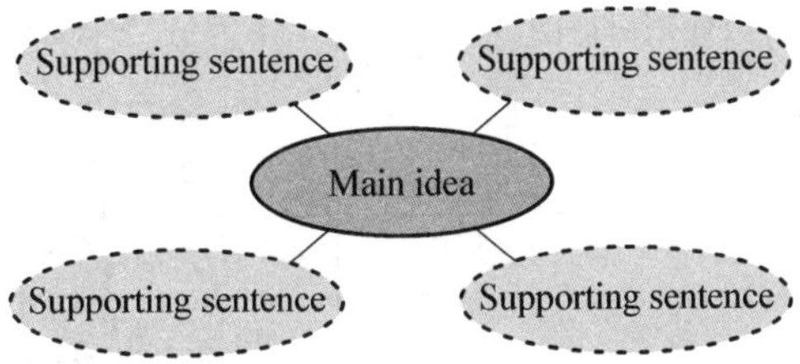
2. 网状图：如果阅读任务是关于某一主题，且要找出相关观点以及涉及这些观点的细节，可以使用蜘蛛网状图。	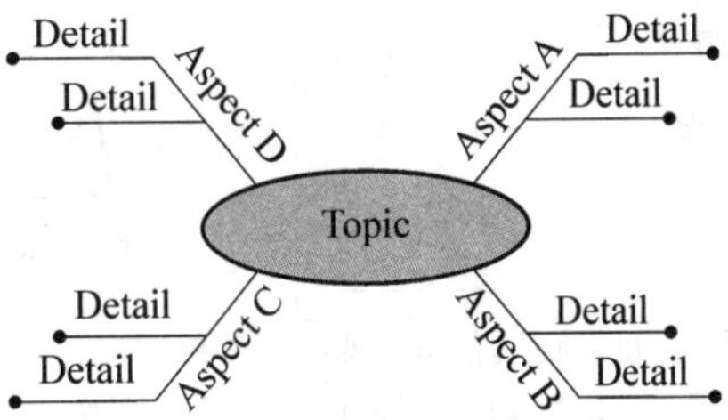
3. 鱼刺图（因果图）：如果阅读任务是要弄清某一复杂问题的原因以及各因素之间的关系，可以使用鱼刺图。	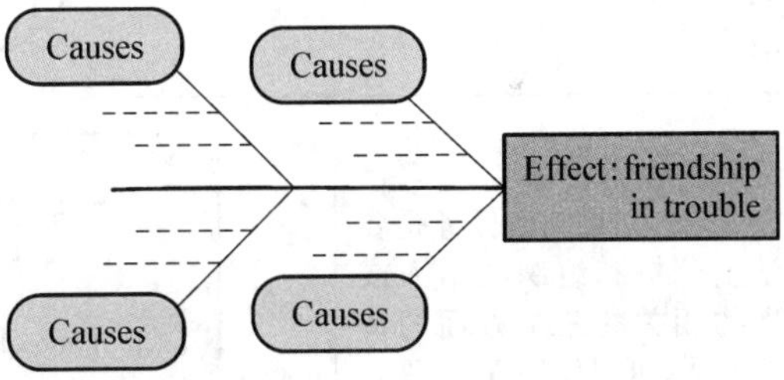 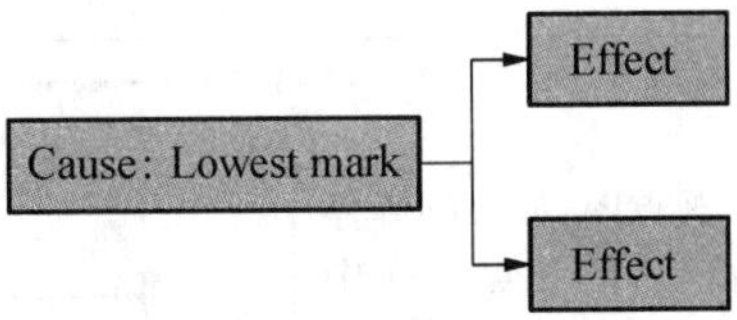

续表

<table>
<tr><td>4. 树形图：如果阅读任务是理清概念、人物或事件之间的关系，可以使用树形图。</td><td>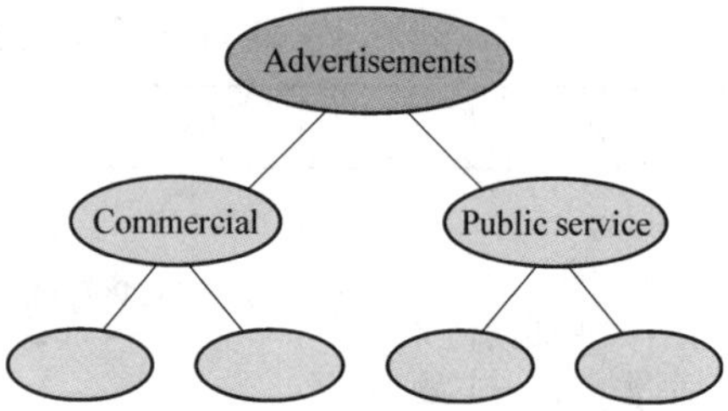</td></tr>
<tr><td>5. 序列图：如果阅读任务是一连串有始有终的事件，比如故事、说明文等，可以使用序列图。</td><td>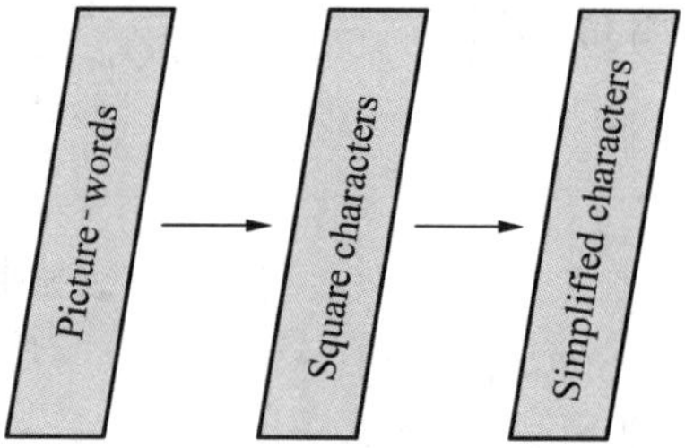
(The development of Chinese characters)</td></tr>
<tr><td>6. 维恩图：如果阅读任务是要求学生观察两个或两个以上的人、事物或文章之间的相同点或不同点，可以使用维恩图。</td><td>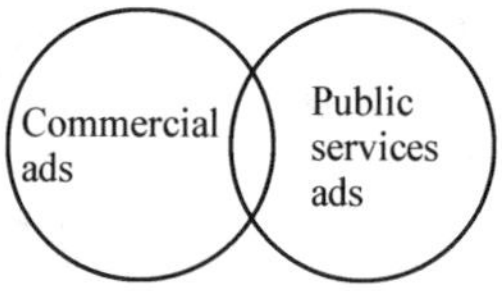</td></tr>
<tr><td>7. Y 形图：如果阅读任务是要求学生分析和组织与某人或某事物相关的三个方面的特点或性质，可以使用 Y 形图。</td><td>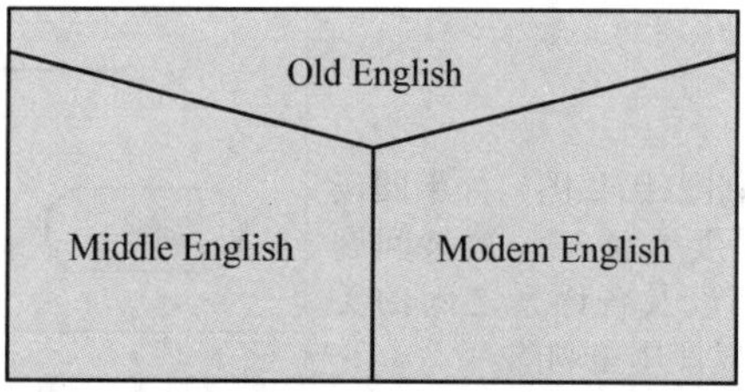</td></tr>
<tr><td>8. 事实—观点图：如果阅读任务是判断作者的观点或文中人物的观点，并用事实说明其观点，如阅读议论文、新闻等，可以使用事实—观点图。</td><td><table><tr><th>Fact</th><th>Opinion</th></tr><tr><td></td><td></td></tr><tr><td></td><td></td></tr><tr><td></td><td></td></tr><tr><td></td><td></td></tr></table></td></tr>
</table>

续表

9. 决策图:如果阅读任务是要求学生阅读后对多种可能的结果进行推断或选择,可以使用决策图。

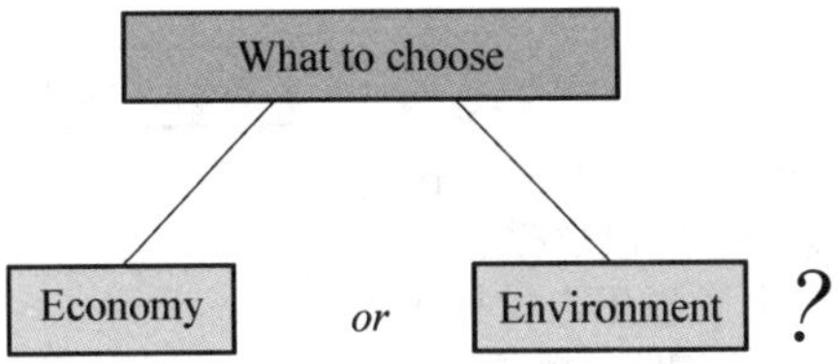

10. 特征分析图:如果阅读任务是比较一系列事物的特征,如积极、消极,正面、反面意义等,可以使用特征分析图。

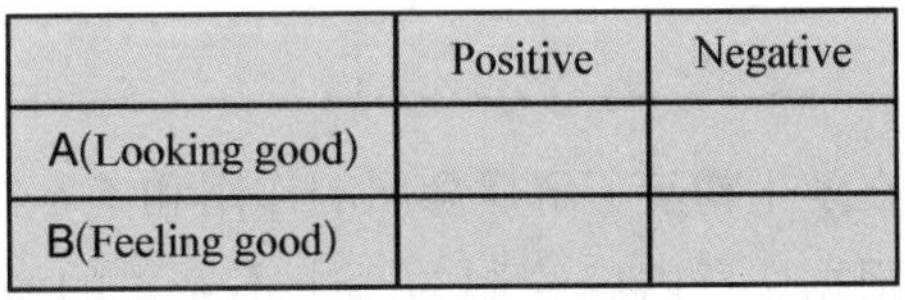

11. KWHL 表:如果学生的学习任务是对阅读内容进行反思,可以使用 KWHL 图。图中的 K 表示"你已知的内容",W 表示"你想知道的内容",H 表示"你怎样能知道得更多",L 表示"阅读后你学到了什么"。

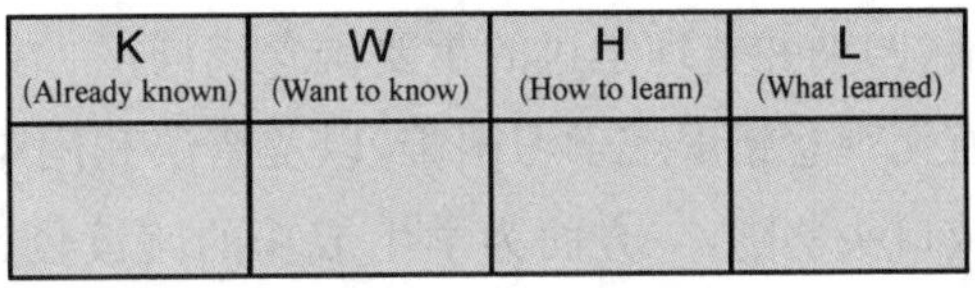

12. 篇章结构图:如果阅读任务是弄清文章或段落的结构,可以使用篇章结构图。

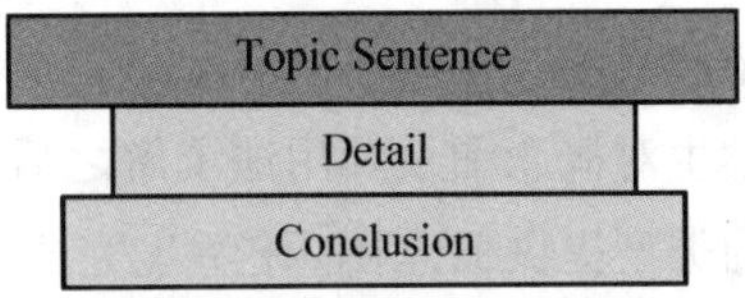

13. 5W 图:如果阅读任务涉及分析故事或事件的人物、事件、时间、地点和原因等要素,可以使用 5W 图。

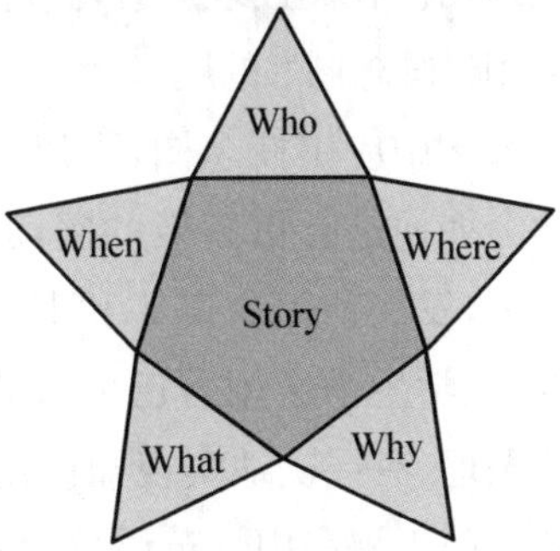

续表

<table>
<tr>
<td>14. 人物特征图：如果阅读任务是要求学生理解作者对人物的描写，可以用人物特征图来加深对人物的了解和认识。</td>
<td>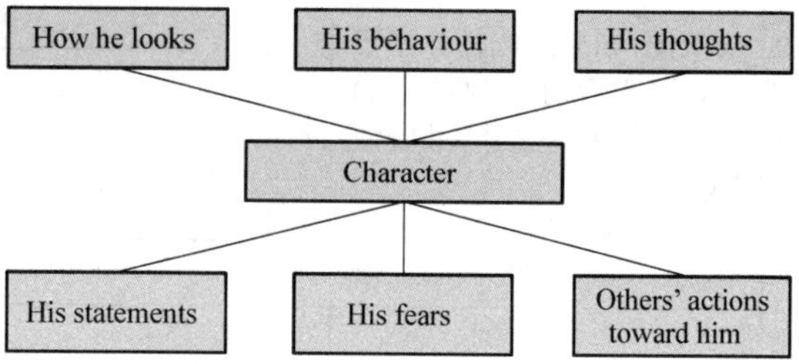
</td>
</tr>
</table>

在学生初步了解概念图的作用和基本图式后，教师给学生提供一篇文章以及根据文章内容绘制的一个不完整的概念图，要求学生完成未完成的部分，然后一起讨论并解释概念间的联结关系和意义。

在学生学习过程中，我们要注意利用头脑风暴法等教学策略，帮助学生激活、归纳并整理学过的重要概念或词汇、语法等，注意了解学生在概念学习上有无观念错误或学习困难，以及错误和困难的原因所在，并且通过讨论、交谈或口头奖励，一方面为学生成功的阅读创造条件，另一方面也帮助学生及时排除学习困难，获得并体验成功。这样，不仅可以改善师生关系，提高学生与老师之间互动的意愿，还可以提升学生的自信心，调动并维持他们学习英语的愿望和兴趣。

在学生对概念图及其用法了解之后，我们可以在日常阅读教学中根据阅读材料的类型提供概念图，让学生完成概念图。这时，概念图是作为学生的学习策略在运用。在阅读理解练习和阅读检测中减少“是非判断题”和“选择题”，增加运用“概念图”的题型。

在阅读教学中应用概念图，可以改善中学生英语阅读学习策略，让学生在阅读中学会如何进行更高效的阅读；在提高阅读理解能力的同时，促进语言知识的学习，发展和提高口头和书面表达能力；可以改善学生的认知方式和认知结构，让学生学会用自己的方式管理、贮存、使用和表述学习内容，让学生学会有条理、有层次地实现知识建构，提高英语阅读理解能力。所以说，运用概念图有助于提高中学英语教学质量。

总之，概念图既是一种教学策略，也是一种学习策略。就概念图的成效而言，有不同研究文献分别支持“教师事先提供概念图”与“学生主动建构概念图”对学生学习所产生的效果。两种做法各有其适用的时机、场合和条件。因此，教师在英语阅读教学中，应视情境与学生学习状况而及时调整和交互使用，以促成学生的有意义学习与教师的有效教学。

10

如何通过报刊阅读发展学生的泛读能力?

一、什么是泛读能力?

泛读,顾名思义,就是广泛地阅读,或泛泛而读,即一般性阅读,意在追求对作品的整体理解以及阅读速度,而不注重一些字句的翻译,也不会逐字逐句地理解文章。和精读不同,泛读是一种比较轻松的阅读,不会给读者太多的阅读负担。

二、为什么要发展学生的泛读能力?

泛读不仅对学生的语言学习和考试非常重要,对于终身学习也有不可估量的价值。泛读可以给学生带来学习乐趣,拓宽他们的视野和获取信息的渠道,让学生学会阅读方法,在提升语言素养的同时,更能促进核心素养的全面发展。

《普通高中英语课程标准(2017 年版)》中语言技能要求必修课程阶段课外阅读量平均每周不少于 1 500 词(必修课程阶段不少于 4.5 万词),而选择性必修则相应提高到平均每周不少于 2 500 词,阶段不少于 10 万词。因此,教师应尽可能从不同渠道,以不同形式让学生接触英语,增加其阅读量,培养其阅读能力。英文报刊能为英语教学提供大量真实地道的英语资源,充分利用这些资源,可以拓宽学习渠道,形成具有个性的学习方法和风格,为进一步发展听说读写技能和形成一定的综合语言运用能力创造机会和条件。

三、如何利用报刊阅读发展学生的泛读能力？

1. 报刊泛读材料的选择

一般情况下，我们应选择难度略低于学生现有水平的材料，尽量减少阅读障碍。生词量控制在百分之三到百分之五。另外，内容贴近时代，贴近学生，有趣有品也是必须考虑的重要因素。以下表格供选材时参考。

表 1　不同年级段学生泛读材料参考指标

年级段	阅读特征	选材
小学低年级	阅读意味着学语言，一切都是陌生的。	教材，绘本
小学中年级	有了一定基础，但是词汇量有限	同步报刊和分级读物，有限选择
小学高年级	有 600 词的基础，且具有一定阅读能力	同步报刊和分级读物，扩大选择
7—9 年级	词汇量逐步扩大到 1600，有阅读基础	同步报刊和分级读物，扩大选择
10—12 年级	词汇量逐步扩大到 3500，阅读基础良好	同步报刊和分级读物，国外报刊

2. 报刊阅读教学活动

(1) 与值日生报告相结合。作为上一节课的家庭作业，老师推荐相关报刊，如《中国日报》《读者文摘》《经济学人》等，让学生课后阅读。然后请学生就报刊文摘做值日生报告。学生做完值日生报告后，老师引导同学们根据所听内容点评值日生报告，最后老师进行简短总结：

That was a quite good daily report and let's start to make some comments on his/her daily report.

To my delight, she/he added some of her/his own ideas to the daily report, which makes her/his report a unique one.

Practice makes perfect. You can never learn English well if you don't use it very often.

学生通过简短的值日生报告，既总结了报刊泛读所获得的信息，又提高了听说能力，也激发了学生的参与意识、求知欲，为下面的新课学习做好了铺垫。

(2) 阅读分享。学生以小组的形式展开合作，向全班同学汇报阅读所得。

第一组四个同学选择的是 *21st Century Teens* 上的“Character debate”（“恢复繁体字”提议引发激烈争论）一文。第一个同学介绍了小组分工情况，做了一些简单的客串；第二个同学向大家汇报了全文；第三个同学汇报了文章中优美句子的赏析和难句解释（用英文解释）；第四个同学列出了文章中出现的新词并给出英文解释和例句。四个同学分工明确，汇报过程中互相帮助，体验了集体荣誉感和成就感，发展了合作精神。

教师可在学生听汇报之前布置两个问题，要求学生带着任务听，可以帮助学生保持学习兴趣和热情。

此外，汇报结束后，教师还可以提问学生：“Besides the content that interests you and the big picture which can grab your attention, are there any other reasons can make you like an article?”（学生发言后，教师可用幻灯片展示下面关键短语）

- interesting stories
- beautiful words and sentences
- well-structured plot
- convincing ideas

……

（3）大意概括。接下来，老师组织“一句话概括”活动，以提高学生的总结概括能力。

以上文提到的“恢复繁体字”一文为例，教师首先呈现幻灯片，列出文章的关键词、关键点等，然后请学生在提示的帮助下尝试用一句话概括文章。

有的同学根据报纸内容汇报了他赞同恢复繁体字的理由，有的同学汇报了他反对恢复的理由，同学们自由发言，发表自己看法。虽然学生们发言中有这样那样的小错误，只要不影响表达主要意思，老师都没有打断他们，而是先让他们顺利表达完，再在后面的总结和点评中悄悄地“润色”前面不够准确的地方。

如果说在传统课程下，英语报刊阅读是个别教师偶尔“换换口味”、在“正规”的课堂教学以外“尝尝鲜”的话，那么，在新课程下，英语报刊阅读就名正言顺地登堂入室，成为一种不可或缺的课程资源。简简单单教英语，扎扎实实促发展，报刊阅读课一定能为提高学生的泛读能力、培养学生的语言运用能力做出更大的贡献。

11

如何通过句子结构分析培养学生的阅读能力?

一、如何理解句子结构分析?

分析就是把整体分为相对独立的部分,然后,说明每一部分的功能与作用。英语句子分为简单句、并列句和复合句。简单句是只包含一个主谓结构的句子。

阅读句子的时候,不管句子有多长,不管是并列句还是复合句,都必须首先分清各句中的主语、谓语(或表语),有的句子中还包括宾语。先提取主干,抓住句子精髓,再看从句和其他部分,理清各个部分之间的关系。

二、为什么要在英语教学中渗透句子结构分析教学?

通过研究时文报刊选读和近年来全国各省市高考试题,不难发现,句子分析能力对阅读理解具有重要的影响。有时会听到学生说:单词基本上都认识,但是看不懂句子。其主要原因之一是缺乏句子分析能力。具备一定的句子分析能力有助于提高阅读能力,促进对文章的理解,句法不清楚,阅读就会受到影响。

可见,仅仅停留在词汇量、阅读量、阅读策略和文化意识等层面还不足以提高阅读理解能力,具备一定的句子分析能力同样十分重要。因此,要提高阅读理解能力,在平时的阅读训练中有意识地渗透句子结构分析教学是一个重要手段。

三、如何在英语教学中渗透句子结构分析教学？

结合前人外语阅读研究的理论和实践，就全面训练学生的句子分析能力，可从以下方面进行尝试（以译林版《牛津高中英语》教材为例）。

1. 训练把握句子主干的能力

（1）划出主语及其谓语动词。

【例题 1】

A survey conducted in 2002 by the Computer Security Institute, a private organization in the USA, showed that 90% of the 503 biggest companies and government departments questioned had had their security systems broken into in the previous year; about 80% of them had lost millions of dollars. (M10, page 50, lines 26—30)

（2）匹配主语及其谓语动词。

【例题 2】

Rapid agricultural and industrial development plus huge population growth has meant that not only is the amount of water taken from the river rising, but the waste being put back into the river has been increasing. (M5, page 38, lines 2—5)

a. development	i. has been increasing
b. the amount	ii. has meant
c. the waste	iii. is rising

本部分的训练目的是培养学生结合语义把握句子主语及其谓语动词的能力，把握了主干便抓住了句子的核心意义，对于理解整个句子具有重要的作用。答案如下：例题 1 中，主句主语是 a survey，谓语动词是 showed；从句中第一个分句的主语是 companies and government departments，谓语动词是 had had，第二个分句的主语是 80 per cent of them，谓语动词是 had lost。例题 2 的匹配如下：a，ii；b，iii；c，i。

2. 训练把握从句与主句关系的能力

（1）读句子，回答问题。

【例题 3】

For a period of about 300 years (from 650 to 323 BC), the Greek civilization made advances in various fields that have influenced the world for more than 2 500 years already, and will continue to do so. (M9, page 18, lines 12—16)

That 引导的从句是什么从句,修饰哪个词(组)? Will continue 的主语是什么?

(2) 在空白处填上合适的连接词。

【例题 4】

One of the founding fathers of the Internet, Vinton Cerf, would no doubt agree ________ international cooperation is key to dealing with cybercrimes, _______ he has said _______ the problem of cybercrime is so huge ______ it requires the United Nations to form a special agency to act as an international referee or steward. (M10, page 51, lines 56—59)

复合句是句子理解的难点,能否抓住关系词、连接词及其功能直接关系到句子理解的成败,本部分旨在培养学生辨别分析主句和定语从句、名词性从句和状语从句的能力。答案如下:例题 3 中,that 引导的从句为定语从句,修饰 the Greek civilization;will continue 的主语是 Greek civilization。例题 4 中,连接词分别是:that, as, that, that。

3. 训练分析非谓语动词短语的能力

比如读句子,回答问题:

The World Intellectual Property Organization (WIPO) defines intellectual property as ideas, which include inventions, writing, artwork, symbols and designs used in business. (M10, page 62, lines 2—4)

这个句子中,used in business 修饰的是哪个词(组)?

非谓语动词短语难以理解主要是因为其功能复杂,位置灵活,理解的关键是结合语义分析其功能,如果作状语,要找出其逻辑主语和谓语动词,如果作定语,要找出其所修饰的中心词,等等。

答案如下:symbols and designs。

4. 训练按意群拆分句子的能力

把下面的句子按意群划分开:

The Western or Roman alphabet/is a Greek invention,/as is the marathon,/which is a long distance race/named for a Greek messenger/who ran/from Marathon to Athens/to report a victory/at the battle of Marathon/ in 490 BC. (M9, page 18, lines 6—11)

划分意群是理解句子的基础,因为句子是由一个个意群组成的,理解了意群,就具备了理解句子的前提。

答案已在句中标出。

5. 训练掌握特殊结构的能力

选词填空:

It was while at the New York School of Art ________ he experimented with different materials such as cloth and plastic in his paintings. (M8, page 43, lines27—31)

A. which　　B. that　　C. when　　D. where

英语中句子千变万化,除了掌握基本的句法知识,还要注意一些特殊的结构,例如强调句、倒装句、省略句等,教学中应该广泛训练这方面的分析能力,拓宽学生的思路,达到举一反三的效果。

答案如下:B。

在培养学生阅读能力的教学中,应该以阅读方法为主,在适当的时候引入句法知识,正确引导学生进行课内外阅读,使他们逐渐达到瞬间自动化运用的水平。尤其在初级阶段的阅读教学中,句子分析能力的培养非常必要。

12

如何依托读写活动发展学生的写作能力？

一、什么是写作能力？

语言能力是英语学科核心素养的核心能力。根据核心素养理论，语言能力主要是指在社会情境中借助语言进行理解和表达的能力，写作能力就是很重要的一种语言表达能力。新课程标准提高了对写作的要求，突出了对谋篇布局、遣词造句、情感表达的要求。

写作能力是对自己的积累进行选择、提取、加工、改造的能力。英语的写作能力是指在输入了一定的词汇、语法、句式结构、语篇的基础上进行再加工后输出一段文字的能力。

二、为什么要发展学生的写作能力？

写作能力与输入密切相关，输入的内容多、表达地道，输出才不会受阻。要想提高英语的写作能力，首先要提高输入的质和量。阅读是输入语言的最好的方式。韦伯在谈到读写关系时指出，阅读从某种意义上说是写的“彩排”，阅读材料为写提供了“彩排”的道具。阅读技能的长足发展，会有效带动听、说、写技能的发展。读和写是相辅相成、相互促进的。学生在写作前如果没有充足的与写作话题相关的语言输入，写作时往往会出现词汇匮乏、结构松散、条理不清、语言表达不地道或无话可说等问题。目前，学生的写作能力不容乐观，的确存在审题不清、表达不畅、布局不合理等问题。另外，在常态教学中，英语的阅读和写作是相对独立的，读写是分离的。这种做法很容易使学生误以为学习课文就是一个解决生词和语法问题的解码过程,而写作仅是构建语法正确的文章的过程,从而忽略"读和写同为意义构建的过程"这一本质,由此导致学生语言输入的质量不高、语言输出受阻。

三、如何依托读写活动发展学生的写作能力?

在读写课中写作活动的设计与专题写作课不同,张伊娜曾提出读写结合,在教学程序上阅读是出发点,写作是落脚点,学生在理解语篇的基础上开始写作活动,同时又在写的过程中强化读的效果。在教学环节上,写归属于读后阶段,要遵循先读后写、由输入到输出、从理解到表达的基本路径。在写作主题与内容上,可以给学生适当的发挥空间,但是要基于文章中的词、短语和句子,避免写作活动成为无源之水和无本之木。

1. 写作任务形式

在常态教学中,写的形式多种多样,常见的有仿写、续写、缩写、改写、写心得体会等。

(1) 仿写。仿写就是仿照文章的体裁、题材、格式,甚至语言点等写一篇文章。例如,《牛津高中英语》模块二第二单元 *An Adventure in Africa* 一文是一封介绍旅游计划的信,这在日常生活中很常见,学生也很感兴趣,教师在布置写作任务时可以让学生仿写一篇。比如给学生布置如下写作任务:

【案例1】

假如你是李平,下面是你今年暑假的旅游计划,请你仿照所学文章,给你的朋友魏华写一封信,介绍一下你的旅行计划。

表1 李平的暑假计划

When to go	Where to go	What to see
July 12th	Ji'nan	Baotu Spring, Daming Lake
July 13th -July 14th	Tai'an and Mount Tai	Sunrise
July 15th	Qufu	Confucius Temple
July 17th	Back to Nanjing	

因为这个写作任务和所学文本相似,表格设计也简明易懂,学生在熟读课文的基础上,写起来不是太难,但也存在两个方面的问题:一是学生根据所

学文本仿写句子,句式结构相似,显得呆板单一;二是将来进行时这个时态容易使用错误,因为这个时态学生平时很少使用,所以容易出错。在教师的当堂点拨和小组合作互评后,大部分学生的习作都比较规范,表达基本准确。

(2) 续写。续写指从原文出发,遵循着原文的思路,继续延伸、拓展原文。续写前,要做到熟读原文,故事情节烂熟于心,准确把握人物性格,透彻理解全文旨意。如果原文以记事为主,续写部分应该是事件的自然延伸,做到中心事件不变,叙述人称不变,也就是依照原来的叙述角度,围绕中心事件来续写新的情节。如果原文以写人物为主,续写部分人物的性格特征必须与原文一致,即使人物性格有发展变化,也要合情合理。续写有利于培养联想力和想象力。如《牛津高中英语》模块二第二单元 *Boy missing, police puzzled* 一文,讲的是孩子失踪后,人们有很多猜测,有的人甚至认为是被外星人带走了,使得警察感到很困惑。故事最后没有交代结尾,只是说事情还在进一步调查中,学生对这样的话题很感兴趣,教师可以让学生充分发挥想象,根据最后一段的提示,布置学生续写结尾。续写任务要求如下。

Give an ending to the story. All endings are acceptable. The following questions can get you thinking:

- All the people are concerned about Justin's disappearance. What do you think might have happened to him?
- Was he in danger? If he were taken away by aliens, how do you think they would treat him?

写作任务布置后,学生对这个很有挑战性的话题很感兴趣,讨论很积极,很热烈,他们充分发挥自己的想象,各显身手,给出了不同的故事结尾,表现出丰富的想象力和创作能力。写完后小组内进行简短的交流,彼此分享自己的 surprising ending。

(3) 缩写。缩写是将内容较多、篇幅较长的文章按一定的要求写成较短的文章。缩写时应忠于原文,不改变原文的主题或中心思想,也不改变原文的梗概。其实就是我们常说的 summary。例如,以《牛津高中英语》模块二第二单元的 *An Adventure in Africa* 一文为例,可以让学生进行缩写,写作要求是这样的:

请根据所学内容,将课文缩写成一篇短文。要求:① 概括文中的要点,不得遗漏；② 语言连贯通顺，字数不得超过200。

这个写作任务其实是要求学生用笔头简要复述课文。读写在同一节课完成是有困难的，通过阅读文本，学生的脑海里要有一个很清楚的线路图，然后加上适当的连词写成文章。因此教师在阅读的环节要注重这方面的训练，可以先给学生一个线路图：London → Morocco → Kenya → Tanzania → China；再给出活动计划流程图：take a flight to Morocco → ride camels through the Sahara Desert → travel down the River Nile → see wild animals in Kenya → climb Mount Kilimanjaro in Tanzania → go to the Himalayas，搭好写作支架，降低写作难度。

(4) 改写。改写有很多种，可以改变文体、改变语体、改变人称、改变句式等。以《牛津高中英语》模块一第二单元课文 *Home Alone* 为例，这是一个短剧，教师可以要求学生改写为一篇记叙文。学生要熟读课文，了解课文的故事梗概，掌握文中的一些句式结构和词块，才能写出忠实于原文的好文章。写作要求是这样的：

以"Home Alone"为标题，将所学的戏剧改写为一篇记叙文。

要求：① 不改变文章原意；② 不丢漏文中重要情节；③ 字数在150个左右。

这个写作任务要求学生要注意的是将文章的很多直接引语改为间接引语，还要注意人称时态的转换，根据故事的发展顺序，不遗漏故事情节。通过课堂巡查，发现大多数学生可以很好地完成写作任务，但也有一小部分学生有混用时态的现象。经过教师指导、小组合作修改后，均可达标。

(5) 写心得。根据文章的特点，我们也可以采用写心得体会的方法，一般有思想性、有教育意义的文章可以采用这种方法。如2013年江苏省高中英语教学观摩研讨会上有读写课的观摩，课文的题目是"What Is Life"，是一篇追忆性文章，介绍主人翁 Rose 87岁上大学的励志故事。教师在教学此课时，就采用了这种形式。其中一位老师是这样布置写作任务的：

Write a speech based on the structure below. The opening sentence has already been given. (100 words)

Part One: A brief instruction to Rose

Part Two: What you have learnt from Rose?

Part Three：Your understanding of life.

Rose Helps Me Grow Up

Dear everyone，

Today，I feel greatly honored to be invited here to share with you my memory of our friend Rose. ______________________________

教师给出了具体的写作要求，文章分为三个部分，第一部分其实是对所读文本的概括，考查学生的总结概括能力，第二、三部分就是要求学生写心得感受。这样的写作任务既巩固了学生对文本内容的理解，又提升了思想内涵，恰到好处。由于写作内容紧贴学生实际，学生有话可说，所以写起来得心应手，出现了一些优秀的习作。

(6) 开放式写作。这里所说的开放式写作是指教师不给学生具体的内容要求，学生可以按照自己的意愿写，题材、体裁不限，但要使用本课中学过的重要语言点，意思完整、语法正确就可以。如在 2013 年江苏省高中英语教学观摩研讨会上，Z 老师在教学《牛津高中英语》模块六第一单元课文 *Stand Up For Your Health* 时就采用了这一形式。文本词汇涉及了 tease，amuse，come up with，stand up for，whatever 等，Z 老师是这样布置写作任务的：

Write a short passage using at least 3 key points we've learned today.

这个开放性作文要求很简单，只需要用到课文中所学要点就可以了。学生都发挥了自己的想象，校园趣事、国家大事、明星八卦都有写，最后展示环节很精彩。但也存在不足，写作要求用至少 3 个语言点，很多学生满足于只用 3 个就完成任务了，因此习作显得太简单，叙述事情不太深刻。

2. 写作活动的设计应该遵循的原则

第一，写作活动的设计要注意与课文的关联性。美国教育学家舒伯特指出，教科书中的阅读是"写作素材的聚集地、语言现象的展示厅、语法规则的剖析室和文章体裁的示范本"。

第二，写作活动的设计要注意文本词块的回归性。写作活动的设计要回归文本词块。写作词汇的丰富程度离不开词块的积累。作为语法、语义和语境的集合地，词块可以直接被整体储存或提取。因此，教师在文本解读时要有意识地注意文本词块的输入，把词块作为输入的基础，这样可以提高学生学习的效率。

第三，写作活动的设计要贴近学生生活，注重创新性。语言的学习离不开生活。我们在平常的教学中不难发现，学生总是对那些与他们的生活紧密相连、趣味性很强的知识感兴趣。可以说离开了具体的生活，语言教学就成了“空中楼阁”。因此教师设计写作任务，在考虑文本的同时，要选择学生感兴趣的、有新鲜感的、有创新性的、思想积极向上的话题，这样学生在输出时才能有话可说，表达顺畅，课堂进展也会很顺利。一个有创意的写作设计无疑会给读写课加分。

第四，写作活动的设计要注意支架搭建的有效性。支架式教学模式是基于建构主义理念的核心教学模式之一，教师要依据学生的具体情况提供适时的帮助、指导和必要的信息渠道，随着学生的进步与发展，逐步减少帮助，培养其独立解决问题的能力。在读写课教学中，教师从一开始就要注意写作支架的搭建，在学生进入写作前，教师适时、巧妙地搭建支架会助学生“一臂之力”，促进写作顺利完成。

第五，写作活动的反馈要注意评价的及时性。写作纠错反馈（written corrective feedback）是指对学习者所写的有语言错误的文章给予反馈。有布置就该有反馈，反馈的过程也是师生交流的过程。在读写课上，写作结束后就及时反馈效果最好。反馈的方式有多种，一般可以采取抽查展示、小组交流、两人一组交流等方式，在反馈后教师不能忘记了评价，评价的方式也很多，比如教师口头评价、笔头打分，学生小组评价、相互评价等。由于读写课任务重，容量大，如课上不能及时反馈，可以先收上学生习作，教师批改后在下一节课上展示评价。

写作学习具有发展学生的思维能力和表达能力的独特作用，同时也是衡量教学效果的标准之一。在读写结合的写作教学中，文本解读、相关语言知识学习是其主要目标，写作任务或活动是用来让学生练习或检测阅读文本中目标语言知识的，是学生内化并输出语言知识的重要手段。我们要在充分解读文本的基础上，立足文本，提炼语言，精心设计写作任务，关注学生生活实际，有效搭建写作支架，及时有效地给予评价，做到输出与输入的完美结合。

13

如何运用主题词块发展学生的写作能力?

一、什么是主题词块?

学习者心理词库中的词语并非杂乱无序,而是按照某种语义联系构成组织严密的词语网络。围绕某一主题、以语义联想为中心的词汇教学可能比孤立的离散的词汇学习更加有效。主题词块就是围绕某一话题的词块组合。

二、为什么要运用主题词块发展学生的写作能力?

在写作课引导学生围绕话题综合运用主题词块是词块理论在英语教学中新的尝试。教学中,教师通过帮助学生建构相关话题的主题词块语料库,对重要词块强化训练,最终达到在话题情境中综合运用主题词块的教学效果。学生在写作前积累、整合了主题词块,为写作奠定了语言基础。在写作时学生能根据话题迅速提取,缓解了写作的紧张和焦虑,语言表达更丰富、流畅,语言输出的质量得到较大提高。现以《牛津初中英语》(译林版)9A Unit 5写作课教学片段为例,介绍如何通过主题词块的复现归类、巩固操练,帮助学生提高写作能力。

三、如何运用主题词块发展学生的写作能力？

1. 自由会话中复现词块

写作前，通过头脑风暴，帮助学生复现电影类型名称、描述和评论电影的形容词和词块，构建了电影话题的语料库，为学生谈论最喜欢的电影类型、猜测老师最喜欢的电影类型等语言输出做好铺垫。从学生在信息差任务中的语言输出可以看出，主题词块的复习归类降低了学生语言表达的难度，增强了学生运用语言交流和完成任务的自信心和成就感。

(1) 头脑风暴，复现电影类别名称。

教师以幻灯片呈现各种电影海报图片，让学生以抢答的形式说出电影类型名称：action films，science fiction films，documentaries，comedies，romantic films，western films，cartoons，horror films，war films ...

(2) 回忆特征，复习介绍电影的词块。

① Action films are about dangerous or exciting events. They may ________(对青少年有坏的影响).

② Horror films are full of horror and mystery. They are ________(不适合儿童).

③ Romantic films ________ (讲述美丽的爱情故事).

④ We can ________(了解很多关于自然历史和真实生活的事件)from documentaries.

⑤ Science fiction films ________ (以想象故事为基础) about the future.

(3) 整合归类，积累谈论电影的词汇。

① 说出描述电影和评论电影的形容词：imaginative，creative，________ ________.(幻灯片投影，学生大声朗读：great，wonderful，famous，funny，perfect，excellent，moving，amazing，scaring，frightening，exciting，relaxing，interesting，boring，attractive，unrealistic，childish，...)

② 小组讨论并说出描述电影和评论电影的词块：tell beautiful love stories，________.(幻灯片投影，学生大声朗读：make people relaxed/cry/laugh，learn a lot about nature，history and real-life events，be suitable for all ages，be good for children，be based on imaginative stories，be full of horror and mystery, make people feel scared, tell stories about exciting events, have a bad effect on teenagers ...)

(4) 联系实际,谈论最喜欢的电影。

【案例】

A: What is your favourite kind of film?

B: I like documentaries. I can learn a lot about nature, history, and real-life events.

A: Do you like cartoons?

B: No, I don't like cartoons at all. I find them childish and boring.

2. 小语境中练习操练主题词块

写作是一个创生的过程,不仅需要主题词块的积累,还需要灵活运用主题词块的能力。在写作教学中应坚持以用中学、学中用的原则处理重要主题词块:以情境引出典型句子(聚焦意义)——引导学生根据例句总结归纳规律(聚焦语言形式)——在新情境中运用(聚焦语言形式和意义)。意义与形式兼顾的教学方式有利于学生更好地掌握重要词块,为写作做好能力的准备。

(1) 回顾课文,复现重点词块(以 devote ... to sth. /doing sth. 为例)。

T: Audrey Hepburn is remembered as a great humanitarian, why?

S_1: Because she worked closely with UNICEF in the last few years of her life.

S_2: Because of her efforts in charity.

S_3: Because she devoted much of her time to charity.

T: She devoted much of her time to helping poor children.

(2) 朗读比较,总结用法,聚焦语言形式。

教师将含有 devote 的两个例句呈现在幻灯片上,引导学生总结归纳词块用法:devote 后面通常接名词或者动名词。

(3) 设计语境,引导运用,聚焦语言意义。

通过教材中 Reading 内容的问题引出 devote ... to ...,然后学生朗读比较几个例句,自己归纳总结用法,即 devote 后面通常接名词或者动名词。在此基础上,让学生谈论袁隆平、莫言等自己感兴趣的人物以及自己将来想致力于从事的工作或事业,并且在情境中运用 devote ... to sth. /doing sth.

表达观点，聚焦语言形式的同时聚焦语言意义。

【案例】谈论水稻之父袁隆平

T：Do you know Yuan Long-ping，the father of rice? What does he devote his time to doing?

S：He devotes his time to studying rice.

【案例】谈论诺贝尔文学奖获得者莫言

T：Yuan Long-ping devotes his time to studying rice. What about Mo Yan?

S：He devotes his time to writing.

【案例】谈论将来

T：What will you devote your time to doing?

S_1：I will devote my time to working in the western part of China. I will try my best to help the poor children there.

S_2：I'm interested in designing fashionable clothes，so I will devote my time to learning how to design different styles of clothes.

学生在语言输出的过程中对词块知识进行内化整合，在实际情境中提高词块运用能力。在真实、互动的情境中，学生不是被动地学习，而是主动地参与、协商、沟通、交流，学生的思维和求知欲被大大激活。

3. 在任务活动中运用主题词块

在激活、充实主题词块后，教师应基于相似话题创设综合运用主题词块的情境任务。以如下写作为例：

如皋电影协会将举办一届电影节，需要从你们中选一些志愿者，请介绍你对于电影的了解，你最喜欢的电影以及你最喜欢的电影明星。在文章中尽量使用以下词块：not only ... but also，put one's effort into，devote ... to，be honoured with ...等。

写作时提醒学生注意根据段落、语句之间的逻辑关系，恰当运用连接词，增强语篇的连贯性。

Dear Sir，I am writing to recommend myself as a volunteer for the First Rugao Film Festival.

...

Yours sincerely,

×××

经过在口头和笔头任务中灵活运用话题主题词块,不同层次的学生都能有词块可用,有话可写,都能体验用英语表达的积极情感体验,真正体现了面向全体学生的教学理念,为学生的可持续发展搭建平台。

14

如何通过餐垫式小组活动提升初中生的英语写作能力？

一、如何理解餐垫式小组活动？

餐垫一般都为长方形，主要起到装饰和隔热的作用。由于在小组活动中使用的纸张也是大的长方形纸，故命名为“餐垫式小组活动”。

餐垫式小组活动(placemat activity)是以目标设计为先导，以彩笔和纸张为工具呈现学习内容，以小组活动为基本教学形式，以小组成员探究性、自主性、合作性活动为主体，以达到高质量的英语课堂教学效果为目的的一种富有创意和实效的教学策略。

二、为什么要通过餐垫式小组活动提升初中生的英语写作能力？

《义务教育英语课程标准(2011 年版)》对初中生写作提出了五级的目标要求，即能根据写作要求，收集、准备素材；能独立起草短文、信件等，并在教师的指导下进行修改；能使用常见的连接词表示顺序和逻辑关系；能简单描述人物、事件；能根据图示或表格写出简单的段落或操作说明。而在实际的教学中，笔者发现写作一直是学生的薄弱环节。尽管教师耗尽大量时间和精力指导、批改、讲解学生的作文，但却收效甚微。学生作文里拼写错误、用词错误、语法错误依然如故，句式单一、结构松散、中式英语比比皆是。究其原因，主要在于我国英语写作教学大都采用的是写作成果教学法，即根据写作的最终成品来判断写作的得失成败，往往忽视了学生的能力和活动，忽略了学生在写作前、写作中以及写作后的活动，极少关注学生的认知风格，阻碍了学习者的个性发展，学生主要是被动接受知识，运用知识进行交际的机会较少。

餐垫式小组活动使用纸张、彩笔和随意的表现手法，它不同于以往的课堂教学形式，在很大程度上激发了学生的参与热情。学生通过小组讨论、互相学习等合作方式，寓“静”于“动”，一方面能克服写作恐惧，另一方面可以帮助学生发挥合作精神，从“孤军奋战”到“群策群力”。在此过程中，学生内隐的思维过程外显，使其更容易被监测、评估，使教师更有针对性地采取对策，从而对症下药，提高课堂效果。而这种生生互动、师生互动的写作方式也促使学生的主动性和创造性得到充分发展，从而能有效地提升学生的写作能力。

三、如何利用餐垫式小组活动提升初中生的英语写作能力？

1. 合理分组

根据对学生英语学习能力、已有英语水平和个性的了解，并参考班级学生人数，如全班有 48 个学生可分成 4 人一组的 12 个合作学习小组，为了易于管理，设置了如下的座位模式：

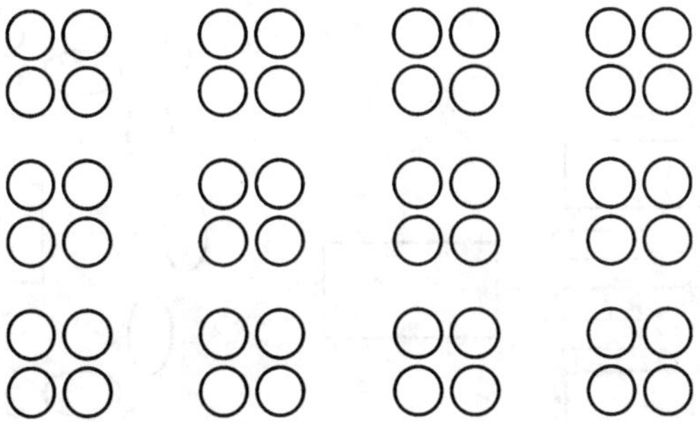

图 1　餐垫式小组活动座位安排模式

2. 活动前指导

在准备小组活动的过程中，教师仅仅鼓励学生彼此合作，或安排一定的合作程序，并不足以保证小组成员进行高效的合作。只有当他们具备了一定的合作技能时，小组活动才能顺利开展。尤其是当面对一种新型的小组活动模式时，小组合作活动进行前的培训工作就尤为重要。以笔者为例：

笔者首先会向学生系统介绍餐垫式小组活动的具体操作形式，让每个学生明确操作流程。然后，向学生介绍小组的划分和每个角色的职责（不断轮换）。要使小组活动顺利、高效进行，那么每个小组成员在小组活动中和他人的密切合作就是关键，因此，教师要特别向每个成员强调如下要求：勇于对别人表达自己的观点，也要注意聆听他人的想法；鼓励他人参与，也要积极回应别人的鼓励；能够主动询问原因，也能向别人说明缘由；能够接受别人的意见，也能够晓之以理，说服他人。

3. 活动具体案例

从语言教学的角度来看，无论是写文章还是口语对白，最主要的目的是交流、表达自己的思想和观点。在写作开始前，应该给学生就写作题目进行小组讨论的机会，通过讨论，加深他们对题目的认识和理解，学会集中不同的见解，捕捉恰当的观点，并形成写作的基本框架结构以指导写作。而餐垫式小组活动就是在小组讨论的基础上确定写作的基本框架，并依此进行写作的一种模式。

在实际的操作过程中，可建议学生借助如下图表整理写作框架，这种形象生动的图形式框架易于吸引学生，而且能使要表达的思想一目了然。

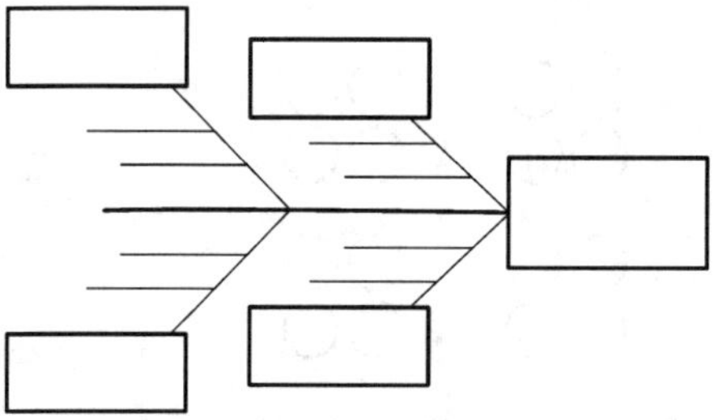

鱼骨形（fish bone）

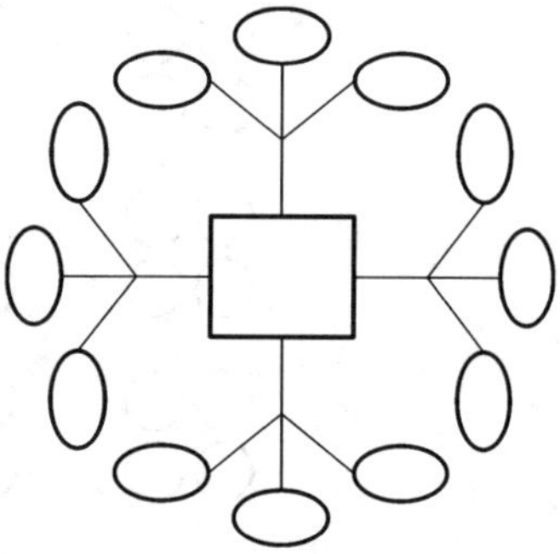

花形（flower）

图 2　图形写作框架示例

以 9A Unit 1 Task 的写作任务——写一封推荐信为例，学生列出了如下写作框架：

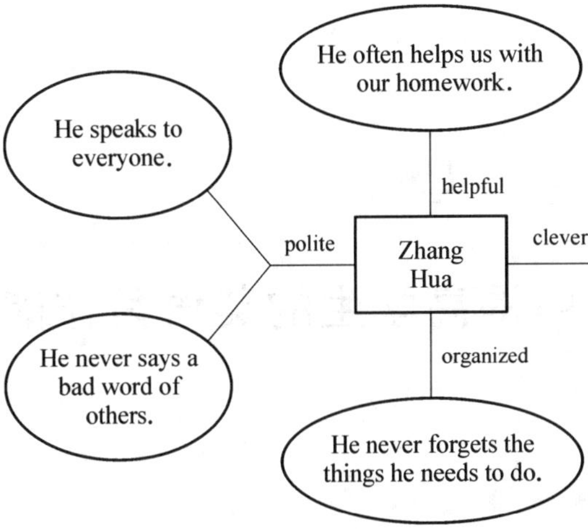

图 3 花形写作框架学生实践示例

4. 成果展示

在小组合作完成“餐垫”后，每个小组成员按照写作框架完成写作，然后在组内进行互评和自我修改，最后定稿。课后，将每个小组的“餐垫”成果和相应写作成果张贴在班级的墙上，供学生们课后交流，并评选出“最佳餐垫”写作。这种方式无形中增强了学生的重视程度和课堂参与的积极程度，同时也强化了各小组间的竞争意识，从而提高了小组活动的质量和效果。

餐垫式小组活动不同于以往的课堂教学形式，在很大程度上激发了学生参与写作的热情，是学生们非常喜爱一种教学方式。活动过程中小组成员间和小组间密切沟通和交流，获得了自然交际和使用语言的机会，提高了学生应用语言的能力，促进了思维的深度思考，体现了以学生为中心、以人为本的教学理念，符合英语核心素养的四维目标。

作为现代教学的一种形式，餐垫式小组活动在写作教学中的应用有利于激发学生的学习兴趣和学习动机，让学生真正在学习实践中学会学习。同时通过合作式的交流，发挥同学间相互感染、相互启发的教育作用，让学生在主动参与的活动中完成合作意识的内化与写作能力的提升。

15

如何在课堂教学中提高学生的英语写作能力？

一、如何理解英语写作能力？

英语写作能力包括凝练主题的能力、遣词造句的能力和谋篇布局的能力，可以从单词拼写与标点符号的使用、语法运用的恰当程度、写作的内容、表达的逻辑性和创造性等方面进行评价。好的作文一般内容清楚连贯、结构完整、逻辑性强、主题突出、用词及文体恰当，有一定的创造性。

二、为什么要提高高中生的写作能力？

英语写作能力的培养是中学英语教学的重要内容之一，是衡量学生语言输出能力和运用能力的主要手段。高中英语新课程标准也对学生写作技能提出了明确的要求，然而，写作教学一直是外语教学中的一个薄弱环节，体现在教师重视程度不够、分配时间不足，学生作文语法错误较多、表达不够准确、逻辑不够清晰，等等，高中生的写作质量亟待提高。

三、如何在课堂教学中提高高中生的写作质量？

建议教师在日常教学中，从以下几个方面开展课堂教学活动，提高学生写作质量。

1. 结合课文教学，指导写作技巧

结合所教课文，在读后活动中指导学生首先应认真审题，分析材料，确定写作的体裁、格式、时态和人称，注意要点，构思文章的整体结构，列出提纲；

写的过程中,要明确表达文章主题,内容全面,选择熟悉的单词和句式,尽量使用多种句式,例如倒装句、强调句、主从复合句以及含有非谓语动词、虚拟语气、强调结构和警句格言等的较复杂句式,搭配高级词汇以提升文章的档次,增加文章的亮点,同时正确使用衔接语。检查时应注意要点有无遗漏,单词拼写有无错误,标点符号、大小写、时态、语态、人称以及过渡词是否正确,等等。

2. 在读后任务中强化运用训练,减少语法错误

要提高学生遣词造句的能力,经常进行组词造句和组句成段的训练。在词汇教学中,要引导学生重视词汇的搭配和使用语境,加强同义词、近义词的辨析。要求学生牢记五种基本句型并反复运用,抓实基本功训练。

除了让学生通过复述、缩写、改写课文等方式训练其写作能力,提高其语言运用的准确性,还可以从课文中选出一些重要的词组让学生编写成短文。要为学生提供大量写作机会,开展形式多样的写作训练,例如英语征文比赛、书信竞赛等活动,让学生接触不同形式的写作文体,提高语言运用能力。

3. 通过泛读活动增加语言输入

语言输入是语言输出的基础。进行大量的阅读,学习地道的表达有助于学习者语言输出时减少本族语语言习惯、思维方式的干扰。教学过程中要给学生提供难易适中的阅读材料,使学生不断地积累词汇、优美语句和习惯用语,体验英语语言的写作方式。要引导学生增加课外阅读量,推荐阅读《21世纪报》等杂志或报纸,培养学生的语感,了解不同的文体和写作方法,从而养成良好的英语思维习惯。

4. 注重语篇教学,训练逻辑思维

谋篇布局属于语言生成计划的第一步。一些教师在写作教学中过于重视语言知识的传授,只教语法规则、单词词组、常用句型、写作格式等,花很多精力去修改学生作文中的表层语言错误,忽视了逻辑思维能力的培养。阅读课教学时,教师应对语篇结构进行分析和讲解,即文章观点如何组织,以何种形式连接,先理清作者思路,然后找出各段中心思想,最后注意段与段之间的连接。

5. 培养英语思维,减少母语负迁移

学生写作时在很大程度上会受到母语负迁移的影响,经常用汉语的思维

方式遣词造句,机械地逐字翻译,比如“happen many changes”(发生很多变化)就是典型的中式英语。教学中应该尽可能地向学生介绍英汉之间在思维方式、语言表达、风俗习惯、历史背景等方面的差异,多渗透英美文化元素,让学生多阅读原汁原味的语言材料,背诵原汁原味的短语句型,这些均有助于学生学会用英语思维,克服写作中的母语负迁移现象,使他们不犯或少犯中式英语的错误。

6. 感知人文情怀,发挥人文功能

《普通高中英语课程标准(2017 版)》指出,英语课程具有重要的育人功能,旨在发展学生的核心素养,落实立德树人根本任务。英语具有交际功能和人文功能,英语教学应该既要体现语言的工具性,又要体现语言的人文性。语言是文化的重要载体。教学时英语教师应该注重在发展学生英语语言运用能力的过程中,渗透英美文化元素,补充中外文化差异内容,让学生广泛阅读原汁原味的语言材料,背诵原汁原味的短语句型,了解不同地区、不同民族的文化习俗。帮助他们学习、理解和鉴赏中外优秀文化,坚定文化自信,形成正确的人生观、世界观和价值观。

7. 利用反馈评价,促进英语写作

反馈评价有利于培养学生对学习负责的态度,看到自己取得的成绩和存在的不足,更好地反思学习过程,具体措施如下:① 学生自评与修改。写作完成后,要求学生仔细检查格式、单词和语法、句子表达、开头结尾是否正确,要点是否齐全,词数是否适中,等等。② 学生互评与修改。首先由教师进行改前指导,然后安排同桌互改、同学互改或小组互改,最后自己再进一步修改。③ 教师反馈与讲评。有学者曾提出,反馈并不一定要“更正”学生的作文。为了培养独立的作者,你可以为学生提供总结性评语,指导他们找出问题所在,自己去改正。

教师应该对学生文章的内容、结构和语言等方面进行点评,写出评价意见,还要重视课堂讲评。可以投影学生作文,让学生找出好的短语、句型等亮点,以及语法、词汇、句法等错误之处。可以摘录一些有共性问题的句子,让学生找错、分析原因并且订正。此外,对篇章结构和写作技巧进行指导,培养学生的谋篇布局能力,尽量对学生的作文进行面批。最后,选择若干篇优秀文章在教室里张贴出来,既能让作者体会到成就感,又能为其他同学提供学习的平台。

总之,写作质量的提高是一项长期积累的系统工程,不可能一蹴而就。教师应灵活运用过程教学法(process approach)和结果教学法(product approach)两种教学方法,有效地结合听、读、说的训练,使学生掌握词汇、语法和语篇等基础知识,培养用英语思维的习惯和能力,训练写作技巧,给予及时的反馈和合理的评价,经过一段时间的积累和实践,学生的英语写作质量一定能够提高。

16

如何在语法教学中通过语篇语境发展学生的语用能力？

一、如何理解语法教学中的语篇语境？

语篇(discourse)是实际使用的语言单位，可以是对话，也可以是独白，可以是书面语，也可以是口语，是交流过程中的一系列连续的语段或句子所构成的语言整体。语篇由一个以上的语段或句子组成，其中各成分之间，形式上互相衔接(cohesion)，语义上互相连贯(coherence)，自然构成了语境。

语境，指使用语言时的环境。狭义的语境即口语中的"前言后语"，或书面语中的"上下文"。广义的语境既包括语言因素，也包括非语言因素。除了前言后语或上下文，时间、空间、情景、对象、话语前提等与语词使用有关的都是语境因素。

二、为什么语法教学要通过语篇语境发展学生的语用能力？

一句话有它的意义，其中包括不依赖语境的语义意义(semantic meaning)和说话者在语境中传达的语用意义(pragmatic meaning)(程晓堂，2013)，英语教学本质上是英语的语用教学。语用，离不开语境，因为语境是理解、解释、建构话语信息的必要参照，是语言运用的环境，是正确理解语篇的前提。语篇建构了语境并发生在语境中。

仅在单句层面上学语法，通过简单、机械的句型操练在语言形式上做文章，无法培养学生的语法意识和语法敏感性。英语语法的有效教学应通过精心的选材，把语法放在真实的话语篇章之中，然后通过精湛的教学设计，让学生探索它在语言交流语境中的实际意义,感受语法规则的作用并通过环环相扣的教学活动加以运用,逐步让学生内化、掌握这些规则,自然灵活地运用这些规则,有效地完成语用交际任务,"润物细无声"地习得语法,实现英语语法有效教学的目标。

三、如何在语法教学中通过语篇语境发展学生的语用能力?

下面结合某校Z老师为全市高二教师开设的Module 6 Unit 3 Grammar Unreal conditionals公开课,阐述语篇、语境和语用在英语语法有效教学中的作用。

1. 自由交谈,创设语境

【情境A】

— Since it's Christmas Eve tonight, if you are free, what will you do?

— If I am free tonight, I will ...

【情境B】

— If you were Santa Claus, what would you do tonight?

— If I were Santa Claus, I would ...

T: Is it possible that you are free tonight? It is a real condition, so we use present tense in "if" clause and simple future tense in the main clause.

T: Is it possible for you to be Santa Claus? So this condition is unreal. When talking about something that is imaginary or not real, we use special verb forms. We call these unreal conditionals.

在这个片段中,老师利用Christmas Eve和Santa Claus为语法项目的学习创设了时间语境,也创设了文化语境。在这样的语境中学习非真实条件句,无论是输入还是输出,我们往往出于交际的语境和目的使用特定的语言形式。换句话说,语言不仅仅需要语法正确,还要语境正确,以实现其语用意义,也就是功能。在这样的语境下,Z老师的课堂导入开门见山,简洁明了,真实有效。

2. 依托语境,感知语法

(1) 以自由交谈的方式呈现"与现在愿望相反"的虚拟语气。

T:Do we have a Christmas holiday in China?

S:If I had a Christmas holiday now, I would visit Australia.

T:If you had a Christmas holiday now, where would you like to go?

S:If I were in Australia now, I would go surfing. What about you?

接下来,Z老师引导学生观察并感悟与现在愿望相反的虚拟语气语法形式。

T:What's the structure of the unreal present conditionals?

(2) 用同样的方法渗透"与过去愿望相反"的虚拟语气。

T: You see, life is not always perfect. Even President Obama has regrets. Last Christmas, he was so busy that he missed the family party.

If he had been free last Christmas, he wouldn't have missed the family party.

If he had spent Christmas with his daughters last year, would they have been happy?

I also have regrets. My students in Finland invited me to spend Christmas with them. But I had no holiday. If I had been free last Christmas, I would have visited Santa's Village.

再次引导学生感悟与过去愿望相反的虚拟语气语法形式并回答。

T:What would you have done if you had been free last Christmas?

(3) 用同样方法渗透、感悟"与将来愿望相反"的虚拟语气,并造句如下:

T: As we know, tomorrow will be Christmas. If it were not Christmas but the end of the world tomorrow, what would happen to people?

① If the houses all over the world collapsed tomorrow, people would be buried.

② If the houses all over the world were to collapse tomorrow, people would be buried.

③ If the houses all over the world should collapse tomorrow, people would be buried.

Z老师通过Christmas这一话题主线和语篇情境,在虚拟的语境中逐步引出现在、过去和将来的虚拟条件句的用法;一个话题语境主线串起了虚拟条件句三种结构形式,并让学生一步步地感悟归纳语法结构。

3. 依托语境,操练语法

之后,老师组织学生就三个结构进行书面操练。三个部分的练习形式多样,有单选、完成句子、翻译、句型转换、造句等。可在练习中引入经典高考题目,使练习难点突出,效度更高;也可要求学生当堂完成课本的对话填充练习。

4. 依托语境,运用语法

为了增加操练的趣味性,利用 Christmas 这一语境,Z 老师安排学生就近自由组合,用抽签的方式要求学生用虚拟语气完成下面其中一个任务。

【Task 1】Make a dialogue: Love you forever

【Task 2】Have an interview

【Task 3】2013 Christmas plan

要求学生关注语言的形式、意义和功能,并鼓励学生用恰当的语言形式建构语义连贯的语篇,学以致用,提高语法学习的有效性。看看下面的两个片段,就可知学生们在语篇语境中运用虚拟语气的语用水平。

【片断 1】

If I were the host of this party, I would organize it in the open air at Christmas. Should it rain that day, we would have it at the school auditorium just in case. A big Christmas tree will be taken into account. Without lovely colorful lights flickering on and off, there would be no feelings of festival. However, it is necessary that we should put some beautifully-packaged gifts under the Christmas tree.

【片断 2】

A short Christmas address for the party:

"My dear friends, welcome to the fantastic Christmas party held here! Firstly, let's thank our performers and party service personnel here on behalf of all the present. Without their hard work, this party would not have been so successful. If they had not put so much time and energy into the preparation, how could we have been enjoying such a fabulous celebration of Christmas?"

这一堂课依托语境教学虚拟条件句,实现了语法教学"形式+意义+使用"三个方面的融合。学习活动深得学生喜欢,因为有了语境,他们有话想说;在话题语境中学习了虚拟语气,有话会说。小组合作进行评价,学生边玩边学,形成竞争,课堂气氛也因有了思考、讨论和交流而变得活跃灵动起来,从而有效地提升了课堂教学质量和效益,把此节语法课推向了高潮。

17

如何培养学生在特定的语境中运用语法的能力？

一、什么是语法能力？

语法能力，通俗地说，就是能正确使用语言规则的能力。

二、为什么要发展学生的语法能力？

具体的句子是无限的，但语法的规则却是有限的，运用有限的语法规则可以造出无限合格的句子来。

学习语言是为了更好地进行听、说、读、写等语言实践活动。而语法能力与这四种基本能力息息相关。没有语法能力，就不能有效交际，就不能准确地理解与表达。

三、如何发展学生的语法能力？

1. 在语境中教语法的步骤

(1) 创设有意义的语境。语法知识是抽象的、枯燥的，因此，在英语语法教学中必须化抽象为具体，把某一知识点具体化为学生既熟悉又感兴趣的素材，广泛利用图片、实物、动作、简笔画、歌曲、游戏等直观手段呈现语法。教师要利用语境，通过大量直观、形象、富有交际性的语言活动来对语法的关键之处进行指导和操练。

(2) 在语境中理解语法的形式和意义。语言存在于特定的情景中，语法的形式和意义往往由语境决定。教学中，要引导学生通过观察、分析已获得的感性认识，归纳和概括语法的特点和意义，有效地帮助交际任务的实现，最终实现培养学生实际运用语言能力的目标。

（3）在特定的语境中学习使用语法。教师要设计一系列活动，使语法点与交际性情景结合起来。而有些不易呈现的移动情景在现代媒体的帮助下突破了时间和空间限制，通过场景的快速切换，有效地调动和控制学生的注意力，先帮助他们形成直观的表象，再设计一些有一定信息沟的会话练习，唤起学生的求知欲。

2. *在语境中教语法的原则*

（1）在语境中呈现语法意义，用语境化的例句来帮助学生理解语法的形式和意义。

（2）教师解释语法是用母语还是英语？因地制宜，因人而异。个人建议总的原则是：尽可能使用英语，必要时（如提及语法术语）使用母语。

（3）如何概括语言规则？归纳法为主，演绎法为辅，必要时交替使用。简要概括即便有时欠准确，但对于学生学习而言，比烦琐的语法定义更有效。

3. *在语境中教语法的实践案例*

学习语法的目的是在语篇水平上使用语法。关于这个问题，我们可以参照下表设计活动，在语篇水平上培养学生在特定的语境中运用语法的能力。

表1　开展“语境化”的语法教学案例

Situation	Topics	Notions & functions	Grammar	Vocabulary
Getting to know someone	Hobbies	Inquiring information, greeting	Interrogative forms	Sports, leisure activities
Reporting an accident	Road accidents	Narrating, describing	Past tense	Road, car, drove (street scene)
Shopping	Clothes	Making requests	Modals: would could	Clothes, adjectives of color, size, etc.

【案例 1】让学生感知一般过去时

在介绍了一般过去时的结构之后,教师给学生布置任务:

Read the following story and underline the verbs in past simple tense.

Once upon a time in an old forest, there was a poor wood cutter cutting wood by the lake. One day, his axe accidently fell into the lake. The poor wood cutter didn't know how to swim, so he could do nothing but sat by the lake and prayed to the lake goddess.

The lake goddess heard his prayer and appeared before him.

"What's wrong, my good man?" she asked.

"Help me!" Said the wood cutter, "I'm very poor, and I lost my only axe. If I don't get my axe back, my family will starve to death, please help me!" He cried.

Then the goddess glanced at the wood cutter, "Very well," she answered, "You should have your axe back."

After a while, the goddess brought out an axe made of gold from the lake.

"Is this your axe, my good man?" Asked the goddess.

"No," Said the wood cutter, "That is not my axe."

Then the goddess brought out a silver axe, the wood cutter said that wasn't his axe again.

The third time, she brought out the wood cutter's axe. The wood cutter was very happy and said, "This is my axe, thank you very much."

At the end of the story, the goddess was very pleased with the wood cutter's honesty. He didn't tell a lie, so that he can get the gold or the silver axe, he just wanted what he deserves. So the goddess decided to give both the gold and silver axe to him. The wood cutter sold the axes, and became a kind rich man.

The moral of this story is, honesty is the best policy.

这是让学生在语境中感知语法、理解语法的活动。教师让学生在语篇中接触语法一般过去时，并通过活动阅读并在一般过去时动词下划线的方式，让学生在关注语法意义（focus on meaning）的同时，将他们的注意力有意识地引导到关注语法形式（focus on form）上来，使得感知活动更加有效。

【案例 2】基于语境的操练

Say something about John after the model.

John walked for a long time in the sun. He was thirsty.

He drank tea but he didn't drink coffee.

在这个活动中，学生自己说出句子，虽然这些句子是按照教师预设的（根据例句），但是毕竟是在有意义的语境下使用合适的语法结构表达正确的意思了。

【案例 3】练习使用条件句

S_1：If you had one million dollars, what would you do?

S_2：If I had one million dollars, I would ...

教师给出例子，引导学生发挥，使用的词汇和要表达的内容由学生自己定，从而扩大了学生在语境中使用语言的自由度，学生使用语言的行为更加真实。

【案例 4】基于结构的写作

教师给学生一幅图，图上有很多人在做不同的事情。学生要用学过的现在进行时描述这张图。

在这个活动中，教师通过图片给学生一些线索，让学生更加自由地使用语言结构。

在实践中，语法学习的活动形式非常丰富。但是，只有那些能让学生在语境中学语言、用语言的学习活动，才算好的或者有效的学习活动。

18

如何运用词块理论发展学生的词汇能力?

一、什么是词汇能力?

英语词汇能力一般包括三个层次。一是词汇的理解能力。词汇的理解能力有广度和深度之分:广度是指词汇量的多少,深度是指理解词汇的一词多义、文化内涵及语用含义等。二是词汇的应用能力。语用能力通常被理解为在特定的语境下得体使用语言以实现交际目的的能力。提高词汇应用能力,就是要引导学生在词汇理解的基础上,在听说读写中灵活运用词汇。三是能够有效运用词汇学习策略。词汇学习策略是指提升词汇理解和运用能力的策略。

二、为什么要发展学生的词汇能力?

词汇能力对学生的语言能力有很强的解释力,是语言能力的基础,一些语言学家发现,语言交际并不只是通过传统的词汇来实现的,而是通过可以借助语法规则自由组合的单词和不能用语法规则解释的固定短语来实现的,这些语义较固定的各类形式的词块在自然话语中占到90%。众多研究者发现,本族语使用者之所以能够流利地运用自己的语言,在很大程度上依赖于对词块的掌握。用词块理论来指导高中英语的教学,可使语言形式易于习得、易于记忆、易于使用。因此,词块理论可以提高学生的词汇能力。

词块(lexical chunks)是指以固定或半固定预制模块形式存在于人类大脑词汇记忆库中的,被人们在实际言语行为中频繁使用的,在语义、语用、语言认知和话语结构等方面具有特定语言生成能力的多词组合。根据该定义，我们不难发现，词块既有别于惯用语，又不同于自由搭配。惯用语的结构一般不容许有变动，因而缺乏创造性的语言生成能力空间；自由搭配则属于临时组合，缺乏预测性，不利于掌握；而词块则介于两者之间，是一种半固定搭配，是形式与功能相对应的组合，具有语言生成能力及相对稳定的语用功能，受到较强的语境制约。

三、怎样运用词块理论提高词汇能力？

1. 在“听”中的运用

“听”在英语学习的四种技能中被列为首位，学习语言只有通过大量的“听”的输入，才可能有“说”的输出。没有听说，也谈不上读写。而对于第二语言的学习者来说，如对所听内容里的许多习惯用语或表达不了解，听起来就比较难了。而词块能有效降低语言习得的难度，如在听力教学中使用词块进行信息加工会更省时、省力。以《牛津高中英语》模块六第四单元 Task 板块中的听力为例，本部分听力的内容是关于泰国北部山区孩子生活情况的新闻报道，内容较多，包括问题和形成原因两个方面。在放听力内容前，教师先出示下面的表格，让学生朗读一遍，读完后学生对即将听到的两方面内容便一目了然。

表 1　听力训练任务辅助材料示例

Problems	As you can see ... The result is ... As a result, ... As I said earlier ... and so ... This means ... A common problem is that ... Another problem is that ...
Causes	This is because ... Unfortunately, ... because ... because of ... as ...

然后将听力中出现的较难的词块列出:live in very poor conditions, get hold of, cut down, raise animals, lack of fresh water, concentrate on learning, bring up ...并做适当的解释,再让学生朗读两遍,试着用这些词块进行造句练习,然后再进行听力训练。这样,就为学生听懂内容扫清了障碍,降低了难度,听的效果非常好。

2. 在“说”中的运用

语块教学不仅有助于提高语言的流利性,也有助于提高学习者的语言地道性。我们英语里的一些日常用语本身就是词块,但在教学中我们却经常听到学生说出让我们“不能接受”的句子,如“Good good study, day day up.”等,原因之一就是词块知识不足,所以提高学习者语言流利性和地道性的关键就是进行词块教学。以《牛津高中英语》M6 Unit 4 Task 板块中的 Skills building 2: discussing in groups 为例,本话题讨论的是如何提供建议、征求意见、表达态度和总结,在教学中可让学生分组讨论我们说这种话题时常用哪些词块,然后把学生讨论的结果综合起来板书到黑板上:

(1) 提供建议时我们常说:

- I think it ...
- I believe that ...
- I suggest that ...
- I would like to suggest that ...

(2) 征求意见时我们常说:

- What do you think?
- Do you have any suggestions?
- Does anyone have any other suggestions?
- Can you suggest ...?
- Would you like to ...?

(3) 表达态度时我们常说:

- I agree/disagree because ...
- I can't agree more ...
- In my opinion ...

- To me ...
- That's great.
- Unfortunately, I don't think that will work.

(4) 总结陈述时我们常说：

- So to summarize, our group has decided to ...
- In conclusion, we have decided to ...
- We can draw a conclusion that ...
- In a word, we ...

有了这些词块积累，学生立即开始分组对话，每个学生都很积极，都感觉有话可说，气氛非常活跃，所编的对话也都运用了上面所列的词块。下面是学生所编对话的摘选：

S_1: We have just listened to the news report about the poor children in northern Thailand. I am sorry for them. What do you think we can do to help them? Do you have any suggestions?

S_2: I would like to suggest that we help by offering some books to them. I'd like to donate some of my books.

S_3: That sounds like a good idea. I suggest that we make an announcement telling the students in our school about the life these children have. We can call on all the students to donate some of their books.

S_4: OK, that's great! I would love to.

S_1: I'm sorry but I don't think so. They won't be able to read the books because they don't understand Chinese. Maybe we can give them some English books. Does anyone have any other suggestions?

S_3: In my opinion, we can help them by raising some money.

S_4: That's good. We can also suggest giving them some clothes. I have many old clothes that I no longer wear. I think I can give them to the children there.

S_2: I can't agree more, but how can we send these clothes to them?

S_3: We can go to a shipping company later and ask if they can help to ship these things there.

S_1：OK，in a word，we've decided to raise as much money as we can and donate English books and old clothes to them ... Now，let's discuss how we can do it

3. 在"读"中的运用

词块在语篇宏观组织上的作用可让学习者更好地从整体上把握语篇，了解语篇的衔接与逻辑组织关系，从而促进对整个语篇的理解与产出。传统的结构法注重语法规则却忽视语言的具体运用，而交际法则是注重语言的具体运用却忽视语法规则。词块教学避免了这两个极端，把语法规则与语言的具体运用教学结合起来。用词块理论指导阅读课教学，可以化解文章的难度，理清文章的脉络，省时、高效。以《牛津高中英语》模块十第四单元 Reading 板块的 *The Fight Against Cybercrime* 一文中的第二小节为例：

Cybercrime is a relatively new term that refers to any computer-related criminal offence. The Council of Europe has classified online crimes into four categories. Firstly，the council lists crimes related to security，such as hacking (illegally accessing other people's computers and files through an Internet connection) and spreading computer viruses. Secondly，it notes crimes that are not specifically computer-related，meaning that they can be committed with or without a computer，an example of which is fraud，a crime where money is stolen by cheating others. Thirdly，the council mentions websites with offensive content，or websites encouraging hatred and violence. Lastly，it identifies those offences relating to breaking intellectual property and copyright laws.

在教学这一段时，可给学生设计这样 5 个任务，让学生小组合作完成。

【Task 1】找出能反映本段大意的中心词。(categories)

【Task 2】仔细阅读并摘录本段的词块。(refer to，classify into，be related to，commit crimes，break intellectual property and copyright laws，firstly ... secondly ... thirdly ... lastly.)

【Task 3】找出意思比较接近的几个重要的动词(list，note，mention，identify)

【Task 4】找出主要的连接词。(firstly ... secondly ... thirdly ... lastly)

这四个任务完成后,学生发现原本深奥的文章层次清晰、易于记忆。于是给了第 5 个任务:

【Task 5】根据所摘录的词块复述课文或口头自编一篇短文。

学生准备的时间只有 5 分钟,各组派代表踊跃展示,效果出乎意料地好,这样就改变了传统的逐字逐句讲解的办法,利用词块理论把文章难度降低。学生合作学习,积极性高;老师点拨指导,轻松愉快,教学效果好。

4. 在"写"中的运用

词汇短语比起单个的单词,有较强的语用功能,而且语言的产出并不是一个受制于语法规则的词汇的产出过程,而是大量词块或是词汇短语的提取和运用的过程。由此可见词块理论在"写"中的运用更为突出,词块具有语言生成能力,不同类型的词块组成词库,词块的不同组合就形成了句子,进而组成连贯的篇章。以 2006 年高考英语书面表达(江苏卷)为例:

据报道:2008 年北京奥运会将选拔约十万名志愿者。请你以"Dos and Don'ts for the 2008 Olympic Volunteers"为题,用英语写一篇短文,讨论志愿者应该做什么,不应该做什么。短文应包括下表中的内容:

表 2　Dos and Don'ts for the 2008 Olympic Volunteers

Dos	Don'ts
待人礼貌友好	避免不得体的言行
坚守岗位	不忘自己的职责
介绍中国历史文化	不损害祖国形象
如果你成为志愿者,你还应该做什么,不应该做什么(内容由考生自己拟定)	

注意:

1. 对所给要点,不要简单翻译,要有适当发挥。
2. 词数 120 左右。短文中已写好的部分,不计入词数。
3. 参考词汇:image(形象)。

在写文章之前应先列出本文所需的词块:

- 据报道(It is reported that)
- 2008 北京奥运会(the 2008 Olympic Games in Beijing)
- 对……友好(be polite and friendly to sb.)
- 与……相处融洽、关系好(get along well with/be on good terms with)
- 避免做……(avoid doing sth.)
- 来自世界各地(from all over the world)
- 坚持岗位(stick to one's own posts)
- 履行职责、做分内之事(do one's bit/do one's duty/fulfill one's own responsibility of the post)
- 提供优质服务(offer good services)
- 满足合理需求(satisfy any reasonable needs)
- 乐意做(be/get ready to do/be willing to do)
- 向……介绍…… (introduce ... to sb. /make ... known to sb.)
- 对……有危害(do harm to)
- 有幸……(have the honour to do)
- 努力做(make every effort to do)
- 遵纪守法(follow the law and discipline/obey the law and regulations)
- 与……交友(make friends with)
- 尽力做(try one's best to do sth.)
- 抓住机会(take the opportunity to do sth.)

然后用适当时态扩展成句:

- It is reported that about 100,000 people will be chosen as volunteers for the 2008 Olympic Games in Beijing. What should the volunteers do and what should they not do?
- They should be polite and friendly to the athletes and visitors from all over the world, and avoid improper behaviour.
- They should treat the athletes and visitors from all over the world in a polite and friendly manner, without any improper behaviour.
- They should avoid any improper behaviour, treating the athletes and visitors from all over the world in a polite and friendly manner.

• They should stick to their posts, offering good services, satisfying any reasonable needs and being ready to help those in difficulty, and never fail to do their duty.

• They can offer good services, satisfy/meet any reasonable needs, and get ready to help those in difficulty.

• They should introduce the Chinese culture and history to foreigners so that they may know China better and never say or do anything that harms the image of our motherland.

• They should introduce the Chinese culture and history to foreigners, instead of saying or doing anything that harms the image of our motherland.

• If I have the honour to be chosen as a volunteer, besides the above, I will work hard and creatively, but never be lazy.

• I will follow the law and discipline, but never break them.

• I will take the opportunity to make friends with the athletes and visitors, and help make the 2008 Olympic Games a great success.

最后加上句子框架和引语：firstly, secondly, thirdly 等，连句成篇：

It is reported that about 100,000 people will be chosen as volunteers for the 2008 Olympic Games in Beijing. What should the volunteers do and what should they not do?

Firstly, they should be polite and friendly to the athletes and visitors from all over the world, and avoid improper behaviour. Secondly, they should stick to their posts, offering good services, satisfying any reasonable needs and being ready to help those in difficulty, and never fail to do their duty. Thirdly, they should introduce the Chinese culture and history to foreigners so that they may know China better, and never say or do anything that harms the image of our motherland.

If I have the honour to be chosen as a volunteer, besides the above, I will work hard and creatively, but never be lazy. I will follow the law and discipline, but never break them. I will take the opportunity to make friends with the athletes and visitors, and help make the 2008 Olympic Games a great success.

按照这样的思路来写作，学生的错误会减少，卷面也会很整洁，文章整体层次清楚，语句通顺连贯，自然得分就很高。

“词块是语法、语义和语境的统一体”，词块理论在我们高中英语教学中有很大的指导作用，越来越多的研究者认为，学习语言成功的关键是对大量词块的掌握。因此，我们在英语教学过程中要充分体现、发掘词块的潜能，带领学生对词块化的语言词汇予以足够的“注意”，并对其进行词块化“加工”处理，力争让学生做到语言信息的词块化“写入”、词块化“存储”以及词块化“写出”，将词块教学当成一条主线贯穿于语言教学的各个阶段。

19

如何利用单元主题词汇提升学生的词汇运用能力？

一、什么是单元主题词汇教学？

单元主题词汇教学是指在整体语言教学的理念下，强调在不同情境中运用主题词汇。在单元教学中先确定一些主题词汇和句式，在课文教学时以设置话题情境、绘制主题词表等形式进行输入，以复述、演讲、写作等方式进行输出，在单元其他课型以不同的情境复现并运用主题词汇。这样的教学方式还可以提高学生的写作能力。

二、为什么要实施单元主题词汇教学？

受传统教学的影响，词汇教学大都脱离语篇而孤立地进行。词汇学习仍采用机械读背的方法，导致学生词汇能力偏低，表现为：存储散乱、提取速度偏慢、混淆运用近义词等。重知识轻能力、词汇量不足、词汇知识与社会文化语境及生活实际联系不紧密是当前词汇教学的主要问题。

三、如何实施单元主题词汇教学？

1. 导入主题激发兴趣

比如，利用进入九年级上册第一单元的第一课时突出单元主题“Know Yourself”，渲染氛围，并把词汇学习与主题结合起来。教学时，可由中国生肖导入，引出西方星座名称。接着介绍各星座下人物的性格特征，引出性格、品质形容词的学习。然后借助谈论漫画人物突出主题句式并学习更多描写人

物性格的形容词:

- It's nice of Hobo to bring ...
- What's Hobo/Eddie like? Why?
- Hobo is nice/clever/... He eats Eddie's food.
- Eddie is lazy... He asks Hobo to bring the newspaper to him.

学生尝试用主题句式描述两个卡通人物,并猜测他们的星座:

- It's clever/selfish of Hobo to eat Eddie's food. I think he is a Gemini.
- It's lazy of Eddie to ask Hobo to bring the newspaper to him. I think he is a ...

以此为例运用主题句式,复习使用更多性格形容词(可以处理Vocabulary板块的内容)谈论自己的同学、朋友、老师、父母。学生一直运用主题词句描述着熟悉的人物并猜测他们的星座,兴致盎然,为Reading板块的学习做好知识准备,对接下来的单元学习充满期待。

2. 优化输入输出方式

课文是单元语言输入最重要的材料,词汇是阅读的基础。教师要考虑让学生在有意义的语境中理解新词汇,再创造机会和条件让学生多次听、读和运用这些词汇。

(1) 情境呈现主题词句。利用图片创设情境可以迅速激活学生的已有经验,使学生在情境中体验、学习主题词汇。

第一,语境呈现、以旧引新。如"The players have a lot of energy. They are ...",以此呈现"energetic, creative, selfish, practical"等词。通过语境,如"He never listens to others. He is ... He believes he can do well. He is ... He stops the player and shows the red card in time. He is ...",以此呈现"stubborn, confident, fair"等词。学生经过一定的预习,通过教师提供的图片、语境等感悟了生词,熟悉了音形义。

第二,谈论简述、初步运用。由于学生熟悉所给人物,谈论和描述比较真实,参与积极性很高。学生的学习不再简单地停留在主题词的音形义层面,在教师的引导下,能有意识地运用所学主题句式。学生通过情境输入深度加工主题词句并尝试输出,学习起到了较好的效果。

(2) 绘制主题图表建构图式。学生通过概念图、表格等，更容易看出文本的脉络。由于本课文是由 12 个星座的人的个性品质的段落组成，相互之间联系不是很紧密，故采用表格形式(见表 1)：

表 1　十二星座主题词汇

Dates of birth	Star signs	Characteristics	Behavior
Apr. 21—May 21	Taurus	stubborn	don't give up easily
Jul. 23—Aug. 22	?	generous	buy your friends nice gifts
…	…	…	…

表格提取了各星座的人物的个性品质形容词和相应行为的词块，为复述做好准备。图表可用来开展有意义的练习活动，例如，教师继续提供一些学生熟悉的人物和星座，让学生用主题词汇猜测他们是什么样的人：

T：Messi is a Cancer. What's he like?

S：It's stubborn of him not to give up easily.

(3) 设计任务拓展运用。在对主题词汇进行了单句练习后，再次引导学生正确认识星座：

The article says people born under Capricorn are often successful. Do you agree? What characteristics are good for us to succeed? What's your dream? How can you make it come true? Please make a speech!

Key points：your star sign，what your star sign says about you，your dream，your friends' advice and your action

学生经过讨论，认为成功的关键不在于星座是什么，而在于自己的努力，从而归纳出成功需要的品质，如"creative，imaginative，clever，hardworking，out-going，confident"等。课后要求学生把演讲稿写下来，要点为："what your star sign says about you，what you are like，what your dream is，what action you will take"。

3. 聚焦主题词汇形式意义

语法课活动要紧扣单元主题，引导学生在输出时使用主题词汇，注意语言形式。

(1) 话题谈论。笔者以学校生活为谈论话题，播放了校运会接力赛的录

像片段,让学生用主题词句谈论运动员的表现。提示:

active and energetic, take part in the relay race

careful, not to drop the stick

warm-hearted, cheer for the runners

...

T: What do you think of the runners?

S: They were active and energetic. They took part in the relay race.

It was active and energetic of them to take part in the relay race.

谈论后连贯叙述,可让学生继续自由谈论本班运动员。由于是发生在生活中的事情,学生能积极参与,体验运用英语交流的快乐。

(2) 聚焦形式。由于本单元的主题句式"It's + adj. + of sb. to do sth."与"It's + adj. + for sb. to do sth."容易混淆,本课有必要比较两种句式的含义。笔者呈现学校科技节学生做的航模图片并提问:

T: What do you think of Jin Tengyu? Why?

S: He's clever/creative/practical. He can make a model plane.

接着引导学生运用学过的相应句式练习归纳人物特质:

That is, it's clever/creative of him to make a model plane.

4. 综合运用主题词汇

《牛津初中英语》的 Integrated Skills 板块旨在在单元话题背景下,在听说读写中训练主题词汇,以输出为主。但由于时间限制以及教师对教学目标的理解偏差,在实际教学中仅剩为听说练习,结果 speak up 部分往往虎头蛇尾,写作练习在综合技能课基本被忽视。教学中,可优化听力练习的活动,增加 post-listening,对 speak up 部分重新设计,采取说写结合,以增加主题词汇的输出形式,增加训练的综合性、趣味性、挑战性。

本课听的部分先阅读一则对 Millie 本月运气的预测"What will happen?",再听一段根据生肖预测的广播节目和根据星座预测运气的录音,帮助 Millie 完成一份记录。说的部分是一段谈论新学生会主席人选是否合适的对话。针对课本出现了两则星相预测,在听完录音后,设计听后活动。

T: Do you believe Millie will have success at school this month? Why?

How can we have success at school?

Ss：She won't have success because no pains，no gains.

It's impossible for her to have success without hard work.

We should be hardworking/patient/energetic/careful/...

T：So we all agree it's important for us to have good characteristics if we want to have success. Here's a chance to have success. The Students' Union in our school needs a new chairperson. Who is suitable for the post?

听后讨论让学生对星相预测有了正确认识，且回忆了本单元的主题词句。

5. 写作输出主题词汇

Main Task 是单元的中心任务，需要综合运用主题词汇。本单元任务是写一封推荐信，推选一名学生当学生会主席。首先，运用主题词汇完成流程图与推荐信范文，继而用同样的方法推荐一位学生。教学时，组织学生头脑风暴，列出当学生会主席需要的品质，如“confident，organized，helpful，clever，hard-working，outgoing，energetic，patient”等。通过讨论确定几个最重要的品质并说明理由。

接着，由学生自主完成流程图，把品质、能力、事例进行搭配，提醒学生注意如何绘制流程图，如何使观点表达更清楚、有力。课本范文较少用本单元主题句式，因此在完成流程图后，引导学生丰富句式表达。

20

如何用好教材中的 Word Power 板块发展学生的词汇能力？

一、什么是词汇能力？

英语词汇能力包括三个层次。一是词汇的理解能力。词汇的理解能力有广度和深度之分。广度是指词汇量的多少，深度是指理解词汇的一词多义、文化内涵及语用含义等。二是词汇的应用能力。应用能力通常被理解为在特定的语境下得体使用语言以实现交际目的的能力。提高词汇应用能力，就是要引导学生在词汇理解的基础上，在听说读写中灵活运用词汇。三是词汇的学习策略。词汇的学习策略是指提升词汇理解和运用能力的策略。

二、为什么要发展学生的词汇能力？

词汇是语言的基础，是语言的建筑材料。没有词汇的积累就无法清晰地表达意思，进行有效的交流。词汇量直接影响到语言表达的丰富性和准确性。目前高中英语教学存在很多问题，主要表现在：第一，死记硬背，词文脱离；第二，机械练习，缺乏策略。这些最终导致学生的搭配和使用能力较差。

三、怎样利用教材发展学生的词汇能力？

1. 认真分析教材，注意“度”的把握

有的板块有大量不太常见的生词，让学生产生了畏难情绪。对于这些词汇，建议教师采用高频词表来选择词汇教学内容。

2. 构建"真实的"词汇教学环境，使学生生动、活泼、主动地学习词汇

"一个情境便是一个整体。"英语词汇的学习，主要在于吸收、积累语言，习得、积淀语感，从而形成理解和运用语言文字的能力。Word Power 板块从本质上说是词汇的教学，而学生要真正地掌握词汇就必须完成从领会意义到真实情景下的运用这一跨越。"不管用什么方式来学习词汇，都要学以致用。只有在语言使用(包括听、说、读、写)中才能深化和巩固词汇知识。"

例如，《牛津高中英语》模块一第一单元 Word Power 板块涉及的是有关学校设施的词汇。笔者在教学设计时，考虑到高一的学生刚刚入校不久，对自己的学校还不是很熟悉且充满了好奇心，因此学生会乐意谈论自己的学校。首先给学生展示了校园中各项设施的实物照片，学生在惊叹校园美丽、建筑宏伟的同时，积极地学习目标词汇。然后，把学校平面图展示在学生面前(以此取代教材中提供的虚拟平面图)，并布置任务：假设你想从教学楼去食堂吃饭，再直接从食堂去实验楼上课，你会选择哪条路线？同学们发言踊跃，不仅很好地操练了新学词汇，还巩固了之前所学的有关"giving directions/ways"的句型。学生们在本节课的学习过程中，始终充满了热情和兴趣，不仅锻炼了听说能力，还进一步增进了对学校的了解，增加了学生对学校的热爱。

3. 化"静"为"动"，以游戏激发兴趣

苏联教育家科罗廖夫说过：有趣味、有吸引力的东西使识记的可能性几乎增加一倍半。既然 Word Power 板块的词汇不要求学生"四会"，我们就可以利用能激发学生兴趣的方法，如趣味游戏等让学生反复训练，事实证明这样的"不考查"的效果，比"考查"还好。以模块六第一单元为例，本单元的主题是"words used in play scripts"，我根据词汇的内容让学生做了一个"word guessing"游戏，每个组选派两人，一个负责描述，一个负责猜词。学生激情高涨，很快掌握了本课所学的词汇。

4. 在运用中扩展词汇量

Word Power 板块的设计目的之一就是通过介绍英语单词的构词方法(合成、派生、转化等)，帮助学生对所学的单词进行归纳，从中发现规律，同时，根据这些规律向他们介绍更多的符合这些规律的生词。学生懂得了构词法，就可以举一反三，为他们终生学习英语奠定基础。以 M6 Unit 2 为例

(What is happiness to you),本单元的 Word Power 讲了同义词、反义词,可以向学生介绍构词法:① Prefixes and suffixes;② Synonyms and Antonyms。如图 1 所示:

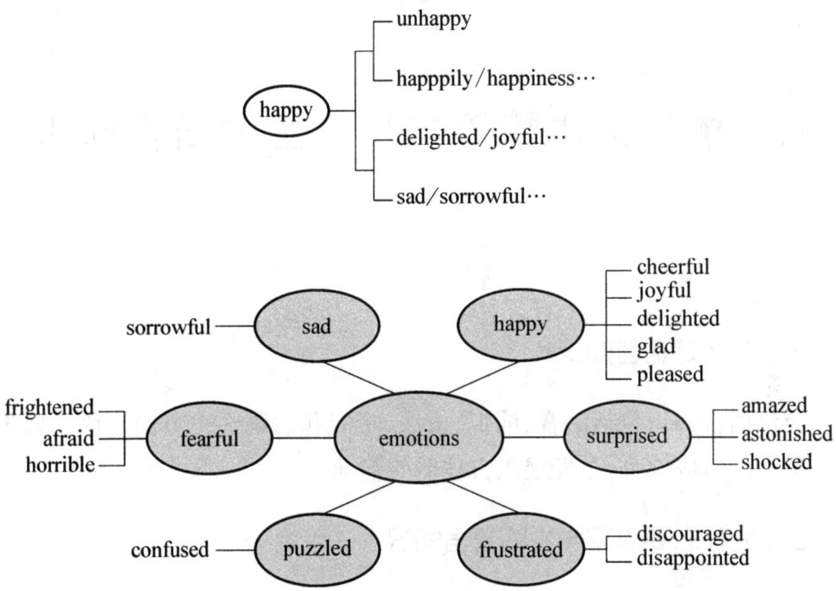

图 1　构词法示例

通过上图,给学生总结了词缀、同义词和反义词以及一些形容词的构成方式,学生积极配合。

《牛津高中英语》中 Word Power 板块的设计充分体现了新课程标准的理念,该板块是学生扩大词汇量、学习构词法的主要途径,教师应该在教学设计上多花工夫,采取灵活多样的教学方法,激发学生学习词汇的兴趣,创造真实或相对真实的情境,注重培养学生在学习过程中的合作、参与意识,让学生克服词汇学习的瓶颈问题,从而为他们终生学习英语打下良好基础。

21

如何依托文本情境丰富学生的语言知识?

一、什么是语言知识?

英语语言知识包括语音、词汇、语法、功能和话题几个方面。语言知识是语言能力的组成部分,是发展语言技能的基础。

二、为什么要丰富学生的语言知识?

语言能力是英语学科素养的核心能力,丰富学生的语言知识就是提高学生的语言能力。外语教学理论认为,语言知识与语言技能是同步发展的,语言学习既是学习知识的过程,也是发展技能的过程。语言知识和语言技能既是语言教学的内容,也是语言教学的目标,语言知识和语言技能是不可分割的。而目前,语言学习存在的一个显著的问题,是许多学习者虽然词汇量很大,但仍不知如何恰当地将它们用于口头或文字表达之中。这就是语言知识和语言技能的脱离,语言学习成了无源之水,无本之木,不能形成技能,也违背了英语学科核心素养的培养目标。

三、如何在文本情境中丰富学生的语言知识?

杨玉晨(2002)指出,词汇量的大小与语言的理解和使用能力并不成正比,因为词义不是静态的,是因语言场景的不同而变化的。这就告诉我们,语言知识要基于语用,要在情境中学习语言知识。下面以一节省级观摩课为例,谈谈怎样依托文本情境丰富语言知识。

本节课的执教者是来自省重点中学的Z老师，教学内容是《牛津高中英语》M6 Unit 1 Reading板块第二课时语言知识课。文本的标题是“Stand Up for Your Health”，主要是讲喜剧的定义、喜剧的种类、喜剧名家以及喜剧的好处等，词汇涉及“tease，amuse，come up with，stand up for，whatever”等。与常态的语言点课不同，Z老师巧妙地通过复习课文呈现文本语境，然后又巧妙地创设新的语境，指导学生灵活运用所学语言和技能，并以写的形式输出，用词与衔接都显得自然流畅，水到渠成，输出的效果也很好，教学片段及分析如下。

1. 巧妙引导，带领学生迅速进入文本情境

和学生打招呼后，Z老师在幻灯片上出示了一个礼盒，向同学们介绍按照传统，上门拜访要给主人带份礼物，并给了四个暗示，要学生猜测礼物是什么。

T：It is a tradition for Chinese to bring a gift to their host. I think my gift is a little surprising，and I want you to guess what it is.

- Hint 1：Everyone has it.
- Hint 2：It is a natural sound.
- Hint 3：It will bring you some wrinkles if you do that too much.
- Hint 4：It can shorten the distance between people.

Ss：Laughter.

T：Yes，laughter is my first gift for you.

【分析】在学习中，认知的内驱力是学习强有力的内部因素，这种内驱力是由好奇心、探究倾向等心理因素派生出来的。Z老师独具匠心，先由自己是外地人，到新地方，按照传统习俗要给主人带个礼物为切入口，说要给学生一个很特别的礼物。这种导入方式较为新颖，符合学生的年龄特征，而且巧妙地引出了该课的话题laughter，一下子吸引了学生的注意，也活跃了学生的思维，很自然地把学生带到了课文的情境中，也为下文的词汇讲解做好了铺垫。

2. 一箭双雕，从文本情境中提炼语言

Z老师接着引入上一节阅读的内容，引导学生根据课文回答几个问题，并按要求填空：

(1) What is stand-up?

It is a kind of comedy that is done on stage by a comedian who may

________ an audience member.（tease）

（2）How many types of stand-up are there?

There are ________ ________ ________ different styles of stand-up comedies.（a variety of）

① Some comedians tell jokes about the way people ________ or about daily life.（behave）

② Others rely on visual humors ________ by objects or personal experience.（inspired）

③ Yet others ________ tricks.（play）

④ The last kind of comedians does impressions to ________ ________ ________ the well-known person.（make fun of）

（3）Who is introduced?

________ ________.（Bill Cristal）

（4）Why is he famous?

One ________ why he became famous ________ ________ he is very quick thinking, and is able to ________ ________ ________ new jokes about the people and the things around them. Therefore, he has the ability to ________ people all over the world.（reason, is that, come up with, amuse）

（5）What is the reason for the long lives of the comedians?

________ the reason, the English saying '________ ________ ________ ________ ________' may be true after all.（Whatever, Laughter is the best medicine.）

（注：括号内为参考答案）

【分析】如果把一个单词的形式及其功能特征的综合体置于一个完整的词汇环境中来学，学起来就比较容易。而词汇最好的环境来源于教材。因此教师在引出文本之后，顺势对文本进行进一步复习，以简单的回答问题形式，出示答案时将重点词汇设空以引起学生注意，而这些词汇正是本节课要解决的重点内容，让学生在第一时间体会这些重点词汇在课文中的语境，既复习了课文又引出了重点词汇，可谓一举两得，一箭双雕。

3. 创设情境,进一步拓展词汇用法

教师在引出本节课的重点词汇后,开始各个击破,逐一深度解析词汇用法。由复习环节里的最后一句话"Laughter is the best medicine.",引出第一个语言点 tease:

T: Laughter is the best medicine. Laughter is everywhere. Laughter is also popular everywhere. However there are some occasions when people don't like laughter. For example, this boy ...

教师呈现了一个留着苹果手机图案发型的男孩的图片,图片下方是男孩与"我"的对话:

Boy: My friends *tease* me about my hair.

I: Don't get upset; they are only *teasing*.

Teasing others is by no means a good way to make us happy.

What do you do to make yourself happy?

教师顺着上面的话题用一个问题引入下一话题,接着出示了一个笑话要求学生朗读,然后给出一个选择题引出第二个语言点:amusing, amuse, amusement, amused。

Question: Which word can be used to describe the joke?

A. Invisible　　B. Amusing　　C. Technical　　D. Previous

学生很快选出了B。

【分析】词汇教学应是立体、多元、多维的,教师应该提供多种机会帮助学生从各个角度去理解和体验词汇,并能全面学习和应用语言,提高对语言的把握和综合应用能力。语言点的讲解是本节课的难点,也是重点,Z老师在处理时最大的特点是紧扣文本主题意义,然后进一步拓展语境,让学生体会词汇在立体、多元、多维的环境中的用法,加深学生对词汇的理解和认识。由复习时的最后一句话"Laughter is the best medicine."很自然地引入到 tease,由 tease 通过一个笑话又很自然地转换到 amuse,然后每一个语言点之间的转换、过渡都很自然,而且还注意到与本课的主题有关,让听课的老师感觉这就是一篇"形散而神不散"的散文,丝毫没有勉强、突兀的感觉。

4. 总结提高,进行成果展示和主题升华

Z老师在进行了简单的 paraphrase 和 fill in the blanks 练习之后,设计了一个写作任务：

Make up a short passage using at least 3 language points learned today.

Topic 1：Introduce a classmate or a friend.

Topic 2：Talk about good or bad behavior in our life.

5 分钟后,3 名学生展示了自己的作文,教师分别给予点评,然后教师对本节课进行了总结：

There are *a variety of* language points in this passage and we have mainly learned 8 of them. I have tried my best to *come up with* different teaching methods to help you learn these key points.

The reason why I show you something amusing *is that* I want you to gain happiness in learning. Happiness is important but I hope that you will not *amuse* yourself by *teasing* others. Think twice before you *behave* .

Finally, I want to tell you that *whatever* happens in your life, laugh more and the world will laugh with you!

Let's *stand up for* our health!

【分析】有人曾提出,应尽量在语境中呈现和教授词汇,并辅以形式多样的练习帮助学生反复操练,以便学生能掌握在语境中学习词汇的方法。教师最后用写作作为输出练习,应该说是最有效、最直接的输出方式。Z 老师给出了两个话题,让学生可以选择自己喜欢的话题来表达,有话可说,这两个话题也与前面教师讲解语言点时的话题密切相关。要求学生至少用 3 个学过的词或短语对于他们来说难度不大,从效果上看,学生的展示很好,有的学生甚至可以用到 6—8 个所学词汇。教师最后的总结可谓画龙点睛之笔,不仅总结了本课的重点词汇,同时还升华了文本的主题,首尾呼应,相映生辉,完美收官。

总之,语言知识教学是英语教学的重中之重,也是一个长期困扰我们的难题。语言知识的呈现和讲解有很多种方式,但笔者认为单个的单词只是一些不相关的符号,很难储存在记忆中,只有将词汇运用到语境中,词汇才具有生命力。语言知识教学要体现语境化、语块化和语篇化的特点。依托文本、创设情境、提炼语言是一种比较实用又有实效的语言知识教学方式。

22

如何在课时教学目标设计中渗透核心素养？

一、什么是课时教学目标？

教学目标是师生通过教学活动预期的学习结果及其标准，是对学习者通过一节课的学习后，在知识、能力和情感态度方面预期的变化的一种明确、具体的表述。

与其他学科一样，英语课时教学目标的设计与描述通常也遵循布鲁姆教育目标分类的三个领域（认知领域、技能领域、情感态度与价值观领域）、各个领域中的学习层次（如认知领域有：知识、理解、应用、分析、综合、评价或创新）以及英语教材内容所应达到的深度等依据。

二、为什么要在课时教学目标设计中渗透核心素养？

教学设计可以分为宏观和微观两个层次，宏观的教学设计是指某教育教学系统的设置，微观的教学设计是对具体的课时、具体的单元的设计。

1. 教学具有教育性

德国教育家赫尔巴特指出，人的观念、情感、善的意志是不可分割的。作为知识传递过程的教学和作为善的意志形成的道德教育是统一的。“教学如果没有进行道德的教育，只是一种没有目的的手段。道德教育如果没有教学，则是一种失去了手段的目的。”教育性教学就是既教书，又育人。教学不仅要使学生获得科学知识，还要促进学生的身心健康发展、品德的形成以及人格的完善，使学生学会做人、学会做事、学会学习、学会创造、学会审美、学会健体等，从而获得全面和谐的发展。

2. 教学目标设计是教学设计的中心

教学设计是教学实施的“蓝图”，有没有教学设计、教学设计质量的高低直接关系到课堂教学质量的高低。教学目标是教学设计的中心内容，是教师在分析学生的需要和知识准备，分析教学内容和学习任务的难度或复杂程度以及完成任务的教学条件的基础上，根据一定的教学思想和学习理论而设计的对学生的学习结果的一种预测。教学目标一经确定，就成为教师选择教学策略，开发教学媒体，安排和组织教学活动以及实施教学评价的重要依据。

3. 教学目标具备强大的教学功能

教学目标对于教师的教和学生的学具有以下功能：① 导向功能——把教学活动导向一定的方向；② 激励功能——激励教学活动；③ 标准功能——为教学评价提供标准。

目标不明晰的课堂就像一条没有航标的船。有了科学、合理的教学目标，教学流程与环节的安排、教学资源的整合、教学策略的选择、学习活动的组织和完善等等就有了方向和准绳，核心素养的落实也才有了依据。

三、如何设计课时教学目标？

1. 教学目标设计中的问题

在教学实践中，我们发现英语教师在具体教学目标的设计上或多或少存在一定问题，教学目标的设定和陈述不够规范。

(1) 行为主体混乱，行为主体是老师而不是学生。例如：

- To train their oral ability.
- In this lesson, I intend to teach the learners some new words related to the Internet and computer technology, demonstrate ...

(2) 将课程目标当作课时目标。例如：

- Develop students' language ability in the process of learning.

(3) 目标模糊不清，无法观察测量。例如：

- To help the students have a good understanding of the text.
- Learn some useful and important sentence patterns.

(4) 目标行为动词误用。表示的是“过程”而非“结果”。例如：

● In this lesson, the students are going to read about the Internet, listen to a phone conversation, write an email message and learn about ...

(5) 三维目标不完全，情感态度、文化意识等目标缺失。

情感态度是影响学生学习和发展的重要因素，文化意识是学生得体运用语言的保证，这两方面的素养是促进学生综合语言运用能力发展的基础。在高中英语课本中，情感思想丰富的阅读材料，都暗含了大量培养学生良好的情感态度和文化意识的信息，教师在设计课堂教学目标中应该将其显示出来。但是在实际教学中，有些教师对教材知识与能力方面的目标考虑得较周到，却往往忽视制定情感目标或文化意识目标等，忽略了"知识与技能，过程与方法，情感态度价值观"三维目标的完整统一。

2. 教学目标设计的原则

根据马杰和加涅的行为目标理论，严格意义上的教学目标应包括行为主体(Audience)、行为动词(Behavior)、行为条件(Condition)和表现程度(Degree)四项要素(简称ABCD模型)，并有一套规范的陈述方式。

行为主体(Audience)必须是学生而不是教师。例如"全体学生能正确认读、听懂、理解 cinema, film, stadium, football match 等单词，90%左右的学生能正确拼写这些单词"。此目标运用了"认读、听懂、理解、拼写"等一系列的行为动词，阐明了学习者经过学习要达成的目标，而动词后的宾语又明确了所学内容是"单词"，表明这是一个知识目标。

行为动词(Behavior)必须是可测量、可评价、具体而明确的，不能是模糊、笼统、抽象、不可测的。为了更好地描述动态性的目标，新标准使用了大量的行为动词，正如前文所列举。教师在叙写教学目标时要以课程标准的行为动词为依据，科学、合理、准确用词，如"能读出和写出10个主要单词""能用文中5个词组造句"等。

行为条件(Condition)是指影响学生产生学习结果的特定的限制或范围，为评价提供参照的依据。通常用一个介宾结构表示，"在……情况下""根据……""经过……"等。

表现程度(Degree)是评判该项能力的标准。程度是学生达到教学目标的最低衡量依据，是阐述学习成就的最低标准。例如"全体学生能将关于食品的英文单词按蔬菜、水果、饮料、肉类等不同类别进行分类，至少90%的词汇分类正确”。有了这个标准，教师检测学生时有了尺度，而学生自查学习效果时也有了依据。

3. 课时教学目标设计的依据

(1) 依据课程标准以及课程目标。具体单元或课时教学设计要落实课程理念，确定合适的目标，安排恰当的教学内容，组织有效的学习活动，采用恰当的教学方法，选择适当的教学媒体，明确师生在教学中的角色，其目的都是为了达成教学目标。

(2) 依据学生的知识和能力基础。对一节课的目标设计，教师要能回答：学生应该知道什么？学生应该能做什么？学生实际知道了什么？学生实际能做什么？弄清这些问题，才能设计出切实可行的教学目标。

(3) 依据教学内容的任务难度。整体了解教材和掌握所讲的内容是上好一堂课的基本要求。要弄明白课时教学内容在本单元及整套教材中的地位和作用，以及它和前后知识内容的联系。教材分析有助于教师明确各个环节之间的联系，确定单元教学目标以及各个环节的教学目标，从而实现知识目标、技能目标和情感态度目标的连贯性和一体性，实现跨单元甚至是跨教材的知识整合。

4. 教学目标叙写应注意的问题

为了使教学目标更具有可操作性和可检测性，对于教学目标的具体表达要尽量采用可观测到的行为动词，这样不仅有利于教学，也有利于在教学中开展形成性评价。教学目标的“明确、具体”主要表现为：

(1) 明确教学目标的领域。课程标准将教学目标大致分为知识与技能、过程与方法、情感态度与价值观。描述教学目标时，教师应当思考确定的目标属于哪个领域。

(2) 明确教学目标的具体层次水平。在知识与技能、过程与方法、情感态度与价值观三个既有区别又密切相关的领域中，本节课的目标主要属于哪个领域、哪个层次。

(3) 根据领域和层次选择适当的行为动词。明确学生对于知识的掌握程度，可以用 describe, identify, label, list, name, outline, select, state 等行为动词。表示理解的可观察的行为动词有 talk about, defend, distinguish, describe, explain, extend, generalize, give examples, exchange, summarize 等。

运用能力的行为动词有 change，demonstrate，modify，predict，prepare，show，produce，use 等。表示综合能力的行为动词有 infer，class，combine，analyse，relate，devise，plan，rewrite，compare，conclude，justify 等。

【案例】

笔者在 2009 年 6 月的一次英语教学大赛中发现，针对北师大版教材模块七第十九单元有关“Body Language”的阅读教学，有位教师设计的教学目标，基本符合新课标理念要求。下面呈现出来与大家一起参考、探讨。

By the end of the lesson, the students should be able to:

- Summarize the main idea of paragraphs and headings by using reading strategies
- Present two or three facial expressions, gestures or body movements confidently to other students
- Retell the text by using the key words related to body language
- Express themselves about body language and write an essay about the universal gesture—smile

总之，我们要增强目标意识，不断学习，精心设计每节课、每个教学环节的目标，改善课堂效果，通过达成每一课时的教学目标来促进单元目标的达成，最终促使课程目标的实现。

23

如何淬炼教师的工匠精神？

一、教师要有什么样的工匠精神？

工匠精神是一种职业精神、价值取向和行为表现，体现了从业者的职业道德、职业能力和职业品质。教师不仅是“教书匠”，更是精益求精、持之以恒、爱岗敬业、守正创新的园丁。教师的工匠精神，不是“传道、授业、解惑”的简单传承，而是职业精神和专业精神的综合体现，是实现事业目标、成就教育大业的前提与保证。

二、为什么要淬炼教师的工匠精神？

“艺痴者技必良”，教师只有潜心教学，淬炼工匠精神，才能把课上好，把学生教好，也才能促进自身专业发展和教育发展。教师只有淬炼工匠精神，才能养成严谨治学、重视技能、专注创新的好习惯，也才能在现代社会中获得自我认同。

三、如何淬炼教师的工匠精神？

1. 表述与意蕴的磨砺：确立课堂教学目标

以工匠精神打磨课堂教学目标，乃至教案文本，目标洗练可测。课堂教学目标洗练可测，课标分解具体到位，能显著提升目标达成率。目标不仅要明确清晰，还要具体（specific）、可测量（measurable）和能够达成（achievable）。

【案例】一节写作课的目标打磨

现以一节高三英语市级公开课"基于语篇阅读的概要写作"为例，对比分析该课初稿和定稿中的教学目标。

（1）第一条教学目标：

初稿：By the end of the class, the students will be able to know how to learn the skills of a summary.

定稿：By the end of the class, the students will be able to evaluate English writings from handwriting to accuracy.

【评价】可以确定，"evaluate English writings from handwriting to accuracy"比"know how to learn the skills of a summary"和"evaluate English writings"更合乎上述标准。

（2）第二条目标：

初稿：... learn to rewrite a given material.

定稿：... polish a given summary of Paragraph 1 of *Teach a man to fish*.

【评价】二者差异较大，既反映了教学内容的调整，更体现了教学目标的优化。其初稿过于单薄，定稿则工整均衡，与前后两条目标形成对仗。

（3）第三条目标：

初稿：... improve your summary and make it more coherent.

定稿：... write a good summary and make it more coherent by following the tips.

【评价】"By following the tips"确立了目标达成的手段，具体、可测。其表述不仅体现了目标标准——关联(relevant)，还摆脱了既定目标的束缚。教学过程中，该目标指引下的教学语言准确、文本挖掘深刻。而且，此目标内容更丰富，音韵抑扬有致。

2. 合作与生成的统一：完善课堂教学评价

教学研究有难度，需要发挥集体智慧，"于细微处见精神"，从不同角度分析问题,寻找解决办法。在评议和交流阶段,从课堂观察的不同角度,反思与改进目标分解的准确性与合理性,从而进一步明确课堂教学目标的定位和课堂教学各个环节中围绕目标进行教学的有效方式。

(1) 圆桌会议:民主多元的合作研习。

所谓"文以载道",学习语言中所承载的文化,是英语学习的应有之义。当教师将各种教学情境的重心安放于语料的文化内涵中,学生不仅能够收获语言知识和技能,更能不断丰厚积淀。当研习课将课堂观察量表等各种文本融合于平等开放的研习氛围中,参与者不但能够获取听课议课的成果,而且能够持久感悟英语语言文化和教研活动的和谐美。当研习课"观察者"们围桌而坐,平等交流,就能体味文化、融入文化,积淀美学意蕴、淬炼工匠精神。

(2) 课堂观察:和谐共生的师生发展。

教育的意义在于引领学生走上追寻美的道路。观察课堂,就是发掘文本和课堂的美,研讨师生课堂表现及其实质。借助观察量表等研究工具来收集、分析数据,有助于教师确立教学核心概念:目标是教学的起点也是终点,评价贯穿教学整个过程。

确立课堂教学目标、完善教学活动评价,正是教师淬炼工匠精神的真实过程,既成全教师的专业发展,也引领学生获得精神生长、获取创造能力,实现教育价值。每一位教师都应该充满感情、敏锐地抓实课堂,精益求精,不拘形式、不囿于陈规,传输语言文化和多元价值,让学生立足文本,在知识学习、思维训练和价值判断中,学会独立思考,提升审美品位,积淀人文意识,培养核心素养。教师工匠精神的本源意味和美学追求皆在于此。

24

如何达成课时教学目标，发展核心素养？

一、何为教学目标？

教学目标指的是“预期的学习结果”。一节课的教学目标就是学生经过这节课的学习，在他们原有基础上应该知道什么，知道多少；应该能做什么，做到什么程度；应该能体验到什么，感悟到什么。

二、为什么要强调教学目标达成？

乍看起来，这似乎不是问题。一节课有了目标，理所当然就要达成。其实不然，在教学实践中，由于教学目标自身存在问题，或者由于教学实施过程中意想不到的一个事件，教学目标落空的现象也是屡见不鲜的。

所谓“达成”，就是结果与预期基本一致。如何有效地达成一节课的教学目标一直是一线老师们努力的目标和实践探索的重点。理由很简单，如果每一节课的教学目标都达成了，学生的学习质量一定是令人满意的。

三、怎样达成教学目标？

根据笔者观察，教学目标落空的主要原因有：① 目标设计与描述偏离课程目标，顾此失彼；② 目标设计与描述偏离学生实际，眼高手低；③ 目标设计与描述合理，但缺少与目标相匹配的学习任务，南辕北辙；④ 目标设计与描述合理，但缺少与目标相匹配的学习策略，无的放矢。

（一）案例呈现

笔者曾听过一节初中英语课，课题是关于问路与指路的，上课的是一位三十出头的教师，她教学经验丰富，有着良好的语言素养和教学素养。笔者以她的这节课为例，展示如何更好地达成教学目标。

1. 准确定位并描述目标

她为这节课设定的能力目标是：

The students should be able to ask and show the way cheerfully and friendly with the help of a map of a garden.

应该说，这个教学目标的设计和描述是合理的，包含了能力目标和情感目标，且与这节课的要求是匹配的。那么，这个教学目标能够有效达成吗？要达成目标，课堂上应该做什么，怎么做？

2. 采用逆推法确定课堂学习任务

要达成目标，学生必须要知道并能运用“问路与指路”所需要的词汇、短语、句子结构，并知晓“问路与指路”时应有的行为态度表现。学生只有熟知这些相关知识，才有可能达成目标中预设的行为表现。

3. 围绕学习任务组织学习活动

操练活动构成了这节课的主体，占用了这节课的主要时间。简短的问候之后，围绕这些任务，老师组织了这样一些课堂学习活动，用 PPT 呈现并组织学生练习了以下内容：

活动一：用英语说出交通标志、交通方式、交通工具等，如图 1。

图 1　常见路标

利用这些交通标志，老师带着学生复习了小学阶段学过的 go along，turn left，turn right，at the crossing，zebra crossing，at the turning，go by bus/bike/train/plane，go on foot 等。

活动二：利用 PPT 呈现图片，请学生用英语说出常见的建筑物、机构等，如街道名、医院、学校、图书馆、派出所等。在此基础上，学生练习说出 go to the post office，go past the police office 等句式；其后再练习“到某地去的交通方式”，如 go to the post office on foot/by bike/by bus 等等。老师用抽认卡(flashcard)练习，直到学生能熟练说出比较长的有意义的语言单位为止。

活动三：做课文听力，感知语篇中问路与指路的话语方式。在此基础上，老师让学生完整地听了两次课文录音，听完后，用 PPT 呈现了一个听力理解练习，将原文动作发生的顺序打乱，要求学生找出听力材料原来的顺序。

活动四：有了上述学习活动作为基础，在学生完成了听力理解任务后，老师引导学生回忆英语中有关问路与指路的话语：

- Excuse me. Is there a park near here?
- Excuse me. Could you tell me the way to the park?
- Excuse me. How can I get to the park, please?
- Excuse me. Where is the park?
- Excuse me. Which is the way to the park, please?
- Excuse me. Do you know the way to the park?

老师先是随机指一个句子，要求学生脱口而出，然后用其他地名替换句中的 park，学生要顺利说出完整的问路句子。接下来要求学生回忆并用英语说出指路的句子：

- All right. Go along this street, turn right at the turning/crossing ...
- You can take a bus/go by bus/go on foot.
- Sorry, I don't know. I'm new here, too.

活动五：利用图片(如图 2)，组织学生开展两人小组操练(work in pairs)，一问一答，然后交换，并要在小组操练后面向全班进行对话表演。

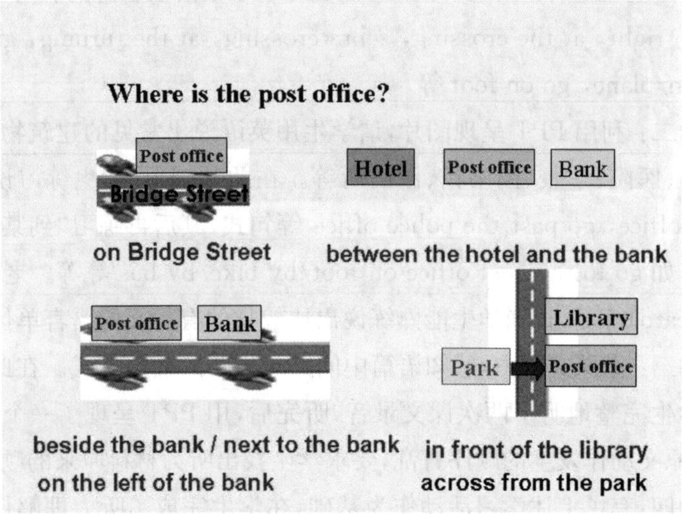

图2 “问路与指路”课堂小组对话图片

4. 设计并组织达标检测活动

老师提供新的地图,让学生继续两人一组完成,编写对话。任何一方可以选择任意的起点和终点,重点在于:问路与指路的过程中要使用学习过的语言知识。

从笔者课堂观察的结果来看,绝大多数学生都能够利用老师提供的新地图,完成对话,有的学生还很有创意。换句话说,本节课的教学目标是有效达成的。

(二)案例分析

听了这堂课后,笔者认为,教学过程有效地支持了教学目标的达成。

1. 体现“以学为本”,着意“学以致用”

在教学实践层面,“以学为本”就是要了解学生的认知特点、学生的兴趣和动机水平以及学生已有的经验和基础,并以此设计和实施教学。

从教学目标角度来看,学生要能达成目标,知道如何问路与指路,他们需要具备与这个目标相关的哪些知识和能力呢?这些内容哪些是学生应该知道的,实际又知道多少?哪些是学生需要在本节课学习的,如何学习?该教师设计时采用了“逆推法”，即倒推达成上述目标的前提条件。

首先，要达成这个目标，学生需要哪些知识？这些知识分为两类：

一是已经学过的知识，即“学生实际知道多少”。

如案例中所示，她首先帮助学生复习了他们学过的有关“问路与指路”的知识。这是学生达成目标的先决条件之一。

二是将要学习的知识，即“学生还需要学习什么”。教师在帮助学生做好了扎实的铺垫后，通过听力呈现新内容，让学生感知新内容，接着引导学生总结“问路”和“指路”的常用句子。这是学生达成目标的先决条件之二。

其次，在学生具备了“问路与指路”必备的知识和能力后，教师呈现一张新的地图，让学生应用学过的知识，进行问路与指路的对话练习。这个环节既是学生的应用机会，也是检验教学目标是否达成的手段。

可以说，从复习旧知识到学习新内容到使用新内容，教师处处以学生的特点作为新教学的起点，很好地体现了“以学为本”的理念。

2. 做实教学过程，着力“学以致用”

从教学过程来看，教师设置了“激活—输入—操练—运用”四个环节，每个环节的学习活动目标都很清晰、很有针对性。我们知道，语言教学的目的是让学生从学习语言到使用语言过渡，最终学会使用语言。本节课的目标是学生能够用英语问路与指路，这样完整的教学过程有效地支持了目标达成，体现了学以致用的教学理念。

“学以致用”体现在教学的每一个环节，只是每个环节的目标要求有所不同。从案例的几个环节我们也可以看出，这个“用”先是体现在词汇水平(word-level)和短语水平(phrase-level)，最后落实到句子水平(sentence-level)和语篇水平(discourse-level)，由简到繁，由浅入深，一步一个脚印，没有花里胡哨、蜻蜓点水、走马观花的形式主义练习。

3. 实施教学评价，做实“学以致用”

经过上述激活、呈现、操练的过程，学生是否达成了预期目标？这是需要在课堂上检验的。在最后一个环节，教师提供了新的地图，为学生使用新学的语言知识设置一个新的情境。活动的针对性、目的性很强，就是要检验教学目标是否达成。

要学会语言，教师就要为学生提供大量的使用语言的机会。这个环节中,学生两人一组,不断地交换角色来问路与指路,不断地变换"出发地"和"目的地",不再按照给定的路径简单重复所学的语言知识,而是让学生自己确定起点与终点。这样,难度加大了,语言使用的灵活性也提高了。

当然,教学永远是一门遗憾的艺术。如果该教师能在复习环节增加"first, then, finally"等在指路的话语中经常会用到的词汇,这节课就更好了。

25

如何处理阅读课语言点教学中的几个关系?

一、什么是语言点?

在教学实践话语体系中,语言点就是学生需要通过文本来学习的重要词汇、短语和结构,它包括单词、短语、句子等等,在英语中就是"language items"。语言点通常也是英语课堂教学中的重点或难点,属于教学内容的范畴,是学生语言学习的对象。

二、为什么要重视语言点教学?

在现行教材中,reading 是单元教学的核心板块,是学生感知语言输入、习得和吸收语言材料、培养阅读能力以及学习语言知识的重要内容。

课文的处理包括三个方面。一是把文本作为信息的载体(text as a vehicle for information,简称 TAVI),处理方式是让学生反复阅读并理解文本,关注的是意义;二是把文本当作语言学习的对象(text as linguistic object,简称 TALO),处理方式是在听说读写等交际活动中学习和练习有关语言点,关注的是语言形式;三是把文本作为语言输出的平台(text as a springboard for production,简称 TASP)。在教学中,这三个方面孰轻孰重,应根据社会文化背景、学生已有的知识储备以及教学目标来决定,有所侧重。对于中国孩子来说,我们教材中的文本难度一般都低于他们的认知水平,有不少文本对孩子来说基本上没有新的信息可言,即没有"information gap",换句话说,学生只要掌握了文本中的单词、短语,理解了文本中的句子结构,就能理解文本信息。所以,我们应该将学语言和用语言作为英语课文处理的重点。

但是,目前流行的做法是将阅读文本一分为二,第一课时主要是整体理解文本大意,发展阅读技能,了解文本框架,把握写作意图和目的。第二课时教学俗称语言点教学,在回顾课文的基础上,学生深度品读文本,聚焦学习、运用新语言。受传统教学理念影响,目前阅读课语言点教学仍然存在以下问题:语言学习脱离文本,教师过度讲解和发挥;教师讲学生记,学习方式单一;机械操练偏多,运用能力不强;注重知识传授,忽视思维能力;情感教育与文本理解和语言学习脱节。语言点教学中要处理好语言学习与教材文本、语言形式与语言意义、语言知识与能力的关系、语言学习和情感教育之间的关系,在语言知识学习中提升学生的核心素养。

三、如何处理语言点教学中的关系?

1. 语言学习与教材文本的关系

语言教学不能完全脱离教材文本,而应基于文本有所超越。教师可以话题为主线,设计多样的、有效的教学活动,帮助学生在教材语境和生活语境中感知、内化、整合语言点知识。但是,教材文本只是语言运用的"例子",语言知识点教学应基于文本,但又不能仅限于教材文本。教师应帮助学生在对教材文本知识的重组、加工和内化的基础上实现语言输出,最终能够灵活运用教材文本语言点知识表达自己的观点和想法。在阅读环节,可以布置下列任务,让学生在阅读时就关注知识点,并弄清这些难点,扫清阅读理解的"拦路虎":

Read and underline the words, phrases and sentences that you don't know.

接下来,教师可以就主旨大意、事实和细节、字面意思和"言下之意"、任务特征、逻辑关系、写作意图等方面布置不同的阅读任务,让学生带着任务去阅读。需要注意的是,这里的阅读不仅仅是为了理解,同时也是语言学习的重要手段。

例如教学《牛津初中英语》七年级上册第六单元阅读文本第二课时,笔者以教材文本中 Kitty 和 Daniel 的饮食和生活方式为基础,让学生观看教材配套视频,通过根据课文内容回答问题和短文填词等形式复习、复现、重组和运用课文中的核心语言点,如 have ... for breakfast/lunch/supper, need to change the diet/lifestyle, plan to . . . , be important for . . . 等。在此基础上，设计语言活动，例如让学生和同桌谈论各自的饮食、最喜欢的食物及理由，引导学生总结健康食物，对同学的饮食提出建议，最后以小组为单位为学校食堂设计每日菜谱。

2. 语言形式与语言意义的关系

(1) 意义与形式兼顾的语言点教学模式。

意义和形式是语言的基本属性，二者缺一不可，也不可偏废。意义与形式兼顾的教学方式包括：以情境引出教材文本中的典型句子（聚焦意义），引导学生根据例句总结归纳规律（聚焦语言形式），在新情境中运用（聚焦语言形式和意义）。

《牛津初中英语》九年级上册第一单元课文的语言点 pay attention to 为例：

第一步，教师提问“What qualities should a doctor have?”引出教材文本中的句子“He should pay attention to every detail.”，教师补充：“A good doctor should pay attention to doing everything carefully.”

第二步，学生观察两个例句，总结 pay attention to 用法：后接名词或者动名词。

第三步，教师创设生活情境：“What should we pay attention to if we want to get high marks in exams?”（如果想要考试取得高分，应该注意什么？）引导学生运用 pay attention to 自由造句。例如，“We should pay attention to every detail.”“We should pay attention to looking through the papers after finishing them.”等等。

教师可继续创设开放性的任务，学生能够运用目标短语表达更多不同的观点。如：注意随手关灯，注意随手关水，注意不要浪费食物，注意不要乱扔垃圾，等等。

(2) 注重语言的语篇表意功能。

英语课堂教学中不少教师过于注重语言形式的机械操练，而忽略了目标语言知识在语篇中的表意功能。《牛津初中英语》九年级下册第一单元阅读文本的内容有一篇是关于北京的文章，文章中出现了很多倒装句，如：“In the middle of the ancient city of Beijing is the Palace Museum.”“Next to the

Palace Museum is Tian'anmen Square."“In the Northwest of Tian'anmen Square is the Summer Palace.”等等。大多数老师只是讲解倒装句要注意谓语动词的数与主语一致，但没有引导学生理解为什么要运用倒装句。

笔者教学时，先提出问题：“Where is the Palace Museum/Tian'anmen Square/the Summer Palace?”学生用常规句式回答：“It's in the middle of the ancient city.”笔者引导学生观察他们的回答和课文句型的不同之处。学生通过反复品读文本，体会倒装句的特别作用：突出强调的内容，并使之与前文联系更加紧密；承上启下，衔接语篇。

3. 语言知识与能力的关系

学生在课堂中不应是被动地接受知识，而应完成知识的处理、转换、内化、运用和生成，在活用知识的过程中不断生成自己的知识体系。教师可以根据学生的年龄特点和已有的知识结构，设计多样性的课堂活动，如两两对话、小组讨论活动、游戏、竞赛、辩论、表演、即兴演讲等，联系学生的生活实际，不断激活学生的背景知识，促进学生语言能力、思维能力和个性的自由发展。

在教学“be praised as ...”这一短语时，上课老师设计了吹牛大比拼“Talk Big”来操练“be praised as”这一短语。教师首先告诉学生：“I'll design and build a very tall building in ten years. It can be praised as the ‘Roof of the World’. I'm sure I will be praised as the ‘Super Designer’.”学生非常感兴趣，发挥自己丰富的想象力，创造出了很多让人捧腹大笑的精彩生成。该教师还设计了猜测游戏，引导学生猜测自己最喜欢的景点并说明理由。学生总是对与教师相关的信息非常感兴趣。在猜测中，学生需要整合运用新旧语言，结合自己的旅游经历和思考，介绍各个景点及其引人入胜之处。

4. 语言学习与情感教育的关系

英语这门学科具有工具性和人文性双重特点，工具性和人文性统一的英语课程有利于为学生的终身发展奠定基础。教师在课堂教学中不但要努力培养学生的综合语言运用能力，还应努力提高学生的人文素养。语言点教学也不例外。教师要把积极的情感、态度和价值观融合在语言点教学活动中，对学生进行隐性思想教育，达到“润物细无声”的效果。

《牛津初中英语》九年级上册第一单元阅读文本的主题是“Know about

Yourself”，介绍了四个不同职业的人以及他们对于工作和生活的态度。一位教师在教学时首先引导学生归纳他们的个性特点，引导学生对这些人物产生更深的感悟并借鉴这些优秀的品质，再让学生从教材文本中找出四个人物说过的话，然后要求学生两两对话交流自己最喜欢的句子，并说明喜欢的原因。学生归纳总结这些优秀的品质，谈论这些人物的语言和自己最喜欢的语句。整个过程不仅是后面教学内容的铺垫，也对学生正确情感价值观的形成起着积极的心理暗示作用。

语言知识是语言能力的基础，是英语教学的重点和难点。教师要坚持以学生为主体的教学原则，坚持基于教材而又超越教材的原则。教学中既要关注语言知识，更要关注学生的思维和能力发展；既要关注语言的形式，更要关注语言的意义和功能。通过丰富的课堂活动和任务设计，实现英语课堂知识和能力的统一、知识性和人文性的统一、语言输入和语言输出的统一，为学生的语言发展、思维拓展和能力提高搭建支架，从而不断提高学生的综合语言运用能力。

26

如何衔接英语课堂教学环节，提升学习的有效性？

一、什么是课堂教学环节？

课堂教学环节就是教学的一般步骤，可分为备课、上课、作业布置与批改、课外辅导与检测等。就一节课而言，课堂也可分为若干教学环节，如德国著名的教育家、"教师中心说"的代表人赫尔巴特根据儿童心理活动规律，将课堂教学划分为明了、联想、系统、方法四个阶段，即著名的"形式阶段理论"。这一理论后来被他的学生发展成"五段教学法"。

- 预备——唤起学生的原有有关观念，吸引学生的注意
- 呈现——教师清晰地讲授新教材
- 联系——使新旧知识形成联系
- 统合——帮助学生进行抽象和概括
- 应用——以适当方法应用新知识

加涅的九大教学事件本质上也是九个相对独立又相互关联的课堂教学环节：

- 引起注意
- 告知目标
- 激活已有的知识和经验
- 呈现刺激材料
- 提供学习指导
- 引发行为表现

- 反馈
- 评价作业
- 促进记忆与迁移

与其他学科一样，英语课堂教学由多个课堂教学环节组成，不同的课堂教学环节又包含若干活动和任务。课堂教学环节之间的有效衔接，有助于激发学生参与课堂活动的兴趣，融合学生的有意注意和无意注意，提高课堂教学的有效性。“有效的课堂一定是既行云流水，又能环环相扣。”

二、为什么要做好课堂教学环节的衔接？

教学环节的衔接是否科学，要看环节的衔接是否符合学生认知规律，让学生逐渐感知、理解、分析和综合运用语言。

教学环节的衔接是否科学，要看环节的衔接是否符合学科内容的逻辑顺序，由浅入深、由易到难、由简单到复杂。

教学环节的衔接是否科学，还要看环节的衔接是否有利于教学目标的有效达成，让学生形成自己的知识结构、能力结构和素养结构。

然而在教学实践中，很多教师忽略教学环节之间的过渡和衔接，直接将备课组备好的课件在课堂中逐张呈现，课堂被割裂成若干片段；一些教师认为过渡和衔接方法是可有可无的，还不如直接进行纪律教育。所以课堂中我们听到的是机械的祈使句，指令学生完成一个个活动和任务。缺乏有效衔接的课堂犹如一台出了问题的机器，教学环节之间总是出现被卡住的感觉，师生之间的互动也生硬机械，缺乏灵动性和创造性，课堂教学失去了应有的生机和活力。

三、如何衔接好课堂教学环节？

1. 设置悬念，巧妙衔接

悬念是课堂教学中的点睛之笔。在教学环节过渡中设置悬念，符合初中生的年龄和心理特点，有助于引导学生积极思维，激发学生的好奇心和求知欲。笔者在教学中经常采用以下几种方法设置悬念。

（1）巧用标题和插图，设置悬念。

译林版《牛津初中英语》教材中有很多的插图，巧用插图和标题设置悬念，可以引发学生思考，激发学生的学习欲望。以八年级下册第五单元

Reading 教学为例，教师首先引导学生归纳总结文章主题，学生根据课文中的一些信息和页面下方的插图得出答案“Manners in the UK”。笔者适时引入问题，这篇文章的标题是“When in Rome”，为什么文章的主题不是“manners in Rome”？编者是不是应该把标题改成“When in the UK”？学生带着这些疑问阅读课文，顺畅地进入教学的下一个环节。

（2）创设情境，设置悬念。

真实的情境有助于学生理解和运用语言。八年级下册第六单元 Reading 介绍了 2007 年上海特奥会的情况，志愿者刘明作为游泳教练，帮助智障人士李明参加特奥会并获得第四名的成绩。在教学中，授课老师首先以 2008 年奥运会为例，带领学生学习生词 expect，gold，silver，event，similar，athlete，然后呈现上海特奥会徽标，抛出悬念性问题：“Are the Special Olympics World Games similar to the Olympics? Who are the Special Olympics World Games for?”这些问题激起了学生阅读的兴趣，特奥会和奥运会是否一样？特奥会是为谁举办的，是不是为残疾人？教师悬念式的问题将学生从生词的学习带到下一个教学环节——阅读课文，进而了解文章大意，了解关于特奥会的情况。

（3）激发想象，设置悬念。

初中生想象力非常丰富。教学中设计开放性问题，可以激活学生的想象力，提高学生的高阶思维能力。八年级下册第四单元 Reading 节选自《格列佛游记》，讲述了格列佛在发生海难后，漂流到小人国。醒来时发现自己被绑在沙滩上，很多小人在他身上爬来爬去，但是他们之间无法交谈。后来格列佛设法挣脱绳子。但是这时小人们大叫起来，随后一大批小人赶过来。阅读中笔者设计问题：“Can Gulliver run away successfully? Why or why not? What will happen to him next?”这些问题没有标准答案，学生小组讨论，充分发挥想象力和创造力，设想出很多不同的情境。这时，笔者要求学生给文章续写结尾，顺畅进入阅读后活动——读后续写。而且之前的小组活动也为读后续写打下基础。

2. 展开联想，适时衔接

教学中上一环节的某些信息，会与下一环节的信息相关联。教师可以根据上一环节的信息，引导学生进行联想，学生在联想中联系前后环节，不知不觉进入下一环节。教师要注意选定那些容易引发学生联想的信息源，引导学生发挥联想，吸引学生的注意力，导入下一环节的教学。

(1) 以词汇作为教学环节之间的衔接点。

词汇教学渗透在英语教学的各个环节，教师可以巧用词汇作为上下环节之间的衔接点。如在八年级下册第五单元 Reading 教学中，授课教师首先引导学生阅读发现信息，英国人交谈时经常谈论哪些话题，避免谈论哪些话题。学生很容易就找到答案："British people usually talk about holidays, music, books, weather or something else. They avoid talking about subjects like age, weight or money."此处 avoid 为本课生词，教师引导学生根据上下文猜测生词含义，在此基础上，提出下一个问题："What do British people usually avoid doing when they are in public?"这个问题巧妙地将学生由猜测生词含义，再次引入阅读环节，引导学生继续阅读文章的下一部分，了解英国人在公共场所表现如何，他们通常避免做什么。学生需要整合文本中的信息，并运用新学内容 avoid doing sth. 来进行表达。

(2) 以文化信息作为教学环节之间的衔接点。

英语教材中富含大量的文化信息，充分利用这些信息，有助于培养学生的文化品格和跨文化交际的能力。在九年级上册第二单元 Reading 教学中，笔者引导学生思考文章中"Green is the colour of envy, so we may say someone is green with envy."的真正含义，引出"green-eyed"一词，并对比中西方文化差异，在中国，我们通常用红眼病来形容某人非常嫉妒，而在英语中却用"green-eyed"，然后笔者以 PPT 呈现更多的包含颜色的表达，引导学生比较这些颜色在中英文中的不同表达，由此进入读后阶段。

(3) 以练习作为教学环节之间的衔接点。

英语课堂教学中需要以练习帮助学生训练所学内容，教师可以将练习中的信息作为教学环节之间的衔接点，从而起到衔接前后两个教学环节、过渡教学活动的作用。如八年级上册第六单元 Grammar 教学是关于动词不定式作目的状语和宾语补足语的用法。授课教师首先引导学生在观鸟情境中运用动词不定式表示目的的用法，然后完成教材中的练习。在核对答案后，教师根据练习第四题"The Birdwatching Society goes to study the birds in the wetlands"一句提问："What do you know about the Birdwatching Soceity?"学生展开联想,给出不同的回答。教师引导学生熟读这些句子,总结句中的动词不定式作宾语补足语的用法。再引导学生头脑风暴,说出除了 need,want,invite,还有哪些动词后接动词不定式作宾语补足语,然后自然进入语法 B 部分的学习。

(4) 以视频衔接教学环节。

视频材料能给学生带来视觉和听觉上的冲击,为学生创设真实的情境。八年级下册第六单元 Welcome to the unit 教学中,笔者在教学 A 部分内容(根据图片选词填空)后,先播放了一段关于希望工程的视频,并引导学生小组讨论:"What can we do for them?"学生给出了很多不同的回答,如"raise money for them""collect books and clothes for them""build schools for them"等。笔者趁势将学生引到下一个教学环节"who else need our help? What can we do for them?"

3. 对比转折,凸显衔接

对比性转折衔接是利用两个环节的信息反差进行过渡,教师可以有目的地引入与教学内容相对或者相反的信息,使学生因教学内容之间的反差而感到惊讶,从而产生疑惑或者好奇心理。学生带着问题、疑惑和好奇心理进入下一环节的学习,对学习内容充满着期待。

九年级下册第四单元 Reading 介绍了篮球明星 Spud Webb 自小对篮球着迷,经过自身的不懈努力,成就自己梦想的故事。笔者在教学中首先以姚明和乔丹的图片导入生词,再将 Spud 的图片与姚明、乔丹进行对比:"This short man is also crazy about basketball. He is eager to be an NBA basketball player. Can he succeed in getting into NBA? How can he make his dream come true?"学生很好奇,一般篮球明星都是高个子,只有 1.7 米的 Spud 也能进入 NBA 吗? 带着问题和疑惑,学生开始阅读课文,开始课文文本的阅读和了解。

27

如何基于词义理据教学词汇?

一、什么是词义理据?

词义理据就是语言中词的构成依据。从字面上看,理据就是道理和依据。任何语言符号在特定时间、地点、环境下产生,都有特定的时空背景原因。语言理据就是用来说明语言的背景原因,包括语言的意义是怎么产生的,形式何以如此,形式与意义之间的联系,等等。

二、为什么要基于词义理据教学词汇?

受传统语言教学观影响,词汇教学一般采取读背讲练的方式,忽视了学生的主体地位和语言的认知规律。机械的识记、操练活动使词汇教学通常停留于音、形、义等识记的层面,学生难以习得有效的词汇学习策略和灵活运用词汇的能力。基于语言理据教学词汇有助于学生通过了解词汇形义之间的规律,形成词汇学习策略,对比中英语言文化,增强文化意识,提高词汇运用能力。

三、如何基于词义理据教学词汇?

教学词汇时,英语教师应该帮助学生通过体验学习建构概念,通过学习语言理据理解形义之间的联系,通过情境任务中的反复运用内化语言。

1. 情境体验,建构意义

词汇学习应侧重在情景、语境和话题讨论中进行,这有利于学生对词汇的理解、掌握和运用。语言依托语境产生意义，脱离语境的词汇学习犹如无水之鱼，缺乏生命力。

《牛津初中英语》八年级下册第三单元第一课时主要是学习电脑不同部件的名称以及用途。考虑到电脑是学生非常熟悉的事物，笔者没有使用课件，而是直接打开电脑和投影仪，通过操作来呈现生词，并把 Reading 中的 click，icon 等生词提前处理。上课时，笔者边打开电脑，边和学生交流："Boys and girls，today I'm not going to give you an English lesson. Instead，I will give you a computer lesson. I'm sure you all know a lot about computers. What is a computer made up of?"

学生听说英语课要改上电脑课，感到既突然又兴奋。当笔者拿起鼠标、键盘，学生就很自然说出了 mouse，keyboard 等单词。笔者追问："Why do people call it a mouse? Why do people call it a keyboard? What's on the board?"学生很容易说出鼠标看上去像老鼠，键盘上面有很多键，进而领悟了这些单词形和义的由来。笔者顺势复习 blackboard，并让学生猜测 whiteboard，skateboard 的意思，渗透英语单词中借代、复合词构成的理据。运用同样的方法，笔者与学生一起在操作电脑的体验中理解 click，icon 等生词的意思。

教师也可利用语篇，帮助学生在语境中理解生词、构建意义。在教学第三单元 Reading 时，笔者没有直接讲解 bottom 的意思，而是提出问题："How can we start the online tour/start a new tour? Where can you find the 'Tour' icon and the 'Back' icon?"学生通过阅读回答："At the top of the page." "At the bottom of the page."在语境中理解了 bottom 的意思，再从课文所在"网页"顶端和底部找到图标，体验生词的意义。

2. 因循理据，建立构式

建立构式是词汇教学的重要目标。在日常词汇教学中，教师应引导学生探寻词汇的理据，让学生发现词汇形义的关系或规律，从而建立构式。

(1) 探寻理据，总结规律。

教师应把握教学契机，让学生理解、总结词汇形义之间的联系，初步建立概念，构建相关构式。上文在学生理解"at the top/bottom of"这一词组的意思后，笔者追问："Who is at the top of our class? Who is the top student in our class?”学生一愣,随即理解了 top 的引申义。在学习 touch 一词时,笔者举例让学生理解该词的本义和引申义:“Don’t *touch* that boy. The story really *touched* me.”

对于词类范畴的构式,则可采取呈现类似词义匹配项,让学生归纳总结。例如教学副词后缀-ly 时,笔者自编故事:“Linda **usually** listens to the teacher **carefully** in class, so she can work out the problems **quickly** and **easily**. She often speaks **politely** and **softly** and helps others **kindly** and **happily**. She is **really** polite and helpful.”笔者首先引导学生朗读短文,思考形容词加后缀-ly 的含义和用法,然后给出不同的形容词,让学生改为副词,最后小组合作总结出副词构成规则。

(2) 拓展训练,形成策略。

英语学习中教师应渗透词汇学习策略,发展和提高学生的自主学习能力。教师可以改编阅读语篇,将其中的一些词汇进行替换,引导学生运用词汇理据猜测词汇含义,提高学生的词汇学习能力。

以下是笔者改编的一篇介绍菲律宾景点的阅读材料的片段:

Boracay is **known** for its fine white sand and clear blue water. As one of the most beautiful beaches in the world, Boracay attracts a lot of **tourists** during summer. This place is a **must** for young people. So if you are out to have a good time and meet new people, Boracay is just the place for you. There you can enjoy the beautiful **scenery** of the sand, beaches and so on.

教师可让学生根据语言理据,猜测生词含义,如 known 是动词 know 的过去分词形式,意为“已知的,知名的”;也可让学生根据语言理据,由此及彼归纳更多相同或相近词汇,如:tourist, scientist, pianist, violinist, artist,等等。学生通过头脑风暴,举一反三,在大脑中形成词汇网络。

教师还可视情况呈现更多相同理据的词汇让学生分析、猜测词义。通过拓展训练,学生不仅能加深理解词汇理据,还能够通过猜测生词巩固、运用词汇理据,形成词汇学习策略。

(3) 渗透情感,体验文化。

基于词义理据的词汇教学可以帮助学生获得积极的情感体验,体验文化异同,提升文化意识。

词汇教学中,教师应注意语言运用与情感教育有机融合,以情感促进学习,在交际中升华情感。一方面,通过参与探索语言理据、总结语言规律,学生的自主性得到激发和增强。另一方面,教师可以设计联系生活实际的语言活动,引导学生思考并进行正确的价值判断。例如,为了帮助学生清楚理解"-ful, un-, -less"等肯定、否定后缀的区别,笔者设计了一个填词造句的小游戏:"If you are friendly to others, you will be welcome. But if you are unfriendly, you will be ________ (unwelcome). If you are helpful to others, they will be ________ (thankful) to you. But if you are unhelpful, they will be ________ (thankless) and you will be ________ (helpless)."学生根据句意体会到 un-表示 not, -less 表示 without,轻松理解了 unhelpful 和 helpless 的区别,也领悟到与人相处的道理。

教师也可通过介绍词汇及相关习语、谚语的文化理据,引导学生比较、体验中外文化和思维方式的异同,提高跨文化意识。

3. 反复运用,提升能力

从建构意义到建立构式再到灵活运用,提升词汇能力需要经历反复运用的过程。教师需要创设机会,让学生高频率运用目标构式,直到完全内化并转化为能力。反复运用包括短时强化运用和长时复现巩固。

在短时强化运用的基础上,教师还可在单元教学中有意识地设计任务,让学生经常有机会接触、运用、巩固单元目标构式。教师还可以让学生整理、翻译、讲解小组课外阅读和练习中遇到的词汇,并在班级的英语角展示,以激励学生培养良好的词汇学习习惯。

基于词义理据教学词汇使词汇学习和语言运用紧密联系,体现了语言体验性、理据性和交际性的特点,增强了词汇学习的探究性、互动性、趣味性和自主性,实现了多维教学目标,促进学生提升学科核心素养。

28

如何实施整体语法教学？

一、什么是整体语法教学？

语法教学要以语境教学为原则，采用生活化语料，通过设计形式与意义相结合的语言活动，激发学生的学习兴趣，促进学生感知和运用语法项目，最终将所学语法知识内化为语言运用能力。整体语法教学运用整体教学策略，优化呈现、操练、巩固和评价等教学环节。

二、为什么要进行整体语法教学？

目前，许多教师对语法教学的认识和实施存在不少误区。语法教学方法单一，语言活动形式与意义分离，导致课堂气氛沉闷，教学效率不高。因此，探索新课改背景下有效语法教学的思路，创新并整合语法教学显得很有必要。

三、如何实施整体语法教学？

1. 呈现形式情境化

通过创设情境来呈现新的语法项目，可以使教学更为直观，语言形式和意义得以有机结合。情景、体态语、表演和游戏等都是有效的呈现手段。

(1) 情景呈现。

例如，在教学现在完成时时，笔者引导学生注意身边的事物：刚打扫过的教室地面、倒空的垃圾篓或擦干净的黑板等，让学生通过师生交流初步感知语言形式及意义：

T：Look at the floor. You have just mopped it，right? So it's clean now. Who is on duty today? Who has mopped the floor?

S：×××has mopped the floor.

笔者提醒学生注意地面（"So it's clean now"）之后让学生根据教室内或实际生活中的情景说出更多包含现在完成时的句子。

情景呈现语法活跃了课堂气氛，激发了学生的兴趣，避免了冗长的讲解，把语言形式和意义很好地结合起来。学生不仅学得轻松，而且能真正感悟到语言的意义与用法。

（2）游戏呈现。

Guessing Game是英语教学中经常使用的一种游戏方式。在游戏中呈现语言可以激发兴趣，化解难点。形容词性物主代词与人称代词是英语初学者易混淆的内容，在呈现whose引导的疑问句和形容词性物主代词时，笔者从几位学生那儿各"借了"一支钢笔，然后与学生一起开展猜测游戏：

T：Whose pen?

S：Maybe it's ×××'s pen.

T：Your pen?

S：No，it's not my pen.

T：It's not his pen.

接着，笔者改变提问对象，继续猜测游戏，依次呈现物主代词。在游戏中，教师自然呈现了目的语形式，学生则在情境中对目的语有了初步感悟。

2. 操练形式任务化

语法的熟练掌握离不开听、说、读、写的实践。设计不同的任务活动，进行有意义的言语训练，可以实现语言知识运用的自动化。基于任务的操练使语法学习成为运用语言的过程，能激发学生的学习动机；学生在完成任务的过程中不断加深对语法知识的理解，形成语感，进而提高语言运用能力。

例如，在操练过去进行时的内容时，一位教师设计了"Learn to work as a detective"的任务，见表1：Millie的项链昨天早晨被盗，Julia和Jim是嫌疑人……教师先说明三人昨天早上的活动，之后要求学生进行四人小组活动，一人扮演侦探，其他三人扮演案件中的人物。

表 1 “Learn to work as a detective”教学活动信息

Time	Activities		
	Millie's	Julia's	Jim's
8:00	Play the piano	Sleep	Drive his wife
8:00—8:30	Read	Read a letter	Make a phone call
8:30—9:30	Do shopping	Drink wine	Talk with a friend
9:30—11:00	Talk with students	Travel by train	Stay alone

在这一任务中，“侦探”询问“当事人”“嫌疑人”在项链失窃的那个早晨的活动：“What were you doing at 8:00 yesterday morning? Who was with you?”学生在参与“破案”的过程中内化了过去进行时的用法。在任务活动中，学生不是死记时态和时间状语，而是积极理解和运用所学语言，提高了在具体语境中运用所学语言的能力。

3. 语料选择生活化

要让学生学会在语境中准确运用所学语法，关键是让学生在语境中学习语法。教师应努力开拓教学资源，多采用生活中的素材作为语料。生活化的语料可以为语法学习提供真实语境，激发学生的学习兴趣，引导学生依据语境运用所学语言。选择的语料要与单元主题相关，符合学生的兴趣和生活实际，注重语言训练与情感教育的有机结合。社会热点话题、学校生活以及家乡变化等都是好的语料。

例如，《牛津初中英语》（下同）八年级上册第六单元的主题是自然灾害，语法项目是过去进行时。考虑到学生几乎没有经历过大的自然灾害，教师可以通过网络搜索出近年发生在世界各地的有关自然灾害的视频，要求学生观看后用过去进行时描述其中一个自然灾害发生时的情景。学生观看时注意力非常集中，对自然灾害有了较深的感受，描述时语言与情感也就自然交融。

4. 复现与巩固日常化

复现是整体语法教学的重要环节，所学语法知识需要经常复现才能得以巩固。教师不能满足于只用书面练习帮助学生巩固所学语法知识，而是要有意识地把单元的语法项目贯穿在日常学习过程中，使学生有机会运用所学语法知识。教师可以利用每节课的 Free Talk 环节复现新学的语法知识。Free Talk 的设计最好能结合当堂课所学的语法内容，使交谈能自然过渡到新课。

例如，八年级下册第六单元 Reading 部分介绍了一个台湾地震幸存者的故事。课上笔者与学生进行了如下对话：

T：Some disasters happen suddenly. The earthquake is such a disaster. What will you do if an earthquake happens?

Ss：If an earthquake happens，I will run out. /I will hide myself. /I will call for help. ...

T：Your ideas sound good. I'm sure you can survive an earthquake if it happens. An earthquake happened in Taiwan in 1999 and a boy called Timmy survived it. How did he save himself? What was he doing when the earthquake happened?

在上述会话中，笔者有意识地帮助学生复习并运用新学的 if 条件句和过去进行时，并自然过渡到本节课内容的学习。

5. 评价设计多样化

在语法课上，教师对学生在活动中的表现应及时做出口头评价，学生也可以对自己的学习进行书面评价。表 2 是笔者设计的英语课堂真实性评价表，旨在让学生自己记录完成课堂任务的情况，主要包括：参与完成的任务、进步情况、存在的问题以及同学和老师的评价等。教师可以根据该评价表了解学生的学习情况，以便及时调整教学。

表 2　英语课堂真实性评价表

<table>
<tr><th>姓名</th><th colspan="2">评价内容</th><th>自我评价</th><th>同学评价</th></tr>
<tr><td></td><td rowspan="4">课堂表现</td><td>发言</td><td></td><td rowspan="4"></td></tr>
<tr><td>日期</td><td>聆听</td><td></td></tr>
<tr><td></td><td>讨论</td><td></td></tr>
<tr><td>课题</td><td>互助</td><td></td></tr>
<tr><td rowspan="5"></td><td rowspan="5">课堂收获</td><td>词汇</td><td></td><td rowspan="5"></td></tr>
<tr><td>语法</td><td></td></tr>
<tr><td>听说</td><td></td></tr>
<tr><td>读写</td><td></td></tr>
<tr><td>情感</td><td></td></tr>
</table>

整体语法教学的评价还包括作业、练习和测试等形式。其设计原则应与课堂教学保持一致,即注重在语境中评价学生学习语法知识的情况,培养学生综合运用语言的能力。例如,学习了一般将来时后,教师可以让学生运用所学语言描述自己的未来计划;学习了形容词、副词的比较级后,教师可以让学生比较家庭成员的作息时间等。评价应多使用形成性评价,改变纯粹考查语法知识的做法,并注意试题中语境的设置。

29

如何实施意义形式兼顾的英语语法教学？

一、什么是意义形式兼顾的语法教学？

意义形式兼顾的语法教学就是指，教师要引导学生在有意义的语言活动中感知、归纳、操练、运用语言形式，同时理解、体会语言形式表达的意义和功能，进而在交际性任务中提升语用能力。

二、为什么要进行意义形式兼顾的语法教学？

所谓语法，简单地说就是语言的运用法则。学习语法是为了规范语言交际，有了语法，理解会更准确，表达会更地道。

内容与形式是辩证法的一对基本范畴。内容是事物一切内在要素的总和。形式是这些内在要素的结构和组织方式。内容和形式是辩证的统一。任何事物既有其内容，也有其形式，不存在无内容的形式，也没有无形式的内容，内容决定形式，形式服从内容，并随内容的变化而变化。

目前初中英语语法教学中存在两种误区：一些教师常常实施“纯语法”教学，课堂中花费很多时间和精力讲解语法规则，为了语法而教学语法，加以“题海”训练，学生缺少在真实情景中应用语法项目的机会，课堂气氛沉闷；还有一些教师认为课程改革后，语法教学中不应该再讲语法规则，语法课仅仅设计交际性任务，这导致学生对于语法项目的形式、意义和用法理解模糊，在交际运用时混淆不清。

三、如何进行意义形式兼顾的语法教学?

意义与形式兼顾的语法教学一定要坚持在听、说、读、写的活动中学习语法,在听、说、读、写的活动中使用语法。听、说、读、写活动或任务应尽可能包括情境、话题、功能、语法、词汇等方面的内容,还要将情境、话题、功能、语法、词汇等有机整合,实现意义与形式的统一。

笔者以《牛津初中英语》八年级上册第六单元 Grammar 部分为例,阐述意义与形式兼顾的语法教学。

1. 紧扣话题,创设情境

笔者以“观鸟”为话题和主线索,以“设计观鸟计划”任务驱动学习,设计“去哪里观鸟—观鸟时带什么—邀请谁一起去—父母会叮嘱什么—我们能为鸟做什么”的情境链,在真实的情境中引导学生学习、总结和归纳动词不定式的用法,并运用动词不定式谈论观鸟计划。

在 *Song of Irish Whistle* 轻扬的音乐声中,学生欣赏由各种各样美丽的鸟的图片制作的视频,不时发出惊叹声。

2. 情境会话,呈现形式

● 活动 1:谈论观鸟地点

观看鸟的图片视频后,笔者与学生自由交谈,切入主题。教师问学生:“Hello, boys and girls. Do you like the birds? Do you want to go birdwatching? Where can we watch the birds?”学生说出了很多观鸟的地点,如海滨、山上、盐城自然保护区、花果山、东海等。笔者呈现青海湖的美丽图片并说道:“I will go to Qinghai Lake to watch the birds and see the sights. What about you?”引导学生以“I will go to ... to ...”的句式说出观鸟的地点。

笔者呈现课堂中生成的例句:“I will go to Qinghai Lake to watch the birds and see the sights. /She will go to Zhalong to take photos of the cranes. /The boy will go to Yangcheng to see the cranes and do something for birds.”以此引导学生朗读例句,归纳出动词不定式表示目的的用法。

接着,笔者呈现更多的青海湖的风景和湖边鸟类的图片,导入关于青海湖观鸟的语篇,引导学生在语境中操练动词不定式作目的状语的用法:

"Every year, many tourists go to Qinghai Lake ________ (watch) the birds. They take cameras ________ (take) photos. The lake is so beautiful. People often get up early in the morning ________ (enjoy) the sunrise. They also like to ride around the lake ________ (see) more birds."

3. 任务驱动,形意结合

• 活动2:谈论观鸟所需物品

笔者以青海湖语篇中的句子"They take cameras to take photos."引出师生互动,然后组织生生互动。

T: What will you take with you if you go bird-watching there? Why?

S: I'll take ... because ...

学生的思维很活跃,答案丰富多彩,因为谈论的话题是学生熟悉的、感兴趣的内容,学生有各自不同的想法,人人有话说。在此基础上,笔者板书句子:"I will take a camera with me in order to take photos. /In order to take photos, I will take a camera with me."然后要求学生通过小组讨论归纳规则,即也可以用in order to来表示目的,后接动词原形,在句中的位置为句末或者句首,否定形式为"in order not to do sth."。

• 活动3:邀请他人观鸟

笔者依据教材内容与学生进行如下交流:

T: The Bird-watching Society goes to study the birds in the wetlands. They invite more people to join them. Why?

S: They invite people to help them. /They need more people to count and describe the birds. ...

学生朗读例句,总结规则,进行头脑风暴活动,说出了更多可带动词不定式作宾语补足语的动词,如tell, ask, invite, teach, need, want, wish, order, encourage, warn等。

笔者继续与学生进行交流:"If you go bird-watching, will you go alone or go with your parents and friends?"之后笔者说出自己的想法,给出范例:"I will invite my friend Betty to go bird-watching with me. I need her to take photos for me and have fun together."学生自由表达:"I will invite ... to go bird-watching with me. I need/want him/her to ..."

● 活动 4：父母叮嘱

笔者围绕观鸟又创设了一个情境：如果你和朋友一起去观鸟，没有父母陪同，你的父母亲在临行前会叮嘱什么？学生结伴运用“tell/ask sb. (not) to do sth.”自由交谈。

A：What will your parents tell/ask you to do if you go bird-watching without them?

B：They will ...

之后，教师引导学生观看一段视频，并回答问题：“What does Nick Vujicic encourage you to do or not to do?”学生观看视频后，教师引导学生运用目标语法结构来谈论视频。

在教学的最后，笔者让学生运用动词不定式写一段话介绍自己的观鸟计划，并将其设计成一个分层的开放性任务。英语比较弱的学生可以写观鸟计划，这是本节课的中心内容，降低了学生语言表达的难度；英语比较好的学生可以发挥想象，介绍自己的一次旅游、野炊或者其他活动的计划。

综上，意义与形式兼顾的语法教学模式改变了传统语法教学的单调、机械、枯燥和沉闷。以话题为引领，以主情境为教学线索，以若干子情境将整节课的教学内容自然衔接，保持了课堂教学的生动有趣、连贯自然、条理清晰、简洁高效。

30

如何开展“翻转”理念下的写作教学？

一、什么是翻转课堂？

“翻转课堂”源自慕课（MOOC），强调课前学生先学，然后课上交流质疑。翻转课堂转变了教师和学生的角色，转变了学习方式和学习理念，转变了评价方式和评价理念。运用微课程实施翻转课堂教学是学科教学与信息技术深度融合的最好的切入点之一。

二、为什么要开展基于“翻转”的写作教学？

翻转课堂突出了以生为本的理念，需要学习的是学生，学生是学习的主人，学生应对自己的学习负责。翻转课堂提高了学习的有效性，凡是学生自己能做的，先让学生自己做，让学生自己去发现问题、分析问题、解决问题，让学生去获取、加工并表达信息。教师不能一厢情愿、包办代替、越俎代庖。

写作是英语学习的重要目标，也是各类考试的重点和难点。教师常采用范文欣赏、读背、写作讲评的方法进行教学，但学生在写作中词汇匮乏、内容空洞等问题难以得到解决。笔者在复习教学中尝试基于词块学习理论和翻转课堂制作微课程进行写作训练，提高学生的写作策略和写作水平。

三、如何开展“翻转”理念下的写作教学？

1. 翻转写作训练的步骤

翻转写作主要包括课前和课中两个阶段各四个步骤：课前，教师确定写作训练的话题，以话题为主线归纳总结相关词块，制作微视频；学生观看微视频，并完成写作任务。课中，教师以话题为线索，通过多样性的活动引导学生回忆、复现、巩固、运用话题词块，训练写作方法，促进写作策略的掌握和运用；生生互评、班级共评作文，学生完成相同话题的新写作任务。

现对翻转写作训练的步骤做进一步说明。

(1) 确定写作话题。备课组根据课标、教材以及近几年全国各地中考试题列出写作话题，为有序训练做好准备。常见的话题有：动物保护、环境保护、与人相处、学校生活、慈善公益、旅游、权利与责任、家乡、健康、青少年问题、业余时间等等。

(2) 归纳词块。教师归纳整理教材中出现的同一话题的词块，也可以对练习、课外阅读中出现的相关词块进行补充。

(3) 确定视频内容。微视频录制内容应是课堂写作教学的铺垫和前奏。确定好视频录制内容是写作专题训练实效的保证。视频内容可以是写作策略的渗透，话题词块的罗列整理，重点词块的复习和运用，也可以是典型作文的修改和点评。

(4) 教师制作 PPT，撰写脚本。脚本的撰写包括教师过渡语、指令语等，可以减少和避免视频录制时的随意性和错误。

(5) 录制微视频。视频录制非常便捷，可采用常用的录屏软件，如 Camtasia Studio，Cyberlink YouCam，Screencast，SnagIt 等等，也可直接运用数码手机、相机。还可将媒体、课件、手写板、展示平台等有机结合，借助语言旁白、字幕提示、音乐、动画等制作出专业的高清视频。

(6) 课堂教学的设计。课前的视频学习和课堂教学应是有机的整体，相辅相成。教师要注意不能将两者割裂开来，可以设置活动和任务来检查学生的课前学习情况，同时在活动任务中巩固运用课前所学内容。

2. 翻转写作训练例析

笔者以译林版《牛津初中英语》教材中有关“人物介绍”的内容为例，介绍基于词块和翻转课堂的写作训练。

(1) 课前阶段。

教师围绕“人物介绍”话题制作微视频(见表 1)，学生观看教师录制好的微视频，微视频时长为 8 分钟。

表1 微视频教学流程

教学环节	教学过程及内容
导入	欣赏歌曲“You can be what you wanna to be”片段，鼓励学生不断进取
写作指导	PPT呈现推荐信范文，学生朗读短文，并归纳推荐信格式。引导学生关注推荐信的开头和结尾，PPT上要突出推荐信常用的开头、结尾中的词块
	找出文中描述人个性品质的形容词和词块。汉英翻译的形式快速复习人物话题词块
	用头脑风暴的方式引导学生进行词块分类，如描述人 clever and creative 的词块：come up with new ideas/win several science competition/impress the whole school with her creative work/win high praise from the teachers；又如描述人 organized 的词块：keep everything in good order/never forget the things she needs to do/use the computer to get herself more organized
	操练教材中出现频率低的词块，如 impress ... with, in good order, win high praise from ...等等
	找出文中的过渡语和连接词，再以表格的形式复习归纳初中英语写作中常见的表示递进、转折、原因、举例、顺序、解释、总结、陈述观点等连接词和过渡词，要求学生熟记词块
写作任务	写一封推荐信，推荐本班最优秀学生

(2) 课中阶段。

① 课前学习检查与写作指导。

笔者创设情境，设计多样性活动，引导学生在情境中复习巩固和运用词块，指导写作方法。

● 话题导入。笔者以“如皋中学推荐生”这一话题激起学生的兴趣，引导学生从本班推荐几名最优秀学生参加学校的选拔。

● 词块汉译英。教师呈现词块中文，要求学生快速说出词块，以检测学生的词块背诵情况。

● 抢答。教师口述短文，学生根据短文中的词块，抢答所对应的形容词。短文中描述的是上一届的一名“如皋中学推荐生”，熟悉、巩固词块的同时，榜样也在无形中激励了学生。

• 生生对话。以谈论“Who are you going to recommend?（你打算选谁？）Why are you going to recommend him/her?（你为什么选他/她？）”引导学生自由会话，谈论自己将要推荐的对象。

• 以细节支撑观点。教师指导学生进行口头和书面表达时，需要以适当的事实或例子来支撑自己的观点，笔者以小组合作讨论的形式，鼓励学生用更多的事实和例子来支撑自己的观点。

• 多样性表达训练。学生表达时习惯用一连串表达单调的短句，笔者设计了多样性表达训练，旨在训练学生变换句式，改变表达方式的习惯。

② 作文展示和评析。

• 学生展示课前完成的作文，组内评析。首先笔者给出本地区中考作文评分标准，要求组内成员给作文打分，找出文中的好词佳句，并就不足之处提出修改建议。

• 学生根据组内成员的建议自主修改作文。这旨在培养学生检查、修改作文的能力。

• 小组推荐佳作，全班欣赏点评。

③ 当堂检测反馈。

展示和评析结束后，笔者给学生布置了当堂作业，请学生就 2014 年扬州市的书面表达题，完成写作任务。

基于词块理论和翻转课堂理念的初中英语写作专题训练，体现了学科教学与教育技术的最佳融合。词块的复习、积累为写作奠定了写作基础，课前观看微视频和写作解决了课堂当堂写作、讲评、修改等教学环节时间的不足，实现了课前学生自主学习和课中教学的相辅相成。课前的学生自主微课学习是课中学习的基础和铺垫，课中学习是微视频学习的拓展延伸和灵活运用。不同基础的学生根据需求自主复习巩固了相关词块，从而扫清了学生话题写作的障碍，切实提高了中考写作训练的效率。

31

如何利用 AWE 系统来辅助高中英语同步写作?

一、什么是 AWE 系统?

AWE 系统(Automatic Writing Evaluation System)是一种智能网上阅卷系统,它将学生作文视为一个学习者语料(learner corpus),每篇作文的成绩由 192 个子维度构成,通过对比学生的作文和标准语料库,将测量出来的距离通过映射转化成学生作文的分数、评语和反馈。整个学生作文的批改过程就像一个教师从多个维度对学生的作文进行批改,给出整体反馈,并进行"按句点评",指出每个句子存在的问题,同时该系统支持教师通过网络在线进行人工批改。

二、为什么要利用 AWE 系统来辅助高中英语同步写作?

有学者认为,习作最能客观反映学生的语言能力。事实上,写作教学恰恰是英语教学的一个薄弱环节,主要原因与作文批改有关。从教师层面上来看,在日常教学中,作文批改大多采用人工批改方式,细致、准确、针对性强、信度高,学生及家长认可度高,但耗时费力,效率低下,反馈不及时,不能及时发现学生作文存在的问题,久而久之,教师布置作文的量减少,不能满足学生的写作需求,学生也逐渐失去了对写作的兴趣,这样的写作教学不能从根本上提高学生的语言运用能力,令人担忧。实证调查也发现,高中英语教师不重视写作,不愿付出太多的时间和精力批改学生的作文,导致其组织写作教学的频率偏低。从学生层面上来看,问题主要表现在词汇丰富度不够、句式结构简单、只学不用、文章结构缺乏逻辑、中式英语、表达不得体等。作文批改与反馈是英语写作教学的一个重要环节,对提高学生的英语写作能力有不可低估的作用,批改和反馈能及时发现问题,促进学生写作,提高写作质量。《普通高中英语课程标准(实验)》也提出:"电脑等多种教学媒体和网络技术在教育领域的广泛应用使英语教育评价有了技术上的支持和扩展的广阔空间。基于网络环境和多媒体条件下的评价体系更有利于实现以人为本的教育思想,体现个性化、多样化的现代评价理念。各种考试和评价体系应积极适应和利用这种技术进步,使考试和评价更具有活力,具有更广泛的适用性和适应性。"基于这些现状,为了把信息技术与课堂教学深度融合,解决目前英语写作教学中存在的问题,笔者在教学中尝试使用 AWE 系统来辅助英语写作教学,并从中获得了一些实践经验和反思。

三、如何利用 AWE 系统来辅助高中英语同步写作?

AWE 系统操作简单方便,师生只要注册登录批改网,就可以进行网上布置、写作、修改、批改、评价、互评等各种操作。为了便于管理、统计等,教师也可以根据实际创建班级,然后要求学生上网用真实姓名注册。教学实践的实施主要在基础年级,旨在强化基础知识。下面就以《牛津高中英语》模块六第四单元的同步话题作文为例,介绍一下 AWE 系统在写作教学中的应用。

1. 布置写作任务

本模块的话题是"helping people around the world"。对照江苏高考对写作的要求,布置的作文具体内容如下,作文号为 397018。

我国部分地区许多希望学校被荒废,你感到吃惊。请以李华的名义写一封信表达你的看法,内容包括:① 希望学校的贡献;② 荒废的原因;③ 处理建议。

【设计意图】学生已有的背景知识对学习至关重要。基于单元文本主题,利用单元话题写作,一是让学生对单元所获信息进行转述和归纳,巩固所学词汇、语法,做到学以致用;二是从江苏高考历年的英语试卷书面表达来看,大多与单元话题相关,这样的写作教学设计贴近学生实际,从而学生有话可说,写作积极性高。

2. 实施过程写作

教师布置完写作任务后,把作文号告诉学生,请学生按照要求在规定时间里完成写作任务。学生写作必须直接在网上规定位置写,不可以粘贴,可以多次修改提交,每次提交时 AWE 系统都会给出修改提示,这样学生可以通过修改不断更新自己的分数,为了让学生在反复修改中自主学习,在学中写,在写中学,教师要求学生修改次数不得少于 3 次。本次写作参与学生为 48 人,最高修改次数达到 16 次,修改达 10 次以上人数有 7 人。

【设计意图】学生网上写作的过程也是自主学习的过程,根据电脑提示,学生可以修改一些词汇、语法、搭配等方面的错误,同时可以通过查阅资料,在词汇的难度、句子的长度等方面进行修改。只有通过不断地与机器对话,才能达到不断提升的目的,因此要求学生反复提交,润色修改,充分发挥学生自主学习能力,不断提高写作成绩。

3. 实施人机结合批改

(1) 网上自动批改。

学生提交作文后,系统立即显示每位学生的分数,并进行按句点评,学生可以从自动批改中及时发现自己作文存在的问题。

(2) 学生互评。

为了进一步提高批改的信度,笔者在教学中可以实施人机结合的批改方法。首先在布置新作文时在附加选项里设置互评,每位学生提交后会收到一份同伴的作文,然后进行互评,互评的过程也是学习的过程,学生要学会识别错误,同时向同伴学习更好的表达方式,取长补短,共同提高。

(3) 教师批改。

经过机评、互评之后,教师还可以选择部分学生的作文进行人工批改。教师可以添加评语,提出更好的表达方式,比如有位同学在表达“遥远的地方”时用的是 far place,教师建议把 far 改为 remote,该同学在文中用了两次“make the most of”,其实类似的短语还有“make full use of, make the best of”,建议不要重复,这样词汇的丰富度高,得分会更高。评完细节后,教师对学生作文再进行总体评价。

【设计意图】机评、互评、师评的多元化批改形式,改变了以往作文评价方式的单一性。通过机评,学生得到了及时反馈,获得了成就感,提高了写作积极性。学生互评则加深了学生之间的沟通和了解,促进学生主动思考,发表自己的看法,体现"生本"理念,让学生成为课堂的主人。教师批改,适时介入,及时调控课堂,增加师生互动,体现了教师的引导作用。同时,教师在关键时刻释疑解难,在智能批改和学生互评的基础上对内容的适切性、语篇结构等进行指导,人机结合,相互补充,与学生对话、与写作文本对话,课堂效率得到提高,师生关系也更加融洽。

4. 学生写作情况分析

(1) 共性分析。

根据网上提供的数据,本次共提交作文 48 篇,最高分为 20 分,最低分为 13 分,平均分为 17 分,平均提交次数为 5.15,最大相似度为 21.13,最短句为 3 个单词,最长句为 62 个单词,总句数为 522 个,总词数为 8123 个,平均句长为 15.56。

平均句长是指文本中的句子的平均长度。有学者按长度把句子分为三类:短句(1—9 个词)、中等长度句(10—25 个词)和长句(25 个词以上)。在本次练习中,句长为 11—15 个单词的占了 27.01%,6—10 个单词的占 23.75%,25 个单词以上的长难句只占 10.15%,说明学生所写的句子还是以短句、中长句为主,句式结构有待加强。此外,还可以通过数据分析了解词性分布、搭配分布、错误分布等情况。

(2) 个性分析。

共性的分析指出了教与学中普遍存在的问题,便于进一步提高,但个性的分析也很重要,因为这样可以针对学生个体存在的问题对症下药,批改网的大数据库给个性分析也带来了极大的方便。首先,学生完成作文后就会立即显示分数并提供一个总评,包括分数、排名,以及词汇使用、篇章结构等具体指标的表现情况。"体检报告"功能一栏,还可以从词汇、句子、段落、词性等方面给出更详细的数据及参考范围,让师生一目了然。其中的形符数(Token)是指文本词的总数,类符数(Type) 是指文本中总共有多少个不同的词形,即不重复计算的形符数。换言之,一个语料中,重复出现的形符只能算作一个类符。类符形符比(TTR)反映了一个文本的词汇丰富度。有学者指出,TTR 比值高低与词汇的丰富度和多样性成正比。也就是说,比值越高,该文本用词越丰富;反之,则越贫乏。

【设计意图】教师通过数据对比，让学生了解评价一篇文章的维度，教会学生分析自己文章的问题所在，在词汇、句子、篇章结构、内容相关等方面有哪些缺失，对症下药，从而找到努力的方向。

5. 总结写作任务

所有写作任务完成后，教师可以利用网络的便捷和批改网提供的大数据，对学生的本次作文进行总结，通过向学生展示各种对比数据，找到本次作文存在的共性问题以及以后要注意的要点，对高分作文得主以及提交次数多的学生给予鼓励，并推荐优秀习作到个人网站供学生分享，还可以通过论坛进行评论。另外，针对学生个体出现的错误，可以进行个别指导，及时发现问题，查找对策，鼓励学生反复提交，不断修改，最终提高作文质量。

【设计意图】评价是英语语言习得过程中不可或缺的教学手段。课堂要将评价寓于其中，有评价才会有激励，才会有进步。教师带领学生对本次作文从共性的问题到个性的问题进行分析，能帮助学生及时了解自己存在的问题，并进行针对性的训练，强化语言运用能力。

笔者经过一个阶段的教学实践发现，与传统的人工批改相比，以AWE系统辅助高中英语写作有很多优点，主要表现在以下几个方面：

第一，改变了作文的评价方式。智能写作评阅系统改变了人工批改单一的评价方式，将过程性评价与终结性评价相结合，将智能批改与人工批改相结合，让作文评价由单一走向多元。批改网支持系统自动批阅和教师人工批阅的完美结合，打破以往机器批阅无法整合的弊端，取两者之长，优势互补，为混合式写作教学搭建了完美平台。同时，智能批改极大地降低了教师批改作文的工作量，把英语教师从繁重的作文批改中解放出来。

第二，实现了信息技术与课堂教学的深度融合。随着大数据、云计算时代的到来，利用大数据所拥有的容量大、种类多、速度快、价值高的海量数据集合优势，批改网可以实现书面表达的即时批改和个性化反馈，提高教学效率，实现了信息技术与课堂教学的深度融合，这些都是人工批改无法比拟的优势。

第三，体现了“生本”理念。学生是学习的主体，教学中要尊重学生的主体地位，留给学生充足的思考、探索时间。AWE系统辅助下的作文教学体现了这一理念，学生通过与机器对话、与同伴对话、与教师对话，在对话中不断学习，不断提高，在这一过程中，学生主动学习，独立思考，自主完成各项任务，获得了成就感，提高了自我效能感，思维也得到了升华。

第四，达成了方便快捷、评价客观的目标。首先，该系统设计简单易操作，使用非常方便。“诊断即治疗，发现即摧毁。”批改网利用语料库对学生的作文进行分析，自动识别词汇、语法、搭配等错误，学生一旦提交，立即显示分数，还能给出详细的体检报告，提出修改建议，反馈非常及时。学生可以根据修改意见反复修改来更新自己的成绩。有研究表明，学生依据反馈信息对作文进行修改，是第二写作过程，对提高学生的语言能力有着极重要的作用。其次，批改评价客观，虽然现在的英语作文计算机评分系统在评分的信度和效度上还有待完善，但其已能够模拟人工快速、客观、公正地自动评分，减少人的主观因素影响，并能及时提供反馈信息，这对促进英语测试的科学化、规范化有着积极的意义。再者，因为有了相似检测，也避免了学生抄袭，更显其真实性和公正性。

当然，智能批改也有自身的缺陷，有待进一步完善，例如大众认可度不够；很多教师固守传统的教学模式，不愿尝试新鲜事物，对于新技术存在畏惧；批改评价不够完善，评阅无法提供正确示例；等等。

基于网络平台的英语写作形式实现了学习环境网络化、学习资源数字化、学习模式过程化，提高了学习者的英语书面表达能力，对中学英语的写作具有一定的意义。从教学的角度来说，用电脑评估作文是很合适的，它能和现有的评估方法和策略结合起来，提高反馈频率，拓宽评价技巧。网上作文自动批改系统给我们教师带来了方便，减轻了负担，也激发了学生写作的兴趣，提高了学生的写作成绩，解决了目前写作教学存在的批阅不及时、训练量不足、学生语言表达不地道、词汇丰富度不够等问题，能够较为准确地指出学生作文中的拼写、标点和语法错误，将教师的批改重心从语言表层形式转向对内容结构和谋篇布局的指导。因此，我们在教学中要学会充分利用这一丰富的网络资源，同时也不能完全依赖它，要把现代网络技术融入写作过程中，将人工批改与网上自动批改有机结合，充分发挥两者的优势，取长补短，才能提高英语写作教学效益，最终提升学生的语言运用能力。

32

如何在中考试卷中考查学生的核心素养?

一、核心素养测评现状是什么?

《普通高中英语课程标准(2017 年版)》(以下简称《新课标》)对英语学科核心素养定义如下:学科核心素养是学科育人价值的集中体现,是学生通过学科学习而逐步形成的正确价值观念、必备品格和关键能力。英语学科核心素养主要包括语言能力、文化意识、思维品质和学习能力。

现在大多数考试(如中考、学业水平考试和高考)越来越重视全面考查学生的英语语言知识掌握情况和英语语言运用能力。但是,英语学科核心素养不只是英语语言知识和英语语言运用能力,还包括思维品质、文化意识和学习能力。

理论上讲,核心素养应该是可教、可测和可评的。但是,核心素养的综合性、情境性、内隐性和适应性等特点造成其评价困难。即使是英语语言能力的测评,就具体考试内容和要求而言,目前各类考试的内容和水平要求与英语学科核心素养体系还有距离。

二、为什么要针对核心素养测评?

既然高中英语课程的目标、内容和学业质量标准都是基于核心素养制定的,那么高中英语课程的测评也应该充分体现核心素养。《新课标》指出,英语学业水平考试和高考都应该在考查学生的英语语言运用能力的同时,渗透对文化品格、思维品质和学习能力的考量。对语音、词汇、语法、语用、语篇和文化知识的考查应渗透在英语理解能力和表达能力的考查之中,不应孤立地考查这些方面的知识点,更不应机械地考查对知识的记忆情况。

三、如何在中考试卷中考查学生的核心素养?

尽管对英语学科核心素养的测评目前还不尽完善,从测试形式到内容都有需要进一步研究的地方,但江苏各地中考命题专家这两年围绕"核心素养测评"做了有益的探索和尝试,命题趋向体现了从能力立意向学科素养立意的转变。分析和研究这些试题,有助于加深一线教师对核心素养测评的理解,提升一线教师的英语命题技巧和能力。

1. 对语言能力的考查

语言能力指在社会情境中,以听、说、读、看、写等方式理解和表达意义的能力,以及在学习和使用语言的过程中形成的语言意识和语感。英语语言能力构成了英语学科核心素养的基础要素。英语命题要着重考查学生在具体社会情境中运用英语理解和表达意义的能力。在考查学生的英语语言运用能力的同时,还要渗透对文化意识、思维品质和学习能力的考量。作为一门语言学科,英语命题考查的核心必然是学生的语言能力。

(1) 听说读写全面覆盖。

从目前大多数英语考试的实际情况来看,主要还是从听、说、读、写四个方面来安排考查内容、考查形式和评价标准。听、说、读、写似乎只涉及核心素养中的语言能力素养,但实际上,文化意识、思维品质和学习能力也融入了听、说、读、写这四个方面的要求之中。

江苏各地的中考英语试卷重视听、说、读、写等语言技能均衡考查,各项内容均占有一定比重。从2009年起,江苏省中考英语听力口语自动化考试开始实施,这在全国同类考试中属于首次,各地试卷也尤其注重对"读"的能力的考查。

(2) 引导学生以"看"促读。

在语言能力方面,过去只提听、说、读、写,现在多了一个"看"。这里的"看"在英文里对应的单词是viewing,通常指利用多模态语篇中的图形、表格、动画、符号以及视频等理解语篇的意义。理解这类语篇除需要使用传统的文本阅读技能外,还需要观察图表中的信息、理解符号和动画的意义。近两年的中考试题中，图表和文本相结合的试题颇为常见。

2016 年盐城中考阅读理解 A 篇介绍了生物的食物链，所配的图表列出了食物链的相互依存关系，多模态的语篇有助于学生更好地理解文本中食物链的含义。

(3) 多种能力综合运用。

部分中考试题考查学生多种语言能力的综合运用，也是《义务教育英语课程标准(2011 年版)》所要求的“能用英语做事情”的具体体现。语言运用最自然的形式就是把各种有关知识和技能都综合起来运用。因此这一类试题是最符合交际实际、最理想的直接运用试题。

2. 对文化意识的考查

文化意识指对中外文化的理解和对优秀文化的认同，是学生在全球化背景下表现出的跨文化认识、态度和行为取向。文化意识能够体现英语学科核心素养的价值取向。有学者认为，文化意识无法用终结性测试考查，但文化知识可测，文化知识考查主要体现在命题素材的选择上，但是在命题环节也可体现，试题的设计可以引导学生对其中的文化差异进行理解和判断，对语篇反映的情感态度和价值观进行分析和阐释，写作试题可引导学生对现象、观点、情感态度进行比较和分析，并在此基础上发表自己的观点、态度和价值判断。

(1) 选择合适素材。

有学者曾指出，选择合适的命题素材或命题情境是重要的前期命题核心环节。命题素材应体现思想性、教育性，让考生潜移默化受到正面隐性教育。同时，兼顾人文性与科学性，间接体现核心素养培养目标。在阅读理解部分，可以适当选择涉及文化背景和文化差异、情感态度和价值观的语篇。

(2) 在语境中渗透文化意识。

对文化意识的考查还可以渗透在具体的语境中，引导学生关注中西方文化知识，比较和分析中西方文化异同，增强其对中西方文化的理解和判断能力。2017 年淮安中考单项选择第 12 题就考查了在真实语境下运用西方谚语的能力：

12. —How can I get along well with local people if I go to Germany?

—________.

A. The early bird catches the worm

B. It never rains but it pours

C. When in Rome, do as the Romans do

D. A friend in need is a friend indeed

(3) 在语境中突出情感态度和价值观。

情感态度和价值观的培养除了选择适合的阅读文本外,也可以通过在语言基础知识部分通过语境的创设潜移默化地对学生进行引导。如 2016 年盐城中考单项选择第 4 题:

4. Life is like riding a bicycle. To keep your ______, you must keep moving.

A. promise B. position C. balance D. ability

该题考查名词。所设置的语境充满正能量,富有人生哲理,彰显了正确的情感态度和价值观。

3. 对思维品质的考查

思维品质指思维在逻辑性、批判性、创新性等方面所表现的能力和水平。思维品质体现了英语学科核心素养的心智特征。对思维品质的测试可有机融入语言运用能力测试中。《新课标》提倡要通过语言材料的选择、考查重点的设置、考试项目和考试形式的设计等,直接或间接地考查考生的思维品质。

(1) 开放试题考查能力。

近两年来,江苏各地中考英语开放性试题增多,给学生较大的发挥空间,考查学生创造力、想象力等思维能力和表达能力。

(2) 深挖阅读考查视角。

阅读理解的任务可以分为文字的表层理解、文字的推断性理解(深层理解)和创造性理解(文字的批判性)三个层次。阅读不仅要理解文字的表层含义,更要理解深层次的含义以及作者表达的思想和情感。

4. 对学习能力的考查

学习能力指学生积极运用和主动调适英语学习策略、拓宽英语学习渠道、努力提升英语学习效率的意识和能力。学习能力构成了英语学科核心素养的发展条件。有学者认为，无法直接测试的学习能力目前只能通过形成性评价实现并体现到考生综合素质评价中，但实行基于互联网的机考可间接测试部分学习能力。有些核心素养在测试中的体现宜“润物细无声”或“潜移默化”。学习能力的某些方面也可以直接或间接地融入语言能力测试之中。尽管学习能力很难通过纸笔测试进行考查，但命题时可以通过语篇材料的选择、学习方法的选择等方式，对学生的学习能力进行考查。

33

如何利用“过程写作”法提高学生的写作能力?

一、什么是“过程写作”法?

早在20世纪70年代,西方语言学家就指出成果写作教学法的不足,提出了“过程写作”法(process-focused-approach)。所谓过程写作法实际上是一个多次打草稿的方法,一般认为有三个步骤,即写前准备(pre-writing)、写作过程(writing/drafting)以及文章修改(revision)。

二、为什么要运用“过程写作”法?

与成果写作法相比,过程写作的优点有三:一是十分注重写作的具体过程,认为写作是一种发现意义并创造意义的螺旋上升的过程,包括写作准备、写初稿、修改、反馈、重写五个阶段,它们交叉进行,循环往复。二是强调写作目的和意图,重视思想内容的挖掘和表达,认为写作是为了更好地与读者(包括老师、同伴等)进行交流。三是提倡以学生为中心,重视师生、生生间积极主动、轻松愉快的不断交流。老师和同伴对习作提供反馈,学生根据老师和同伴的反馈修改自己的习作。因此,修改是过程写作中极为重要的环节,学生通过多次修改来提高自己的认知、思维和写作能力。四是教师参与整个写作过程,在不同的写作阶段,有针对性地对学生进行指导,帮助学生及时发现问题、解决问题,引导学生顺利完成整个写作过程。在这个过程中,教师不再是课堂的垄断者、写作知识的传授者及语言裁判,而是课堂教学中的组织者(organizer)、协调者(facilitator)、答疑者(respondent)和信息提供者

(informant)。

可见，过程写作法十分重视过程，让学生在循环往复的交互过程中挖掘和创造意义。这种方法突出了学生的主体地位，增强了学生在写作过程中的自主性，激发了他们在写作中的积极情感，有利于消除写作中的心理障碍，为学生会写、写好提供了支持、鼓励和帮助，为学习写作搭建了"脚手架"。

三、如何运用"过程写作"法？

（一）写前准备

1. 明确话题

选题就是为学生写作提供一个有话可说、有话要说、有话会说的话题，以满足学生的兴趣和写作愿望，契合学生的原有水平。如教材上的写作任务是介绍万圣节，笔者跳出教材，给学生布置的写作主题是"Festivals"，符合上述原则，也拓展了学生的选择空间。

2. 确定读者

写作的目的是书面交流，所以，在写作之前就要考虑读者群以及阅读需要。在写 Festivals 时，笔者帮助学生分析选题，确定读者。若读者是本班同学，则最好介绍国外的节日，或是大家不甚了解的传统节日、民族节日；若读者是外教，则最好写一写中国的传统节日。这样就能在作者与读者之间形成信息沟，真正引起他人的阅读兴趣。例如，在 Festivals 这个大标题下，学生的自选话题有(如图 1)：

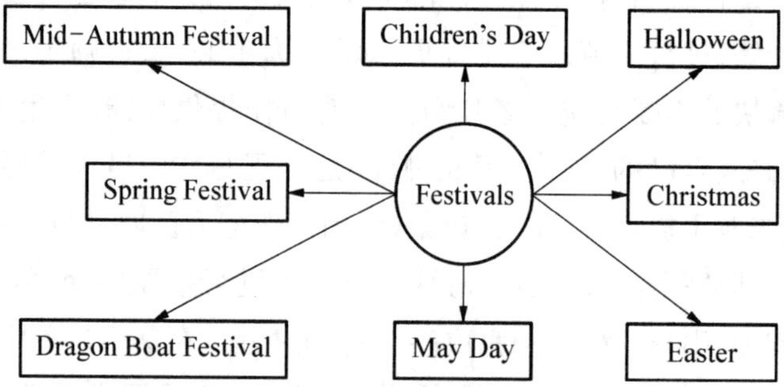

图 1　关于"Festivals"的话题

3. 联想与分享

联想就是利用头脑风暴法，激活学生头脑中与所选话题相关的知识，并在已有知识和写作话题之间建立联系。笔者要求学生在桌上放一张白纸，中间写上自选话题，如 Spring Festival 或 Christmas 等。然后在周围的空白地方写上能够想到的与这个节日有关的所有内容，可以是一个单词、一个短语、一句话、一小节文字、一个故事标题，也可以是符号、代码、歌名等等。这些内容就是学生最熟悉、最有话可说、最有感性认识和把握的部分。整个过程就是一个激活的过程。以下是一个学生的联想记录(如图 2)：

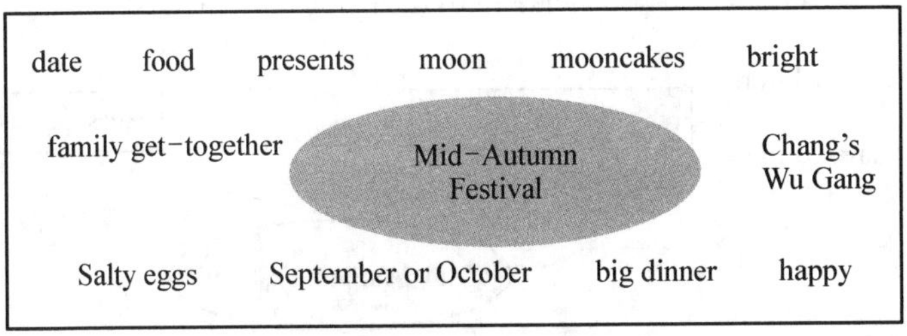

图 2　学生关于中秋节主题的联想

分享就是以小组合作的形式，由学生根据话题自由组合，题目相同或相近的人组成一个写作小组，并在组内交换各自的资料，达成资源共享，同时对他人的资料发表看法。分享之后，再根据他人意见对自己的资料进行增减。

4. 列出提纲

有了感兴趣的话题，又有了写作内容，怎么表达就是这个环节要解决的问题。在这个环节，教师的角色就是帮助学生形成写作思路，根据学生的水平、能力和知识结构对他们的写作加以指导和帮助，就资料的取舍、分类、重组提出建议，为学生顺利写作搭建“脚手架”。以 Christmas 为例，笔者提供给学生的框架是：

Part 1：Brief introduction (lead in)

Part 2：Main body

- What is Christmas?
- Religious festival
- What to have for the festival?

- Activities for celebration { Decorations (lights, flowers, cards, etc.) / Christmas trees / Presents

Part 3: Conclusion

Feelings before/while/after the festival

需要注意的是,写作框架要在不断的启发和引导的过程中,通过师生合作逐步成形,在分享的过程中激发灵感、丰富词汇、形成结构,以降低写作的难度和由写作引起的写作焦虑。逐步教会学生搭建写作框架,切忌越组代庖。如在写 festival 时,师生共同整理出这样一份图表,如图 3:

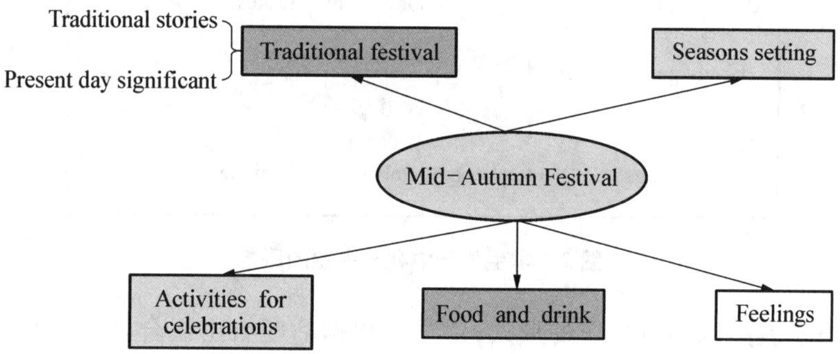

图 3 关于中秋节的写作框架

(二) 写作过程

默里认为,在整个写作过程中,准备阶段要占到 85%的时间,但从难度上来说,写才是最困难的阶段,对中学生的英语写作来说,更是如此。为降低难度,笔者将这个过程细化为以下几个阶段。

1. 怎样写开头?

在这一环节,根据各自的小标题或写作提纲写开头段落,然后在小组内交流,小组推荐出最好的 1—2 篇与全班分享(朗读和实物投影),发挥示范作用,也便于他们相互借鉴。我们讨论交流的问题有:

(1) 段首句是以什么句式出现的?是陈述句、疑问句,还是设问句?

(2) 主题句是否要出现?在什么位置出现?

(3) 这样写好在哪里?为什么?

在学生讨论和汇报时,笔者将开头段落分类,并引导学生讨论各有什么优点,就本文而言,你会选用哪一种等。师生据此概括出一些开头的方式,并分析各种开头形式的好处或不足,供全班学生写作时参考。

2. 怎样写正文?

正文即文章的主体,作者的写作意图和最主要的内容均体现在这里,因此,这是文章的主体部分。如何充分利用相关信息清楚地表达是正文写作的关键。

(1) 根据提纲,写出草稿。

学生根据提纲和收集到的信息自己先写。以提纲为写作思路,收集的信息作为写作要点,围绕每个小标题或要点,用事实或细节来丰富要点,支持观点。对于写作顺序,没有硬性规定,完全取决于写作的人自己的感觉和喜好,他们可以按照重要程度、时间顺序、空间位置以及事物发展过程依次写作,既符合读者的思维习惯,也锻炼了自己的思维能力。

(2) 小组分享,完善草稿。

学生草稿的水平和层次千差万别,还有完善的余地。小组讨论的话题主要有:主题或要点是否突出? 表达是否清楚? 过渡是否自然? 逻辑是否合理? 用词是否恰当? 我的做法是:每个小组每次围绕上述话题讨论 1~2 篇草稿,提出修改意见,供作者参考。在此过程中,学生对如何修改自己的作文得到了很多启发。

3. 怎样写结尾?

在此阶段,笔者要求学生个体写作,然后组内交流,比较分析有特色的结尾。学生未提及的结尾则由笔者提供范文。讨论的话题有:相关话题的文章一般有哪些结尾形式或方法? 这些结尾形式有什么作用? 有什么特点? 不同形式的结尾有什么优势?

(三) 修改与重写

1. 小组修改、互评

过程写作法认为,写作不是线性的过程,而是无法预料的循环过程,可以先制订计划,再写初稿,也可以先拟草稿,然后利用拟稿时激发的灵感,再制订计划。在写初稿的过程中,随时都可以修改,所以修改是一个很重要的环节。这个阶段的任务是：确定主题是否明确，内容是否充实，结构是否合理，文体是否得当，有无语法、拼写、标点等方面的错误——这一点对于写作初学者尤为重要。最后再从整体上进行评价。以“Festival”话题为例，笔者采用了下列问题作为反馈和修改的标准：

- Which festival is it?
- How many paragraphs are there in the article?
- What's the main idea of each paragraph?
- Where is the main body of the article?
- What are talked about in the main body?
- Are there any mistakes in it?
- Is there anything that isn't talked about enough in the article?
- What are the good points and weak ones in the article?
- What suggestions do you have for further improvement?

完成习作后，笔者要求学生先在小组内交换传阅，每人都将组员的作文看一遍。主要做两件事：一是从语言角度对其进行分析和评价，用规定的符号标出来；二是对组内同伴的作文做出评价，给出 A、B、C、D 等不同等级，并在评语后签上自己的名字以示负责。这样，学生在发现同伴作文的亮点、找出同伴错误的过程中，也能够提高自己的水平。初改后，根据同伴的意见及自己修改别人的作文时得到的启发，对自己作文进行二次修改。完成后，写作小组成员自己约时间，一起讨论、征求对第二稿的意见，最后确定二稿。

2. 教师批改、评讲

笔者主要做了两件事：一是从文章结构和表情达意等方面对习作做出评价；二是仔细查看学生的修改中普遍存在的问题和典型错误，并记录学生的共性问题、典型问题、总体印象和想法等。例如存在于词汇层面、句子层面和语篇层面的错误，文化背景差异引起的错误，合作学习过程中的问题等。

为了激励学生更加积极地参与写作，教师要将批改结果及时反馈给学生。通常，笔者先将一篇没有任何修改痕迹的学生作文用多媒体展示出来，然后引导学生从以下方面思考：

- 你能写出这篇文章的框架结构吗？
- 你认为这篇文章的结构正确吗？

- 这篇文章与课本中的范文相比有哪些异同？
- 如果不同的话，是否正确？作者这样安排的意图是什么？
- 文章的内容丰满吗？是否还可补充？补充在何处？
- 你有更好的建议或想法吗？

要做好这个环节的工作，教师选择讲评的范文特别重要。笔者主要挑选两类习作：一类是学生的佳作，让他们觉得写一篇好作文不再是遥不可及的梦想，因为佳作就出在他们身边，从而能够降低写作焦虑。另一类是存在典型问题的作文，用以引导学生发现问题，讨论解决办法。这样，全班又共同经历了一次创作的过程，每个学生都能从中受到程度不同的启示。

三、运用“过程写作”策略应注意的几个问题

任何教学策略和方法都有它的优势，同时也有它的不足，过程写作也如此。这就要求教师在教学中扬长避短，用好过程写作方法。过程写作的一个重要特点就是每一个同伴都是学习资源。为了利用好这些资源，我们应注意以下几个问题。

1. 培养学生合作学习的习惯和积极参与的热情

过程写作需要学生之间的有效合作，需要学生积极参与。但是，由于班级规模大，班级人数过多，教师难以做到对每一个学生进行辅导，我们的学生在小学阶段就已经习惯于教师讲、学生记的课堂学习方式。小组合作学习正是解决这个问题的对策。让学生积极参与到小组合作学习中来是过程写作顺利开展的一个重要条件。我们的做法有：营造安全的学习氛围，鼓励参与，例如对学生的错误要宽容，对学生习作中哪怕是一个漂亮的短语、一个精彩的句子都要真诚地表扬，观察学生的参与水平并及时评价；发现学生表达中的独到之处及时鼓励；展示过程写作的结果让学生体验成功；小组集体评价以鼓励合作等。

2. 注重合作学习指导，提高过程写作的有效性

“教师在英语写作教学中以何种教学方法为指导是教学成败的关键所在。”笔者在实践中的主要做法有六个“明确”：明确根据小组合作的有效性进行分组；明确小组合作的任务及其水平；明确完成任务的时间；明确完成任务的标准；明确小组成员在完成任务中的责任；明确小组合作学习结果的呈现

形式。经过一段时间的引导，小组成员积极参与，过程写作的要求逐步得到落实，小组合作学习的有效性逐步得到提高。

3. 精心组织合作学习，保证过程写作有序开展

组织学习形式与学习活动是课堂教学管理的一个重要方面，是有效课堂教学的重要保障。在过程写作实践中，我们根据过程写作的特点，学生的需要、兴趣、水平和个性特征编组，根据有效性原则确定小组人数（一般 4～6 人一组），结合小组成员的特点和写作任务的话题特点，灵活分配合作学习中每一成员的主要责任（如每次确定一个主持、一个主讲、一个记录、一个反馈），重视学习过程，将学生个体在过程写作中的参与水平和效果作为评价学生个体学习成就的重要指标（如学生的参与程度、参与态度、合作精神等），根据学习结果对小组整体进行评价等等。这样持之以恒地训练，能够更好地培养学生合作的习惯和合作的能力。

4. 准确定位教师角色，提供学习支持

教师的角色定位对学习结果的影响很大。在过程写作教学中，教师不再是课堂的垄断者，而是写作知识的传授者及语言裁判，且更应是课堂教学中的组织者、指导者、答疑者和学习资源的提供者。教师参与整个写作过程，在不同的写作阶段，角色亦有所不同，只有这样才能有针对性地对学生进行指导，帮助学生及时发现问题和解决问题，引导学生顺利完成整个写作过程。

34

如何学好重点词汇，提高词汇能力？

一、什么是重点词汇？

如果把单词按照使用频率由高到低排列，每个单词出现的频率与它的名次的常数次幂存在简单的反比关系，这种分布就称为 Zipf 定律，它表明在英语单词中，只有极少数的词被经常使用，而绝大多数词很少被使用。实际上，包括汉语在内的许多国家的语言都有这种特点。另外根据大家熟知的“二八定律”，在任何特定群体中，重要的因子通常占少数，而不重要的因子占多数，因此只要能控制具有重要性的少数因子即能控制全局。

二、为什么要重点学习词汇？

英语词汇是英语学习的重要内容。词汇知识与语言学习质量之间关系密切，词汇知识扎实，语言水平就好，反之，语言水平则很低。词汇知识对于学生的综合语言能力有着很强的解释力。词汇量对听力成绩的解释力为 8.6%，对完形的解释力为 27.1%，对阅读的解释力为 28.3%，对写作的解释力为 31.9%，总体而言，词汇量可以有效预测语言综合能力的变化，预测力高达 39%，表明通过提高学习者词汇量来提高语言综合能力仍不失为一个有效途径。

可见，无论从英语学习与实际使用的角度，还是从应试的角度看，英语词汇的教与学都应抓住关键，突出重点，提高词汇学习的效果和中考高成绩，这样，才能培养学生英语学习的兴趣，树立学生学习英语的自信心。

三、如何开展词汇教学,指导学生学好重点词汇?

教给学生明确的学习策略十分关键,语言学习者要有意识地使用和优化词汇习得策略来扩大外语词汇量。英语教师应该有一个清晰的教学观念:如果我们希望提高学生的词汇量,最好把词汇量教学和词汇学习策略有机结合,才能取得最佳的教学效果。

1. 词汇学习内容的选择

(1) 选择覆盖面广的高频词汇。

如词汇习得和语言教学法领域的国际知名专家、新西兰惠灵顿维多利亚的Paul Nation教授于1986年总结出的3 000个英语基本单词,覆盖了各种概念(concepts)和多个方面(aspects),无论是初中、高中还是以后的大学英语学习,这些词都极为重要。

(2) 选择学生学习和考试需要的高频词汇。

学生需要指的是这些词汇是学生英语学习中常见、常用、常考、常错的词汇,这些词汇中相当一部分也是使用频率较高的词汇。

(3) 关注高频词的词汇深度知识学习。

围绕高频单词,应思考它由哪些知识构成。每个词汇涉及发音、拼写、词义、搭配、同义词、反义词、近义词、派生词、词汇的使用等等,那么教学的重点是什么?当我们将时间和精力集中到重点词汇时,词汇知识的教学内容就不能只关注词汇的发音、拼写、词义这些内容,而是应该更为深入地学习搭配、同义词、反义词、近义词、派生词,尤其要特别关注学生的词汇使用能力。

(4) 处理好词汇广度知识和词汇深度知识的关系。

学习好覆盖面广、使用频率高、学习和考试中常见、常用的词汇是后续学习的基础,但是不能仅仅停留在这个水平上,而是要不断扩大词汇量,为更高层次的学习做好准备。

2. 高频词汇教学策略的选择

(1) 口头示范、准确呈现。

教师呈现新单词应做到准确、清晰、缓慢、重复。这八个字是示范要略,是学生准确感知新单词的保证,为后续的操练和使用新单词奠定基础。

（2）凸显高频词的显著特征。

通过板书、PPT 等手段呈现单词，将单词的显著特征通过下划线、改变字体或字体颜色等手段，引导学生关注单词的读音和拼写，为有效学习提供视觉支持。

（3）在语境中学习使用高频词。

教学单词时应避免“词中心”，要在学生熟悉了单词的读音和拼写后呈现与词汇相关的短语、搭配和例句，重点教学词汇的使用。有关研究表明，在教学单词时，给例句比不给例句教学效果好。

（4）重视输出性练习。

只有在学生能够比较熟练地使用单词时，我们才能认为学生学会了该单词。因此，教师应十分重视输出性练习，在呈现（presentation）、操练（practice）后，应留出足够的时间，为学生提供使用或输出语言的机会。

3. 词汇复习策略的选择

（1）从不同角度归纳。

不同角度归纳不仅可以提高词汇复现率，还可以帮助学生形成层次清晰的知识结构。

一是按照形式归纳。如归纳字母或字母组合相同、发音相同的词汇，帮助学生建立“音—形”联系，日积月累，达到听音知形，见形知音的效果（如图 1）。

e
- [iː] be
- [e] get, beg, pet, met

ea
- [iː] meal, meat, neat, lead
- [e] bread, feather, sweat

ee
- [iː] flee, feel, street, meet, peep, peel
- [k] cut, cost, coat, cup
- [s] dance, city, peach, reach

ch
- [tʃ] chick, chat, peach, reach
- [k] luck, lock, knock, dock

图 1 词汇的音—形归纳

二是按照话题归纳,形成某一话题的词汇网络。如教育、环保、体育、健康、汽车、植物等等。这样不仅可以复习单词,而且可以扩大词汇量。

三是同义词、近义词归纳。通过归纳,让学生明确同义词、近义词之间的细微差别,便于学生正确使用,如图 2。

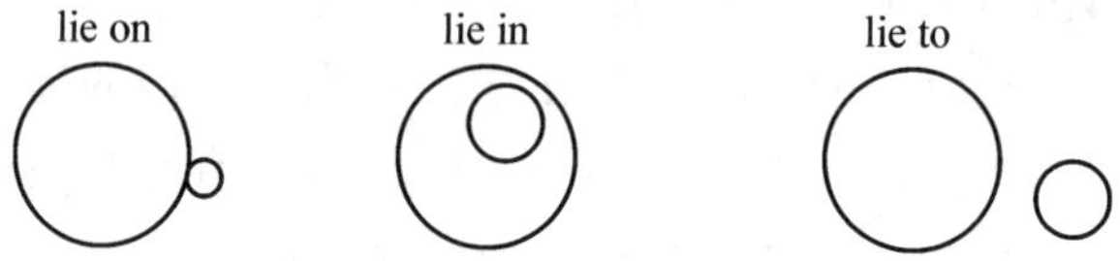

图 2　lie on, lie in, lie to 的区别

(2) 学以致用。

为了使所学习的词汇深度知识真正成为学习者的心理词汇的一部分,我们可采取"以用促学"的策略,即在学生系统学完一个高频词后,布置一定的书面和口语作业,要求他们尽量在写和说时运用刚学过的高频词的各个用法。因为运用会促使这些用法融入学习者的心理词汇,成为其中的永久性成分。心理词汇中的语义网络可使学习者在产出时能快速从记忆中提取所需要的表达方式。

英语词汇学习是个长期积累的过程。中学时学生还处于初学者阶段,应重点学习好高频词,并使用合适的学习策略有效地学习高频词,掌握高频词的词汇深度知识。在此基础上,逐步扩大词汇的广度,形成综合运用语言的能力。

第二章

35

如何在童话教学中培养学生的阅读素养？

一、什么是阅读素养？

阅读教学的目标正由培养阅读技能转为培养阅读素养。外语阅读素养体现为“阅读能力”和“阅读品格”，文化意识是阅读能力的重要维度。初中生应能通过阅读经典文学艺术作品，积淀文学素养，形成初步的鉴赏能力，提升文化品格。英文童话教学应能让学生感受童话的美好和乐趣，欣赏童话的语言美和意境美，在童话意境中让学生预测故事情节、培养思维和想象能力、体会人物情感，在表演中升华理解，获得个人感悟。

二、为什么要在童话教学中培养阅读素养？

改版后的英语教材增加了诗歌、童话等文学体裁的课文。童话以其语言浅易、生动，插图色彩鲜艳，情节奇妙变幻等特点让儿童百读不倦。童话阅读教学不同于一般语篇教学，不能简单采用 scanning，skimming，detailed reading 等常见阅读教学方法，而应根据童话的特点调整教学目标和教学策略，有效实现文学作品的课程价值。

三、如何在童话教学中培养阅读素养？

1. 预测(prediction)

引导学生根据标题、图片等对文章内容和结构进行预测，可以激活学生相关的背景图式，激发学生的阅读兴趣和愿望，是带领学生走进童话世界的第一步。

(1) 根据标题预测。

标题是文章的“文眼”。根据标题预测故事内容,能让学生更好地了解作者的写作意图和目的,快速融入文本,进入阅读情境。译林版《牛津初中英语》七年级下册第六单元阅读文本 *Down the Rabbit Hole* 是选自童话 *Alice in Wonderland* 的片段,一位教师在教学时一边板书标题,一边引导学生对故事内容进行预测。

T: Boys and girls, where did the story happen? Can you guess?

S_1: Maybe it happened in the rabbit hole.

S_2: I think it happened outside the rabbit hole and inside the hole.

T: Do you have any questions about the title “Down the Rabbit Hole”?

...

学生的思维和想象非常活跃,不知不觉已进入童话情境。

(2) 根据插图预测。

童话中的插图往往展示故事最精彩的情节,能一下吸引读者的注意。译林版《牛津初中英语》八年级下册第四单元阅读文本是选自 *Gulliver's Travel* 的片段,笔者借助教材中的插图(图 1)引导学生观察、预测。

T: Who can you see in the picture?

S_1: A big man.

S_2: Many small men.

T: Yes, we can see Gulliver and many tiny men. What happened to Gulliver?

S_3: He was lying on the ground.

T: Yes, he was tied. Guess who tied Gulliver to the ground?

S_4: Maybe the tiny men.

图 1 英语课本中 *Gulliver's Travel* 一文中的插图

色彩鲜艳而有趣的插图,激活了学生的思维和想象,也激发了阅读欲望和探究童话故事的兴趣。

2. 入境(conception)

童话所提供的幻想、人物、故事会唤起儿童记忆中的相关回忆,而出现兴奋、激动、感伤、同情、悲愤等各种情感,激发他们更大的阅读热情。因此,在童话阅读教学中,教师要设法借助图片、视频等,带学生在思想和情感上进入到童话意境,使学生在童话世界自由翱翔,自由想象,享受童话世界的美好。

如在 *Down the Rabbit Hole* 一课的教学中,教师可以呈现兔子图片(图 2)后提问:"Look at this rabbit. What is special about it?"引导学生发现兔子的特殊之处:"It was in a coat.""It could speak.""It had a watch.""It was looking at the time"...这样一只穿着外套、拿着手表、能直立行走的兔子,很快吸引了学生的注意力和好奇心。这只兔子穿着正装,还在看时间,它要去干什么呢?是不是要迟到了?学生在大脑中勾勒出可爱而奇异的兔子形象,都想知道故事的发展,想知道更多关于兔子的事情。教师于是继续问:"Do you like the rabbit? What do you think of it?"学生在童话的意境中带着自己的情感与感悟去体验故事情节的跌宕起伏,体验 Alice 的勇敢、细心和好奇心。

图 2 *Down the Rabbit Hole* 一文中的插图

3. 想象(imagination)

想象和幻想是童话的基本特征,也是童话的灵魂,没有想象和幻想就没有童话。在童话阅读教学中,教师要善于启发,设计开放性的、能激活学生想象的问题,引导学生在童话的世界中自由想象,创新思维。如在童话 *Goldilocks and the Three Bears* 教学中,教师在引领学生进入童话意境后可以再以问题"If you were Goldilocks, would you enter the house? Why or why not?""If you were *Goldilocks*, would you eat the food? Why or why not?"引导学生去想象。学生在童话的意境中,思维特别活跃,给出了各种精彩的回答:"I would not enter the house because it was impolite.""Maybe there was a big animal in the house.""I would enter the house because I was hungry"...学生的回答可能有些不合逻辑或者超出教师的预设,但还是要注意保护学生宝贵的好奇心、积极性和自尊心,不能简单地批评或者否定。推动情境想象,激发深层思维,积极培养学生的想象力与思辨力,是英语童话教学的应有诉求。

4. 欣赏(appreciation)

童话的语言简洁、生动,常用拟人、对比、反复等表现手法,形成节奏感和韵律感,突出故事情节和人物特点。教师要引导学生自主朗读,赏读佳句,欣赏童话的语言美,让学生真正享受课堂,享受学习语言、品读语言的快乐。如在 *Goldilocks and the Three Bears* 教学中,教师可以引导学生有感情地朗读 Goldilocks 选择食物的一段文字,这段文字语言简洁有力,生动活泼,学生读起来朗朗上口,人物个性生动有趣。"She picked up the very big bowl, but she didn't like it—it was very hot. Then she picked up the big bowl, but she didn't like it—it was cold. The little bowl was just right. She finished all the food in it."短短几句话,Goldilocks 挑选食物的画面生动地呈现在读者的面前。

教师也可以通过让学生自主朗读文本,找出最喜欢的句子并说明理由的方式来引导学生学会欣赏。在 *Down the Rabbit Hole* 一文的教学中,有学生喜欢"Down, down, down, Alice fell for a long time, and then she hit the ground. She found herself in a long, low hall."因为从"down"的三次重复可以推测 Alice 摔了很长时间,可见洞很深,而且"down, down, down"让学生联想到 Alice 摔下去的声音,体会到 Alice 摔下去的复杂心情。

5. 评价(evaluation)

童话中人物形象大都鲜活逼真,生动有趣。教师要引导学生品读文本,把握人物的个性特点和鲜明的人物形象,从而更好地理解童话故事。教师要真正放手,引导学生自我感悟,对童话中的人物进行个性化解读和评价。如在 *Gulliver's Travels* 阅读中,教师可以以问题"你觉得 Gulliver 怎么样? 为什么?"引导学生根据童话文本对 Gulliver 表达不同的看法和评价。学生对 Gulliver 进行了如下评价。

S_1: I think he was kind and friendly because he didn't kill or hurt any of the tiny men.

S_2: I think he was calm because he swam as fast as he could and tried to save himself after their ship crashed against the rocks.

S_3: He was brave. He didn't give up and tried to save himself when he was in trouble.

通过对童话人物的评价可以培养学生的逻辑性思维、批判性思维和创新性思维,引导学生评价童话人物也使学生成为阅读教学的主体,只有让学生成为阅读教学的主体,阅读教学才能取得更好的效果。

6. 表演(performance)

故事表演可以提高学生的社会认知能力,加强学生的道德修养,促进学生情感健康的发展及语言运用能力的发展,有利于学生在典型语境中学习并掌握语言知识。在童话阅读教学的最后,教师可以安排学生两人一组,一人讲述故事,另一人发挥想象表演故事,并给故事人物增加心理语言、动作等细节。学生在表演中加深对文本的理解和对故事情节的把握,体现了学生对文本故事个性化及创造性的解读。学生通过表演真正进入了故事情节,当教师引导学生想象故事结尾的时候,学生按照自己独特的理解,创造出多种多样的、发散性思维的精彩结尾。学生思维由封闭单一走向多元开放,由被动阅读走向主动积极阅读,走向创造性、开放性思维,有利于学生个性的发展和语言能力的提高。

36

如何理解和落实学习策略目标？

一、什么是学习策略？

关于学习策略，学者有不同的定义，概括起来有以下三种观点：① 学习策略是具体的学习方法或技能；② 学习策略是学习的调节和控制技能；③ 学习策略是学习方法与学习的调节与控制的有机体。

《义务教育英语课程标准》（以下简称《标准》）指出，“学习策略是指学生为了有效地学习和使用英语而采取的各种行动和步骤以及指导这些行动和步骤的信念”。学习策略是一种有意识的心理活动，是学习者主动采取的。它要求学习者对自己的学习任务有明确的认识，知道自己要做什么，并制订出行动计划，明确自己该如何去做才能完成此项任务，这个计划中应明确使用哪些方法，用什么时间，在何时采用何种方法等，同时对自己完成任务的情况进行监控，及时调整自己的计划，以确保任务的完成。

《标准》将学习策略分为四种，即认知策略、调控策略、交际策略和资源策略。认知策略是指学生为了完成具体的学习任务而采取的步骤和方法；调控策略是指学生对学习加以计划、实施、反思、评价和调整的策略；交际策略是学生为了争取更多的交际机会、维持交际以及提高交际效果而采取的各种策略；资源策略是学生合理并有效利用多种媒体进行学习和运用英语的策略。《标准》二级目标中列出的策略共有 11 项：

① 积极与他人合作，共同完成学习任务。

② 遇到问题主动向老师或同学请教。

③ 会制订简单的英语学习计划。

④ 对所学内容能主动复习和归纳。

⑤ 在词语与相应事物之间建立联想。

⑥ 在学习中集中注意力。

⑦ 在课堂交流中,注意倾听,积极思考。

⑧ 尝试阅读英语故事及其他英语课外读物。

⑨ 积极运用所学英语进行表达和交流。

⑩ 注意观察生活或媒体中使用的简单英语。

⑪ 能初步使用简单的英语词典。

二级目标列出的11项策略中,第①—④项属于调控策略,第⑤—⑧项属于认知策略,第⑨项是交际策略,第⑩、⑪项属于资源策略。这些策略与学习目标有着密切的关系,掌握了这些策略,无疑对学生的学习会有很大帮助。

二、为什么要掌握学习策略?

核心素养涉及关键能力、必备品格和价值观念,说到底,就是要学会做人,学会做事,而学会做人和学会做事的前提应该是要学会学习。《标准》总目标中明确指出:“综合语言运用能力的形成建立在语言技能、语言知识、情感态度、学习策略和文化意识等诸方面整体发展的基础之上……有效的学习策略有利于提高学习效率和发展自主学习能力。”发展有效的学习策略是英语课程的重要目标之一。

学习策略对于学生的学习和发展有着重要的影响。一是有利于改进学生的学习,提高学生学习效率,特别是能改善那些因策略使用不佳而学不好的学生的学习状况,大幅度提高学生的学习质量,减轻学生课业负担。二是有助于形成自主学习能力、解决问题的能力。三是有利于发展学生的思维逻辑性,促进知识系统化,增强认知条理性。四是有利于学生的终身学习和可持续发展,为学生走出校门、适应社会打下基础。

三、如何落实“学习策略”目标?

在教学实践中,我们结合教学内容开展学习策略训练,效果会更好,学习策略是可教的。课程标准中还指出:学习策略是灵活多样的,策略的使用因人、因时、因地、因事而异。在英语教学中，教师要有意识地结合上述因素，帮助学生形成适合自己的学习策略，并不断调整自己的学习策略。

在形成有效的学习策略的过程中，教师是重要的培训者、指导者。在知识教学的同时，教师还要对学生进行英语学习策略的训练，要清楚地告诉学生哪些策略比较有效，如何使用，让他们熟悉有效策略，并鼓励学生进行尝试，引导学生自我评价，逐步形成适合自己的有效的英语学习策略。

1. 基于学生的认知特点，有针对性实施训练

中小学英语学习时间跨度大，学习者认知特点变化也是巨大的。教师必须围绕上述目标通盘规划，有序地实施训练。例如，在小学三年级，英语是一门全新的课程，是英语学习的起始年级，知识目标主要集中在字母、词汇及一些简单的日常交际用语。在这段时间，教师可以有意识地训练学生积极听课，主动模仿，多听多说；注意利用课外学习渠道；注意发现并了解语音规律；鼓励学生不懂就问，敢于提问。再如，初中生已经具备了一定的逻辑思维能力，教师应帮助学生学会归纳、总结，自主发现语言的特点和规则；引导学生主动开展自主学习和合作学习；主动利用资源策略；等等。

2. 立足英语课堂，加强方法指导

在对学生实施训练的过程中，除了有合理的计划外，更重要的是实施的形式和训练的方法。教师可以立足课堂，通过介绍、示范、练习等步骤，以及课堂教学渗透等方法，实施策略训练。

(1) 学会合作学习。

学生需要学习在小组中如何学习，为他们走上社会打好基础。在小组中，他们能够学会使用自己的权利，不主宰或控制机会，能鼓励他人参与活动，学会在小组中完成具体任务，学会仔细倾听，学会如何表达……

那么，学生在什么样的活动中能学会合作呢？有研究揭示了合作学习任务或内容，以及最有效的组织互动形式。例如，对话练习、单词强化训练、语法复习等活动以两人小组的形式最为有效；小组共同解决一个问题，人数宜控制在 3—5 人；小组讨论的最佳人数可能是 3 人；等等。

根据上述研究结论，教师可以设计或选择小组合作学习的任务。

(2) 学会探究学习。

探究学习一般用于科学学科，是一个围绕问题或话题收集信息、处理信

息、发现意义的过程。它包括发现相关信息的步骤、方法，最终得出结论或获取新的信息，并对结论以及新获取的知识信息进行反思。教学实践中通常采用“指导—探究”的教学方法来支持学生学习新经验，使探究活动始终紧紧围绕目标。基于探究的学习主要包括批判性思维、创造性思维以及问题解决。

基于探究的学习包括以下要素：

- A question related to the topic of inquiry to be explored
- Followed by an investigation and gathering of information related to the question
- Continuing with a discussion of findings
- Commencing with a reflection on what was learned

基于探究的学习步骤主要包括以下几个方面：

- 明确探究的问题或问题串
- 利用资源策略，围绕主题收集信息
- 使用精加工策略，整理所得信息
- 使用交往互动策略，讨论分析信息
- 使用认知策略，实现问题解决

(3) 学习创造性思维与问题解决。

中小学生有着了不起的创造性思维能力，常见的创造性思维活动有写作、绘画和音乐等等。随着年龄的增长，由于担心失败、爱面子等心理因素，孩子的创造性思维就开始走下坡路了。如果没有创造性思维，我们会失去众多的思想家、科学家、艺术家。

创造性思维不仅仅涉及想象力和发散性思维能力，对问题解决也是十分关键的能力。

【案例】Friendship

第一步，教师首先提问：What qualities do you look for in a good friend? 然后请学生自由作答，并将他们的答案写在黑板上：

Loyal, tells the truth, fun to be with, intelligent, sympathetic, understanding ...

第二步，列完之后，继续提问学生：Which quality is important to you? Please rank the qualities in order of importance.

第三步，将学生分为四人一组，并请他们以小组的形式向全班同学解释自己所看重的品质以及排序的依据。

【案例分析】第一步中，学生围绕“qualities of friendship”这个主题回答问题，运用了发散性思维能力；第二步中，在回答问题（Which quality is important to you?）和完成任务（Please rank the qualities in order of importance.）的过程中，学生发展了问题解决能力。在第三步中，学生呈现学习结果，教师可以从中检测学生表达的内容及其思维含量。

总之，学习策略的习得不能纸上谈兵，任何一种学习策略的学习都必须与学科教学紧密结合起来，才能取得预期的效果。

37

如何运用唤醒策略激活学生的核心素养？

一、什么是“唤醒”？

所谓“唤醒”，其本意就是叫醒的意思，用作比喻，则有“使之觉醒”的意思，英文是 arouse，意为“使觉醒，使……奋发起来，使……行动起来”等，类似于“activate”，意味着“激活”“使之活跃”等意思。在教育教学中，“唤醒”作为常用的教学策略之一，有着非常重要的教育价值。

二、为什么要运用“唤醒”策略？

德国著名教育学家斯普朗格曾经说过：“教育的最终目的不是传授已有的东西，而是要把人的创造力量诱导出来，将生命感、价值感唤醒。”马克思也说过：“教育绝非单纯的文化传递，教育之为教育，正是在于它是一种人格心灵的唤醒。”因此，教育的核心所在就是“唤醒”。唤醒什么？唤醒学生生命中的灵性和欲求。众所周知，多年来应试教育模式的弊端饱受诟病，原因就在于它扼杀了学生的创新意识和创造能力，学生们一味追求考分，埋首于各门基础学科的题海大战中，完全忽视了思维品质、情感能力、文化意识等的培养。著名哲学家雅思贝尔斯在他的《什么是教育》中写道：“教育的本质意味着：一棵树摇动一棵树，一朵云推动一朵云，一个灵魂唤醒一个灵魂。”

三、怎样运用“唤醒”策略？

本文主要根据学生的生理和心理特点，围绕英语教学任务，在初中英语的课堂教学环境中，通过若干“唤醒”策略，催生出学生的核心素养。

1. 通过导入环节“唤醒”学生的礼仪素养

2016 年 4 月，笔者在常州借班开设了一堂区级公开课，授课对象是该区一所普通初中的重点班，授课内容为八年级下册第五单元“Good Manners”（良好的礼仪）导入课，教学目标意图在于，通过语言学习和交流让学生学会用英语谈论如何在公共场合举止得体，学会文明礼貌，激活学生关于礼仪的知识和生活经验，为单元学习奠定基础。

上课铃响后，笔者简单介绍了自己，然后给学生播放了一段英文小视频。这段视频是纯英文的，简短而清晰地向学生们介绍了一些常用的文明礼貌用语。学生们观看得很认真。随后笔者又邀请了几位同学完成精心设计的纵横字谜（crossword），如图 1。

W	e	l	c	o	m	e	
			S	h	a	r	e
			k	i	n	d	
		T	h	a	n	k	s
			G	r	e	e	t
			C	a	r	e	
	P	l	e	a	s	e	

图 1 “唤醒”学生的纵横字谜（crossword）

同学们很轻松地填完纵横字谜，笔者开始启发学生，引导学生探索出本单元的主题。

T：After watching the short video and filling the crossword，I think you get to know something. That is to say，we should be ...（停顿一下）to others in public places.

S：Polite.

T：Yes！And can you find out a new word that has similar meaning in the puzzle?

S：Manners.

T:Very good! So today we will learn something about manners.

之后,笔者提出问题,请学生与自己的同桌讨论:

What should we do or say at table/in the bus/in the library?

这样,学生用英语将自己关于礼仪礼貌的行为规范表达出来,既操练了英语,又强化了礼仪素养,更为后续学习打下了基础。

2. 回归生活情境"唤醒"学生的主体意识

在"唤醒"了学生的礼仪知识和经验之后,笔者结合第五届全国文明城市评选中常州进入提名城市的现实生活背景,设计了让同学们参加家乡礼仪志愿者的竞选环节。

首先通过让学生听书本上漫画配套的录音,回答三个小问题,然后提问学生:"Who do you think is suitable to be the host of the knowledge test? And why?"设计这个环节是为了启发学生,让学生意识到真正有礼貌、懂礼仪的人才有资格胜任这场竞选文明城市的知识竞赛的主持人。接下来,笔者设计了竞选礼仪志愿者所必须参加的知识测试活动:

- Test 1 (individual work):"True or False"
- Test 2 (individual work & pair work):"Brainstorming"
- Test 3 (group work):"Do It Yourself"

笔者事先把全班学生按照四人一小组,分成12小组,四张桌子拼起来,学生们环绕而坐,为最后的小组合作活动做好准备。

例如,在Test 1中,笔者通过动漫小视频、动漫图片、真实生活图片、动态图、新闻报道中的真实场景小视频给学生们展示了不同的和礼仪礼貌相关的日常行为,让学生通过仔细观察和认真思考,迅速做出价值观的判断,然后再进一步思考,针对每一种特定的场景,提出正确而合理的做法的建议——这是比较浅显的思维能力。

3. 通过学习活动"唤醒"学生的思维潜质

思维是大脑对"客观事物及联系"间接概括的反映,是以感知为基础,通过分析和综合、抽象和概括等智力活动,对感知信息进行加工,并以储存于记忆中的知识为媒介,探索和发现事物的内部本质联系和规律性的活动。在英语学科中培养和发展学生的思维品质,就是通过引导学生观察语言和文化现象,分析和比较其中的异同,归纳语言及语篇特点,辨识语言形式和语篇结构的功能，分析和评价语篇所承载的观点、态度、情感和意图等英语学习活动和实践运用途径，帮助学生学会观察、比较、分析、推断、归纳、建构、辨识、评价、创新等思维方式，增强思维的逻辑性、批判性和创造性，提高思维品质。同时，思维品质的提升又有利于增强学生的英语语言能力，提高自主学习的效率。

而在Test 2中，笔者让学生们进行头脑风暴，想象并描述出图书馆里典型的不文明行为，“唤醒”学生发散思维潜质。待学生们发言完毕，笔者再进行补充和归纳，拓展学生的思维空间。在此基础上，播放一段讨论在图书馆里应该做和不应该做哪些行为的小对话，让学生们完成事先设计好的任务型填空。因为有了前面的头脑风暴，学生们很顺利地完成了任务。引导学生有感情地分角色朗读完小对话后，便进入操练环节。笔者特意选取了常州市区有代表性的一些公共场所，例如常州市第一人民医院、常州BRT车厢内、常州饭店等，并对课本上的小对话模式稍作修改，给了学生一个大体的框架。笔者要求学生们两人一组，任意选取一个自己感兴趣的公共场所，发挥自己的想象，编成合情合理的对话，讨论在该场所恰当和不恰当的行为，并鼓励学生大胆创新，不必完全拘泥于课本上的范例和老师在课件上给出的框架模板。事实证明，学生们的思维很活跃，完全有能力在很短的时间内唤醒自己的日常生活经验和思维意识，并头脑清晰地组织语言，流畅地用英文表达。

4. 发挥范例作用，“唤醒”学生创造活力

人的素养是在实践中养成的，也是在具体活动中体现的。任务Test 3是为了提升学生的综合素养。笔者选取了校园里的几个视角，提前拍摄好了一组照片。在课件中看到本校的熟悉场景，学生们很兴奋。笔者告诉学生们：语言重在运用。

笔者先明确提出总体的任务：每个小组从给定的几个场景中，任意选取其中一个，为其设计海报，号召大家保护美丽的校园，做文明得体的“四有新人”。然后提出了三个具体要求：

(1) 设计出一条有关礼貌礼仪的标语，然后下面至少列出三个小细节。

(2) 在你设计的标语下方画一个相应的标志图。

(3) 在海报上绘制简单的图片，点缀海报。

为了更好地激发学生的兴趣和创造欲望，笔者也给出了海报样图（如图 2）：

图 2　关于礼貌礼仪的海报样图

学生们兴致高昂，积极思考，每个小组都密切合作，分工明确。最后笔者选取了两组代表，分别到讲台上展示各自的成果。例如，其中的一个小组选取的场景为学校餐厅，设计的总标语为“Good manners help you enjoy your meals”，三个相应的小细节为：

- Queue for your turn when waiting for your meal.
- Do not make too much noise while eating and drinking.
- Try to eat up the food on your plate.

正如奥苏伯尔所说，影响学习的唯一重要的因素，就是学习者已经知道了什么，并据此进行相应的教学。而要知道学生已经知道了什么，需要我们去“唤醒”，学生的情感态度需要我们去“唤醒”，学生的核心素养更需要我们去“唤醒”。通过“唤醒”，才能同化新知识，才能激发学习的动机，核心素养的提升才能成为可能。

38

如何提高课堂语言实践活动的有效性？

一、什么是语言实践活动？

活动是由行为动作构成的主体与客观世界相互作用的过程，是以目的为中心构建起来的、具有一定功能的各种动作的总和，是体现主体意识能动性和个体能动性的高级形式。学习活动依其活动对象和互动目标不同，分为多种形式。活动的性质、内容、方式不同，对人的作用也不同。语言学习的过程以及语言学习的效果如何，既要基于活动，又要在活动中检验学习的成效。

二、为什么要通过语言实践活动来发展学生综合语言运用能力？

《义务教育英语课程标准》要求“培养学生的综合语言运用能力，让学生能用英语做事情”，并建议“各种语言知识的呈现和学习都应从语言使用的角度出发，通过创设具体语境并采用循序渐进的语言实践活动，为提升学生综合语言运用能力而服务”，倡导将教学过程建立在学生的活动基础上，实施以学习者为中心的教学策略，让学生在丰富多样的语言实践活动中，获得知识、丰富情感、发展语言能力以及形成和完善独立人格。同时，倡导在教学中突出学生主体地位，注重体验参与，使学生的自主性、能动性和创造性在学习中得到充分发挥，从而有效提高学生的综合语言运用能力，促进学生的主体发展。

课堂语言实践活动就是通过创设和营造真实、有意义的英语文化环境和语言环境，以情景为环境，以活动为载体，以交际为主题，充分利用各种教学资源,采用听、做、说、唱、玩、演的方式,为学生提供充分的语言实践机会,鼓励学生积极参与、大胆表达,让学生在活动中学会英语,并用英语进行交流和实践。它既包括课内的语言实践活动,也包括课外的语言实践活动。

三、怎样发展学生的综合语言运用能力?

作为教师,在具体设计语言实践活动的过程中,应充分考虑学生的认知特点、教学任务和教学条件。在此基础上确定活动的性质、活动的组织形式和互动的方式,具体而言,可以从以下几点着手。

1. 明确活动目标——学习活动应有"效度"

教学目标是教学活动的出发点和归宿,是活动"效度"的具体保证。它支配、控制和调节着整个教学过程。任何教学活动都要围绕着某个教学目标展开。教师在设计活动时要围绕教学目标,并考虑所设计的课堂活动是否生动、富有吸引力。另外,还要避免重形式、轻内容的倾向,在突出教学目标的前提下将趣味活动和有效的语言实践有机结合起来,使教学效果在有限的时间内达到最优化。围绕目标设计活动时应考虑:

第一,活动的目标决定活动任务的性质。首先要明晰这个活动关注的是语言意义还是语言形式。

第二,活动的目标决定活动的领域指向。如果是知识领域的活动,就不能采用教技能或情感、态度、价值观的活动方法去教知识。反之,如果是教技能,也不能采用教知识的活动方法。

2. 保证活动扎实有效——学习活动应有"容量"

任何学习都必须有一定的量的保证,才可能使学习的结果从量变过渡到质变。德国心理学家艾宾浩斯最早采用实验的方法研究过度学习(overlearning)。他以不同次数地诵读几个由无意义音节构成的表进行实验。结果表明,过度学习比学到刚刚能背诵的程度保持效果要好。过度学习以超过50%为最佳限度。如果学习20遍刚刚能背诵,则再读10遍保持效果最好。就英语学习活动而言,应根据学习内容的难度确定学习量。

以现在完成时为例,我们知道,现在完成时是学生学习的难点。教师在创设学习情境之后,要确保学生有充分的时间、机会练习使用现在完成时造句,给出大量的例句让学生体会;否则,如果只是寥寥数语,给人"蜻蜓点水"

之感,很难保证学生真正学会使用现在完成时。

3. 鼓励学生全员参与——学习活动应有“趣味性”

要保证学习“效度”,一是要保证学生的时间和精力用在学习的内容上,二是要让活动具有趣味性,保证学生的参与质量。活动的设计应考虑到学生参与的面是否广,是否大多数学生有事可做,而不应让活动成为少数优秀学生的表演秀。要做到这一点,活动本身必须具有层次性。

【案例】Creative Writing: A Detective Story

The teacher divides the students into groups of four and gives each of them a piece of paper. Every member of a group is required to write a plot, including characters, events and ending, but the rule is, when each one of them finishes writing, he or she should pass the paper to the next one, who is required to continue writing characters and then pass the paper to the third student of the group ...

在这个活动中,小组成员任务明确,都要写出故事的情节,包括人物、事件、结尾等。有意思的是,最后完成了四个故事,且每一个都体现了小组成员的创意与智慧。学生参与的积极性很高。

这样的实践活动能进一步激发学生学习和使用英语的乐趣和兴趣。在实践中要注意不能把“兴趣”与“娱乐”混淆,不能用肤浅的笑话或者对感官的直接刺激来激发学生的兴趣,而是应该从他们的特点以及他们思维深处发现兴趣的源头,把学语言和用语言作为活动的内核,只有这样的兴趣才能长久。

4. 保证活动指向成功——学习活动应有“层次性”

我们常常说,要让学生体验成功,形成良好的自我认知,让学生感觉信心满满:“我能行!”但是,“我能行”的自我认知是在多次反复成功的实践活动中逐渐形成的,不是大声地喊喊口号“我能行”就真的行了。因此,指向成功既是理念,也是策略。然而,学生是有差异的。面对差异很大的学生,我们一方面要让活动或任务有适当的难度或挑战性,满足优秀学生的学习需求;另一方面又要照顾到相对后进的学生,让他们积极参与,让他们体验成功,形成“我能行”的自我效能感。这是一个难题。笔者认为,具有开放性和层次性的学习活动是个不错的选择。

【案例】练习 can 的使用

T:I have a little baby. She is three years old. She can walk very fast, but she can't ride a bike. What else can or can't she do? Can you guess?

在这样的活动中,学习成绩优秀的学生可以得到充分锻炼,学习成绩一般或较差的学生也能说一些,不至于束手无策。

5. 搭建成功学习的脚手架——体现教师的“支持性”

教师的支持作用体现在活动内容的选择与安排(由简到繁、由易到难,并逐步把以课本为中心的活动训练引向以生活为中心的实际应用)、学习情境的创设、学习策略的指导(给学生提供关键词、图示、表格等等)、学习活动前的唤醒与补偿(完成任务需要哪些知识和能力,学生是否具备,不具备了怎么办,是否需要复习和补偿等)。

需要注意的是,教师的支持活动可以在活动前,也可以在活动中或活动后。例如,教师对学生的出色表现应及时给予表扬和鼓励,或是通过口头表扬,或是通过肯定的眼神或动作;对其不足之处则应委婉地提出一些建议。学生从教师的反馈中获取信息,并反思自己的学习,从而改进学习策略,提高学习热情,从教师的激励中获得动力,认识自我。

总之,教师在设计活动时要充分考虑学生的个体差异和不同的学习需求,体现人文性。教师要按照学生“学”的规律进行教学,活动的难度要适中,使上、中、下不同水平的学生都有参与课堂活动的机会,都能学有所获。通过英语实践活动有利于学生用英语进行简单的交流与表达,发展学生的语言能力。教师应设计既围绕教学内容又能使用真实的语言材料的活动,将学生引入生动的学习环境,这种真实的语言材料来自学生熟悉的生活经历。课堂活动把课本语言学习与生活语言结合起来,使学生能够用所学的语言解决现实生活中的问题。

39

如何提高学生的课堂参与度？

一、如何理解课堂参与度？

课堂参与度主要指学生在行为、情感、认知等方面参与课堂活动的程度。建构主义学习理论认为学习的过程不是被动接收信息刺激，而是学习者主动建构知识的过程，也就是说，学生是信息加工的主体，他们的知识不是教师“教”会、由外部注入的，而是在自身经验的基础上主动建构的。建构主义学习理论启示教师应当树立以学生为中心的思想，增强学生的课堂参与意识，提高学生的课堂参与度，通过设置一系列情境充分发挥学生的积极性、主动性和创造性，最终使学生对所学知识进行有意义的建构。因此，学生在课堂上的实际参与水平就显得非常重要。

二、为什么要提高学生课堂参与度？

课堂参与度是提高学生学习能力的重要指标，理应成为学习能力培养的重要目标。

从学生发展变化的角度看，老师的教（instruction）就是为学生的学提供外部条件，包括对学习提供的支持、启发、指导、鼓励等等；同时，教师的教也要有效地利用好学生的内部条件，如学生学习的主动性、自主性、独立性、独特性等等。外因通过内因而起作用，如果忽视了学生学习的内部条件，教师提供的外部条件往往是盲目的、随意的。学生只有在课堂上“动起来”，才能有效地参与课堂教学，积极思考，主动学习，不断获取语言知识和技能，发展智力、能力和创造力,取得理想的学习效果。

三、如何在课堂教学中提高学生的课堂参与度?

课堂参与可以分为参与态度(积极主动还是消极被动)、参与程度(自始至终还是断断续续)、参与广度(多数学生还是少数学生)和参与效度(参与活动的实际效果)等几个主要指标。这些指标涉及学生的学习情感、行为、认知等多个方面。

1. 参与态度——鼓励学生积极主动地参与

积极构建以学生为中心的新型教学模式。要创设安全的参与的氛围,为全体学生提供参与机会,要把问的权利还给学生,把读的时间留给学生,把讲的机会让给学生,使学生真正成为课堂的主人,变被动接受式学习为主动参与式学习。

2. 参与程度——鼓励学生自始至终地参与

要想学生自始至终地参与到学习中去,优化学习活动的设计就显得非常重要。学习任务要具有挑战性,但是要切合学生实际,不宜过难;学习任务应有趣味性,但是又不能顾此失彼,冲淡主题。

3. 参与广度——鼓励全体学生广泛参与

以学生为中心的课堂教学最重要的特点就是教学必须面向全体学生,让全体学生都能有所得,有进步。在实际教学中,教师可以利用头脑风暴、猜谜游戏、小组合作等形式调动全体学生参与。

4. 参与效度——支持学生达成教学目标

所谓效度,在这里就是让学生的时间和精力都花在教师期待他们学习的练习内容上,保证教学目标的有效达成。这就要求教师在教学时,要注意观点与案例的逻辑性。教学内容应由浅入深,由简单到复杂,环环相扣,扎实有效地组织学习活动,帮助学生取得较好的学习效果。

40

如何利用多模态教学模式优化高中英语阅读教学？

一、如何理解多模态教学模式？

“模态”(mode)，指人类通过感官(如视觉、听觉等)跟外部环境之间的互动方式。用多个感官进行互动的方式称为多模态(multimodality)。“多模态话语”是指运用听觉、视觉、触觉等多种感官，通过语言、图像、声音、动作等多种手段和符号资源进行交际的现象。多模态教学模式是指在教学设计过程中把包含两种或两种以上符号的系统资源，制作成课件供课堂教学演示的教学模式。多模态教学模式属于多模态话语范畴，集文字、图像、声音等于一体，具有信息量大、趣味性强等特点。

二、为什么要利用多模态教学模式，优化高中英语阅读教学？

1. 时代发展的需要

传统的阅读教学只注重语言文字，而忽视非文字模态。同时，当今世界文化多元化、人类经历多样化、意义表达方式和思维方式多样化等客观现实使得学生学习面临前所未有的多重挑战。单一的以读写为主的识读能力难以满足当今全球化时代的需要，教师应该意识到不能再一味教授学生专注于读写能力，这个时代很多语言已经不仅仅是读写语言了。图像时代的到来，特别是图像在媒体、教育和儿童文学中的大量生产，使我们无法忽略多模态话语。因此，英语阅读教学应培养学生的多模态识读能力，以帮助学生迎接社会、经济、科技发展所带来的挑战。“核心素养”概念的提出，是我们国家顺应世界教育改革发展潮流，从国家战略的高度，为新世纪教育改革确立的发展方向。围绕英语核心素养来设计和实施英语课程，必定会成为我国英语教育改革的一个里程碑。

2. 整体理解语篇的需要

现代信息的传播具有多样性、实时性和广泛性等特点，信息的内容往往通过文字、图片、声音等多种途径展现出来。在这样一个大的时代背景下，想要让学生在英语阅读的学习过程中对信息有一个整体的、宏观上的把握，就需要教师在课堂讲授过程中运用多模态教学模式，培养学生对语言文字的识读能力，对视觉上的图像信息、听觉上的声音信息以及触觉上的实物信息等综合运用，调动全身感觉器官来达到在最短时间内汲取课程任务中所要求的最准确、最完整的信息的目的，并且通过对语篇多重角度的分析和理解，帮助学生建立整体意识阅读框架，加深学生对语篇阅读的理解。“核心素养”中提到的语言能力不仅强调语言知识的学习，更注重对语篇做出的反应。也就是说，我们读一篇文章之后，不应只停留在表层理解上，还要对语篇内容有自己的思考、判断和分析。

3. 培养阅读兴趣的需要

传统意义上的阅读教学只注重语篇中的语言文字而忽视其他模态，将培养语言读写能力作为课堂教学的唯一目标。这种单一的阅读教学不可避免地发展成以课堂灌输为特点的过度填鸭式教学，也不可避免地使学生感到劳累、单调、乏味，成为消极被动的学习者，也就谈不上培养阅读兴趣与阅读主动性。而多模态语篇可通过多种模态或多种符号系统丰富阅读教学内容、教学形式、教学手段，有效地吸引学生的注意力，并能够使学生积极参与课堂教学，激发学生的阅读兴趣。

三、如何利用多模态教学模式优化高中英语阅读教学？

笔者以《牛津高中英语》模块一第三单元的课文 *Dying to Be Thin* 的阅读教学为例，探讨如何利用多模态教学模式来优化高中英语阅读教学。

课前教室里投影屏幕上播放着《健康歌》的 MTV 视频，运动的画面，欢快的节律，营造了一个与课题有关的氛围，同学们产生了强烈的学习期待心理。

当上课铃声响起，歌声渐渐隐去……

1. 巧妙利用音乐和图片，引入文本话题

在高中英语阅读教学实践中，教师往往兴之所至，忘情于作品的讲解，而学生却难以追随老师的思绪。恰如其分地添加听觉和视觉媒体，会收到意想不到的效果。我在教授这节课时就安排了这样的导入环节：运用四幅减肥图画并以《健康歌》作为背景音乐，非常自然地过渡到新的教学内容，在创设的情境中引出学生感兴趣的主题，从而激发了学生阅读的欲望和继续探究的好奇心。

Working out in the gym

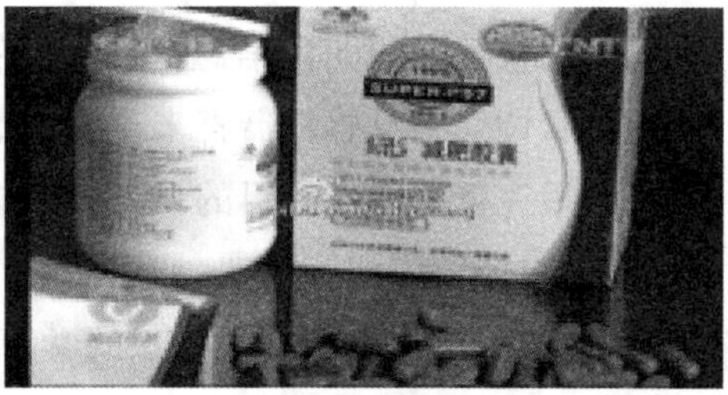

Taking weight-loss pills

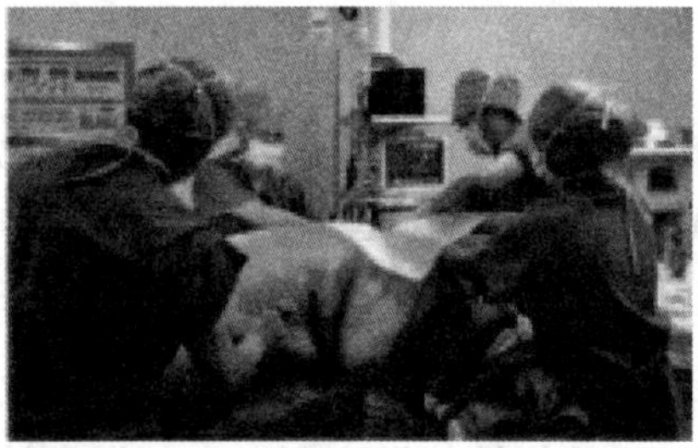

Having an operation

Going on a diet

图1　多模态英语阅读教学——视觉呈现

在多模态教学中，音乐就是一种非常重要的多模态信息载体，它在渲染作品情境和氛围的同时，集中学生的注意力，引领学生进入作品的意境，而在众多的视觉元素中，图片元素具有其他元素不可比拟的优势，它能够把信息以更快捷、简便、直观的方式传达给观众。因此，多模态教学模式应适当运用音乐和图片，以强烈的视觉冲击唤起学生的兴趣和审美意识。

2. 以 PPT 形式呈现纲要性语言和表格，进入文本阅读

尽管多模态教学模式形式多样，但 PPT 的运用是其中最常见的一种。运用 PPT 课件可以大大改善教师教学方式，提高教学效率。在文本阅读阶段，笔者采取“纲要性语言和表格”的形式，设计了三张 PPT。

第一张 PPT：

1st e-mail (from Amy)
- the reason why the writer's losing weight
- the way that the writer used to lose weight
- the way that the writer is trying to lose weight
- the final result the writer has got

第二张 PPT：

表 1　2nd e-mail (from Amy)

Why (in hospital)	
What (in pills)	
Who (help her)	
How (recover)	

第三张 PPT：

表 2　3rd e-mail (from Zhou Lin)

<table>
<tr><td>Para. 1—2: Zhou's feeling</td><td></td></tr>
<tr><td rowspan="2">Para. 3—4: Zhou's advices</td><td>To Amy:</td></tr>
<tr><td>To the Chinese:</td></tr>
</table>

一个好的课件，首先制作者思路必须清晰，要把所讲内容的纲目，用简明扼要的语言归纳、概括出来，使学生清楚本节课所讲的内容和所要达到的学习目标。特别是一些主干内容，仅凭老师口述，学生理解起来势必困难，笔记也无从下手。如果写板书，则耗时又耗力。课件中 PPT 的演示，能高屋建瓴地将知识以深入浅出的方式教授给学生，很好地解决上述问题。学生可以一边听老师讲解，一边看 PPT，一边思考、理解、记忆，收效甚好。

阅读至此，学生还只是停留在表层信息的理解和对具体内容的把握上。一个有经验的老师应该不失时机地引领学生进入更高的境界，去探索作品给

读者启示，为此，笔者设计了本节课的最后一个环节。

3. 运用配有英文解说的视频短片，实现读后升华

视频以其生动、直观、具体可感的特点，在多模态课件教学演示中运用非常广泛，有着不可替代的重要作用，它对学习者的态度能产生积极的影响。笔者从网上搜集了三位身材肥胖但光彩照人的名人影像资料，他们是香港艺人曾志伟、著名歌星韩红和央视名嘴张悦，并将其编辑成一个配有英文解说的视频短片，旨在引导学生思考，除了外形以外，一个人的成就、魅力还与其才华、学识等内在因素息息相关。此外，放映后及时设问：

Which is more important, appearance or health?

学生们在热烈地讨论后深受感触，真正理解并认可了“Health is more important than appearance.”这一理念。

课堂上播放的这段视频是本节阅读课的高潮和点睛之处，生动诠释了本节课的主题：外形与健康的关系。看完视频，同学们争相讨论，他们结合各自的阅读经验和审美体会，深入解读作品，与同学和老师积极交流，在轻松愉快的氛围中很好地完成了对作品的理解和升华。

纵观本节阅读课的设计，教师恰当运用生动形象的视频、音乐、图片、表格以及问题串式的纲要性语言 PPT，创设了多元的阅读情境，学生的自主学习能力、获取和处理信息的能力、思考和分析语篇的能力等都有了提高。由此可见，多模态教学模式的恰当使用能更好地实现核心素养的精神和理念。

41

如何基于学情解读文本，优化阅读教学？

一、什么是文本解读？

教材是依据课程标准编写成的学科学习范本。英语学科的教材通常是由一个个堪称典范的文本构成的。所谓文本，就是用话语记录下来的一句话、一种观点、一种态度、一件事、一个过程、一个人，等等。作为学科学习范本的文本，每一篇课文都蕴含着相应阶段的课程价值。所谓解读，就是通过对对象的具体分析来理解文本。文本解读，是指教学前教师认真研读课文并进行分析，多维度挖掘其所承载的课程价值。文本解读后，教师再根据学情设计适切的教学目标和教学活动。

二、为什么要基于学情解读文本？

从教学设计的角度来看，文本解读就是学习任务分析的内容之一。作为教师，只有明确了学习任务，才能制定具体的切合实际的教学目标，设计符合学生认知特点和规律的教学流程，选择科学的教学策略，安排组织好学习活动，达成预设的教学目标。在阅读教学中，文本解读是备课、上课、作业布置、课外辅导与测试的第一步。这一步走歪了，就会影响后续环节。

在教学实践中，英语阅读教学通常分两课时实施：第一课时侧重梳理文本，培养阅读技能；第二课时侧重语言知识教学。然而受应试教学思想的影响，不少老师在阅读教学时把课时简单割裂，导致两课时之间失去内在联系，课文教学的整体性破坏。究其原因，恐与文本解读不到位有着密切的关系。

三、如何基于学情解读文本?

1. 文本解读的具体内容?

根据图式理论,文本图式可被分为三大类:形式图式(formal schema),话题图式(content schema)和语言图式(language schema)。主题或者话题是解读文本的关键,正确解读主题或话题,便于激活学生的已有经验(图式)。形式图式包含有关语法结构或有关不同类型原文的知识,比如,文体风格的差异,叙事结构的差异,诗歌、戏剧、说明文等不同文体在结构、语言上的差异等。内容图式主要储存有关事物、事件内容的知识图式,如做饭的图式、庆祝国庆节的图式、有关美国历史的图式等。语言图式是指读者已有的语言知识,即关于语音、词汇和语法等方面的知识,关乎对原文语言的理解程度。

具体而言,面对一篇课文,我们应根据学生的年龄层次以及认知特点,在以下几个方面进行深入的理解和分析。

(1) 文本主题与内涵。

即课文的意思及作者想表达的思想、情感。解读好文本内容和内涵有利于教师把握课文的内容线索和情感线索,为教学确定主线。

(2) 文本特征与文眼。

课文的体裁、题材、标题插图、语篇结构及脉络发展均属于文本特征。解读文本特征有利于让学生在阅读过程中更好地理解文本内容,培养阅读技能,也能体验作者的写作手法,增强自己写作时的"读者意识"。根据文本特征,可以寻找课文的"文眼"和"段眼"。"文眼"是指体现课文的主旨大意的一个单词、短语或句子,起到统领全文的作用。抓住"文眼",就抓住了教学活动设计的源头,保证阅读活动能围绕主旨层层展开。

(3) 文本核心知识。

语言知识是阅读教学的目标之一。教师通过研读文本的语言,可以筛选、确定文本包含的核心知识,避免教学知识漫无目的、增加学生的负担。课文核心知识一般指围绕文章主题的词汇。

(4) 以生为本解读。

语言学习的过程是一个知识、技能、思维、情感整体联动、融合发展的过程。因此对文本解读后,教师还需把解读的结果进行整体分析和思考,包括分析语言与内涵的融合、阅读与语言的融合、阅读与情感的融合、阅读与写作的融合等。教师要从教的角度思考学生阅读文本应达到的目标。所谓生本解读，是指教师在对文本解读后还需研究学情，思考如何根据学生的已有知识、能力水平和认知特点设计适切的阅读活动，促进学生真正进入阅读。

2. 基于学情预设，体验生成目标

教师根据教材和学情优化阅读活动的设计，引导学生在课堂解读文本。在这个过程中，语言知识的内化、阅读技能及学习策略的培养、思想情感的提升通过学生与文本不断的对话自然生成。

(1) 归溯式阅读。

以《牛津初中英语》九年级上册第五单元课文 *Tan Dun's Music* 为例，学生通读全文后开始分段阅读，教师引导学生理解，正是谭盾的教育经历造就了其中西方融合的音乐特色。由于学生的音乐素养参差不齐，对谭盾的作品了解不够，即便了解也不能理解。教学时，笔者打破传统阅读教学从教的角度预设的思维方式，改为从学的需求角度设计教学，为学生深层理解文本生成必需的“可理解资源”。笔者采取阅读与欣赏结合的思路引导学生与文本对话。首先，带领学生欣赏中国民族乐器和西方乐器演奏的音乐，建立中国音乐和西方音乐的艺术概念。然后阅读文本，了解谭盾的音乐成就和特色，并欣赏谭盾的音乐，寻找中西方音乐元素(文中提到的三首作品)。再理解谭盾的音乐创作特色(过去与现在、常物与乐器、中国传统音乐与西方现代音乐融合)。最后，再次阅读文本，思考谭盾形成“中西融合”的音乐创作特色的原因。学生通过阅读和体验，生成了理解谭盾音乐特色的“可理解资源”，自然迫切回到文本溯源，理解“谭盾接受的音乐教育与音乐特色之间的关系”的思想情感目标也就水到渠成了。

(2) 情境式阅读。

教学该课第二课时语言点时，教师要求学生研习课文中的重点短语，并朗读、造句。

然而传统的讲解知识的做法不能吸引学生学习的兴趣，划短语读背的方式更难以提高学生理解、运用语言的能力。尤其是本课关于音乐创作的话题距离学生的生活比较遥远，教师更有必要优化预设，在课堂提供促进语言学习的可理解资源。

根据“做中学”的理念,笔者做了以下设计。在复习了谭盾运用常见物品制作音乐的方式后,教师拿出事先准备的玻璃瓶、钥匙、奖杯等物品,用尺子敲打瓶身发出声音,然后问学生:

“Boys and girls, do you want to try to make sounds like Tan Dun? I'm sure you can make music by hitting the bottle in different ways. Let's have a competition. The cup will go to the winner.”

教师的示范和鼓励让学生跃跃欲试,有的学生击打瓶子的不同部位发出声音,有的学生通过改变击打瓶子的速度改变声音,有的学生拿起瓶子吹出声音。学生的“即兴创作”给后续的语言学习提供了充足的资源。学生先运用“make over 50 sounds ... by ...”的句式描述“作曲者”们的杰作,接着评选最佳音乐奖,大家决定给所有上台表演的同学颁奖。于是,“win ... for .../be presented to ...”等句式自然得到运用。从学生积极的参与、开心的笑声不难看出学习的效果良好,体验创作音乐的快乐也许让学生终生难忘。

42

如何基于话题开展整合复习？

一、什么是话题？

话题(topic)的含义很广，可以是一篇演讲、文章、论文或研讨的题目，也可以是讨论或交谈的主题、题目，以及论文或提纲下面的副标题等等。

二、为什么要基于话题开展复习？

话题是英语学习或复习课的中心，其他复习内容围绕话题展开。这样才能建构知识和能力板块，避免知识被“碎片化”，能力被“虚化”。

复习应注重整体，提高学生的知识和能力水平，要调动学生积极参与复习，提高复习的有效性。基于话题复习就是在中考复习梳理课本阶段围绕话题整合知识技能，创设情境激发学习兴趣，设计任务活动运用知识，拓展话题进行语篇训练，以有效提升学生综合运用语言的能力。

中考复习一般采取梳理课本、专项复习、综合模拟的三轮复习方式。其中，梳理课本内容多、时间长，其效果直接决定后两轮复习，容易出现三重三轻的问题：重讲练，轻活动；重容量，轻思维；重单项，轻整合。此外，中考复习还容易局限于单元，忽略单元之间的联系，尤其是相同话题单元知识之间的联系。随着新课标的深入实施，考试评价日趋注重考查学生运用语言的能力。梳理课本阶段要着眼于学生整体语言水平的提升，整合知识复习和能力训练，为单项训练夯实基础。

三、如何基于话题开展复习？

以下以《牛津初中英语》"景点介绍"话题复习课为例进一步阐述。

1. 依据话题，整合复习内容

教材中相同话题的单元一般在2—4个，涉及的话题词汇及语法项目众多。教师要根据话题整合教材，确定复习目标，使复习有的放矢、扎实有效。教师可参照《初中英语课程标准》列出的24个话题项目，结合教材的模块主题，确定板块下的二级话题，把话题相同的单元整合在一起。

整合后的话题单元一般在2—3个。复习应紧扣话题，明确要复习的话题知识（包括词汇与语法），突出综合运用。复习"景点介绍"话题时，笔者确定的目标为：运用be attracted by, consist of, be built with等短语和定语从句描述宝应旅游景点；运用although, though, unless, in order to等连词向游客进行推荐；综合运用上述词汇、语法，以口头及书面的方式介绍宝应（学生的家乡）景点。

2. 紧扣话题，创设情境激趣

有效的教学总是发生在真实的情境中。明确复习课的话题和目标后，教师要围绕话题，充分利用生活中真实的素材创设情境，设计相对真实的任务活动，激发学生参与课堂的兴趣。

笔者围绕该话题，设计了"编制宝应旅游指南"（Make a guide to travelling to Baoying）的主情境，包括三个子情境：向游客介绍景点的地理位置（talk about locations of places of interest）、介绍景点名人（describe interesting places and great people），以及鼓励游客来宝应旅游（encourage tourists to visit Baoying）。由于谈论的是自己家乡的名胜，并要把家乡推荐给外地游客，学生的学习积极性高涨，运用语言就真实自然。

3. 围绕话题，精设活动导学

教师应围绕话题，在创设的情境中精心设计语言活动，引导学生积极主动地进行复习，才能完成教学目标。活动设计与操作要做到循序渐进、交际运用、及时评价。

（1）循序渐进。

复习课要让所有同学在原有基础上有所提高，活动设计要循序渐进，每一个活动都要为下一个活动搭好支架。例如,该课的第一个情境活动是谈论宝应旅游景点的位置。笔者设计了四个小活动:在欣赏宝应景点的基础上询问学生景点名字并追问景点位置;根据箭头说出方向名词;根据地图与同学谈论宝应在江苏的位置;介绍宝应景点的位置;等等。

欣赏宝应景点后,师生对话:

T: I found these tourist attractions of Baoying on the Internet. They're so beautiful. Can you tell me their names?

S: They're Zongzhao Park ...

T: But where are they in Baoying? Can you tell me their locations?

此活动激发学生的兴趣和助人的动机,自然地帮助学生复习了表示方向的名词。

(2) 强调交际。

交际是学习语言的目的,也是学习语言的方式。新课标提倡教学运用任务型途径,鼓励学生在学中用、在用中学。复习的目的就是要提高学生运用语言的能力,设计交际性强的语言活动更能驱动学生学习。在上述活动中,由于教师不知道宝应景点的位置,存在着信息沟(information gap),自然就激发学生运用语言来帮助老师的积极性。

在"鼓励游客来宝应旅游"这个活动中,笔者先从课本出发,引导学生认识到人们到故宫旅游的原因,让学生体会到表示转折、让步的连词、副词的用法。然后创设了一个情境任务:外国朋友 Mike 在网上查到宝应枞棹园很小,山也是人造的,对宝应不感兴趣,请学生想办法说服他改观。

(3) 适时评价。

评价是语言活动的组成部分,在活动中教师要发挥评价的激励、反拨作用,促进学生尤其是学困生积极主动地参与学习。及时、适当的话语评价不仅可以激励学生,还可以引导学生向更高的目标努力。

例如,在"鼓励游客来宝应"的活动中,一学生只说了简单句:"Zongzhao Park is beautiful. It is small."没有运用相应的副词或连词,表达效果不好。笔者启发他:"Will Mike listen to you? Let me ask him."然后假装打电话:"Mike, the student here just says Zongzhao Park is beautiful. Would you like to come? No?"教师指向幻灯片上的连词、副词,委婉向该学生提出:

“Maybe you can use these words to encourage Mike.”

除了采取话语进行评价、激励,复习课还可通过笔头练习,让学生及时了解复习效果。

4. 贯穿话题,整合知能促用

话题复习运用整体语言教学的理念,通过话题情境活动,整体提高学生的听说读写能力。复习最终指向语篇运用,但知识复习是关键。复习除了创设情境、精设活动,还应聚焦话题词汇、语法,帮助学生积累丰富的话题知识,形成知能板块,促进活动中的积极运用。复习中学生再次体验、理解、运用、梳理话题知识,思考知识之间的联系,最终提高语篇运用能力。

(1) 聚焦话题词汇。

运用概念图可以激发学生回忆某主题的概念词汇,培养联想能力和发散思维能力。以本课为例,笔者让学生头脑风暴说出介绍旅游景点的概念词汇:

表1 介绍旅游景点的概念词汇

Location	History & Culture	Attractions	Tourists	Activities

接着,笔者继续让学生说出 location 有哪些表达词汇,以此类推。教师也可采取情景复现的方式复习话题短语。比如请学生先根据图片和提示的短语描述课文中的景点,再描述宝应的景点,进而归纳出所有描述景点的短语,形成话题短语板块。

常用的描述景点的短语有:

- be attracted by ..., consist of .../include ...
- be filled with .../be full of ...
- in different shapes; be built with .../be made of ...

再如,关于健康饮食的话题,我们可以用如下方式,帮助学生形成并巩固话题词汇:

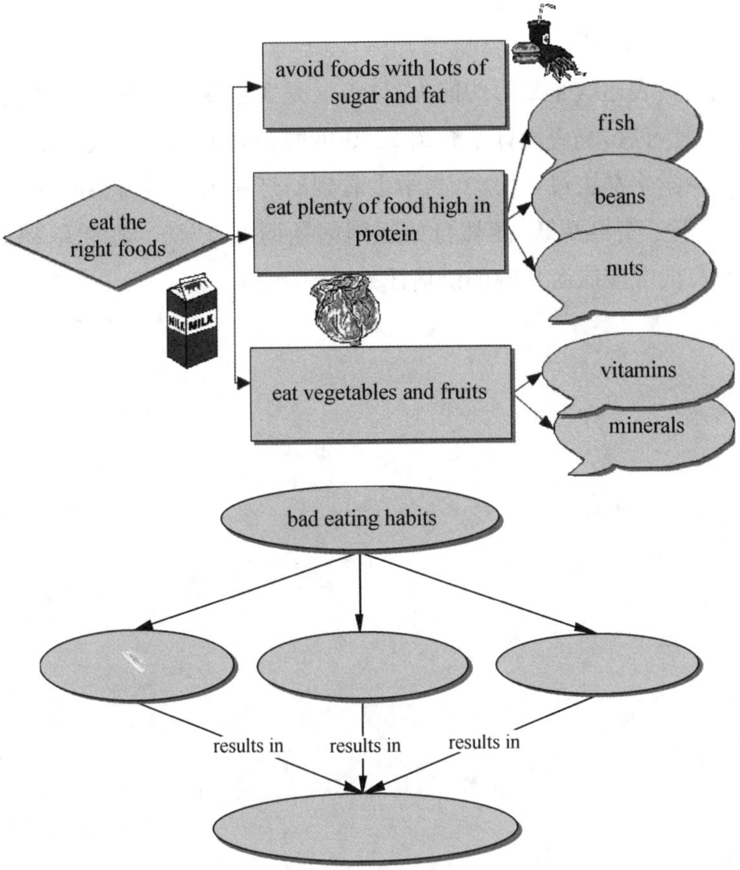

图1　关于"健康饮食"的话题词汇

活动中,学生必须根据语境,积极思考,选用合适的短语,在复习短语的同时丰富了话题词汇板块,为综合运用打下基础。

(2) 整合话题语法。

话题复习不应回避语法。话题复习中,教师可把语法复习跟话题结合,在情境中进行复习。例如,笔者把 though,although, but, however 等表示让步或转折的连词、副词的复习设置在"鼓励人们来宝应旅游"的情境中。根据话题表达的需要,可以把不同的语法项目整合到一起,拓宽学生复习、运用的思路。例如定语从句是九年级下册第四单元的语法项目,主要用于描述人。而旅游中也会游览名人故居,教师可以设计描述景点、名人的活动,让学生在话题描述中自然复习运用定语从句。

（3）拓展语篇训练。

话题语篇表达既是复习的能力目标，又是实施复习的途径。完成了话题词汇、语法复习后，笔者设计了介绍 2010 世博会和编制宝应旅游指南的语篇任务。不少学生都去过世博会，当学生看到幻灯片上的世博会图片和中文提示，思维一下子变得活跃，能够自如运用话题词汇、语法。在此基础上，学生得以顺利完成宝应旅游指南的语篇任务。

43

如何开发英语课外活动课程，提高语言实践能力？

一、什么是英语课外活动课程？

活动课程（activity curriculum）是一种以儿童为中心的课程。它以活动作为全新的组织要素，打破割裂的知识壁垒，针对一些课程忽视儿童需要和兴趣的弊端，改变被动学习的状况。

钟启泉教授曾指出，活动课程具有实践性、开放性、自主性、生成性，突出了学生的主体地位，开拓了学生个性发展的空间，有助于学生创新精神和实践能力的发展。作为英语课堂教学的延伸和补充，英语课外活动具有提升学科素养与学科育人的双重教育功能，是英语课程的重要组成部分。

二、为什么要开展英语课外活动课程？

长期以来，英语课外活动在英语课程中的地位和作用没有得到人们足够的重视，活动的开展忽略学生主体，存在活动内容、形式、评价随意等问题。在以生为本的理念下，有计划地开发并实施英语校本课外活动课程，构建教材、课堂、课外的立体化英语课程体系，有利于提高学生的语言素养和人文素养，提升英语课程实施的水平。

1. 实现语言知识的教育价值

活动课程具有社会化、生活化等特点，学生在与文化、学科知识交互作用的过程中不断发展人格。英语是实践性很强的学科，学生需要通过大量的实践活动提升语言素养和人文素养。英语教师要深刻理解英语语言实践的意义和功能，通过开发实施校本活动课程，实现英语知识的教育价值。

2. 创生丰富鲜活的课程资源

教材中的文本只是示范和例子，只满足于教教材，对于课程实施来说无疑是浅尝辄止的做法。教师既是课程的执行者，同时也是课程的开发者。英语教师应积极开发活动课程，拓宽学生学习英语的渠道和时空，以弥补课堂教学的不足。活动课程使得英语课程的实施从课堂走向生活，成为师生、生生的共同创生。常态化的英语实践活动能丰富学生的生活经历，改善英语学习生态，促进学生英语学习的可持续发展，是宝贵的英语课程资源。

3. 增强学生参与课程的意识

传统的英语课外活动中，学生的主体地位难以得到体现。现代课程理论认为，学生参与是课程实施的必然方式。英语课外活动课程的开发和实施，为学生提供了参与课程的机会。学生成为活动课程的主体，在课程开发中与教师平等对话、互动协商、共同做出课程决策。活动课程的开发和实施提升了学生参与课程的意识和能力，有利于形成自主、合作、创新的学习文化。

三、如何开发英语课外活动课程？

英语课外活动课程分为英语环境、教材延伸、文化体验、英语才艺等四类，这四类课程既相互独立，又相互联系，呈现延伸性、开放性、综合性特点，旨在实现英语语言素养和人文素养的融合和提升，活动开放的程度也逐渐增大。笔者认为，以下几类活动可以作为英语课外活动课程的参考。

1. 环境资源类课程

表1　环境资源类课程活动方案

活动目的	活动内容	实施对象	评价方式
创设英语环境，丰富英语学习资源，用环境陶冶人	学校和班级英语角活动； 班级英文黑板报编辑活动； 中英文班牌和学生桌牌及座右铭； “外国语之声”英文广播台	初一至初三年级学生	优秀作品评选； 班级、年级播音员评比

班牌和桌牌的设计一般在开学之初开展。班牌包括班级的基本情况、班级目标口号、班级 logo 等，可在分组设计的基础上挑选最佳方案。

学生桌牌包括个人英文名、简介及座右铭等。座右铭可选用谚语警句，也可以自主原创。可以组织班级、年级的座右铭评选，选择书写、内涵俱佳的作品布置在校园里。

校园英文广播节目采取班级轮流录播的方式，以便更多学生有机会参与。节目内容包括最近国内外新闻、校园热点事件播报或采访、经典文学作品朗诵和学生推荐的英文歌曲。各班成立广播节目录播组，鼓励学生积极撰写新闻、推荐经典朗诵作品和歌曲，广播台主持人和节目通过选拔产生。

【设计评析】该系列活动为学生创设了良好的英语学习环境和氛围，提供了学习和运用英语的机会，激发了学生学习英语的兴趣。活动面向全体，学生成为活动的主体。设计座右铭和广播台的活动能够促进学生进行自主拓展学习，如学习英语谚语、关注英语新闻、朗读经典作品、学唱英文歌曲等，激发学生参与的主动性。活动把英语学习、班级建设、校园生活等有机整合，体现了学科的工具性和教育性。实践还表明，各项活动成果得到了学生的关注，成为鲜活的英语学习资源。

2. *教材延伸类活动*

表 2　教材延伸类活动方案

活动目的	活动内容	实施对象	评价方式
训练语言技能，提升英语素养、人文素养	看音标读单词、英文书法、“拼词达人”比赛； 写作、演讲比赛； 海报设计、听力口语网络测试等	初一至初三年级学生	优秀作品评选与展示； 颁发证书

教师在每学完一个单元后可结合教材举行一些实践作业活动。例如，初一年级结合七年级上册有关 Fashion 的主题举行班级时装秀；初二年级结合八年级上册第四单元关于 DIY 的内容举行亲手为父母制作礼物的活动，在活动的基础上进行写作练习或者可以开展慈善 logo 设计比赛，学生设计出自己希望组织的慈善机构名称、标志图案，并用英文说明理由；等等。

笔者所在学校还结合教材和学校实际，开发了一些主题教育实践活动。在学习七年级上册第七单元后，我们在初一、初二年级举行了"如皋市外国语学校英语爱心义卖"活动，为贫困地区儿童组织募捐。以下是义卖活动方案中的相关要求：

- 每位学生准备一件义卖物品（书、小玩具、小制作等），用于买卖
- 每班准备一本花名册登记本班物品拟售价与实售价，以及班级义卖收入
- 每班推选8—10名售货员负责销售，其余学生为购物者，全程使用英语
- 要求每个班级设计本班义卖口号和促销表演，并推选一名"掌柜"，负责本班义卖收入统计
- 每班选一名监督员，负责监督各班购物过程中是否全部使用英语并保持环境卫生
- 各班安排一人负责拍摄本班义卖图片、视频，上传至公共邮箱

本次义卖活动最终取得圆满成功。各班设计的义卖logo及英语口号、才艺绝妙的促销秀吸引着"消费者"积极购买商品，各班的推销员则积极推销本班商品，所有学生带着一颗爱心，在真实的情境中使用英语。活动方案还精心设计了综合评价方案：就各班学生英语使用情况、义卖促销秀、卫生纪律等方面打分评比；每个学生撰写英语义卖日记，学校组织评比；义卖优秀摄影作品评比；等等。

【设计评析】教材延伸类活动开发要注重英语素养与人文素养的统一。活动尽可能社会化、生活化，促使学生在运用语言的同时提升人格品质。经历了自己的Fashion show和DIY后，学生的作文内容丰富、感人。学习了购物、慈善话题的单元后举行义卖活动，其意义超过了一般的"英语购物街""英语跳蚤市场"，巧妙地把英语语言实践和爱心教育融合，学生所学的购物、慈善知识在行动中得以内化，生成了知识的教育价值，自然实现了英语学习工具性和人文性的统一。活动开发还要调动学生参与。例如，举行"拼词达人"比赛，可以鼓励学生参与题型和题库的设计。上述义卖活动也听取了学生的建议，如班级可以自己联系捐助对象、义卖中增加才艺促销环节、商品可以是学生的手工制作等。

3. 英语才艺类活动

表3　英语才艺类活动方案

活动目的	活动内容	实施对象	评价方式
基于英语和多元智能，提供展示英语才艺的机会	常态化开展英语社团、英语大课间活动（英文歌曲、美文朗诵、影视配音、戏剧小品等），定期举办班级、年级才艺秀、学校英语节	初一、初二年级学生	各种英语才艺展示，评比“博雅英语之星”

笔者所在学校利用自习课，每周开展一次学校英语社团活动，社团根据学生的需求设立，以技能类、才艺类为主。学校共设立了英语影视欣赏、歌舞、戏剧、阅读、演讲五个社团，每班五个名额对应报名。各社团配一名英语老师担任指导老师，必要时可聘请音乐、美术老师担任艺术顾问。指导老师在活动前提出社团的目的和草案，然后广泛听取所有学生和社团成员的意见，确定最终方案。

【设计评析】英语课堂的学习最终是为了课外的自主学习。英语社团类活动是一种社会化学习方式，能充分体现学生的自主性。组建社团应考虑分层级、全覆盖。学生有机会参与社团方案的设计，保证活动内容和形式接地气。学校社团分学校和班级两个层级，学校社团活动成员继续担任班级才艺活动的指导，为班级社团自主活动奠定基础。“英语大课间”是班级层面社团活动形式，各小组即为班级社团，所有学生都是社团的主人。班级各小组在节目排练中自主管理、自主评价，小组成员扬长避短，互相帮助，学会互相合作、欣赏。各级才艺秀为学生提供了展示的平台，每个学生都能参与、体验、享受学习英语的过程快乐。“博雅英语之星”的评选贯穿整个活动课程，每次活动学生都会获得一定积分，由此形成长效的评价促进机制。

44

如何开展课堂观察，提升学习有效性？

一、如何理解课堂观察？

课堂观察是通过观察对课堂的运行状况进行记录、分析和研究，并在此基础上谋求学生课堂学习的改善、促进教师发展的专业活动。与传统的听评课不同，课堂观察要求听课者带着明确的目的，借助有关辅助工具（观察表、录音笔等）以及听课者自身的经验、观察的敏锐度，直接从课堂上收集资料，课后依据资料对此课做出相应的分析、研究。

二、为什么说课堂观察是高中英语新手教师专业成长的重要途径？

1. 新手教师们入职后存在的问题

所谓新手教师，就是刚从大学毕业从事教师职业的新手、生手或无经验的教师。新手教师缺乏系统的教育教学理论知识，在理解课程标准的内容与实施、把握学科知识和技能、整合与驾驭教材等方面能力不足。他们最最缺乏的是课堂的驾驭与调控能力，解决课堂中突发状况的应变能力和教学过程中不在预设、突发生成的教学机智。

2. 新手教师们的专业成长需要

面对压力和困难，新手教师们普遍感到有不断学习的必要性，在专业发展需求方面，新手教师希望接受教学技能和教学研究能力等方面的培训。在培训方式上，新手教师们喜欢观摩同行教师的课堂教学。因此，课堂观察作为一种教育研究的方法，具有可操作的工具性，能够促进新手教师的角色转变，提升教师的专业素养，引领新手教师从教学与管理逐步达到学校、学生、家长和同行的认可，从而从新手教师成长为胜任型教师。

3. 课堂观察的有效促进作用

有学者将课堂观察的功能分为四类：教师的专业发展、新从业教师的培训、在职教师的评价、课堂研究。通过课堂观察促进高中英语新手教师的专业成长符合课堂观察的功能。新手教师们参与课堂观察，既是被观察者也是观察者，因为课堂观察不是单打独斗，而是一种团队合作互助，在课堂观察过程中，观察者和被观察者之间是多向互动的，应该共同研究、探讨具体的教学问题，寻求新的教学问题的解决策略与方式，开展自我反思和专业对话，达到改进课堂教学效果和自我发展的目的。

新手教师从观察准备、进行观察到反思观察的过程，能够较全面地锻炼教学设计、语言表达、课堂管理、教育科研等专业能力，加快文化融合进程，缩短个人受挫期和适应期，因此课堂观察是新手教师自我发展和专业成长的有效途径。

三、如何运用课堂观察来促进高中英语新手教师的专业成长？

核心素养背景下的教师专业素养包括专业理念与师德、专业知识、专业能力。英语学科的核心素养包括语言技能、文化素养、思维品质和学习能力四个方面。作为高中英语新手教师，首先自己必须具备这四个方面的素养，同时，要从思想上明白英语学科的核心素养的核心是学科的育人价值，意识到英语课程的教学目标不应仅仅是以语言能力和考试成绩为终极目标，而应切实包含学习能力、思维品质、文化品格等目标，并通过具体的教学活动实现这些目标。下面以笔者所在学校 2016 年新入职的小李老师的课例为观察对象，试论述新手教师们应如何在课堂教学中落实英语核心素养。

1. 新手教师课堂观察的步骤

课堂观察分为三个步骤：课前准备—课中观察—课后反馈。

(1) 课前准备——观察成功的基础。

课堂观察不同于一般意义上的听评课，而是有目标、有过程、有反馈的科学研究方法，因此，要由专人负责或课题组主持人组建观察小组，并进行分工。

观课前，主持人要召集观察小组成员开会，确定小李老师为观察目标。观察内容为新手教师教学中的教学行为、专业素养以及课件制作与演示。依据观察内容，我们制定了三份表格。

(2) 课中观察——观察成功的关键。

在课堂观察中，观课教师带着表格，边观察，边完成表格，认真记录教学过程和观课随想。如何做记录是课堂观察的中心和有效组成部分，也是课堂观察各种活动后续活动的基础。一般说来，观课教师应从新手教师的专业基本功、言语交互作用、非言语行为、课堂活动、课堂管理、多媒体教学辅助手段的使用、认知水平、社会和情感等方面来观察记录课堂。当然，每一次观课侧重点要依据事先制定的课堂观察表的内容而定。

由于本文的篇幅有限，我们选取“教师专业素养”这一视角为例。观察表格及我们课题组一位老师观课记录如下：

表 1　教师专业素养课堂观察表

考查维度			评价等级	具体反馈
语言素质	语音语调	单词发音清晰	A	
		掌握语音语调的变化、重音、停顿、连续规范	B	总体语言语调不错，但个别发音有东北口音
	词汇量、读写能力		B	有较大的词汇量，解读文本能力好
	语法熟练程度		B	
	文化修养		A	
	课堂语言	用词准确，无科学性错误	B	
		能促进学生在学习过程中的正向互动	A	
		语言表达流利、简明、准确、形象、有条理、幽默、有韵律	C	口语表达欠流畅，音量偏低，后排学生听课费力
		能开发智力，感染情绪，影响个性发展	B	
教态	服装整洁，仪态大方，态度和蔼，温文尔雅，精神饱满		A	
	不时地向学生传达信息，感染学生的情绪，影响学生的修养		B	具有一定的感染力

续表

考查维度		评价等级	具体反馈
板书	字体工整	D	
	板书设计与安排合理、艺术性	D	
	板书给学生学习起到促进作用	D	无板书

（注：等级 A 为“优”，等级 B 为“良”，等级 C 为“一般”，等级 D 为“差”）

（3）课后会议——重在反馈和商议。

课后会议包括三个部分：① 课题组在课堂观察后收集所有的表格，分工进行数据采集、分析，讨论小李老师的课堂教学，并给出一份观课报告。② 反馈会。在集体备课时间，课题组将开分析会，就教学目标的确定、重难点的处理、教学过程的设计、教学目标的达成度等方面分析小李老师的上课情况。肯定优点、指出不足，请其他观课教师围绕观察表发表自己的意见，大家畅所欲言，分析问题，并提供解决问题的方案与策略。③ 教学反思课题组要求新手教师在会后回放课堂录像，反思自己的课堂教学行为，并撰写小结报告。反思问题很多，例如：

- 作为这个学科的教师，我的长处、不足和局限性是什么？
- 我对本学科教学的主要困惑是什么？
- 我这样才能改进我的教学？
- 我这节课中呈现新内容的教学用语有利于学生学习吗？为什么？
- 我这节课中指导学生学习的教学用语有利于学生学习吗？为什么？
- 我这节课的评价用语有利于学生的学习吗？为什么？
- 我这节课的提问有利于促进学生思考吗？
- 我是怎样利用我的教学语言来吸引学生注意的？
- 我是怎样利用我的教学语言来强调学习重点的？
- 我运用了哪些教学策略和方法？效果如何？
- 如果用别的方法或策略，效果会怎样？
- 我用了哪些辅助教学工具/媒体？
- 这些工具/媒体对学生学习的辅助作用明显吗？

45

如何根据学生的认知加工特点设计和使用教学媒体？

一、什么是教学媒体？

教学媒体，也叫作教学工具，即我们通常所说的教具。教具，顾名思义，就是“教学过程中可借以辅助教学活动的用具。它包括传统的教科书、黑板、标本、模型、图表等，现代化的有电影、电视、投影、录音、录像以及计算机等设备”。他们都是教学过程中承载和传递教学信息的媒体，其性能、特点、使用方法对教学效率有很大影响。

根据不同的分类方法，教学媒体可分为：传统媒体、单向媒体和双向媒体；课堂教学媒体和远距离教学媒体；听觉媒体、视觉媒体、触觉媒体和视听媒体；真实性媒体、模拟性媒体和符号性媒体；等等。例如：电影、电视、计算机、教学课件、幻灯片、投影等，前三者都是视听媒体，后三者既可以是视听媒体，也可以是视觉媒体。本文中的教学媒体主要指的是这类媒体。

二、为什么要根据学生的认知加工特点设计和使用教学媒体？

教学不仅仅是为学生学习提供学习的外部条件，更重要的是要利用要学生学习的内部条件，而学生在认知发展特征是教学媒体设计与选择的重要心理基础。那么学生的认知发展具有哪些阶段性特点呢？

表 1　小学生认知发展特点

维度	主要发展特点
感知	从笼统、模糊地感知事物的整体，渐渐发展到能够较精确地感知事物的各部分；能发现事物的主要特征及事物各部分间的相互关系
注意	注意力不稳定、不持久；注意力与兴趣密切相关
记忆	最初仍以无意识记、具体形象识记和机械识记为主
想象	从形象、片断、模糊向着越来越能正确、完整地反映现实的方向发展；低年级小学生想象具有模仿、简单再现和直观、具体的特点；中高年级对具体形象的依赖性会越来越小，创造性想象开始发展起来
思维	从以具体的形象思维为主要形式逐步向以抽象逻辑思维为主要形式过渡；抽象逻辑思维在很大程度上仍直接与感性经验相联系
情感	逐渐变得更加稳定、丰富、深刻。低年级学生：能初步控制自己的情感，但不稳定；高年级学生：情感更为稳定，希望获得他人尊重的需要日益强烈，道德情感也初步发展起来
意志	身体各器官生长发育得很快，精力旺盛、活泼好动；自制力还不强，意志力较差，容易冲动；意志活动的自觉性和持久性都比较差，在完成任务时常靠外部的压力，而不是靠自觉的行动
性格	随着年龄和见识的增长，自我意识在不断发展，自我评价能力也在不断增强，不再完全依靠教师的评价来评估自己，而是能够把自己与别人的行为加以对照，独立地做出评价

表 2　初中生认知发展特点

维度	认知发展特点
感知	知觉的有意性和目的性逐步增强，能自觉地根据教学要求去感知有关事物，知觉的精确性、概括性更加发展，出现了逻辑性知觉
观察	观察的目的性、持久性、精确性和概括性显著发展，对细节的感受力、辨别事物差异的准确率、理解事物的抽象程度均在不断地发展
记忆	识记的有意性更加发展，初一学生无意识记很明显，对有兴趣的材料记得比较好，对一些困难材料记得比较差。随着认知水平的发展和教学要求的提高，初中生逐步学会服从于识记的任务和教材的性质，有意识记逐渐占主导地位。在识记方法上，意义识记能力更加发展。机械识记方法对初一学生还起着很大的作用。从识记内容看，初中生的形象识记和抽象识记都在发展。抽象识记从初一年级开始加快了发展速度

续表

维度	认知发展特点
注意	有意注意进一步发展。注意比较稳定和集中。注意的分配和转换品质都有一定的发展，可以边听老师讲课、边记笔记。绝大多数学生具有一定的注意分配的能力
思维	抽象逻辑思维逐步处于优势地位，但在很大程度上还属于经验型。从初二年级开始，抽象逻辑思维开始由“经验型”向“理论型”转化，大约到高中二年级初步完成转化。形式逻辑思维从初一年级已开始占优势。初中二、三年级开始能理解抽象概念的本质属性。在辩证思维方面，初一学生已经开始掌握思维的各种形式，但水平还不高。到初三年级处于迅速发展期，但尚未处于优势地位。初中学生思维的品质，尤其是独立性和批判性有了很大发展，但是很容易有片面性和表面性的缺点
想象	想象的有意性迅速增长。初中二、三年级空间想象力发展的加速期或关键期。想象的创造性成分在不断增加，想象的现实性不断发展，想象的内容比较符合现实，富有逻辑性。初中生的幻想具有现实性、兴趣性，有时也带有虚构的特点，而要达到理性的想象一般要到高中阶段

表 3　高中生认知发展特点

维度	认知发展特点
认知	认知结构完整体系基本形成，认知结构各种要素迅速发展，认知能力不断完善，有意识记能力、有意想象能力迅速发展
思维	思维能力更加成熟，基本上完成了向理论思维的转化，抽象逻辑思维占了优势地位，辩证思维和创造思维有了很大的发展。认知系统各种因素基本上趋向稳定状态。认知活动的自觉性明显增强。思维的目的性、方向性更则确，认知系统的自我评价和自我控制能力明显增强
情感、意志	情感丰富、意志力增强，兴趣更广泛和稳定，学习动机更强烈。理想、世界观开始形成，行为的自觉性更高。思维的成熟、自我意识的增强对于情意、个性等心理因素的发展也起很大的促进作用。因此，高中生的认知结构、情感、个性等心理因素形成协同发展的新局面，使心理的整体水平得以提高

认知过程是一个受多因素影响的过程。例如注意，它并不是一个独立的心理过程，而是伴随着感知觉、记忆、思维、想象等心理过程的一种复杂的心理活动。学生在注意的选择方面受刺激物影响，如刺激物的强度、刺激物的新异性、刺激物之间的对比关系、刺激物的运动变化等。因此，直观的、能引

起兴趣和富有色彩的事物容易引起儿童的注意。对学生而言，教学媒体就是教师设计和提供的客观刺激。这种刺激是否有效，是否能引起学生的注意，在很大程度上依赖于我们能否根据注意的特点和规律选择和使用教学媒体。只有这样，教学媒体才能真正发挥其教学辅助功能。

三、怎样设计和选择教学媒体？

教师应进一步了解学生的认知加工特点、学习规律，明确教学目标以及对各种媒体的“长”与“短”必须有清醒的认识。在运用时应注意以下几个原则。

1. 教学媒体的设计与选择要能支持学生学习

在设计和选择媒体时应考虑学生的认知特点、学习兴趣、已有的水平与能力等。不同年龄阶段的学习者对事物的接受能力不一样，选用教学媒体时必须考虑到他们的年龄和心理特征及知识背景。另外，在两种效果接近的媒体中进行选择时，也可适当考虑学生的习惯和爱好。例如，针对小学生可多选择动画、投影、视频媒体，针对中学生选择媒体可增加一些分析、综合、抽象、概括等理性认识的分量，重点应放在揭示事物的规律上。

2. 教学媒体能支持教学目的的达成

每门课程、每个单元、每节课都有一定的教学目标，为了达到不同的教学目标，常常需要使用不同的媒体去传递教学信息。比如要让学生知道某个概念，或理解某种原理，或掌握某项技能等，可选择图表、实物或三维动画等。为了激发兴趣、升华情感，还可选取音频和视频媒体。目标决定任务，任务决定方法和手段。在设计和选择教学辅助手段时必须明确教学目标，明确为达成目标而设计的学习任务以及完成任务、达成目标教策略、方法与手段。

3. 教学媒体的设计与选择应依据现有的教学条件

教学中能否选用某种媒体，还要看当时当地的具体条件，其中包括资源状况、经济能力、师生技能、使用环境、管理水平等因素。因此，理论上的最适用媒体，不等于实际上的最适用媒体。

选择什么样的教学媒体、怎样运用这些教学媒体以使教学更为有效，这是教学设计工作的重点和难点。在选择的时候，一定要把握住问题的关键，在坚持基本原则的前提下，兼顾其他因素。

4. 正确把握使用教学媒体的时机

要把握好媒体的最佳使用时机。例如在一堂课的开始，媒体一般用于创设情境，提供学习表象或检查学习，引入新课。在一堂课的中间，媒体一般用于以下几种情形：当学习内容不能引起学生注意时；当学生的思维缺乏凭借物，学习内容抽象而教师又难以讲清楚时；当学生学习感到困难，需要突破教学难点时；等等。

5. 正确把握媒体呈现内容的"度"

认知负担理论告诉我们运用现代化教学媒体，特别是使用教学课件进行教学活动时，还要考虑教学内容的容量和课件呈现速度，适应学生的认知加工能力。研究表明，单位时间内传递信息量的多少对学生的学习结果有直接的影响。过慢或过快都不利于学生学习效果的提高。慢了，单位时间内信息量减少，教学效率降低；快了，传递的信息量超过了学生短时信息加工的极限，效果也会降低。

6. 媒体的选择要遵循低成本、高效能的原则

我们在选择、设计媒体时，一定要根据媒体产生的功效与所付出的代价的比例大小来选择，力求简便、易用。能用一般的实物卡片解决的问题，就没有必要花大量的时间和精力去制作多媒体课件。课件的画面要避繁就简，画面内容繁杂就会分散学生的注意力，画面的趣味也要适可而止，不能为了追求感官刺激，而讲究多多益善。

7. 选择媒体应扬长避短，互为补充

现代媒体具有传统媒体不可替代的优势，也有其局限性。传统媒体也有传统媒体的优势。因此，在选择媒体时，我们仍然应根据教学目标和教学任务的需要，合理选择教学媒体。课堂上教师的语言讲解、板书和直观教具的运用是不可缺少的，现代教育媒体与之结合才能达到课堂教学的最优化。以词汇呈现为例，我们可以根据学生的认知特点，选择不同的方式呈现。

(1) 图片、声音、实物、多媒体呈现。

这类呈现方式主要用于呈现名词。以常见的名词为主，如 animals, colours, fruits, bike, cinema, lake ... 例如，老师手拿图片，对学生说："This is a cat."

因为学生的知识背景不同，有些事物如 air-conditioner, subway, train,

plane 等,学生没见过,头脑中没有该单词表示的意象,他只能凭借单词和文字之间的联系理解、记忆,效果显然不好。如果能用多媒体幻灯片呈现该单词的图片,学生就一目了然,既可实现单词的音、形、义三位一体的学习,生动形象,又可营造和谐的气氛,激发学生的学习兴趣,大大提高学生的记忆效果。

(2) 动画、肢体语言呈现动词。

运用手势、动作、表情等肢体语言开展新词教学是非常直观的,易于使初学者接受,让他们一开始就把某些动作与英语单词直接联系起来,获得一个直观印象。学生开始可以通过模仿老师的动作和单词读音学习单词,进而可以自由发挥动作,用自己的方式向老师和同学表达单词的意思。

(3) 利用表情和辅助课件呈现形容词。

用来修饰名词,表示人或事物的特征。教师的肢体语言可以发挥很大的作用,在教学中合理利用多媒体,发挥多媒体独到的优势,在创设语境呈现、理解词汇方面有着其他手段不可替代的作用。如,可以用表情加上辅助图片呈现表示 emotion 的形容词:

图 1　利用表情和辅助课件呈现形容词

(4) 利用情景呈现抽象的词汇。

有些词汇语义比较抽象,学生不易理解。这时,我们可以用情景来呈现。例如,教 noisy 一词时,我们可以打开窗子,指着操场上的学生说:

The children there are very noisy.

The children in that classroom are very noisy.

(5) 利用语境呈现。

语境就是上下文。英语词汇常有一词多义现象,必须建立在语言情境基础上才能有效地理解词义。语境词汇教学有利于直观辨析词汇的语用区别。

语境可以提供词义的具体用法及它们的搭配，使学生看完语境后就能一目了然。以下面2个例句为例：

① Upon hearing the child's crying, he has to stop to look after the baby instead of burying himself in reading, and the child stopped crying when she saw her father.

② — I remembered I had washed my dirty clothes this morning.

— No, here are your clothes. Do remember to wash them before you go to work.

通过以上句子语境对比，辅之以适当的讲解（讲授话语也是教学媒体），学生很快就能了解 stop 和 remember 的用法。对于高中学生，我们可以多利用语境来呈现比较抽象的词汇。

总之，教学媒体是辅助学生学习的外部条件，选择和使用教学媒体应基于学生的认知特点和学习任务或目标，假若偏离学生的认知特点，教学媒体的辅助作用往往会事倍功半。

46

如何为学生的语言发展搭建支架?

一、什么是支架?

支架,又称脚手架,是指教师在课堂中要为学生提供支架帮助:教师要支持学习者的努力、为他们指引正确的方向,直到学生的知识和能力达到应有的程度才可以撤走脚手架。我们在口语教学中需要在多个方面为学生搭建支架,以促进学生语言运用能力的发展和提高。

二、为什么要为学生的语言发展搭建支架?

在英语教学中,我们经常感到学生不能在预设中进行有效的生成。英语学习是一个渐进的过程,英语教学应为学生提供足够的支架,降低语言练习的难度,为学生的语言生成打好基础。

三、如何为学生的语言发展搭建支架?

为学生学习提供支持的方法很多,提供支架是方法之一。

(一)原则

第一,体现对学生学习的支持、指导、鼓励、启发等作用,目的是促进学生的有效学习。

第二,提供的支持应覆盖学习内容、学习方法、学习工具、学习心理等多方面,要因班制宜,因人而异。

第三，基于学生的需要和兴趣，关注必要性和可行性。

第四，贯穿于教学过程之中。根据需要，不同类型的学习支持提供的时机也不同。有的是在任务前，有的是在任务中，有的是在任务后。

（二）方法

1. 心理支持（emotional support）

首先，教师所要做的就是要为学生的语言表达创造安全、舒适、放松的环境。教师要多采用激励性话语，为学生的语言输出提供积极反馈。教师要及时表扬鼓励学生整合运用学过的单词、短语和句子，鼓励学生大胆表达。对于不影响表达的口语错误，教师尽量不要消极反馈，不要打断其表达，以保持学生口语表达的连贯性。

多样的课堂活动、不同的组织形式能有效减缓学生的心理压力。教师可以设计竞赛、抢答、猜谜、辩论、游戏等活动，采用 pair work，group work 等活动形式。

2. 足够的语言支撑

“巧妇难为无米之炊。”学生的表达离不开语言的积累和支撑，教师应给学生积累和表达的机会。

（1）头脑风暴（brainstorming）。

头脑风暴有利于营造有趣、积极、和谐的氛围，帮助学生梳理、复习已学的语言。如七年级上册第六单元的写作任务是设计时装并描述服装特色及设计理由。笔者首先在课前呈现身穿不同风格衣服的模特的视频，一上课就以抢答形式让学生说出衣服的名称（jacket，jumper，shirt，blouse，T-shirt，sweater，jeans，shorts，dress，trainers，boots，trousers，tie，scarf ...）、颜色、材料（silk，cotton，leather，glass，wool ...）、风格（comfortable，cool，smart，modern，popular，colorful，lovely ...）等，再以连连看游戏由词到句扩展训练：

S_1：tie

S_2：a blue silk tie

S_3：A blue silk tie looks comfortable and smart.

S_4：A blue silk tie looks comfortable and smart. It matches any shirt.

S_5：...

笔者以“开火车”的形式帮助学生快速回忆复现本单元已学相关词、短语和句子。在紧张刺激的游戏中，学生复现并整合运用了本单元重点结构和句型。在此基础上，再让学生小组合作，设计服装并描述所设计服装的风格和设计理由，降低语言表达的难度，为后续开放性任务搭建了有力的语言支架。

(2) 样板(template)。

样板本指工匠们切割金属、石、木等用的样板或模板。在语言教学中，教师可以根据任务的不同设计多种形式的 template，学生借助于框架表达自己观点和见解，降低语言输出的难度，提高语言输出的质量。

例如，在《牛津初中英语》七年级上册第六单元的写作教学中，笔者设计了一个开放性任务：小组讨论设计服装。学生在小组合作中，很容易使用汉语交流，所以我给学生提供了如下对话样板：

A：May I choose ... for ...? It's made of ... I think he/she looks ... in ...

B：Yes, you may. It's suitable for him/her. He/She looks ... in .../It matches .../It looks ... on .../It goes well with ...

A：What about ...?

B：OK. It matches the ....

3. 教师范例(model and modeling)

教师范例既是学生的语言输入途径之一，也为学生的思维发展和语言输出搭建了支架。学生的语言发展离不开教师的精彩示范。如在以七年级下册第一单元中的写作任务为例，我要求学生发挥想象，描述自己理想的家。首先我呈现了课前准备的范文，描述了我自己想象中的家，那是一个海边的大房子，有很多房间，我的所有朋友和学生可以同时住在里面，每个房间都有电视、电脑，你可以在房间里上网聊天或者去海滩游戏玩耍、去海里游泳嬉戏，然后我以教师参考用书上的范文再次为学生提供范例：

My dream home is a big house at the top of a hill. There is a swimming pool and a big garden where my dog can play. There are five floors, so I have a lift instead of stairs.

On the ground floor, there is a big room for parties. There is a karaoke machine and a restaurant. There are twelve tables in the restaurant and each table is big enough for ten people. That means I can have 120 friends for dinner! There is also a small cinema for watching videos and DVDs.

On the first floor, there are eight bedrooms. Each bedroom has bunk beds, a balcony and a TV. The second floor is for my dog. She has lots of toys there. There is a computer room on the third floor, and a sitting room and a kitchen on the fourth floor.

当我讲到那个可以容纳上百人的大餐厅时，学生的积极性已完全被调动起来，一个个争先恐后地要说一说他们的 dream home。海边的、海底的、山顶的、西湖边的、月亮上的、带电梯的、有大花园和游泳池的……学生的想象力非常丰富，表达多种多样。

4. 思维的拓展

在英语课堂中，中国学生遇到开放性任务时最常见的问题就是思维的局限。很多时候我们发现学生的语言输出只是“鹦鹉学舌”“依葫芦画瓢”。如何改变学生语言输出的单调性和局限性？如何拓展学生的思维？

在 2011 年市优课比赛中，一位参赛老师设置了开放性读后任务：我们能为地震地区的人们做点什么？（What can we do for those people in trouble?）考虑到该班学生英语基础较差，思维不够活跃，在学生讨论回答以前，她先放了一部有关汶川地震的短片。一组组汶川地震后人们帮助灾区人民的图片，为学生的语言表达搭建了有力的支架，学生用自己的语言说出了很多不同的帮助灾区的想法。

47

如何基于核心素养，培养学生的英语学习能力？

一、什么是核心素养视角下的学习能力？

《普通高中英语课程标准(2017年版)》明确提出“英语学科核心素养主要包括语言能力、文化意识、思维品质和学习能力”。其中，“学习能力是指学生积极运用和主动调适英语学习策略、拓宽英语学习渠道、努力提升英语学习效率的意识和能力”。

学习能力不仅包含知识总量，即个人学习内容的宽广程度和开放程度；也包含知识质量，即学习者的综合素质、学习效率和学习品质；还包含学习流量，即学习的速度及吸纳和扩充知识的能力；更重要的是知识增量，即学习成果的创新程度以及学习者把知识转化为价值的程度。显然学习力的内涵远比学习能力的内涵广而深，它涵盖了学习动力、学习毅力和学习能力三要素。由此可见，修订的课标对学习能力的定义在一定程度上拓展了原来的意义，在广义上更接近学习力的内涵，体现了学习能力的时代性。

二、为什么要在英语教学中重视培养学生的学习能力？

1. 学会学习是人的一个人必备的重要素质

联合国教科文组织于20世纪70年代初就指出：“未来的文盲不再是不识字的人，而是没有学会怎样学习的人。”国际21世纪教育委员会的雅克·德洛尔也曾说：“学会学习、转变学习方式是作为现代人必备的素质。”可见在当下，尤其是在未来，学会学习是一个人生存和发展的基本要求。

2. 英语课堂教学亟须提升学习能力

我国的英语课堂教学课堂长期以来基本上是以教师为主导的，学生在课堂上的学习几乎是被老师“牵着鼻子走”的，学生很少有主动学习的时间和机会。鉴于升学压力，无论是初中还是高中老师都是把教材按照考纲要求来教授，所谓的“拓宽英语学习渠道”就是四处搜刮仿真试卷，让学生整日陷入“题海”之中；至于如何培养学生“积极运用和主动调适英语学习策略”也往往只是纸上谈兵，仅仅涉及一些皮毛；整日挂在口头上的“自主、合作、探究学习”基本上是教师在公开课上的“做秀”。

三、如何培养学生的学习能力？

1. 运用学习策略，发展学生的学习能力

有人曾提出：学习效果＝50％学习策略＋40％努力程度＋10％智商。这说明，掌握学习策略能够提高学习的效果：减轻负担、减少困难、促进学习潜能的发展，提高学习效率。

学习策略不同于具体的学习方法，而是学生为了有效学习和发展所采取的各种行动和步骤。新高中英语课程标准提出了4个基本的学习策略：元认知策略、认知策略、交际策略和情感策略。元认知策略是指学生为了提高英语学习效率，能够制订计划，实施并进行监控、反思、评价和调整学习过程的策略；认知策略是为了完成具体学习任务采取的步骤和方法，它涉及一系列的心理活动（注意、迁移、类比、联想、推理、概括等）；交际策略指为争取交际机会、维持交际、提高交际效果所采用的各种策略（合作学习、自我独白、广交笔友、非言语交际等）；情感策略是指学生为了保持积极的学习态度而采取的策略（激发兴趣、信心、毅力、意志、乐观精神等）。新课标将这些学习策略分成不同级别列入了各个学段的教学内容，以便切实贯彻到教学的过程之中。

由于受传统的狭义学习能力概念影响，我们往往只关注认知策略，而忽视了情感态度价值观。既然广义上的学习能力涉及学习动机、学习毅力和学习能力等要素，教师在重视学习能力的同时，更应该关注学习动力和学习毅力。

（1）兴趣与动机。

孔子曰“知之者不如好之者，好之者不如乐之者”，爱因斯坦也说“兴趣和爱好是最好的老师”，可见兴趣在学习能力发展中的重要作用。激发学生的英语学习兴趣的方法有很多，但主要是激发兴趣和维持兴趣两大方面。教师可以利用自身的人格魅力、英语的社会意义、教学活动的趣味性、英语语言的美感等各种各样的手段、方法、资源和途径，激发学生学习英语的兴趣。在激发学生的兴趣的同时，教师更需要在他们的英语学习动机上下功夫。与学习动机有直接关系的是学生的需求。在新生入学时，教师就有必要了解和分析学生的英语学习需要。基于此，在日常教学中，教师要重视培养学生的成就感、荣誉感，帮助他们设定合理的努力目标，在班级里构建良好的学习氛围，形成合理的良性竞争机制，以此启动他们的认知内驱力和自我发展的内驱力。在平时的学习活动中，教师还要多给予肯定，并与家长沟通，给孩子多一些鼓励，以此启动他们的附属内驱力。通过这些方法，教师要把学生的内部动机激活。与此同时，教师要拓展学生的学习渠道，多让他们了解英语的社会意义，多介绍因英语而成功的人士的故事，从外围帮助学生树立英语学习的外部动机。只有这样，学生的英语学习热情才能维持在一定水平上。

（2）意志与自信。

一般来说，年龄越低，兴趣对学习的影响越大，但同时，小孩的兴趣相当不稳定，把学习动力完全建立在兴趣上，学生的学习动力是难以长久的。所以，随着学生年龄的增长，尤其到了高中阶段，教师需要有意识地锻炼他们的学习毅力，如加大学习难度、提高努力目标、设置学习活动障碍、实施一定的挫折教育，等等，这些方法都可以锻炼学生的学习意志。但是在实施任何意志锻炼措施的过程中，要确保学生稳定的学习动机，也就是要考虑他们的承受程度，同时要有弥补的预防措施，比如不断鼓励、及时帮助、共同分担等，其中学生的自信心培养是确保学生意志锻炼的最安全途径。成就感是自信的前提。在课堂学习活动过程中，教师要加强形成性评价，明确活动阶段性的要求，引导学生不断进行自评、不断进步。有些学生开始时可能是盲目自信，教师也不必急于点破，但要逐渐引导，促进其具体学习行为的跟进。现实中过早地进入常模参照型考试准备，强化横向比较，会严重挫伤大部分学生的学习自信心，是非常不科学的举措。

2. 改变学习方式，提升学生的学习能力

学习能力主要具有自主性、合作性、探究性等特征。通俗地讲，这些特性就指的是学习的方式。

(1) 自主性(autonomy)。

从教育心理学角度看,学生的学习方式可分为接受和发现两种。接受学习是以获得系统的学科知识为目的,学习内容是以定论的形式呈现的,学生是知识的接受者。发现学习也以系统的学科知识的获得为目的,但强调学生在获取知识的过程中积极主动发现、分析、理解并掌握基本结构,学习内容以问题形式呈现,学生是知识的发现者。接受和发现两种学习方式应互为补充。然而,我国长期以来习惯于接受学习,背记知识;西方的孩子则从小就受到鼓励通过体验发现知识。相对而言,我国学生最为缺乏的就是通过感知、体验、发现知识的学习方式。所以,在外语教学中,强调学生以可持续性发展为目的,要求凸显学生的自主性学习就尤为重要。要培养学生的自主学习能力,教师要充分认识自主性学习的五个特征:

① 主动性。学生乐于学习,主动参与,主动探究,属于"我要学"。

② 独立性。学生"从依赖课堂、书本、教师"到"超越课堂、书本、教师",学会自我调控,运用学习策略,最终实现"我能学"。

③ 独特性。学生按照自身的认知水平、思维方式、学习需要、学习风格和学习能力在教师的指导下进行学习,而非传统教学中的"一刀切""齐步走"。

④ 体验性。学生自觉地参与各种交际性及任务型活动,在这些活动中体验和获得直接经验,并加以改造和发展,属于"学中用,用中学,学用结合"。

⑤ 问题性。学生在学习过程中能生成问题,发现、提出、分析和解决问题,体现了"我会学"的能力。

(2) 合作性(cooperation)。

合作学习是一种以学生为中心,以小组为形式,为了共同的学习目标共同学习、互相促进、共同提高的一种学习方式。合作学习是一种信息互动的过程。合作学习不只是师生的单向型互动,还包括师生间双向型互动以及师生与生生间的多边互动。教师不再是唯一的信息来源,师生共同活动,平等地互动交流。因此,合作学习可以营造友好的氛围,缓解学生个体间的竞争;可以促进学生之间相互支持,扬长避短,优势互补,培养团队精神和集体荣誉感;有助于因材施教,使不同水平的学生互相帮助,共同发展。

(3) 探究性(inquiring)。

以人为本的教育思想把学生视为"完整的人",把"探究性""创造性""发现”等视为完整个性的有机组成部分。探究性学习就是为了尊重学生的个性，为他们的充分发展创造空间。探究性学习可为学生构建一种开放的学习环境，提供一个多渠道获取知识，并将学到的知识加以综合最终应用于实践的机会。这种学习方式具有学习性、研究性和经验性的特征。与接收学习不同的是，这是一种综合性的、以实践中的问题为核心的学习方式，学生不只要学习课题的知识，而且还要学习一些基本的研究程序和方法，而“项目”(project)就是具有这样特征的活动。

◆ 48 ◆

如何发展学生的理解力?

一、什么是理解力?

理解是对事物本质的认识,知其然,又知其所以然。一般也称为了解或领会。理解力意指"抓住总体",是对某个事物或事情的认识、认知、转变过程的能力。

二、为什么要提高学生的理解力?

做任何事情都要用到理解力。读书需要理解力。捷克教育家夸美纽斯说:"读书而不理解,等于不读。"思维需要理解力。理解是运用、分析、综合、判断、创新的基础,没有理解,后续的高层次学习就失去了基础和前提。因此,理解力是衡量学习效益的重要指标。所以,苏联教育家苏霍姆林斯基说:"理解和熟记结合得越好,知识就学得越自觉。"爱需要理解力。印度诗人,1913 年诺贝尔文学奖得主泰戈尔说:"爱是理解的别名。"友谊需要理解力。美国第 28 任总统威尔逊说:"理解绝对是养育一切友情之果的土壤。"做事需要理解力。唐朝开国宰相房玄龄说:"每个人都有他做不到的事情,所以在情理上是可以宽恕的。"

三、如何发展学生的理解力?

学习需要借助积极的思维活动,弄清事物的意义,把握事物的结构层次,理解事物的本质特征和内部联系,需要对学习材料进行整体性的思考。因此,个体应该培养自身的全局观点,考虑问题要从大局出发,着眼于整体问题的解决。这是因为整体思考能力的强弱影响着个体的学习效果。

1. 通过高质量的提问发展学生的理解力

在日常英语教学中,我们可以通过以下提问,发展学生的整理思考能力:

- Retell ________ in your own words.
- How would you classify the types of ________?
- What is the main idea of ________?
- What differences exist between ________ and ________?
- Write a brief outline of ________.
- How would you summarize ________?
- How would you compare/contrast ________?
- Will you state or interpret in your own words ________?
- How would you rephrase the meaning ________?
- What facts or ideas show ________?
- Which statements support ________?
- Can you explain what is happening?
- What does it mean by ________?
- What can you say about ________?
- Which is the best answer?

2. 通过学习任务发展学生的理解力

- Give reasons for being late/pollution/the accident/the energy crisis/...
- Explain why we have bus safety rules/three meals a day/...
- Outline the steps necessary for an idea to become a law/...
- Restate the reasons for weather changes/advertisements/...
- Communicate an idea of ...
- Give examples of ...

3. 通过高水平的学习活动发展学生的理解力

例如,中学生阅读完两本名著后,教师想知道的至少有以下两个问题:他们理解了什么?理解到了什么程度?

关于第一个问题，答案可能涉及很多内容，如：

- 人物：外表、言行、观点、态度……
- 背景：时代、地域、文化、政治、经济……
- 事件：时间、地点、内容……
- 结局：结果、结论、总结……

为了了解学生理解了什么，理解到了什么程度，下列图表可以帮助学生更清晰地理清思路，进行总结归纳。

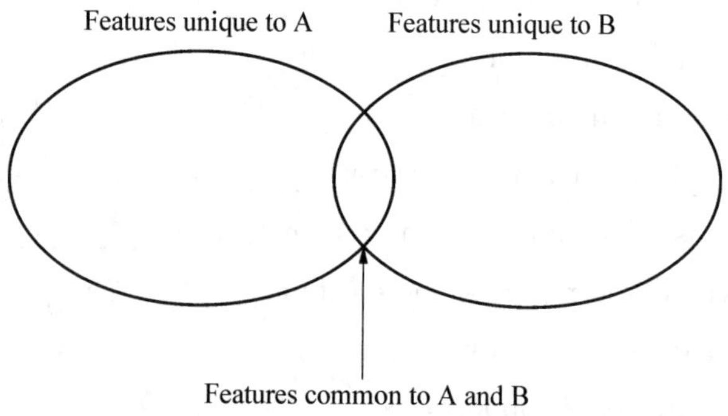

图 1　理解力提升辅助概念图

表 1　理解力提升辅助表格

Good Reason For A	Good Reasons For Both	Good Reason For B

49

如何发展学生分析问题的能力？

一、什么是分析问题的能力？

分析是将研究对象的整体分为各个部分，并分别加以考察的认识活动。分析的意义在于通过认识事物或现象的区别与联系，细致地寻找能够解决问题的主线，并以此解决问题。

二、为什么要发展学生的分析能力？

分析能力是认识事物的基本能力。我们知道，自然界中的任何事物都不是单纯的和不可分的，它们总是由不同的部分、方面、因素和层次组成的。客观事物构成的复杂性决定着思维分析的必要性。

为了认识客观事物的复杂构成，人们从不同的实践角度出发，提出所需要解决的问题，做出不同学科的理论分析。各种科学分析的具体方式差别很大，然而，它们都离不开考察研究对象的组织成分，各种性能以及细部结构，只是侧重点不同而已。也就是说，任何分析都是由考察研究对象的“成分—性能—细部结构”诸环节构成的，但各以某环节为主，其他环节为辅。

三、如何发展学生的分析能力？

各门学科有自己特殊的分析方式，英语作为一门学科，也有自己的分析方式，如归纳、演绎等。但是，各门学科的分析又有共性。分析能力主要有以下几个方面。

1. 学生需要哪些分析能力？

(1) 定性分析。

定性分析是为了确定研究对象是否具有某种性质的分析，并做出“有没有”“是不是”的事实判断，以及“好不好”的价值判断。我们要认识某个客观对象，首先就要认识该对象所具有的性质，并把它与其他的对象区别开来。所以，定性分析是最基本和最重要的分析。

(2) 定量分析。

定量分析是为了确定客观对象各种成分的数量的分析，主要解决“有多少”的问题。客观对象的成分不仅具有质的区别，而且具有量的区别，有些客观对象因其成分在量上的不同而互相区别开来。

(3) 因果分析。

因果分析是为了确定引起某一现象变化原因的分析，主要解决“为什么”的问题。因果分析就是在研究对象的先行情况中，把作为它的原因的现象与其他非原因的现象区别开来，或者是在研究对象的后行情况中，把作为它的结果的现象与其他的现象区别开来。

(4) 系统分析。

系统分析是一种多层次的分析，它把对象看作一个复杂的多层次的系统。比如，认识大气对流层系统、人体生理系统、工程技术系统、环境控制系统、交通运输系统、军事系统等等，都要采用动态的、多层次的系统分析法。

2. 怎么发展学生的分析能力？

(1) 课堂提问。

- What is the theme of ________?
- Create an outline/concept map of ________.
- What inference can you make?
- What conclusion can you draw?
- What are the parts/features of ________?
- How is ________ related to ________?
- Why do you think ________?
- What motive is there?
- Classify this according to ________.

- Provide evidence that ________ is correct.
- Can you list the parts?
- How would you classify/categorize ________?
- Can you identify the different parts?
- What evidence can you find?
- What is the relationship between ________ and ________?
- Can you distinguish between ________ and ________?
- What's the function of ________?
- What ideas justify ________?

（2）任务与活动。

- Simplify the ballet to its basic moves and . . .
- Inspect a house for poor workmanship and . . .
- Observe a painting to uncover as many principles of art as possible and . . .
- Inspect two presidential speeches. Compare and contrast them in writing.
- Uncovering unique characteristics.
- Distinguishing between facts and inferences.
- Evaluating the relevancy of data.
- Recognizing logical fallacies in reasoning.
- Analyzing the organizational structure of a work (of art, music, or writing).
- Comparing and contrasting.
- Problem identification.
- Attribute listing.
- Morphological analysis.
- Look into the forces that might cause pressure for our legislators and . . .
- Read a nonfiction book. Divide the book into parts. Tell why the parts were placed in the order they were.

以上提问、任务或活动可以作为发展学生分析能力的样本。在听说读写活动中，根据具体教学目标、教学内容做出选择和设计，灵活运用，定能事半功倍。

50

如何在英语教学中培养学生的元认知策略?

一、如何理解元认知策略?

“元认知”就是认知主体对自身认知活动的认知,既包括认知主体对自身心理状态、能力、任务目标、认知策略等方面的知识,又包含认知主体对自身各种活动的计划、监控、评价和调节。

元认知策略指的是学习者用来监控、调节或自我指导学习行为的策略。主要包括:① 计划策略。包括设置学习目标,制订学习计划,选择材料,如何进行有效学习等。② 监控策略。指学习者有意识地监控自己的学习过程、策略、进度、注意的分配等,并警觉可能出现的问题,以便及时纠正。③ 评价策略。指学习者能够对自己的学习态度、效果和策略的应用予以客观而全面的评价,并从中找出自己的优势和存在的不足,对自己的学习状态和水平有全面的了解。④ 调节策略。指学习者善于根据自己的监控、评价和学习状况对学习及时进行调整,以取得更好的学习效果或适应新的要求。

二、为什么要在英语教学中培养学生的元认知策略?

学习能力是指学生积极运用和主动调适英语学习策略、拓宽英语学习渠道、努力提升英语学习效率的意识和能力。学习能力是学生形成英语学科核心素养的重要条件。学习能力的形成有助于学生英语学习的自我管理,养成良好的学习习惯,拓宽学习渠道,提高学习效率。

三、如何在英语教学中培养学生的元认知策略？

1. 专门训练

（1）讲授元认知知识。

引导学生正确认识自己，了解自己的学习风格，以及自己的学习策略与学习风格的匹配程度。例如，某同学擅长处理图形、空间信息，对图形的识别、辨认、分类很敏感，空间识别和空间记忆能力也较强，喜爱和擅长从事需要动手操作的活动，那么在学习过程中，他就可以选择与图形相匹配的学习策略。

（2）讲授元认知策略。

根据计划策略、监控策略、评价策略和调节策略的内涵和意义，指导学生如何将其运用到课堂学习过程中。如写作能力，首先要制订计划，写什么、多久写一篇，然后采取措施定期对照计划监控自己的执行情况，定期对自己的写作过程、写作方法、写作效果等进行评价，在反思中调节自己的写作内容、写作方法、写作时间等。

在专门训练的过程中，每隔一段时间找学生进行学习座谈，了解学生的学习情况和思想动态，以便根据学生的具体情况设计下一步的实验操作。

2. 结合英语课堂教学训练

（1）增强学生的元认知体验。

元认知体验要在体验中获得。脱离具体学科空谈体验，学生很难获得元认知体验。在教学实践中，我们可以借助下面的表格，让学生一步一步地体验自己的学习过程，获得元认知体验。

表 1　英语课堂元认知训练辅助表格(1)

K	W	H	L	H
Already know	Want to know	How to learn	What you have learned	How did you learn

第一，教师可以通过引导学生进行反思性提问获得元认知体验。例如在做听力或阅读练习时，先问问自己："这个方面我知道哪些基本知识？"例如，当我们教学 *Our Polluted Planet* 这一课时，我们可以在"导入"或"任务前"环节让学生先问问自己：关于污染这个话题，我已经知道了什么？

表2　英语课堂元认知训练辅助表格(2)

K	W	H	L	H
What do I already know about it?				

第二，在学生经过自己的思考或头脑风暴后，写出或说出有关这个话题的已有知识和经验，写出来或向同学们说一说。接着进入第二个小环节——“预测”：这篇短文可能表达什么？我还想知道些什么？

表3　英语课堂元认知训练辅助表格(3)

K	W	H	L	H
What do I already know about it?	What do I want to know about this topic? /What will the passage mainly tell us?			

第三，在开始学习活动前围绕这个问题思考：我打算怎样学？

表4　英语课堂元认知训练辅助表格(4)

K	W	H	L	H
What do I already know about it?	What do I want to know about this topic? /What will the passage mainly tell us?	How shall I learn?		

第四，在学生带着问题开始进入学习（课堂教学），或听或读，或思考或讨论之后，学生自我反思：我学到了什么？

表5　英语课堂元认知训练辅助表格(5)

K	W	H	L	H
What do I already know about it?	What do I want to know about this topic? /What will the passage mainly tell us?	How shall I learn?	What I have learned about this topic?	

第五,在学习活动结束之后,引导学生思考:我是如何学习到这些知识或能力的?

表 6 英语课堂元认知训练辅助表格(6)

K	W	H	L	H
What do I already know about it?	What do I want to know about this topic? /What will the passage mainly tell us?	How shall I learn?	What I have learned about this topic?	How did I learn them?

这样一个完整的元认知体验过程就完成了。在这个过程中,学生体验到了关于话题的熟悉程度、难度、解决问题方法的优劣等方面的元认知体验。

此外,上述过程还可采用“有声思维法”(think aloud method)增强学生的元认知体验。一方面,教师可以通过示范向学生讲述自己在某个学习环节如阅读时的思维过程,尽可能详细地向学生讲解自己在阅读中如何运用策略、如何解决问题等,把自己的思维过程真实展现给学生。另一方面,教师可选取一些典型体裁的范文,让所有的学生参与阅读、思考和解决问题的过程,然后请阅读效率较高的同学描述自己的阅读过程、运用的策略和技巧,讲完后,组织学生进行讨论,引导大家评价这位同学使用的策略和技巧。

(2) 提高学生的元认知监控能力。

制定“交互式英语课堂提高元认知水平训练卡”,让学生定期填写训练卡,帮助他们进行有效的内省,确保元认知策略的重要成分——自我监控贯穿于整个训练过程之中,使学生有意识地感知到自己策略的获得及运用情况。填写训练卡能够促使学生系统记录自己的学习,经常与老师交流讨论自己的学习,改变不在意或不考虑自己的学习情况的局面。训练卡上的内容设计可以包括以下问题:

表 7　交互式英语课堂提高元认知水平训练卡

监控内容	监控结果及改进措施
我知道课堂上应该怎样听课吗？	
我能集中注意力认真听讲吗？	
我能够听懂正在学习的内容吗？	
我是否有问题要问？	
我能积极参与各种课堂活动吗？	
我能够把我认为重要的东西记录下来吗？	
我会积极自觉地思考老师的提问吗？	
我该如何积极探索适合自己的英语学习方法？	

这样，我们就能有目的地培养学生形成自我监控学习进程的习惯。

(3) 增强学生的反思意识。

我们常常看到，学生在外语学习上，或是注重背诵单词，或是大量做题，埋头学习，而对学习计划，学习策略和学习效果却不加考虑，即缺乏元认知策略。他们不重视反思，没有调整，也谈不上改进，因而教师要引导学生经常反思自己的学习，成为一个有效的学习者。例如，课堂学习结束后，我们可以用以下问题引导学生反思，并根据学生的实际情况进行调整：

- 我是否达到了原定的学习目标？
- 我采用了哪些学习方法？
- 哪些学习方法有效？
- 其他同学都有哪些好的学习方法值得我借鉴？
- 我的时间安排、学习效率如何？
- 我在课堂上与老师和同学的交互式学习中存在哪些不足？如何去纠正？

元认知策略水平高并不是学生学好英语的唯一决定因素，还有其他学习策略以及许多内在因素也起着重要的作用。在实际教学过程中，在伴随有引导学生使用情感策略和各项认知策略的基础上，可以主要培养学生的元认知策略。

51

如何通过复习课提高学生的元认知能力?

一、什么是元认知能力?

元认知能力是一种认识和思维活动能力,是学习者在对学习主体、内容、策略及使用方法的认知基础上,进行计划、调控等行为的能力。元认知和认知共同作用,促成认知主体完成认知任务,实现认知目标,促进认知的发展。

二、为什么要提高学生的元认知能力?

学生如何了解自我,扬长避短?如何把握学科特点,建立知识联系,确立学习目标?如何制订学习方案与策略,不断总结、反思、调整?一个有效的方法就是:提高元认知能力。培养元认知能力,虽然无法改变智商,但是可以提高学习能力。每一位学生都有元认知能力,但是需要不断训练,提高元认知能力,成为成熟的高效学习者。

三、如何通过复习课提高学生的元认知能力?

元认知能力的培养有章可循。学生不断总结反思,及时查漏补缺,就能学得轻松高效,进而提高元认知能力,完成认知升级。为提高元认知能力,学习活动应坚持如下四点。

1. 学习活动与学习阶段互相呼应

如何让学生更好地适应高三课堂?一要给教材"找位子",二要把课堂"立起来"。高三课堂容量大,节奏快,学法指导与应试意识日趋强化。因此,复习课既要回归教材，全面梳理知识点，进一步夯实基础；又要超越教材，深入整合语料，进一步拓展能力，提高学习效率。教材定位了，学生才能弄清高三学习是什么样的，自身学习处在什么位置，才能把目标与计划确立好。高三课堂要立起来，必须向“幼稚化”说“不”，让学生登高望远，更加积极地配合教师，不断调整方法与策略。课堂幼稚化行为主要有三类：一是倚重实物，如课件花哨、物质激励等；二是滥用评价，如用语单一、无视规范等；三是弱化思维，如脱离文本、设问浅显等。

2. *活动效度与环节设计密切依存*

如何让学习活动更有效？教学环节要顾大局、抓细节，做到三个“讲求”。

第一，每一个环节为目标服务，讲求达成率。教学环节要干成事，就要听从教学目标指挥，遵守规矩，善始善终。高三复习课的教学目标定位高、拓展性强，因此，在难度、容量和节奏上，每一个环节都要呼应目标需求。语言知识复习是小目标，语言运用与深层理解才是“大期盼”，教学环节要迎合“大期盼”，照顾小目标。比如，控制词或短语的单一呈现，增加例句、语段和语篇的输入，引导学生结合语境加深理解。

第二，每一个环节为学习设计，讲求操作性。教学环节干净清爽，学生活动自如，学习目标就容易达成。比如结合 extended reading(拓展性阅读)或 deep reading(深层阅读)的文本，开展与单元相关的话题写作活动，学生就有兴趣试一试，温故而知新。

第三，每一个环节为整体布局，讲求开放度。教学环节各有任务，但是不能闭门造车，要共建一个课堂命运共同体。比如，话题写作的语料，可源自教材，也可取自课外，不偏废、不倚重。拓展性阅读与写作可作为两个环节，先读后写或先写后读，也可融为一个环节，读写一体，学生先概述文本，再谈感悟等。环节开放了，学生的思维之门就打开了。

3. *思维训练与文本输入充足有效*

问题解决和审美体验是相融相生的思维过程。思维训练足，思维品质高，课堂就有美感。美的课堂有两个基本特征。

一是课堂“清洁度”高。即课堂活动简洁高效。要把课堂打扫干净，让学生思维纵横驰骋。比如，提问几个问题、几道难题、几位同学，都要算准算好。再如，教师少讲，让学生多想，集中精力，解决问题。

二是活动“代入感”强。“代入”是一种审美体验,帮助每一位学生找到自己的位置,也找到上课的乐子。比如,开展“类型场景”写作活动,教师整合教材全部或部分语篇内容,设计新标题、新场景,让学生使用第一人称写作,人人可“代入”,动笔又动情。

4. 活动展示与活动评价贯穿始终

展示(presentation)是语言输出的常见方式,也是课堂活动的重要组成部分。展示与评价不分家,作为整体活动,贯穿课堂始终。复习课的展示与评价容量大、节奏快、要求高,需把握好三个基本要素。

一是时间与时机。给学生一定时间,在不同时段展示,在课堂开头可展示家庭作业,课中可展示互动成果,而篇幅较长的内容一般设置在课堂后半段。

二是方式与方法。学生自助或互助展示,或者教师帮助学生展示;展示内容可以是片段,也可以是完整语篇;展示媒介丰富多样。

三是人次与层次。根据时间和内容,调整上场人次。坚持展示“代表作”,让不同层次的学生都有机会锻炼,都有时间反馈,既培养多元能力,又形成多维评价点。

此外,每一项活动都应有评价,评价要植根于充足的语料,要致力于规范引领,要侧重于思维品质,要发力于体系构建。评价与反馈方式既要灵活多样,也要切合学生的学情和情感因素,以正面评价为主,纠正性反馈为辅,让学生在评价中不仅了解对与错、好与坏,而且敢问、善问为什么,学会从不同角度思考和解决问题,学习英语使用者独特的思维方式。

52

如何在英语学习中培养学生的情感策略？

一、什么是情感策略？

情感态度是影响学生学习过程和学习结果的重要因素，是英语课程标准五维目标的重要维度。情感策略是英语学科核心素养学习能力的重要组成部分。在语言学习过程中对学生进行情感激励和情感策略训练，可以提高英语学习效率，促进学生英语自主学习能力的发展。

二、为什么要培养情感策略？

英语课程标准实施以来，情感态度得到教师越来越多的重视，但往往停留在情感教育层面。除了情感教育，教师还要关注学生的学习感受，帮助、指导学生学习并运用情感策略调整自己的情感态度，以提高学习效率。初中阶段我们要着重帮助学生学会运用激励与反思策略，关注语言学习和情感策略的同步发展，把“情感助学”贯穿于语言学习的过程中，在课堂内外对学生进行显性和隐性的情感策略训练。

三、如何培养学生的情感策略？

1. 结合学习内容确定情感策略目标

确定合理的情感策略目标是有计划地实施策略训练的前提。王蔷教授认为，描述情感态度方面的目标应尽量与本课内容紧密结合，使目标具有可操作性。在教学《牛津初中英语》七年级上册 *Millie's School Life* 一文时，笔者结合学生刚进初中的实际设计情感目标：一是通过谈论学校生活学会与新同学相处，互相帮助、理解（情感策略）；二是培养学生对新学校、班级的热爱之情。

2. 在学习过程中渗透情感策略训练

英语教学过程中，教师应为学生尽可能提供情感支持，以积极的态度感染学生。教师要努力营造融洽、民主的学习氛围，缓解学生的紧张和焦虑，提高学习效率，帮助学生建立自信心。

（1）导入注重激趣。

兴趣可以让学生集中注意力，缓解紧张心理。课堂导入要考虑如何激发学生的兴趣，围绕课题的游戏、歌曲、自由会话、观看视频等都是有效方式。例如，教学《牛津初中英语》七年级下册第四单元"Amazing Things"第一课时时，根据单元"奇妙"的主题，教师在上课时表演了一个小魔术，吸引学生的注意力。学生在愉悦中感受奇妙，以积极的情绪进入了课堂。

（2）活动促进参与。

课堂活动是学生学习语言的重要环节。活动设计既要注意循序渐进，又要具有探究性、挑战性。教师要设计以学生为中心的语言活动，考虑学生已有的水平，为学生提供话题（背景）和语言的支架，使学生乐于参与语言活动。

例如，教学《牛津初中英语》七年级下册第四单元 Vocabulary 板块时，学生要学用 be crazy about，be fond of，hate 等词或词组谈论对事物不同的喜恶程度。教师设计了如下介绍宠物的对话。

T：I like dogs. I often buy food for my dog. What about you?

Ss：I often take it for a walk. /I make clothes for my dog. /I sleep with my dog. /I help my dog have showers ...

T：Oh，I can see you really like your dog. /Wow！You love your dog so much. /You are really crazy about dogs！

然后，请学生尝试联句复述。复述中，学生根据照料狗的方式选用并体会表示不同的喜恶程度的短语。由于话题贴近生活，教师又搭好了语言支架，降低了难度，学生愿意积极参与谈论，在活动中体验运用语言的成就感。

（3）评价迁移为策略。

通过评价可以培养学生的元认知能力，使其能够实施自主评价。传统的评价往往忽视情感因素。“Would you like to ...?”“Can you ...?”“You'd better ...”“Why don't you ...?”等商量语气的句式,体现了对学生的尊重,使学生感到自己是学习的主人,其参与活动的心理状态会积极得多。简单的“Good!”“Wonderful!”“Great!”难起到应有的激励作用,而“You listened carefully.”“You are working harder these days!”“Your grammar is better now.”等表达则暗示了成功的原因,肯定了学生的优点,让学生变得自信。教师还应耐心等待学生自我纠错,也要教育其他学生学会聆听。教师应引导学生进行互评、自评,师生的评价会逐渐迁移为自己的情感策略。

3. 借助学习内容进行情感策略训练

(1) 阅读教学中的情感“助学”。

结合课文内容渗透价值观,让他们意识到知识、能力、情感协调发展的重要性。教学九年级上册第一单元的*Star Signs*一文时,学生了解到不同星座的人有不同的个性,有人为自己星座描述的优良品质沾沾自喜,有的则为自己没有“好的星座”懊恼。教师引导学生讨论:Will people born under Aries surely be leaders? How can they succeed? 通过讨论,学生认识到没有人能随便成功,优秀个性有助于成功,进而考虑如何完善自我的个性。

(2) 语法教学中的情感“助学”。

语法教学中也有很多情感“助学”的契机。例如,教学can, must, should等情态动词时,可以让学生就学习互相提建议:“I/You/He/She must/should be more hardworking/confident/active.”而在练习“It's + adj. +of sb. to do sth.”句式时,学生也学会了判断自己的行为与品质,并运用品质形容词互相描述、激励。

此外,英语课堂要经常开展小组活动,如讨论、表演、角色朗读、做海报等,让学生在活动中合作互助、互相激励,在运用中强化情感策略。

4. 实施集中的情感策略训练

集中指导学生运用情感策略,实施显性的训练是很有必要的。可采用以下几种方法。

(1) 口号激励。

比如在课前让学生大声对自己说:“I enjoy losing face!”“Never let our country down!”“It's impossible to defeat a person who never gives up!”

“Today we are proud of our school, tomorrow our school will be proud of us!”等句子以激发学生的自信和学习热情。教师还可以把激励的语句写成标语张贴在教室里,也可让学生挑选自己喜欢的谚语、名言,让学生随时感受、自我激励。

(2) 日志激励。

英语学习日志的记载有助于学习者反思、计划、监控自己的学习。学习日志可以用汉语写,也可用英语写。笔者设计了表格式日志,建议学生总结进步经验或反思退步原因,并给自己提出新的努力目标,如果实现目标如何奖励自己(表扬语、画笑脸等)。

日志能帮助学生调控自己的情感态度,提高元认知能力,有助于培养学生自主学习的能力。教师要定期批阅学习日志,在学生取得进步时给予肯定,以激励学生保持学习的热情。

53

如何运用反思活动培养学生的调控策略?

一、如何理解调控策略?

调控策略作为一种元认知策略,是学生计划、实施、评价和调整学习过程或学习结果的策略,即学生能够根据学习进展情况,调整学习计划和目标;了解自己使用学习策略的效果,并根据需要进行调整;能根据学习活动的需要,合理地分配注意力;控制和调整英语学习过程中的情绪和情感;等等。

二、为什么要在反思活动中培养学生的调控策略?

反思就是回到过去的学习情境中思考过去的事情发生的起因、过程和结果,从中总结经验教训。反思过去是为了更好地调整自己,把自己的工作和学习做得更好。当前,一些学生在学习过程中缺乏学习策略,反思意识不强,学习活动机械化,学习效率低下,因此,培养学生的调控策略显得尤为必要。引导学生审视和反思自己建构知识的过程,即时监控学习过程,善于运用调控策略,是帮助学生学会学习、提高学习效果的有效途径。

三、如何运用反思活动培养学生的调控策略?

1. 呈现反思问题

教师通过呈现反思性问题,引导学生把注意力指向问题本身以及解决问题的思维过程,使得学生反向思考自己的认知活动过程,对学习活动进行监控和调节。例如,在译林版《牛津高中英语》模块四第二单元 *The Olympic*

Games 一文的教学时,笔者设计了一个深层阅读任务:

Which of the following shows the right structure of the speech? Could you give any explanations? What's the main idea of each part? How did you get the main idea?

在学生获得答案后,教师呈现反思问题促使学生反思自己的思维过程,有助于学生将注意力集中于问题解决的过程,不断进行自我评价和自我监控,从而加强了对认知的认知,培养了调控能力。

2. 设计变式教学

"变式教学"是在教学中用不同形式的直观材料或事例说明事物的本质属性,或变换同类事物的非本质特征以突出事物的本质特征。教师在课堂教学中要精选典型习题,设计变式练习,引导学生反思题目特点、思维过程、策略运用等,在探究"相同"与"变异"中领悟知识规律,打破定式思维,调控思考策略。

例如,进行译林版《牛津高中英语》模块三第一单元名词性从句教学时,笔者设计了以下选词填空题,要求学生选择并说明理由:

(1) ________ is reported in the newspaper ________ they have beaten all the other teams. (what, that, it, as)

学生回答完之后,又追加了两道填空题,要求学生选择并说明从句种类:

(2) ________ is reported in the newspaper is ________ they have beaten all the other teams. (what, that, it, as)

(3) ________ is reported in the newspaper, they have beaten all the other teams. (what, that, it, as)

通过设计以上变式训练,恰当地变更问题情境或改变思维角度,引导学生调节解决问题的方法,激发了学生思维的灵活性,能够有效促进学生对问题的理解、对比和反思,有助于学生在遇到困难时分析原因并尝试解决,从而培养学生的调控策略。

3. 运用教学评价

课堂评估能够使学生意识到语言学习的过程性,从而更好地监控自己的学习。在课堂教学过程中,教师要善于运用教学评价,实施对教学全过程和结果的有效监控,通过评价使学生在英语学习过程中不断体验进步与成功,调整学习策略。

例如，在译林版《牛津高中英语》模块一第三单元的阅读材料 *Dying to Be Thin* 的读后阶段，笔者设计了一个微型合作写作任务，提供若干关键词组，要求学生写一封简短的电子邮件。笔者首先让学生合作讨论，分别表达个人观点；然后安排分组 mapping，帮助学生运用表格或结构图组织收集的观点；接着开始独立微型写作；最后安排组内同学互相交流批改。

微型合作写作任务后，安排学生进行同伴互评，评价表含观点、结构、语言、书写四个方面，要求学生把书面表达中的亮点和有价值的表达用语摘录出来，并指出主要不足之处，最后给出评分。评价时要注意调控评价过程，评价的目的是关注学生“能够做什么”而不是他们“不能做什么”，注意评价的正面鼓励和激励作用。

当然，利用反思培养学生调控策略的措施还有很多，例如，填写反思表、书写反思日志、建立学习档案夹等，这些都是教育工作者们值得研究的课题。

54

如何通过课堂学习活动培养学生的主体意识？

一、何谓学生的主体意识？

所谓主体意识，是指学生对自己在教学活动中的主体地位、作用的认识及主观能动性发挥的内在要求。唤醒学生的主体意识是发挥学生在学习过程中主观能动性的重要环节，也是新课程改革理念的重要组成部分。

二、为什么要在英语教学中培养学生的主体意识？

《义务教育英语课程标准(2011 年版)》在课程基本理念中指出："英语课程提倡采用既强调语言学习过程又有利于提高学生学习成效的语言教学途径和方法，尽可能多地为学生创造在真实语境中运用语言的机会。鼓励学生在教师的指导下，通过体验、实践、参与、探究和合作等方式，发现语言规律，逐步掌握语言知识和技能，不断调整情感态度，形成有效的学习策略，发展自主学习能力。"学生是学习的主人，学生能够自主学习、独立学习、独特学习、自觉学习。但是，笔者在教学实践中发现，尊重学生的主体性，学生往往不领情，主、客体很难达到完美的协调。究其原因，很可能在于自主学习的内外部条件准备不足。学生形式上都是学习主体，但并非每一个学生都有主体意识，都能发挥主体性。真正的主体意识状态下的自主学习，是要求学生建立在动机、愿望基础上的"想学"，是建立在原有知识和经验基础之上的"能学"，是建立在已有学习策略和方法基础上的"会学"，是建立在意志力基础上的

"笃学"。

三、如何在课堂教学实践中提升学生的主体意识?

1. 提供外部诱因,激励学生"想学"

当代教学设计大师加涅提出了著名的"九大教学事件",其中第一个教学事件就是"引起学习注意(保持警觉)",当代著名教学设计专家史密斯与拉甘进一步扩展和深化了加涅的九大教学事件,将一节课细分为启动、主体、结束和评估等四大部分,共计15种教学事件,并提出了与8种学习类型相匹配的教学策略。在这些教学策略中,"唤醒学生注意""激励学生学习动机"是非常重要的教学事件。因此,在英语课堂教学中,利用新颖、有趣的外在诱因,引起学生注意、开启学习动力、激活英语兴趣是引发学生学习动机的非常重要的教学策略。例如,在执教《牛津初中英语》七年级下册第一单元"Dream Homes"中Grammar板块有关基数词的知识时,一位教师在本节课的导入环节设计了如下师生互动对话活动:

T: Please look at the two pictures I've drawn on the blackboard. Do you know what they are in English? (见图1、图2)

图1 简笔画之麻雀

图2 简笔画之天鹅

S: The first one is a sparrow, and the second one is a swan.

T: You're right. I'm sure you have learned "燕雀安知鸿鹄之志哉" in your Chinese lessons. Could you please tell me what "燕雀" and "鸿鹄" stand for in the above sentence?

S: "燕雀"stands for a common person while "鸿鹄"represents a person with great ambition.

T: Well done! What about cranes? What do cranes stand for in Chinese culture? It might be a bit difficult for you now. First, let's enjoy the beauty of them by watching a video. After that, we'll talk about what they stand for in Chinese culture with the help of some Chinese poems.

教师所拥有的最大财富,一是对多样教学策略的了解,二是在课时之内和课时之外灵活地变换这些策略。上述案例最突出的亮点是他注重多样而直观的教学策略,注重课时内外及学科间的灵动转换策略,他用简笔画勾勒出的“燕雀”和“鸿鹄”图案,符合初中学生的认知特点,吸引了学生的注意,引发了学生的学习兴趣,激发了学生的学习动机。他巧妙借用了学生们在语文学科已学的诗词设问,使得学生或争先恐后地举手发言,或迫不及待地大声回应老师,学生参与欲望强烈、课堂气氛热烈。这种充满文化意识与创意的教学设计之所以达到了预期的效果,就是因为教师采用了恰当的教学策略,吸引了学生的注意力,激起了学生浓厚的学习兴趣,学生在不知不觉的参与中拓宽了语言思维的空间。

2. 关注已有基础,保证学生“能学”

“量力性”是课堂教学的重要原则。奥苏贝尔也说过“影响学习最重要的因素是学生已经知道了什么”。无论是耳熟能详的让学生“跳一跳、摘桃子”,还是维果斯基的“最近发展区”理论,都要求教师的教学要切合学生的实际,让学生体验过程的愉悦和成功的快乐。违背了这一原则,学习任务的难度过高,容量过大,都会打击学生的学习积极性,挫伤学生的学习自信心,最终因屡屡失败导致“习得性无助”。因此,关注并延展学生已有的知识和经验,依据学生的基础设计学习活动,是学生“能学”的重要保证。一位教师在进行《牛津初中英语》八年级上册第四单元“Wild Animals”的 Vocabulary 板块教学时,就教材中所要学习的 6 个野生动物名称词汇的呈现,采用了“问题导引式”的教学设计。

T:Here are some pictures about different kinds of wild animals. Please describe each of them with the help of the following questions.

- What is the wild animal?
- What does it mainly live on?
- Where does it usually live?
- What makes it special?

S:OK. Let me have a try.

传统的词汇教学模式常常是教师呈现简单的图片,带领学生逐个识读单词。如此囿于常规的教与学,教师觉得无趣,学生觉得乏味,而且词汇也脱离具体语境，毫无实际意义可言。而这位教师结合本课时前后知识点，立足学生的实际语用能力，设计了用4个引导问题的形式，让学生不仅学会了野生动物的英文名称，还能对它们的饮食、栖息地以及有别于其他野生动物的个性特征进行描述；学生从浅水区的“有话想说”“有话敢说”“有话会说”，最终步入深水区的“有话能说”。这里既照顾到了基础较薄弱的学生，又让基础较好的学生也得到了发展的空间。同时，这个活动的设计也突出了“双主”地位，因为教学过程不是单纯的教授过程，也不是单纯的学习过程，它是教师教授活动与学生学习活动的统一。而且，教师在突出学生主体地位的同时，充分发挥了教师的促进者、引领者和帮助者的主导作用。

3. 渗透交际策略，引导学生“会学”

在学习过程中，学生采用学习策略是有意识的心理过程。学生在参与课堂学习任务时，首先会潜意识地分析学习任务和自身情况，理顺学习任务与自己的关系，有意识、有目的地安排学习进程，并思考自己在具体任务中该做什么、先做什么、怎么做。但是，每个学生掌握学习策略的水平不同，同一个学生在不同学习时段使用的学习策略和种类也不尽相同。这就需要老师在课堂教学中要有意识地示范、引导，以促成学生有意识地使用这些策略。

(1) 有效提出问题。

在英语阅读教学中，设计问题是教师点燃学生思维的有效途径。在略读文章时，教师可以就文章提出一两个“牵一发而动全身”的问题，使学生在最短的时间内找到教学内容的核心部分。如在导学《牛津初中英语》八年级下册第二单元Reading板块的*Welcome to Hong Kong*一文时，教师可以提问这样的问题：How many parts does Hong Kong Disneyland include? What are they? 学生较容易找出的是四个部分：Main Street USA, Tomorrowland, Fantasyland, and Adventureland，而整个文章正是讲了作者在这四个部分游玩的见闻，通过对这一问题的回答，学生能够很快锁定文章的主要内容。教师给出几个紧扣文本中心的问题以辅助学生更清晰地阅读文章，这样的策略能够极大地促进学生对文章的理解，也有助于培养学生良好的阅读习惯。

(2) 设计表格。

牛津英语教材的每个单元都是围绕一个话题来编排的，选材的文章类型也各不相同。教师可以针对不同的体裁指导学生运用不同的阅读方法。如在阅读记叙文时，可以运用表格来帮助学生理解。以《牛津初中英语》八年级上册第五单元 Reading 板块的 *The Story of Xi Wang* 一文为例，课文以时间顺序介绍了大熊猫的成长过程以及保护大熊猫的一些措施，文章中生词较多，难度较大，一位教师设计了如下表格帮助学生理解文章：

表 1 “表格填空式”任务型阅读

<table>
<tr><td colspan="3">The Growth of Xi Wang</td></tr>
<tr><td>Age</td><td>Weight</td><td>Food</td></tr>
<tr><td>At birth</td><td></td><td></td></tr>
<tr><td>4 months old</td><td></td><td></td></tr>
<tr><td>12 months old</td><td></td><td></td></tr>
<tr><td colspan="2" rowspan="2">The problems giant pandas face</td><td>1.</td></tr>
<tr><td>2.</td></tr>
<tr><td colspan="2" rowspan="3">The actions we should take</td><td>1.</td></tr>
<tr><td>2.</td></tr>
<tr><td>3.</td></tr>
</table>

这里“表格填空式”的任务型阅读是从文章的整体结构入手的，它的视觉层次感很强，有利于学生从整体上把握文章，从语篇层面解读文章的结构知识点学生学起来非常轻松。

（3）捕捉关键词语。

关键词是能够提炼文章中心思想、展示文章脉络的词语，应抓住关键词，引领对文本全篇的教学解读。如在教学《牛津初中英语》八年级上册第三单元 Reading 板块的 *Around the World in a Day* 一文时，教师可以引导学生通过人物的情感变化把握文脉，让学生找出文中能体现主人公 Linda 在整个行程中情感变化的词语，如“bored”“feel sick/excited/amazed”，因为这些词语是学生准确把握文章文脉的关键词，它清晰地反映出 Linda 在三个时间段里面心情的变化，而且，学生会以关键词为抓手，向纵深漫溯，生发出课程的新的生长点。

4. 提供支持，帮助学生“笃学”

学生学习新内容的过程表现为感知、加工、尝试、矫正几个主要环节，每一个环节学生都或多或少地需要教师的支持或帮助。例如,在感知新内容的环节,教师需要学生的注意聚焦在什么地方,就应该在该内容的呈现方式上做文章,让学生的注意力聚焦在你想让他们感知的内容上,还要考虑用什么样的方式呈现才能使学生准确地感知;在学生理解加工新学内容时,教师用什么样的指导策略解释才能促进学生准确地理解和加工,就要考虑解释策略的多样化问题;在学生尝试应用新学内容去解决问题、完成任务时,教师就要考虑在任务前、任务中、任务后这三个阶段是否需要提供支持、如何提供支持和支持到什么程度等问题。

“知识的获得是一个主动的过程,学习者不应该是信息的被动接受者,而应该是知识获取过程的主动参与者”。我们教师应该尊重学生的主体人格,维护学生的主体地位,发展学生的主体意识,培养学生的主体能力,展现学生的个性天赋,发挥学生的主体作用。只有这样,我们才能培养出符合时代发展要求的高素质人才。

55

如何利用英语原声影片提高学生的英语视听能力？

一、英文原声影片进行视听教学有何特点？

把英文原声影片作为提高学生视听说能力的教材之一，是因为它具有许多其他视听教材不能替代的独特性：

一是英文原声影片的语言密集程度高。在原声影片中，学生既可耳濡目染纯正地道的口语，更能接触教科书中难以一见的俗语、俚语等。

二是英文原声影片交际语言真实流畅。所有的语言交际都是发生在特定的、真实的环境中，为学生提供了一个习得语言知识的情境，让学生如同身临其境，了解地道的英语表达形式，体会词义、搭配义、句法功能和感情色彩。

三是英文原声影片文化信息量大，生活面广。既包含了丰富的目标语知识，也给予了学生了解目标语民族文化、民族心理因素和行为的机会。可以培养学生识别文化差异的能力，激发同化动机，从而把目标语的语词学习与目标语文化学习有机地结合起来，做到“到什么山唱什么歌”，真正掌握运用语言进行交际的能力。

二、为什么要利用原声影片提高学生的视听能力？

英语是通向世界的语言桥梁，其重要性在我国教育界已达成共识。英语教学改革的研究和实践方兴未艾，运用英文原声影片提高高中生的视听能力是一个值得关注的话题。

精选整合英文原声影片进行听说教学，具有内容直观、结构开放、吸引力强的特点，符合英语教学兴趣化、情景化、立体化的发展趋势，更能充分调动学生的积极性，有助于提高教学效果、实现教学目标。因此，CAI多媒体课件、英文原声影片和英语教学片等大量涌入“视听说”课堂。

然而，在“高中课堂用英文原声影片”调查研究中，笔者发现不少教师存在诸多问题和顾虑，归纳起来主要有以下几点：第一，市场上英文原声影片数量虽多，但可直接应用于课堂的较少；第二，教师倾向于对相关影片按自己的教学需要进行二次加工，但复杂的制作工序令他们望而生畏；第三，相当一部分教师的计算机应用能力欠佳。这些因素在一定程度上阻碍了运用英文原声影片提高学生视听能力。

三、如何应用英文原声影片进行视听教学？

1. 课前准备

(1) 确定“视听课”目的。

可让学生了解影片中的情节、人物性格和背景，或者了解其中的语音知识，如：连读、音变、弱读、重音等，也可让学生了解影片中的俗语、谚语、幽默语等口语现象，或者学习某一场合的功能英语，如 an interview in the office, daily chat at home, greeting and introduction 等。

(2) 精选英文原声影片。

一方面，应挑选语言水平比较适合高中生的影片，太难、太易的都无益于提高学生的视听水平。如可选 *Harry Potter*（《哈利·波特》）、*The Sound of Music*（《音乐之声》）、*Tarzan*（《泰山》）等影片。另一方面，要尽量激发学生兴趣。比如，调查表明他们喜欢看 *Lion King*（《狮子王》）、*The Little Mermaid*（《小美人鱼》）、*Ghost*（《人鬼情未了》）。

(3) 认真剪辑，注意层次。

学生注意力高度集中的持续时间不长，因此，可以选取符合教学目的的几个片断作为学习内容。同时，所选片段要安排得有层次，可按准确程度排列，也可按教学目的来排列。

2. 播放前三前奏

(1) 排除学生心理障碍，适当教授视听技能。

较多学生对欣赏英文原声影片“又爱又怕”，爱的是原声影片精彩的情节、地道的语言;怕的是看得懂却听不明白。从语速上看,高中二级要求不过是每分钟120个音节,而原声影片的语速可达每分钟165个音节,甚至高达每分钟220个音节。克拉申在其“情感过滤假说”中提出,这些不良心理因素会产生屏蔽效应,阻挡信息输入,影响正确的理解。因此,教师必须鼓励、引导学生不畏困难,努力听懂每一句话,更重要的是,要求学生掌握一定的技能,如:着眼整句而非个别词,学会从画面推测句子的意思等。

(2) 介绍故事的梗概及相应的社会文化背景。

播放影片前,教师要对故事梗概进行介绍,引导学生关注焦点,调动学生参与的积极性,为理解影片的内容做铺垫,并用这些知识去预测影片中的对话内容以及人物角色的职业、个性、关系等。

(3) 集中讲解重点词汇。

重点词汇指的是原声影片中根据语境无法推出词义的词汇,但这些词汇可根据情节推出,可以提前要求学生进行猜测。另外要注意词汇讲解的度,一般只讲原声影片中的具体词义及用法,不必引申过多,这样学生听起来会轻松得多。

3. 播放中三讲解

(1) 讲解好语言知识,使学生理解语言内涵。

在英文原版影片中,学生感到头疼的是有的句子没有一个生词,但却理解不出其确切含义,这些往往是造成学生理解错误的重要因素。例如*Harry Potter*中有一句对白:

—Anything of the trolley, dear? (需要推车上的什么呢,亲爱的?)

—I'm all set. (这句意思是“我有了”,每个单词都认识,但学生就是理解不了。)

再如*Rome Holiday*中有一句“I'll wrap you up”,wrap是包围的意思,而这里肯定不是“我把你包围起来”之意,而是“我送你回家”的意思。

(2) 导入一定的文化习俗。

许多原声影片中常常出现有关茶的对话,如“There are two tea-breaks during the day.”(白天有两次工间休息),“Would you like some more tea-cakes?”(你想再要些茶点吗?),“Playing cards isn't my cup of tea.”(我不喜欢打牌)。所有这些都是与英国的“afternoon tea”(下午茶文化)有关。这时,

教师应讲解英国人与茶的种种关系,学生就会在不同情境下理解与茶有关的语言表达。

(3) 导入一定的典故。

如在原声影片中看到旅馆房间是这样排列的:……11,12,12A,14,……而没有13号。这时,教师得讲解一下,因《圣经》中最后的晚餐是13人,而且耶稣踏上绞刑架之前走完的是13级台阶,所以西方人认为数字13不吉利,从而避开13。

将英文原声影片启用于视听教学中,打破了外语视听教学的传统格局,突破了课堂教学和规定教材的局限,通过多维性和立体化的方式把语言文化知识形象地呈现给学生,使学生更积极主动地参与到视听教学中来。

然而,英文原声影片用于视听教学中的理论和实践问题仍有待于我们进一步认识和探讨。这种讨论将有助于提高教师的视听教学水平,把我国视听教学的改革进一步推向深入。

56

如何培养善于倾听的良好习惯?

一、什么是倾听?

有人说,倾听的耳朵是虔诚的,倾听的心灵是敏感的。有了倾听的耳朵和愿意倾听的心,你才会拥有忠实的朋友。伏尔泰也说:“耳朵是通向心灵的路。”倾听是一种平等而开放的交流,是有效沟通的必要条件。善于倾听,人们的思想才能达成一致,感情沟通才能充分和通畅。狭义的倾听是指凭借听觉器官接受言语信息,进而通过思维活动达到认知、理解的全过程;广义的倾听包括文字交流等方式,其主体是听者,而倾诉的主体是诉说者。两者一唱一和,有排解矛盾或者宣泄感情等优点。倾听者作为真挚的朋友或者辅导者,要虚心、耐心、诚心和善意地为诉说者排忧解难。

二、为什么要学会倾听?

古人说:“兼听则明,偏听则暗。”认真倾听别人的倾诉,虽是细枝末节,但却体现了你谦逊的教养,能展现你的素质。学会倾听是人生的必修课,学会倾听才能去伪存真,学会倾听才能给人留下虚怀若谷的印象。

倾听不是简单地用耳朵来听,它也是一门艺术。倾听不仅仅是要用耳朵去听说话者的言辞,还需要一个人全身心地去感受对方在谈话过程中表达的言语信息和非言语信息。倾听既有助于排解矛盾或者宣泄感情,也是学习的重要途径,英语课堂上尤其要学会倾听。因为,老师和同学的话语不仅仅是为了沟通交流,还是语言学习的重要资源。善于倾听也是一个人立身处世所必备的品格，需要长期地、持之以恒地训练和培养。

三、如何培养学生善于倾听的好习惯？

首先，教师要晓之以理，动之以情，给学生阐明善于倾听对于英语学习和立身处世的重要意义。

其次，教师要给出善于倾听的具体行为表现，作为评价指标，供学生自评、同伴互评、教师评价的依据。如：

- 身体前倾，表示对谈话感兴趣
- 要"所答即所问"，这表示你在与人交流
- 在倾听的过程中，适时加上自己的见解，以使给予和吸收两个方面平衡
- 以头部动作和丰富的面部表情回应说话者

也可以用英语，如：

A good listener —

- is attentive to what the speaker says
- does not allow his/her mind to wander
- does not interrupt
- looks at the speaker
- nods, smiles, or makes facial expressions of understanding
- re-phrases some of the speaker's statements to make sure that he/she understands
- is patient
- asks for repetition if something is not clear

最后，在课堂实践中训练，养成善于倾听的好习惯。如：

【Circle Talk】

The aim of this activity is focused on fluency practice. This activity is suitable for all levels. It will take 10 to 15 minutes.

Procedure:

① Students from inner and outer circles of about eight in each inner and outer circle. Students facing outwards from the inner circle and students facing inwards from the outer circle.

② The inner students will not talk, but show their partners that they are good listeners.

③ Give the students a topic.

④ Students in the outer circle have one minute to talk about the topic.

⑤ Students in the outer circle move one step to the right and face a new partner.

⑥ Students in the outer circle have two minutes to talk about the same topic.

⑦ Students in the outer circle again move one step to the right and face a new partner.

⑧ Students in the outer circle have three minutes to talk about the same topic.

⑨ Repeat the entire procedure with the inner circle.

⑩ Students write about the topic.

实践以上“circle talk”活动时,根据学生的实际水平,第三步可以改为第一步,让学生先准备再说。还可以将其作为读前(pre-reading)活动,让学生预测课文内容,也可以作为读后(post-reading)活动,让学生复述读过的话题。

以下提供了一些话题,可供不同层次的学生在 circle talk 课堂操练时参考。

对于初级阶段的学生:

- My room...
- My family...
- What I do every morning...
- My favourite place...
- The season I like most...
- How I clean a house...

对于中级阶段的学生:

- Learning a language
- The best kind of weekend
- Games I played as a child

- My neighbourhood
- My favourite teacher
- The best kinds of clothes I like

对于高级阶段的学生：

- Travel
- Prejudice in the world
- A book I loved
- The importance of money
- Equality for women
- Why the rich grow richer and the poor grow poorer
- How computers are changing the world
- What is important in a career

57

如何培养学生的语音意识?

一、什么是语音意识?

语音意识是个体对口语中声音结构的意识及运用。语音意识由音节、押韵、首音-韵脚、音位等单元组成。语音意识中涉及语音分析能力(analysis,把词或音节分割成更小的言语成分的能力)与综合能力(synthesis,把更小的言语成分结合成音节或词的能力)两种能力。音素意识(phonemic awareness)也就是对讲话声音最基本的意识。音素意识活动可以帮助孩子知道哪些单词由声音组成。当孩子学会用单个的音素来听、写、玩的时候,他们就能开始理解字母与声音之间的相互关系。这些活动能够刺激学前和幼儿园阶段孩子们的早期读写能力,帮助孩子准备好阅读。

简单的音素意识(simple phonemic awareness)包括:

- Recognizing isolated sounds
- Counting words, syllables, and phonemes
- Blending sounds
- Matching sounds to words
- Identifying the position of sounds

复合音素意识(compound phonemic awareness)包括:

- Matching one word to another word
- Deleting sounds

二、为什么要培养学生的语音意识?

在语言的形、音、义三个基本属性当中,语音是第一属性,人类的语言首先是以语音的形式形成的,世界上有无文字的语言,但没有无语音的语言,语音在语言中起决定性的支撑作用。语言依靠语音实现其社会功能。语言是音义结合的符号系统,语言的声音和语言的意义是紧密联系着的,因此,语言虽是一种声音,但又与一般的声音有着本质的区别。语音是人类发音器官发出的具有区别意义功能的声音,不能把语音看成纯粹的自然物质。语音是最直接地记录思维活动的符号体系,是语言交际工具的声音形式。

语音意识对儿童早期阅读能力或阅读发展起着重要作用。自从20世纪80年代研究者意识到语音意识和早期阅读之间的关系以来,已有大量的研究证明语音意识对于儿童掌握拼写与阅读,特别是编码和解码的重要性。语音意识后来成为阅读能力高低最有力的预测源之一。

三、如何发展学生的语音意识?

课程标准在教学建议中提出:"语音教学应注重语义与语境、语调与语流相结合,不要一味追求单音的准确性。在英语教学起始阶段,语音教学主要应通过模仿来进行,教师应提供大量听音、模仿和实践的机会,帮助学生养成良好的发音习惯。教学中,应让学生在基本掌握一种口音的基础上,适当接触不同的口音,为他们发展交际能力打下基础。"

1. 发展学生的音素意识

学习音素意识分以下5个步骤:

- 听韵尾和头韵(to hear rhymes and alliteration)
- 剔除异音(to do oddity)
- 合并和分割音节(to blend and split syllables)
- 音素分割 (to perform phonemic segmentation)
- 音素掌控 (to perform phoneme manipulation)

韵尾,指一句话里的单词的最后一个音节都押韵。韵头,指一句话里主要的英语单词第一个英文字母都押运,比如"Peter piper picking a peck of peppers."这句话里每个单词的第一个单词都发/p/音,多给孩子朗读,孩子就会对这些字音产生敏感,为将来学习语音打下基础。

除了要多听韵尾和头韵的儿歌或句子,还要有"字首-字根"意识,所谓字首是说第一个辅音字母改变单词意思就改变,字根是说紧跟第一个辅音字母后的元音/辅音组合一直保持不变,比如:字根 and 在其前面加上不同的辅音就变成不同的英语单词:sand, hand, band, land 等。推荐给孩子玩的第一个字首-字根游戏是字根 at,加上不同的辅音就像变魔术一样变成 cat, mat, rat, bat, fat, sat, hat, pat 等不同单词了,并让孩子读下面这个短故事,加深其印象:

The cat.

The fat rat.

The fat bat.

The fat rat sat on a mat.

The bat and a rat sat on a mat.

The cat sat on a mat.

The bat and a fat rat sat on a cat.

The fat cat sat on a mat.

剔除异音是指让孩子把发音不一样的字指出来。比如让孩子学 c 这个发音时,可以在 cat, cot, cup, cap 这组单词里混进一个没有 c 发音的单词如 dog,看孩子会不会挑出来。

2. 准确、清晰、耐心的发音示范

要将一个音读准,很重要的一点是掌握发音方法。对于初学者来说,模仿是关键。模仿不仅是指声音的模仿,同时也是口型的模仿。对他们不必过多讲解发音位置,因为他们很难分清"齿槽""前舌""后舌"等部位,也难于控制,但这并不意味着不讲发音方法。在初学阶段,发音方法和发音技巧的训练是至关重要的。教师也可以通过更为形象的描述和直观的演示,让学生掌握发音的方法。如/e/音,可以告诉学生发这个音时做微笑状,发/æ/音时,学生往往开口不够大,可以让学生想象张大嘴巴咬苹果,双唇上下左右都张到最大,/ai/学生容易发成"爱"音,教师可用手势(四指并拢,与大拇指配合做开合动作)提示学生注意嘴巴从开到合的动作,辅音/ŋ/也是学生难发的一个音,不容易与/n/区别开,教师可以让学生从汉语的后鼻音中分解出它的发音,如"正"的尾音,/θ/和/ ð/的发音易与/s/、/z/混淆,教师可以带着学生一块儿练习“咬舌尖发音”，发/ð/时，一同体会那种“麻麻”的感觉。这种练习应与单词教学巧妙结合，使学生形成正确的发音方法。

3. 准确说出单词中的音素

在单词教学中，教师可以在正确发音的基础上进行引导，有意识地让学生分解音素，为感悟读音规则和单词记忆做铺垫。如，将 ship 分解为：/ʃ/-/i/-/p/，将 bed 分解为/b/-/e/-/d/。教师教学生分解单词后，他们会逐渐意识到音位与字母之间的关系，理解字母与声音之间的关系，从而开始有意识地获取字母与声音之间的对应关系。分解音素有助于儿童认识读音规则，形成良好的音位意识。

4. 积累读音规则，根据规则拼读单词

在语音教学中，教师应有意识地引导学生观察、总结、记忆读音规则。总结、记忆不是死记硬背读音规则，而是通过经常的练习，形成概念，形成积累。这是一项长期的工作，突击是达不到目的的，只有教师高度重视，利用一切可利用的机会，坚持反复让学生实践，学生才能真正掌握规则，运用规则拼读单词。

5. 进行句、段朗读训练，形成良好的语流语调

课程标准在语言技能二级目标中提出“能在口头表达中做到发音清楚，语调基本达意”。英语表达的连贯性、流畅性是以短语或句子为单位来实现的，语音教学应重视对句、段朗读进行指导，让学生正确使用升降调，并了解不同音调对语意的影响。如“Yes.”和“Yes?”表达的意思是不同的。实践中，教师可通过绕口令、模拟交际对话、短剧表演、模仿电影配音等方式训练学生表达的流畅性，在语境中让学生体验不同语调的作用，从而形成良好的语感。

语音知识的学习不是一蹴而就的，它是一个边发展边完善的过程，既不可操之过急，又不能掉以轻心。教师要让学生养成“听音敢猜，见字敢读”的习惯，逐步形成“听音写词，见字读音”的能力，为后续的学习打下坚实的基础。

【案例1】

教师先通过图片导入了课本中语音板块的句子，其中有四个含字母 a 的单词：cake，grape，plate，table，请注意教师是如何引导学生掌握语音知识的。

T：Let's look at these words. What sound does the letter "a" make?

S：/ei/.

T：Good. Let's read them together. Pay attention to the pronunciation.

(教师通过示范让学生模仿双元音发音方法，做到发音到位。)

T：Can you give me some other words with the sound /ei/?

(学生思考片刻，个别发言，教师板书学生说出的单词，让学生判断是否正确。)

T：Please look at these words. What can you find?

S：末尾都有字母 e。

(教师肯定学生的发现，并简单讲解开音节结构，让学生观察并感知。)

T：Look, I have some new words here. Can you read them?

(教师出示一组新词：came，blame，cable，fate，wave，让学生尝试朗读新词后，齐读。)

T：You are so clever. Now I want to tell you some other words, please try to spell them. Listen, /seiv/. Can you spell it?

S：S-A-V-E.

(教师口报一组单词：mate，gave，vane，让学生拼写，练习并巩固。)

【案例分析】在这个案例中，教师首先通过四个例词引导学生识别字母 a 在单词中的发音，并示范双元音/ei/的发音方法，这样的示范有助于学生模仿并校正自己的发音，了解英语发音方式。接着让学生说出其他含有相同发音的单词，旨在让学生进一步识别音素/ei/，同时让学生观察四个单词在构成上的相同点，了解开音节知识。经过辨识后，教师又为学生提供了实践的机会，让学生试着读出新单词"came，blame，cable，fate，wave"，学生对新的挑战充满兴趣，纷纷尝试用刚学到的语音知识来读新单词，这是一个内化规则的过程，最后的听音拼写最富有挑战性，学生也非常感兴趣，在这个过程中，学生体验了如何运用语音规则拼写单词，再次内化了语音规则。通过这三个层次的活动，学生比较牢固地掌握了字母 a 在开音节单词中发/ei/音的语音知识。

【案例 2】

教师正通过出示自制的日历，教学 12 个月份的名称。

T：This is a calendar. Now we're in September. Read after me.

出示"September"让学生跟读两遍，一遍升调，一遍降调。

T：Which month comes after September?

S_1：October.

T：Yes. Read after me.

出示"October"让学生用升降调跟读两遍，再请学生一组组轮流齐读两遍。

接着，教师通过以下问题逐个导出月份的名称：

- Which month is before/after ...?
- Which is the first month?
- Which is last month?

每导出一个名词，都要求学生跟读，并采用开火车、小组轮读等方式教读音。

12 个月份导出后，教师进行复习，组织了以下游戏：

- "Quick response"：教师说中文，学生说英文
- "What's missing?"6 个一组出示单词卡片，再抽出一张，让学生说出是哪个词

在游戏活动中，学生不时出现单词发音错误，教师一一纠正，并让该生重复一遍。但是，到教学日期表达的环节时，学生依然不断出现语音错误，有重音问题，有语调问题，也有读错字音的问题，并一直持续到下课。

【案例分析】在这个案例中，教师用直观的日历导入新词，帮助学生理解词义，同时在教学中始终坚持进行有意义的对话交流，词不离句地教新词，新词导出后，注意大面积操练巩固，教得比较扎实，可是为什么学生还屡屡出现语音错误呢？主要原因就是教师忽视了语音指导。第一，本课出现的单词有

很多是多音节词，与以往学习的单音词相比，多音节词需要注意重音位置，这是学生很不熟悉的知识，需要教师予以指导。第二，有一部分单词的发音比较接近，容易混淆，只采用模仿跟读的方法不利于学生识别记忆，需要引导学生对单词读音进行对比，帮助他们读准每一个单词。第三，学生缺乏音位意识，不能将字母位置与语音相联系，导致读错字音。如要对此环节进行改进，可以将语音知识渗透到教学中。首先，让学生观察多音节现象。出示单词时，教师指着单词卡上的字母，按音节读一遍：/sep/-/tem/-/b /，September，引起学生对音节的注意。第二，按音节分段拼单词，让学生了解音节知识。先带集体拼读“S-e-p /sep/，t-e-m/tem/，b-e-r/b /，September”，再以组为单位按音节拼读，教师说发音，学生说字母，在这个过程中，让学生观察词形与语音的联系。第三，将发音有相似之处的词归类比较，如：September，October，November，December，学生找出相同之处，并比较不同点。通过这样的语音知识渗透，一定能帮助学生读准字音，有效记忆。

58

如何发展学生的阅读策略？

一、什么是阅读策略？

所谓“策略”(strategy)，就是我们为达到某种目的或完成某种任务所采取的思路、安排、方式、方法、技术、技巧、工具、活动等。凡是有助于提高学习质量、学习效率的程序、规则、方法、技巧及调控方式均属学习策略范畴。

阅读策略是指语言学习者在阅读过程中为提高阅读理解水平所使用的学习策略，它不仅包括阅读过程中的一些技巧，还包括阅读者为了达到预期目的采取的选择性和控制性行为。

二、为什么要发展学生的阅读策略？

阅读策略是影响阅读的不可忽视的因素之一。因此，培养学生的阅读策略是阅读教学中一个重要的环节。英语阅读是语言学习的一项重要技能，也是获取信息的主要手段。阅读能力的培养应该是我国英语教学的主要努力方向。阅读能力是提高听、说、写能力的基础。阅读能力的提高需要一定的阅读策略，而阅读教学活动是提高阅读策略和阅读技巧的重要阵地。

阅读教学成功与否很大程度上取决于教学的策略性，阅读教学的策略性表现在采用模式的正确性，阅读过程处理的合理性，阅读评估的规律性和技巧使用的科学性。如何在教学中正确地使用阅读教学策略，以达到预期的阅读教学目的，是阅读教学的关键所在。

三、如何发展学生的阅读策略,提升阅读能力?

1. 预测策略(predicting)或预读策略(previewing)

预测和预读策略指的是阅读全文之前,先略读文章大小标题、特殊字体(斜体、加黑、加粗等)、特殊符号、插图、图表等,以获取文章线索,对作者所说的“话题”有个大概了解,并积极调动我们头脑中已有的、关于这个话题的相关知识和经验,以提高我们的理解水平。例如:

- Read the story part by part and after reading each part, try to predict what will happen in the next part.
- Do the events happen as you have predicted?
- Is the end within or out of you expectation?

2. 辨读策略(identifying)

辨读策略指的是通过阅读,明确文章的要点,了解作者围绕文章“话题”所表述的若干主要观点。例如:

- Read and underline the words and expressions related to the topic.
- Is the author's opinion similar to ...?
- What does the passage mainly tell us?

3. 猜测策略(guessing)

猜测策略指的是通过文章上下文提供的语境线索和构词知识来解读生词词意。例如:

- Guess the relationship between A and B, please.
- Tell us the meaning of the underlined word according to the context.
- What will A say or do when he/she hears or sees the ...?
- What will the author write at the end of the story?

4. 推断策略(drawing inferences)

推断策略就是利用文章中提供的信息,得出文章字里行间的暗含意义,或推断作者或文章中某些人物的观点、情感、态度以及人物或事物(事件)发展的走向、结局等。例如:

- What does the author mean by saying ...?
- What is implied in the last paragraph?

- What does the word "it" refer to?
- Tell us the differences and similarities of the two characters.

5. 略读策略(skimming)

略读策略指的是为了获取文章要点和段落大意而快速阅读的策略。在阅读过程中，我们不需要逐字逐句地阅读，我们的视线快速地在文章中扫过，以便尽快地获取大意。要点或大意通常都在文章或段落的开头或结尾部分。例如：

- Read the passage and tell us the main idea of it.
- Read the passage and find out the sub-topics of each part.
- Find the topic sentence of each paragraph.

6. 寻读策略(scanning)

同样是快速阅读，但寻读不是获取大意，而是寻找文章中的特定信息、具体细节或对某观点、看法的一些支持性例证。例如：

- Find out the words to describe the weather in the city.
- Underline the words related to healthy eating and unhealthy eating.

7. 设问策略(questioning)

设问策略指的是在阅读过程中，针对材料所提供的信息有意设问，提升阅读敏感，如同与作者直接对话。例如：

- When(时间)
- Where(地点)
- Who(人物)
- How(过程)

8. 推论策略(drawing conclusions)

推论策略指的是阅读完毕后，对文中信息进行过滤，排除无关信息，根据相关信息推断结论，如情节发展结论、人物个性结论、作者意见结论、读者获益结论等。例如：

- What kind of mother do you think Andy is according to the passage?
- Is the writer for or against ...?
- Tick out the main causes of pollution.

9. 排序策略(sequencing)

排序策略指的是对阅读材料展示的情节理顺排序,可以按时间先后排序,按人物出场先后排序,按因果关系排序,按情节发展趋势排序等等。例如:

- Photocopy your passage according to the number of groups in the class.
- Cut a passage into several slices (according to the number of students in each group).
- Group the students.
- Shuffle the slices and distribute them in each group.
- Make sure that each member of a group can only read his or her own part of the passage and listen carefully to others.
- Give the right sequence of the passage.

10. 概要策略(summarizing)

概要策略指的是读完材料后,将所读材料浓缩、摘要,书面或口头做出所阅材料的梗概。例如:

- Write a summary of ...
- Retell the ... in about 30/50 words.

11. 组织策略(recognizing patterns of organization)

组织策略指的是阅读后根据阅读内容,识别观点、人物、事件之间的关系以及文章的结构关系。如时间关系、比较或对比关系、相关关系、因果关系等。可利用的线索有 first, then, next, finally, later, after, if, then, because, therefore, in the past, today 等关键词信息。

12. 速读策略(fast reading)

速读策略指的是读得快的同时要理解得多而准。学生在考试时,需要快速阅读测试内容,又快又好地完成阅读试题,取得更好的成绩。要训练这一策略,平时阅读时要将注意力集中在文章大意上,不要拘泥于个别不认识的单词。当然,阅读不同的材料,回答不同的问题时,我们应适当调整我们的阅读速度以适应不同的阅读要求。

13. 记笔记策略(note-taking)

一边阅读,一边记录重要信息,或勾画出重要信息,也有助于我们加深理解。例如：

- Read and underline/circle ...
- Read and take notes about ...

14. 写读书笔记(writing a journal)

写读书笔记这一策略泛读和精读均可用。读书笔记不仅可以加深学生对文章的理解，还有助于提高学生的写作能力以及批判性阅读能力。例如：

- Put down your own thoughts or opinions as you read the passage.

15. 注意标点符号(understanding punctuation)

标点符号非常重要，它们不但表达句子的意思，还表现作者或文中人物的情感、态度等。平时阅读时要注意"在什么情况下使用什么标点符号"，多思考"怎样使用、为什么这样使用"等问题。

16. 解释策略(paraphrasing)

结合文章中句子的意思，在不改动原文意思的前提下，用自己的话转述文章的中心思想。这样做，同样可以加深对文章的理解。

要提高阅读效率，上述 16 条阅读策略是我们在阅读中常用的。老师们还可以采用适合自己阅读风格的其他有效策略，比如反思策略(reflecting)，就是做完阅读后，有意识地对自己的阅读过程以及所采用的策略加以反思，并在今后的阅读中不断进行调整和控制，这是善于学习的人最重要的学习策略。

59

如何在阅读教学中渗透阅读策略?

一、如何理解阅读策略?

阅读是英语学习的主要途径,是掌握语言知识、获取信息、提高语言运用能力的基础。英语阅读策略即学习者在阅读过程中根据不同的阅读目的所采取的各种阅读方法和技巧,包括略读、查读、寻读、预测、推理、判断、概括总结等。

二、为什么要在英语教学中渗透阅读策略?

阅读策略的有效使用可以提高学生阅读的效率和阅读水平,增强学生英语学习和英语考试的自信心,从而提高学生综合运用英语的能力。阅读作为学习的一个部分,既是英语学习的手段,又是英语学习的目的。阅读能力是一种综合的能力,它由理解程度和阅读速度组成,并受到语言因素和非语言因素的影响。把阅读策略的训练渗透到课堂教学中,能改变英语教学中一些耗时、费力、低效的状况,提高教学效果。

三、如何在阅读教学中渗透阅读策略?

《牛津高中英语》在每个单元的阅读后面设计的 Reading Strategy 板块对高中英语阅读教学起到了引领作用,可以说有"画龙点睛"之效。但在常态课的教学中该部分的教学情况不容乐观,很多教师对如何有效地使用该部分感到迷茫,不知道从何着手。

阅读策略的渗透可以贯穿于阅读过程的始终,在读前、读中、读后都要有意识地、反复地渗透，这样才能最终达到提高阅读技巧、提升阅读能力的目的。现以《牛津高中英语》模块二第三单元为例，谈谈如何渗透阅读策略。该课的阅读策略是 predicting information（预测信息），在开始阅读前可提示学生：如果标题提供的预测信息过于宽泛，可以仔细阅读第一段以便找出更详细的信息。

根据该课的阅读策略，在教学中可以这样处理：

1. 读前渗透

教师通过多媒体展示了几张埃及金字塔和木乃伊的图片，然后和学生展开对话：

T：Do you want to see mummies in the Pyramids?

Ss：Of course.

T：I want to see them, too. But can you predict what will happen if we go to their resting place to disturb them?

S_1：Maybe we will be scolded.

S_2：Maybe be killed.

S_3：Maybe be ill.

S_4：Maybe they will wake up and punish us.

...

T：OK, good! Perhaps we will be cursed. Can you guess the meaning of the word "curse"?

学生用汉语猜了几个意思之后，教师出示答案：A word believed to have magical powers that can harm people。这样在读前通过猜词，既扫清了本课一个重点词汇，又达到了导入课文、预热阅读策略的作用，因为本课的预测策略也是与猜测有关。

2. 读中渗透

导入了本课主阅读之后，学生进入读中环节，教师可以继续使用该策略，给学生布置如下两个任务。

【任务 1】

Read the first paragraph and answer: What's the first paragraph about? (Brief introduction to Howard Carter.)

【任务 2】

Can you predict what the author will write next? (Carter's amazing discoveries.)

学生在阅读第一段时有两个任务:一是要概括出第一段的主要内容,二是要根据该段预测作者下面会写什么,这也是高考常考的预测题。

3. 读后渗透

读后活动旨在学以致用,让学生结合所学课文,联系生活实际进行语言实践活动,并通过课外写作或延伸阅读,来培养学生的交际能力。本节阅读的读后活动,安排了两个:一个是采访活动,另一个是补充阅读。第一个活动旨在通过模拟对 Cater 的采访,让学生熟悉并巩固课文内容,第二个活动是进一步练习巩固该课的阅读策略。

活动一是在教师的指导下,学生分组活动,两人一组,一个扮演来自《21世纪报》的记者,另一个扮演 Cater,先准备 5 分钟,最后展示。教师可以提示采访的学生,对如下一些关键信息进行提问:

- His personal information (interest, education, ...)
- When he became an explorer
- How he became famous
- His most important discovery
- What happened after the discovery
- Why so many people died strangely
- How he felt about the deaths

活动二可以选择延伸阅读,选择合适的阅读材料,让学生练习巩固预测推理策略。通过限时阅读,学生对该策略掌握情况良好,效果很好。

英语阅读教学是一个综合性的教学活动,是形成语言能力的重要载体。在阅读教学中,既要进行语言输入,又要培养学生语感,更为重要的是要训练学生的阅读策略。"授之以鱼不如授之以渔",阅读能力的提高有赖于阅读技巧的完善。在词汇量、基础语法知识同等的情况下,经过阅读技巧训练的学生,其阅读速度和理解水平一定会高于其他学生,语言能力也会自然而然得到提高。

因此,教师应该有计划、有目的地在阅读教学中渗透阅读策略,精心设计,合理引导,对学生进行阅读技巧训练,达到教学效果的最优化,提升学生的语言能力,使课堂能真正体现核心素养理念。

60

如何基于“用中学”指导学生学习词块？

一、什么是词块？

词块(lexical chunks)指单词的搭配与组合，是真实交际中高频率出现的超过一个词的语言单位，包括习语、词语搭配、短语等，如 as a result, by the way, be strict with, I'm afraid that 等常用表达。

二、为什么要重视词块学习？

根据对语料库的研究，语言学家发现生活中大约 70%的口语是由经常一起出现的词汇表达构成，这些词汇表达被叫作词块。词块可以按照结构、功能、成分词数、出现频率、紧密程度等分类形式进行分类。

掌握的词块越丰富，阅读的速度就越快，理解也会更准确，表达会更地道、更准确。

三、如何基于“用中学”指导词块学习？

1. 在真实的语境中识别、提取和运用词块

教师可将生活情境与词块的运用结合起来，让学生感觉谈论的话题是与他们的生活紧密相关的，让学生感到有话可说，从而激发学生参与课堂活动、运用词块表达的兴趣和动力。如《牛津初中英语》八年级下册第五单元的阅读材料是一篇关于英国礼仪的采访稿，教学中笔者没有在阅读前处理生词“avoid”，而是通过以下活动引导学生识别、提取、归纳、运用有关 avoid 的词块。

(1) 阅读文章，识别词块。

笔者首先要求学生阅读文章，补全下面的句子。They talk about subjects like weather, holidays, music, books, or something else. They avoid subjects like ________.

(2) 根据上下文猜测词块含义。

笔者让学生阅读句子，回答问题，猜测 avoid 的词义。

T：Do British people often talk about age, weight, or money?

S：No, they don't.

T：How do you know?

S：They talk about subjects like weather, holidays, music and so on, but never age, weight or money. So I know they don't talk about age, weight or money.

(3) 归纳词块用法。

笔者板书句子：British people avoid subjects like age, weight or money. /They avoid talking about age, weight or money. 接着引导学生阅读句子，归纳 avoid 的用法，即“avoid sth. /avoid doing sth.”。

(4) 创设情境，活用词块。

笔者创设情境，引导学生在情境中运用词块表达自己的观点。

T：What should we avoid if we want to help protect the environment?

S：We should avoid wasting water or electricity.

S：We should avoid leaving the lights on in the daytime.

...

2. 创设情境链，在连续的情境中操练和运用词块

情境链以一个主情境为线索，由若干子情境组成。目前大多数教师都能注意创设真实情境，在情境中操练词块，但有时往往忽略情境之间的联系，一个情境操练一个或两个词块，整节课由若干个不同的情境构成，不能使整节课环环相扣，浑然一体。

情境链可以避免多个单独的情境造成的课堂活动杂乱无章、前后缺乏联系的现象，整节课以主情境为线索，围绕主情境展开，线索清晰，层次分明。如在《牛津初中英语》九年级下册第一单元 Reading 板块的第二课时教学中，

一位教师以写作任务“介绍当地景点”为教学目标，以“谈论当地旅游景点”为主线索，以“介绍景点的地理位置”“介绍景点和名人”“鼓励游客来旅游”三个子情境，引导学生回忆、复现、提取、操练和使用Reading中的话题词块，如“in different shapes, be praised as, be worth a visit, turn the place into a park, because of its fantastic landscape, some hang down and others point upwards, be set in a natural landscape, one of the wonders of the world ...”等，为学生完成写作任务搭建词块支架。学生在情境中感知、识别、提取、使用词块，不断提高在听、说、读、写中运用词块的能力。

3. 变换词块训练方式，增强学生的词块意识和词块能力

教师在多种课型中融入词块教学，以多种方式不断呈现、操练、巩固、运用词块，提高词块的复现率，促进学生的词块输出和运用，提升学生的词块运用能力。

(1) 词块改错练习。

教师可以选择一些易错的重点词块，编写有针对性的改错练习，帮助学生强化巩固词块的正确用法。如装灯应该用“put in”，而不是“put up”(挂起，竖起，张贴)，要正确区别使用词块中的固定搭配。

(2) 词块填空。

在八年级下册第五单元的Reading词汇教学中，笔者将文中的对话改编成一个短文填空练习，在语篇中进行词块填空，以检测学生词块掌握的情况，巩固内化文章中的主题词块，为后面的语篇输出搭建语言和形式的框架。

British people think it is rude to push in before others. They always queue. They say “sorry” if they bump into you in the street. If you are in their way, they won't touch or push past you ...

(3) 运用词块组成语篇。

教师教学中将同一主题的几个词块组合在一起，要求学生使用词块编故事或者介绍人物。

(4) 给文章添加句子框架词块。

英语中有很多包含句子框架和语篇衔接的词块。教学中归纳总结并引导学生运用这些词块，能使学生的写作更层次分明，更有逻辑性。笔者在进行“人物介绍”的话题复习课中，首先引导学生小组合作，回忆表示递进、转

折、因果、总结、顺序、解释等关系的词块,再引导学生给预设的短文添加衔接词块。

4. 基于教材拓展延伸,建立主题词块语料库

不少教师以头脑风暴的形式引导学生回忆和总结词块,既能活跃课堂气氛,也有助于学生增强词块意识,更好地理解、整合、记忆和运用词块,建立以话题为线索的小型词块语料库。词块的总结、归纳和积累能降低学生表达的心理和语言难度,为学生丰富充实的输出搭建有力的语言支架。以《牛津初中英语》八年级上册第七单元为例,本单元的主题是关于四个季节,Welcome to the unit 板块内容比较简单,学生课堂语言输出比较单调,不够丰富。一位教师以头脑风暴的形式引导学生说出四个季节不同的天气特征以及喜欢的理由,并板书学生回答中的一些好的词块(见表 1)。

表 1　基于教材关于“四季”的主题拓展主题词块

Seasons	Weather	Activities
Spring	warm, windy, sometimes rainy	fly kites, go camping, climb the mountain, plant trees, trees turn green and flowers begin to come out, everything begins to grow etc.
Summer	hot, sunny, rainy	go swimming, eat ice cream, go boating on the river etc.
Autumn	cool, sunny	farmers harvest the crops, leaves turn yellow or brown and everything is beautiful, pick fruit on the farm
Winter	cold, snowy	everything is covered with snow, go skiing, go skating, have snowball fights with friends, make snowmen, enjoy the beautiful sights

教师以问题激活了学生相关的背景知识和主题词块。从表 1 中可以看出,学生整合七年级和小学学过的内容,回忆出的词块丰富多彩。学生的思维非常活跃,很有创新性和想象力。头脑风暴为接下来谈论自己最喜欢的季节和原因做好了铺垫和渗透。经常进行这样的活动,可以帮助学生建立主题词块语料库,同时也练习并巩固了根据话题整理词汇网络的学习策略。

61

如何习得默会知识?

一、如何理解默会知识理论?

默会知识的概念与理论最初是由匈牙利裔的英国哲学家波兰尼于 1958 年在《个体知识》一书中提出的。“默会的知识”(又称“缄默的知识”或“内隐的知识”),主要是相对于显性知识而言的。它是一种只可意会不可言传的知识,是一种经常使用却又不能通过语言文字符号予以清晰表达或直接传递的知识。如我们在做某事的行动中所拥有的知识,这种知识即所谓的“行动中的知识”(knowledge in action),或者“内在于行动中的知识”(action-inherent knowledge)。相对于明确知识,默会知识具有逻辑上的在先性与根源性。默会知识本质上是理解力和领悟,属于怎么想、怎么做的层次,它不能系统地表述和言传,具有鲜明的个性特征。

二、为什么要重视默会知识?

默会知识相对于明晰知识而言,具有原则上的优先性。由于默会知识与教育教学具有天然的联系,因此把默会知识理论引入教育领域是必然的。在英语教学活动中,默会知识的作用尤为突出,因为英语学习其实就是使用大量的语言符号,其本身就是一种默会行动。所以在实际教学活动中,我们不仅要传授大量的显性知识,而且更要关注默会知识的获得。否则即使学生掌握了大量的明晰知识,也未必能形成真正的英语学习能力。

在教学中,我们过去常发现一些令人困惑的语言现象,现在完全可以用默会知识理论来诠释。譬如有些学生对语言规则把握并不到位,阅读策略也并不精妙,但阅读理解的准确率却很高,以前我们只能笼统地归之为语感好——其实正是默会知识发生了作用。尽管老师学生可能都未感知这种默会知识,但在特定的情景中,学生固有的默会知识会激活,引导学生做出正确的选择。再如经常有学生在表达英语时会犯“中式英语”的错误,这正是默会知识的文化性在干扰学生的英语学习。由于学生长期受中式文化所熏陶,形成了具有强烈中式文化特色的默会知识,因而在表达时默会知识会引导他们产生错误的表达。所以在英语教学中我们一定要让学生的显性知识内化,默会知识外显,利用默会知识的强大影响力指导学生的英语学习,真正促进学生英语学习能力的提高。

三、怎样让学生习得默会知识?

默会知识可在英语教学的各个领域发挥重要的作用。但如何能让学生习得默会知识,笔者认为“创设情境”和“协作交流”是两种很好的途径。

创设情境是指创设有利于学生主动学习、主动发展的一切外部条件,包括除学生自己的学习活动之外的一切“外因”。为满足学生自主学习、主动发展的需要,精心创设鲜活的情境,在宽松有趣的学习氛围中,让学生感悟默会知识,把学习的过程真正变为促使学生主动发展的过程。

协作交流是指师生、生生间的协商学习,以及多边多向的合作讨论。它能减轻学生在参加语言交际活动中可能产生的焦虑心理,使他们表现出更大的学习积极性和创造性。合作讨论也能使学生在课堂上有更多的时间和机会来练习使用英语。大量研究表明,学习者在交际过程中产生的交互修正能大大增加语言习得的可能性。因此只有让学生在真实的情景中感悟知识,在协作交流中输出知识,他们才能在潜移默化中习得默会知识。

笔者在各种课型上做了长达10个月的研究。研究发现,在很多课型上,老师往往忽略了默会知识的习得。尤其在试卷评讲课和语言点传授课上,老师往往只知大量地传输明晰知识,而忽视了明晰知识是否为学生所接受并真正内化成为学生的默会知识。其结果是学生的知识漏洞依然存在,曾经犯过的错误一犯再犯。要想改变这种现象,老师只有明确默会知识的重要性，传输明晰知识的同时，还要使其内化，真正触及学生内心深处的默会知识，才能真正提高英语教学的效果。在此，笔者尝试着探讨默会知识的几种共享模式。

1. “默会知识—默会知识”的共享模式

知识点的讲解历来枯燥乏味，笔者摈弃传统的满堂灌式，积极为学生营造各种情境。① 利用实物或直观教具，创设切合生活实际的情境。② 利用 CAI(计算机辅助教学)形象性、直观性、生动活泼等特点，直接刺激学生的视觉和听觉，为学生营造形象感人的情境。从而激发学生内含的默会知识，促使学生能理解一些较抽象、晦涩的教学内容。③ 提出问题激发思维，创设疑问情境。④ 分角色对话，创设切合学生实际的情境，使其交换各自的默会知识。

譬如在讲解“remind sb. of” 时，笔者运用了一幅毛主席在天安门城楼上宣告新中国成立的老照片。然后发问：

“What does the old picture remind you of?”

学生的兴趣被激发了。有学生答道：

“It reminds me of the past time. It reminds me of the founding of new China.”

也有学生回答：

“It reminds me of the holiday.”

此时教者可适当点拨：

“I remind you not to forget the heroes who gave their lives for us.”

这样很自然地拓宽到“remind sb. to do sth.”的用法。

再如，在讲授“play with”时，笔者展示了一幅可爱女孩的图片，旁边喷腾着一团烈焰。于是我问道：

“What do you want to say to these children?”

学生大叫道：

“Don't play with fire. It's dangerous.”

接着，我又出示了一些几个儿童在沙滩上堆积沙城的图片，问道：

“What are they doing?”

学生很自然地说：

“They are playing with sand.”

然后我又开玩笑道：

“It’s said that old children don’t like to play with young children.”

这样，我巧妙地延伸了“play with sb.”的用法。

2. “明晰知识—默会知识”的共享模式

这种知识共享的模式是将零碎的、散杂的明晰知识编码化、系统化后，通过传授模仿和学生自我学习等方式进行传播和共享。在讲解语法或单项选择填空题时尤为适宜。以前笔者在讲解单项选择填空题时通常是提炼出其中的语言点并结合相关的知识点进行归纳讲解，再选用习题巩固操练。但这样做只是做到了传播明晰知识。而在学生的学习过程中，各种各样的默会知识会自觉地发挥着作用。即如果学生的默会知识与老师传授的明晰知识相符合，那么，此时默会知识就能加强这种明晰知识，并使其内化。相反，如果与老师所讲的语言知识有矛盾，则会从根本上阻碍教学活动的正常进行，导致学生在理解知识点上的“难点”产生。所以老师的很多教学难点正是因为这种明晰知识可能与学生固有的默会知识相矛盾而产生的。所以尽管师生都尽心尽力，但由于学生固有的默会知识干扰了与之相反的课程知识，因而学习效果不佳。因此为了激活学生的默会知识，真正把明晰知识转化为默会知识，务必要让学生说出自己为何要选择错误的选项，然后让学生自己互相驳斥、辩论。学生所选择的错误选项，一种是选项本身就错误，另一种是选项与题干不适合。对于前者，通过学生自己的阐述、老师的归纳和总结后，可很快清除其原先的错误知识；对于后者，由于学生的思维和角度有别于老师的成人思维，只有以子之矛攻子之盾，让学生的默会知识外显后，再通过学生讨论或者老师亲自出马，“拨乱反正”，使学生的默会知识得到检验与修正。最后笔者还会让学生修改题目，让其明白在什么情况下应该选用其他选项。这样一题多论，一题多解，习得的明晰知识才会真正内化成学生铭记心中的默会知识。

3. “默会知识—明晰知识—默会知识”的共享模式

该种共享模式是知识共享的双方尽可能将自己的默会知识通过语言、概念甚至动作等表达出来，再由对方接受并通过理解、领悟而内化为自己的默会知识，从而达到知识共享，这是一个知识外显和内省化的过程，需要共享双方共同协作来完成。这种模式需要老师创造学生个体间自由的知识交流和共享机会。在讲解完形填空时，我通常采用这样的模式。以前在讲解完形填空时，老师在台上讲得口干舌燥，学生在下面悠闲自在，至于效果如何就不敢夸口了。采用了这种模式后，课堂效率大大提高。其实完形填空的失分率高有时不是因为学生的语言知识基础薄弱，而是学生受长期积淀而成的默会知识所干扰。所以在讲解完形填空时，笔者首先让学生挑出难题，然后标在黑板上，让学生对这些重点题目进行再思考，并明确这些题目是考查逻辑关系还是考查词语搭配或者其他方面的知识。接着邀请几个对这几题颇有心得的同学起来阐述这些题目的解题思路和技巧(可以是选择错误答案的同学)，等学生讲解完毕，下面的同学可以与之辩驳。有时这样的辩论会越辩越烈，“战场”也会越辩越大。在这样的氛围下，每个学生个体缄默的认识立场、观点、信念或认识模式，就能伴随着其见解的发表而“显现”出来。在相持不下时，老师也可“参战”。在这种充满对话和交流的课堂里，师生双方才可能认识和理解他人的默会知识，做到从默会知识的呈现到形成明晰知识，最后通过辩论交流再内化成各自的默会知识。每篇完形填空这样处理后，我会请一些正确率较高的学生提炼并分享他们的解题策略。下面以一篇完形填空为例：

> One afternoon I was sitting at my favourite table in a restaurant, waiting for the food I had ordered to arrive. Suddenly I 36 that a man sitting at a table near the window kept glancing in my direction, 37 he knew me. The man had a newspaper 38 in front of him, which he was 39 to read, but I could 40 that he was keeping an eye on me. When the waiter brought my 41 the man was clearly puzzled by the 42 way in which the waiter and I 43 each other.

在处理这篇文章时学生标出36，38，40，43容易错误。经过再次思考后同学们发现这几道题目均既考查知识点又离不开对文章的理解，因而对学生的要求较高。于是我邀请几位高手发表各自的解题策略。有学生说他在做这篇完形填空时,先抓住文章的主旨“有陌生人注意我,但是当发现我对这个餐厅非常熟悉,就不再注意我了,走了”,然后画出一些关键词“favourite, wait for the food, suddenly, kept glancing, a newspaper, keep an eye on me, puzzled”,所以错误率低。难度较大的38题,有学生这样解释:“后文的关键词‘keep an eye on me’说明他实际上注意报纸只是幌子,所以是假装(pretend)看报,那报纸就应该是在他面前展开,如果是平放着报纸,要抬头看别人就很明显,所以38题不选flat而选open。”这样既让优秀的学生展示自己的知识才能,又让学习平平的学生得到知识共享的机会。让学生主动积极地完成从默会知识到明晰知识再上升到默会知识的习得。

4. 混合模式

当然在英语课堂教学中,采用哪一种模式并无清晰的界限,经常是双管齐下,或是采用几种模式的混合方式。譬如在阅读理解部分讲解时,在不同阶段就可采用不同的共享模式。在让学生介绍对文本的认知时,主要是让学生展示各自的默会知识。当进入到阅读策略提炼时,很多地方采用了“明晰知识—默会知识”或者是“默会知识—明晰知识—默会知识”的共享模式。譬如我们要鼓励学生积极参加讨论,大胆发表自己的观点,从中修正自己的定式思维习惯。例如对于选择合适的标题,有学生尽管能归纳出文章的主旨大意,但遇到两个都与大意相关的选项时便会犯迷糊。笔者就请学生分组讨论,献计献策,到底有何妙计能帮助大家在该类型题目上不失分。经过激烈讨论后,学生小结出以下三要素:① 包含主旨大意;② 有一定寓意;③ 吸引读者。再如在讲解阅读理解题目时,一定要让学生找出答案的依据而不能根据自己的主观臆断。我们经常会听到学生抱怨“这篇文章我全读懂了,但却错了一大堆”。其实事实往往是这样:当文章较难时,题目就会相对简单,可能考察的多是细节事实题,学生即使有的段落看不懂,也能从文章中找到答案;但当文章难度降低时,自然题目会设计得较为复杂,往往不是仅能从文章的表面就可以找到答案,而需要学生认真揣摩作者的意图,读懂弦外之音。

为了让学生更好地理解阅读材料,而不只是做对题目,还可应用以下的一些方法。譬如打乱一篇完整的阅读材料的段落顺序,然后让学生进行分组讨论,决定该文章正确的顺序是什么。这样的教学流程,一方面让学生自己去理清文章的脉络和思路,同时可让学生个体在协作交流的过程中共享并理解各自的默会知识,在不知不觉中使其外显和内化。有时候还可以分组让学生就一篇文章自行拟定阅读理解题目,让学生参与命题。这种命题过程恰恰可以凸显学生各自的默会知识,还可以在小组活动中分享成员之间的默会知识,实现“默会知识—明晰知识—默会知识”的知识共享。

正如本杰明·富兰克林所说:“Tell me and I forget, teach me and I remember, involve me and I learn.”只有在课堂教学中创设各种丰富的情境,激活学生隐藏的默会知识,让学生充分地协作交流,学生才能真正习得默会知识,发展学习英语的能力。

62

如何运用“悟、导、练”策略，提高学生的自主学习能力?

一、如何理解“悟、导、练”策略?

“悟、导、练”是指英语教师在英语课堂教学中运用“悟”(领悟)、“导”(指导)、“练”(操练)的教学策略。首先要帮助学生根据已有的认知水平建立新旧知识的联系，并利用观察、分析或归纳等方法来领悟新知识的用法及含义。其次，对于学生遇到的疑惑，教师要给予适度的指导，并通过各种形式的操练帮助他们在运用中加深理解。

二、为什么要运用“悟、导、练”教学策略?

《普通高中英语课程标准》提出，“高中英语教学要有利于学生优化学习方式，使他们通过观察、体验、探究等积极主动的学习方法，充分发挥自己的学习潜能，提高学习能力”。然而在真实的课堂中，仍然存在着“满堂灌”或者“以老师的讲解代替学生学习”的现象。这种做法把学生当作被动地等待填充的容器，忽略了培养学生探究知识的能力、获取信息的能力和自主学习的能力；而“悟、导、练”教学策略则是建立在“自主学习”理论上的一种高效的教学策略。

三、教师怎样运用“悟、导、练”教学策略？

1. 激活默会知识，自主“体悟”新知识

在教授《牛津高中英语》模块四第一单元阅读文本的语言点部分时，某老师在设计时首先采用合作学习的方式将全班分为 7 组，每组同学依据老师的整体语言项目设计，领取 1—2 个知识点，分工合作。

在小组长的领导下，同学们利用课余时间，有人查资料，有人整理配套练习，有人制作幻灯片，有人汇报成果。制作完成的汇报课件，小组成员每人一份分享。然后在上课时请一位同学代表小组在课上向全体同学汇报。这样每位同学都将享受到小组合作学习后产生的劳动成果。每位同学既是学习者也是传授者，学生的热情高涨。

2. 创设情境，适当指导

自主学习并不排斥老师的引领和恰当的讲解。教师的角色和任务是要创建一个环境，使学生能在现有的知识结构中通过加工学习新的材料而建立意义。然后将知识长期地保持在记忆里。因此老师创设情境从实质上看，是指创设有利于学生主动学习、主动发展的一切外部条件，包括除学生自己学习活动之外的一切“外因”。为满足学生自主学习、主动发展的需要，精心创设鲜活的情境，在宽松有趣的学习氛围中，给予学生适当的指导，把学习的过程真正变为促使学生主动发展的过程。

譬如我们可以利用实物或直观教具，使学生身临其境或如临其境，使学生从形象的感知达到抽象的理性思维和顿悟，从而激发学生的学习兴趣，使学习活动成为学生主动自觉的活动。因此在教学中，我经常利用图片、简笔画来创设新的活动。譬如 2015 年我在教授模块一第三单元 *Dying to Be Thin* 一文的语言点部分时，课上我是这样讲解单词“worth”的用法的。我选择了两则 2015 年发生的学生非常熟悉的时事新闻图片。

首先我展示了一幅国庆阅兵的彩图，然后我抛出一个英语句子让学生完成：

The military review on Sept. 3 is well worth ________.

那时正逢全国人民都在观摩阅兵式，所以学生纷纷插嘴道：“The military review on Sept. 3 is well worth watching.”

接着我又展示了青岛一只虾卖出38元天价的新闻图片，随后又抛出了一句不完整的句子让学生补全：

Qingdao shrimp sold at high prices, but in fact it is not ________ the price.

学生兴致勃勃，七嘴八舌地说道："Qingdao shrimp sold at high prices, but in fact it is not worth the price."这样学生在真实的情境中不知不觉地运用了所学词汇，在潜移默化中习得了新词汇的用法，并真正提升了词汇的语用能力。

3. 科学训练，巩固知识

新课改和新课程实施以来，大多数英语教师反对题海战术，希望淡化语言训练的强度和广度，但在教学实践中我们不能因噎废食，否定训练的必要性。所以在学生自主体悟，老师适当指导后，科学的训练也是必要的。

譬如一位老师在指导学生写一段文字材料的概要时，设计了以下4个训练步骤。

(1) 讨论什么是 summary？

(2) 让学生尝试写 summary。学生给出了以下习作片段。

【习作样本1】

Wu Minghua, wanted to make the students aware of the importance of thrift. Because now, the young are no longer satisfied with simple life and they feel ashamed to be thrifty.

【习作样本2】

An old man, Wu Minghua often eat uneaten food in the canteen. He wanted to make people be more aware of the importance of thrift. And the reporter thought that these waste also do great harm to our environment.

【习作样本3】

The passages shows us that Wu Minghua, a cleaner of Yantai University, collected the uneaten food from the student's bowls and plates and ate it for lunch and dinner.

(3) 学生互批作文，总结分析优缺点。

对于初次的习作，老师学生共同小结出了很多共性的问题。譬如第一个例子缺少实际的活动，第二个例子没有归纳出主题，第三个例子没有分析原因。

(4) 总结分析后，再次写 summary。学生给出了以下习作片段。

【习作样本 4】

In a gesture to call for students' awareness of thrift, Wu Minghua, a retired teacher from Yantai University, has been eating "uneaten food" from students' bowls for more than six months.

【习作样本 5】

A canteen worker Wu Minghua, ate "uneaten food" collected from college students' plates and bowls for his lunch and dinner. His intention is to promote thrift among students.

4 个训练环节，环环相扣，首先让学生讨论体悟 summary 应该如何写作，然后发挥学生的主动性，让其自由写作。随之又通过同伴互相协作方式，找出问题，激发了学生与同伴竞争的热情，最后再次独立写作。比较学生的两次习作，明显能看出学生在写作技能上的提升，学生在训练的过程中获得了成长，说明该科学训练模式在帮助学生习得知识、掌握技能方面是非常有必要且高效的。

总之，运用"悟、导、练"教学策略，可以激活学生自主学习英语的能力。在实践该教学策略时，要注意"悟为先，导随后，悟中练"的原则，更要做到"悟中有导、导中有悟、导中有练"，三者密不可分。也只有三者有机地结合，才能在整个学习过程中，让学生始终都处于思考状态，并养成运用已有的知识学习新内容的习惯，通过练习最终达到掌握知识和提高英语综合运用能力的目的。

63

如何提高学生的英语学习自我效能感?

一、如何理解自我效能感?

自我效能感指个体对自己是否有能力完成某一行为所进行的推测与判断,是对自身能否利用所拥有的技能去完成某项工作行为的自信程度。

自我效能感对学生学习目标的选择、学习过程的坚持性、遇到困难时的态度、归因方式等都有影响。自我效能感高的学生相信自己的学习能力,会为自己确定较高的学习目标,高学习目标的挑战性又会激发个体强烈的学习动机,使他更加努力,最终取得较高的学业成就,从而得到更大的自信。

二、为什么要在英语教学中提高学生的英语学习自我效能感?

研究表明,自我效能感水平与学生的自我监控学习行为存在着显著的正相关。针对当前英语学习中的实际状况,探讨如何培养中学生英语学习的自我效能感,对于提高他们的学习主动性,变外因"要我学"为内因"我要学",增强他们"我能行"的自信心,充分挖掘他们的非智力因素,促进中学生全面成长,具有重要的实际意义。

三、如何在英语教学中提高学生的英语学习自我效能感?

自我效能感是影响英语学习成效的重要因素。设置适当的目标与任务,让学生不断体验成功是提高学生自我效能感的主要手段。结合教学实践,就如何提高中学生英语学习自我效能感,笔者建议可以从以下一些方面着手。

1. 用可行的(doable)学习任务增加成功体验

在英语教学中,教师一定要在课堂内外创造机会让学生多一些成功的经验，多多设计“成功指向”的学习任务而不是相反。在教学设计中，应以维果斯基的“最近发展区”理论和克拉申的“输入假说理论”为指导，确定学生的具体学习任务与学习目标，使学生不断产生成就感，不断体验成功，不断增强英语学习的自我效能感。例如，初学者学习了情态动词 can, must 等，如果老师给学生做选择题：

My little sister is three years old, she ________ dress herself but she ________ ride a bike.

A. can, must　B. must, can　C. can, can't　D. must, must

对于初学者来说，这样的题目难度较大，但是如果我们将题目改一下，改为更加灵活的主观题形式：

Please say something about your little sister or brother, using "can" or "can't".

学生就可能说出一连串的句子来，而且是在自己的真实生活经历中实实在在地运用了这个词。

这样，英语水平相对较高的学生可以充分发挥，水平相对较低的学生也不至于什么也不会说，真正地让所有学生都体验了成功的喜悦，能够提升全体学生的自我效能感，有效地避免了“习得性无助”现象的发生。

2. 以针对性表扬树立自尊与自信

学生是有差异的，差异是教育的基础。就英语学习而言，有的学生语音语调差一些，有的学生基础知识差一些，有的胆子小讲话声音小一些，有的粗心书写乱一些，有的阅读能力差一些，有的口语差一些……面对千差万别的问题，教师如果能妥善处理，运用好表扬这个手段，能有效地提高学生的自我效能感。例如：

- Your handwriting is much better now.（作业批语）
- Your pronunciation is beautiful.（学生口头发言之后点评）
- You make few mistakes this time.（作业批改或课堂发言后）

3. 以同伴的认可提升自我认同

在班级中，学生都有努力向上、向善的良好愿望，都想得到老师的表扬和同伴的认可和喜欢。作为老师，我们可以创造条件，满足学生这一心理需求。

在课堂教学中，老师针对某个学生某一方面的不足，有意识地鼓励、肯定和表扬,让其树立自我效能感。例如,我们可以利用“advantages bombing”(优点大轰炸)活动来帮助学生获得自我效能感。

将学生分成若干小组,每组6人以上(也可以全班一起做)。每个人轮流表扬某一个学生,实事求是地说出他(或她)的优点,或者将其优点写在一张小纸条上送给对方。如:

- You are outgoing.
- You are honest.
- You are easy-going.
- You are patient.
- You are modest.
- You are generous.
- You are energetic.
- You are polite and friendly.
- You are smart.
- You are special, brave, organized and thoughtful.

4. 积极归因获得自我效能感

归因是指对导致自己或他人行为结果的原因的知觉和推断,也就是反思成功或失败的原因。教师在教学中要引导学生进行积极归因:在练习以后,教师及时给学生反馈,指出他们取得的进步,让学生有一种成就感。及时提醒学生反思自己的失败,在学习上花了多少时间,在哪些方面做得不够,使学生意识到努力的方向。要求学生做自我比较,即将自己现在的成绩与过去的成绩进行比较,让他们看到自己的进步,只要比以前有进步,就是能力不断提高的表现。

例如,笔者曾教过的一名学生在句子填空练习上总是写不出正确的单词,感到很苦恼。她认为自己单词识记得很好,但是缺乏理解句子的能力,英语学习的能力差。笔者便和她一起分析试题,带着她读句子,分析句子结构,翻译句意,在笔者的启发下,她均能正确理解句意,并不是如她自己所言,理解能力不行。原因在于单词记忆不够熟练,想不起来词义,有时还会出现拼写错误。故将其归因为努力不够,方法不当,而不是其英语学习能力差。

这种积极的归因方式能使学生不会因一时的失败而降低对未来成功的希望,从而提高学生的自我效能感。

5. 积极期望塑造自我效能感

教师看待学生要有一种积极的期望。积极的期望指建立在学生现实能力基础上,同时又用发展的眼光看待学生的一种期望。当教师认为学生有潜能、有培养前途时,就会对学生产生良好的期待,这种期待会表现在教师的态度和行为上,当学生感受到教师的期待时,就会产生符合期望的努力,这就是教师的期待效应,又称"皮格马利翁效应"。

例如,笔者曾教过一名女生,英语一直处于中等水平,高三模拟考试只有 70 多分,每次考完试后与她交流时,她沮丧地认为自己再努力英语成绩也提高不上去,有放弃努力的念头。笔者发现后,便与她一起分析试卷和学习中存在的问题,坚定地鼓励她,并告诉她只要避免失误,继续努力,突破高原现象,一定可以柳暗花明。笔者在课堂教学中也经常提问适当难度的问题,并及时鼓励表扬,在笔者的积极期待下,经过坚持不懈的努力,她最终在高考中取得了 89 分的好成绩。

教师的积极期待能够提高学生的自我效能感,从而激发学生的潜能;否则,学生的自我效能感则会降低。

6. 正面评价引导学生自我效能感

教师在对学生进行评价时应注重发挥评价的激励功能,采用终结性评价与形成性评价相结合的方式,既关注结果,又关注过程。

例如,英语测试与作业的形式应趋于多样化。测试应做到听说读写四种技能并重,口试与笔试并行,除了语言知识技能检测外,还可布置一些更多样化的学习任务,如课堂剧表演、值日生报告等。建立英语学习记录卡将每次的考试成绩、学生在课堂上的参与程度、学习态度、课余作业、活动作品、合作精神等都记录在学习记录卡上,作为形成性评价的重要依据。

把学生的自我评价作为学习过程中的一个重要组成部分,作为学生发展的自我激励源。教师要引导学生进行反思,使学生能看到自己的点滴进步和潜在问题,培养学生自我监控的习惯,增强学生的自我效能感。

笔者通过探讨和实践发现,英语学习自我效能感对于激发中学生英语学习动机,维持学习兴趣,提高英语学习能力,提升学生核心素养均具有重要的意义。

第三章

64

如何在阅读教学中运用 Think-aloud 策略？

一、什么是 Think-aloud 策略？

Think-aloud 阅读策略又被称为“有声思维法”，能够反映策略的实际使用情况，是指在阅读过程中，阅读者口头表述自己的思维方法和脑海中出现的所有信息，实现阅读过程中的思维活动有声化。有声思维的显著优势在于，人们在完成某项任务时的认知过程和认知结构的信息可以通过有声思维实验充分展示出来，适合追踪过程、知识习得、模型构思以及决策行为。

二、为什么要在阅读教学中运用 Think-aloud 策略？

思维品质是英语核心素养的重要维度，是英语教学的目标之一。阅读教学是培养思维品质和能力的重要课型。初中阶段是学生学习英语和培养思维能力的基础阶段，处于小学和高中的衔接阶段。如何在不同学段根据学生的思维特征来培养学生的思维品质，是阅读教学的一个重要课题。

三、如何在阅读教学中运用 Think-aloud 策略？

笔者首先对学生进行有声思维培训，介绍有声思维法，让学生了解什么是有声思维法及具体做法，告诉学生有声思维的重要性，解释什么时候使用有声思维，鼓励学生要运用有声思维介绍自己阅读时采用的阅读策略和思维活动信息。笔者选择了一篇学生很熟悉的文章做示范，边读文章边表述，说出自己阅读时的想法和不同阅读策略的使用。初中生英语词汇量有限，所以笔者采用汉语讲述法,避免用英语表达给学生带来的畏惧心理和畏难情绪。然后选用一篇简单的英语阅读文章,指导学生尝试实施这种阅读策略。

在学生初步掌握有声思维方法后,笔者在课堂阅读教学、课外阅读、阅读讲评中同时实施有声思维法,并侧重强化阅读策略指导。“二语阅读者经常需要运用阅读策略来弥补语言水平的不足,提高认知和记忆能力,从而进行有效阅读”,因此“有必要在课堂上进行阅读策略元认知的显性教学”,以提高学生阅读理解能力,改善阅读效果。

1. 课堂阅读教学

阅读是一个由读者积极控制、构建语篇意义的隐性过程,有声思维使得读者阅读过程中“关于思考的思考”行为有声化,笔者借助于教材每个单元的阅读语篇,在课堂教学中对学生进行有声思维法的训练和指导。笔者指导学生用“我想、我认为、我想象、我猜想”等来表述,如“我想知道之前发生了什么事”“我猜文章后面会解释的”“我在想为什么主人公这么说”“这就像我看过的一部电影”“这让我想起我去海边游泳的情景”“我要先快读短文了解大意”“我需要回读前面的内容”“似乎我刚才的理解是错的,我需要从头开始”“这篇文章是总分结构的短文,作者在第一段总括全文大意”……

由于有声思维操作起来有一定的难度,笔者主要采用这样的训练流程:

第一,教师逐句朗读并说出自己的思维活动,学生听并画出关键词和句。

第二,教师逐句朗读,学生解释自己的思维活动。这样的方式可以为学生降低难度,因为教师朗读,学生只要全神贯注思考,并表述出来。

第三,学生(志愿者)在全班面前朗读并说出自己的想法,教师给予适当的引导和帮助。笔者通常从3个方面给予评价反馈:表扬学生的表述中我喜欢的内容;对于学生的表述中我不理解的部分提出问题;引导学生运用适当的阅读策略。

第四,小组合作(每组设组长两名,负责组内协调和组织安排)说出自己不同的思维活动。教师在教室来回走动,督促、检查、了解各组完成情况。

2. 阅读讲评

笔者基于有声思维对阅读讲评课进行改进,组织学生以小组合作的形式进行交流互动,学生介绍自己选择不同答案的原因和思考,组内讨论得出标准答案，难以确定答案的请老师释疑。讨论阅读题有助于学生之间阅读策略和技巧的交流和互相学习。以出现在期末测试中的一篇阅读为例。以下是学生在四人小组活动中的表述：

S_1：这是一篇新闻报道，按照课本中的阅读策略，新闻报道总是把最重要的信息放在最前面，然后再介绍详细情形。所以我首先重点读文章的第一段。

S_2：文章中出现的时间是 2036 年和 2038 年，我认为这是一个科幻故事，以新闻的形式告诉读者，让读者相信它是真实发生的。

S_1：文章中第二段有生词“injured”，根据前面一句“A truck knocked into her car and she was seriously injured.”，我猜卡车撞了她的车，她严重受伤了。

S_3：我也认为“injured”是“受伤”的意思，因为后一句是“with her left hand crashed”。

S_4：我认为文章最好的标题应该是“A Short Introduction to Regeneration”，因为从文章中我们了解到再生术的一些基本情况。

S_1：我认为最好的标题应该是“How Can Regeneration Be Performed Successfully”，因为从文章中我们了解到了成功的再生术病例；

S_2：但是这不是说明文，不是关于再生术的介绍。文章中也没有介绍再生术如何能够成功。这是一篇新闻报道，介绍了一名著名的空手道冠军在车祸中失去左手，因为再生术，她得以用她的新生手重回赛场，所以我认为最好的标题应该是“Pamela Holds the Future in Her Newly-Grown Hand”。

3. 课外阅读

笔者要求学生每天进行 20 分钟的课外阅读（指定语篇），并将自己在阅读过程中的所思所想完整地表达并用录音笔录下来，发送至班级邮箱，从而便于教师了解、监控、反馈学生的阅读过程。教师可以在班级分享做得好的学生的录音，既是对该学生的表扬和肯定，对其他学生也有指导和促进作用。

实践证明，有声思维有助于教师直观地了解学生阅读策略的使用和阅读过程的思维细节，有助于帮助初中生形成良好的阅读习惯和思维品质，有助于提高学生的阅读理解能力。教师根据学生的个体差异进行针对性的策略指导和训练，可以促进不同层次的学生获得进步。

教师要帮助学生区别有声思维和大声朗读。在实践中，可以采取小组合作讨论、学生示范、小组比赛等方法，鼓励、启发学生初步掌握有声思维法。教师要细心观察、耐心指导，确保学生尽快掌握方法。对于没有理解掌握的学生或者性格内向的学生，可以进行单独辅导，直至其养成有声思维的习惯。此外，还要善于发现不同学生发言中的亮点，并做出积极有效的反馈。

65

如何在英语课堂创设真实的情境?

一、什么是真实的教学情境?

所谓情境,就是个人所处的一定时空背景环境。所谓教学情境是指教师在教学过程中创设的,能够激发学生主动学习,提高学习效果的生动的教学场景。教学情境包括真实情境和虚拟情境、心理环境和物理环境。其中物理环境是相对稳定的,心理环境是不稳定的、可以改变的,也是对学生的学习影响较大的因素。

二、为什么要创设真实的教学情境?

教学情境是课堂教学的基本要素,创设教学情境是教师的一项常规教学工作,创设有价值的教学情境则是教学改革的重要追求。

语言学习是生活的一部分,英语教学不能脱离生活和运用。英语课堂教学中的真实语境应以行为目标有效激发学生的学习动机,以生活作为教学资源,在相对真实的情境中学习语言,在真实的活动、任务中运用语言。教师应该将真实语境贯穿于英语课堂教学的始终,使学习过程真实化,提高教学有效性,培养运用语言的能力。不少教师认为我国的英语教学没有真实语境,课堂是"去语境化"的,教学中注重知识、忽略运用的现象长期存在,结果学生不能在真实情景中运用所学语言。只有具有真实语境的英语课堂教学才能使学生的学习具有心理真实度。学生参与有心理真实度的活动,使他们有机会根据自己的需要有目的、有意义地使用语言,会引起他们的兴趣,有助于解决知识惰性问题。

三、如何创设真实的英语教学情境?

1. 围绕学习目标创设情境

一堂英语课就是学生在老师的帮助下从学习语言过渡到使用语言。学生是否学会了使用语言,重要的是看学生是否会在新的情境中使用语言。脱离情境,只侧重词汇和句型,是很难学会在生活中准确、得体地使用语言的。

要在英语课堂教学中创设真实语境,就要围绕真实的学习目标。所谓"学习目标",即学生要运用什么知识完成什么任务。合理的学习行为目标应符合学生的生活实际,满足他们运用语言的需求,明确在学习后应能做到的事情。

以《牛津初中英语》八年级下册第四单元中的 Integrated Skills 板块的教学为例,该课是综合技能课,围绕组织义演的话题训练学生的听力与口语。考虑到组织义演有很强的实践性,学生不仅要学习与组织义演有关的语言知识,还要学会把这些知识真正运用到生活中去。为此,笔者制定的学生行为目标为:不仅要获取有关如何组织义演的信息,而且能够将理论付诸实践。笔者要求学生分组行动,各小组选择一家要捐款的慈善机构并说明理由,然后召开会议,讨论并记录义演的组织、分工。

2. 以学生相关经历为背景

教师应努力开拓教学资源,多采用生活中的素材作为语料。生活化的语料可以为语言学习提供真实语境,激发学生的兴趣,引导学生依据语境运用语言。真实的语言素材能迅速拉近师生之间的距离,给学生提供体验、运用语言的机会。

语言素材是指来源于课堂师生交流的事件或题材,其来源于生活,具有真实性。教师要关注学生的生活经历和兴趣,研究其与当前的英语学习有何联系,寻找生活素材与语言学习和运用的最佳结合点。例如,《牛津初中英语》八年级下册第四单元的主题是慈善事业,在该单元,学生学习了关于慈善的词汇和现在完成时、一般将来时的被动语态。当时,笔者所在学校的老师和同学刚参加了学校组织的为青海玉树地震灾区捐款的活动。课上,师生围绕地震和捐款交流:

T：A terrible earthquake has happened in Yushu. The teachers have donated some money to people there. What about you?

S：We have donated some money，too. It's our duty to help people in need.

T：How much money has been donated?

S：Over 600 yuan.

T：You're so kind. Where's the money?

S：It has been sent to Yushu.

对话中语言的运用与生活实际紧密联系，体现了教学的真实性。

3. 以社会生活事件为背景

把学生熟悉的人物、新闻改编成语言材料应用于教学也能收到良好的教学效果。例如，教学 used to do sth. /be used to doing sth. /be used to do sth. 等结构时，正值北京奥运会的火炬在世界各地传递，笔者从网上找到奥运火炬手金晶的资料，编成如下短文，要求学生根据语境选择合适的短语填空：

On April 7th in Paris，a Chinese girl called Jin Jing was seen carrying the torch in a wheelchair. She ________ be a healthy girl. But at the age of ten，she lost her right leg because of illness. Since then，a wheelchair ________ carry her. At first she ________ using it. But now she ________ sitting in a wheelchair. Jin Jing is a cheerful girl. She is also brave. In Paris，she protected the torch when a man tried to stop the relay.

4. 采用多种方法创设情境

有效的教学总是发生在真实的情境中。情境根据教学需要而定，可以挑选符合教学内容的视频、生活中的各种广告、说明书等，也可以因地制宜，各种节日、天气状况、教室等都可以成为真实的情境。

(1) 问题法。

通过问题设置真实的情境最简便易行。问题设置要紧扣教学内容和学生的生活经验，又能激起学生的学习动机。例如，教学《牛津初中英语》七年级下册第五单元的 Integrated Skills 板块时，笔者与学生交流："Have you read the story called *Alibaba and the Forty Robbers*? Alibaba found a lot of treasures in a cave. Do you want to find some treasure? Follow me."简单的

两个问题设置了寻宝的情境，激起了学生参与寻宝的兴趣。

(2) 多媒体法。

音乐、图片等多媒体资料也是常用的设置真实情境的方法。根据需要可以直接从影片中剪切视频，也可自己动手制作。例如，教学《牛津初中英语》八年级下册第四单元 Main Task 板块时，笔者在上课时播放爱尔兰男孩 Declan 演唱的 *Tell me why*，同时播放图片（描述的是世界各地需要帮助的人们）。学生在图片和歌曲中，心灵受到震撼，助人情感油然而生。

(3) 实物法。

真实或仿真的场景能让人有身临其境的感觉，教学起来相对真实。上述寻宝活动有一个语言准备，即在听寻宝路线的录音前，先复习一些方向指令。笔者在课前把教室布置成街道：有 crossing（小组横排、竖排交叉的地方），有 traffic lights（用红绿黄三种颜色的鸡毛掸表示），有各种建筑（由坐在教室各处的学生标出 the post office, the hospital, the cinema 等）。然后设计问路的任务，学生在同学的指令下顺利到达目的地，获得运用语言的成功感。

5. 设计真实的学习活动

真实的情境伴随着真实的活动，英语课堂教学中的真实语境关注学生是否在真实的情境活动中感受、练习和运用语言。真实或仿真学习活动的设计原则是境中学、学中用。

(1) 情境中感悟知识。

英语课堂教学中的真实语境强调在情境中感悟真实的知识。例如，教学《牛津初中英语》七年级下册第五单元时，笔者运用多媒体呈现消防队员的图片和警笛声，把学生带到了火灾的情境中。Fireman, put out, fire, smoke, terrible, dangerous, save, arm, neck, face, leg, hurt, burn 等词汇在师生交流中自然呈现，学生轻松建立起了关于救火的内容图式。教师也可以让学生在课前设计这些词汇表示的动作或表情，课上表演，让其他同学猜测。

(2) 情境中学会运用。

在知识的教学后，应给学生提供真实运用语言的机会。任务活动应基于课堂学习的语言，与行为目标一致。学生用语言做事情，培养语言运用能力：在计划活动中学会计划，在组织活动中学会组织，在调查中学会收集资料、分析并解决问题等。

◆◆ 66 ◆◆

如何利用课程资源提高学生的学习效果?

一、什么是课程资源?

课程资源是指课程要素来源以及实施课程的必要而直接的条件。课程资源的结构包括校内课程资源和校外课程资源。校内课程资源,除了教科书以外,还有教师、学生,师生本身不同的经历、生活经验和不同的学习方式、教学策略都是非常宝贵的直接课程资源,校内各种专用教室和校内各种活动也是重要的课程资源。校外课程资源,主要包括校外图书馆、科技馆、博物馆、网络资源、乡土资源、家庭资源等。

二、为什么要利用课程资源?

1. 语言学习需要大量的输入

英语课程应根据教和学的需求,提供贴近学生、贴近生活、贴近时代的英语学习输入。教师要因地制宜,创造性地利用和开发现实生活中鲜活的英语学习资源,积极利用音像、广播、电视、书报杂志、网络信息为学生拓展学习和运用英语的渠道。

2. 课程实施需要系统支持

课程改革理想的实现需要相应的配套措施和支持系统,没有课程资源的支撑,再好的课程理想也只能停留在理论层面而不能进入小学课堂教学,不能带来实际的效果。因为课程资源的丰富性和适合性程度决定着课程目标的实现范围和实现水平。

3. 课程资源需要科学利用

对课程资源的开发利用,是新课程改革的重要内容之一,也是实现新课改的必要条件。改变传统的教学观念,突出学生的学习主体地位,是课程资源开发的重要原则之一。开发出优秀的课程资源,有利于培养学生"自主、合作、探究"的学习方式,转变学生被动的学习地位,有利于素质教育的实现,这就要求改变传统教学中"教师是教学活动的中心"的观念,也对新时期的教师提出了更高的要求。开发出适合学生并受到他们欢迎的课程资源,将更有利于教学目标的实现,包括知识与技能、过程与方法、情感态度及价值观的培养等。

三、怎样开发和利用英语课程资源?

课程资源能否在课堂层面发挥作用,这就是课程资源的开发和利用问题。因为课程资源相对于课程意义重大,但课程资源并不是课程本身,必须对课程资源进行开发、加工和利用,才能发挥课程资源的教育价值,形成课程要素,进入课程。课程资源的开发和利用就是把理论上属于课程资源的资源要素发掘出来,真正为学校教育服务。

1. 合理选择和使用教材

英语教材是英语课程资源的核心部分。所选用的教材应该具有发展性、拓展性、科学性、思想性、趣味性、灵活性和开放性,应该符合学生年龄特征、心理特征和认知发展水平。根据英语教学的特点,学校也可以适当地选用国外的教学资料,以补充和丰富课堂教学内容。作为学校英语教学的核心材料,英语教材除了学生的课堂用书以外,还应该配有教师用书、练习册、活动册、卡片、音像带、配套读物等。

在教学过程中,教材的知识内容和体系结构是相对静态的,教师的教学方法也体现出一定的稳定性。然而,教师所面对的学生是生理和心理都在不断发生变化与发展的,他们对于语言的理解能力与运用能力都是动态发展的,社会和环境对人才的要求也是动态发展的。因此,教材所表现出来的相对静态性和学生发展的相对动态性以及社会要求的动态性就构成了矛盾。这种矛盾就要求教师在使用教材的过程中,有必要根据具体情况对教材进行适当的调整。对教材内容的调整主要体现在增加、删减、顺序调整和合理整合几个方面。

例如,把英语的学习与学习外国的文化、了解外国的风土人情和风俗习惯等相结合起来,这样可以提高学生的学习兴趣,开阔学生的视野。当然,对教材的调整在很大程度上依赖于教师业务水平的提高和教学方法的熟练运用。

2. 积极开展课外实践活动

安排课外实践应是课程教学的一项重要内容。学生在课外活动中往往能够把课堂中学到的知识应用到实际中去,还能引发学生思考,拓展学生的视野。例如,网络上的各种媒体资源以及专门为英语教学服务的网站为各个层次的英语教学提供了丰富的资源,同时计算机和网络技术又为个性化学习和自主学习创造了条件,并且让分享学习资源成为可能。因此,在课程资源开发和利用过程中应注意发掘学生生活经验方面的资源,引导学生将书本知识转化为实践能力,避免学生因为不在实践中运用而将学习内容忘记,也避免学生因为学习远离生活而使课堂教学变得越来越抽象、越来越困难。

3. 鼓励和支持学生参与课程资源的开发和利用

教师要改变目前把学生排除在课程资源的开发和利用之外的状况,鼓励和支持学生主动参与课程资源的开发和利用。因为,教学是教与学的双边活动,鼓励和支持学生参与,有助于提高教学效果。例如,组织学生建立班级英语图书角,鼓励学生制作班级英语墙报,鼓励学生建立英语角,交流学习资源等,拓展学生学习和运用英语的渠道。另外,在媒体已高度发达的今天,根据学生的心理特点和兴趣爱好,选用上网的方式教学英语就是学生参与课程资源的开发和利用的一个典型实例。

4. 总结和反思教学活动

教学工作本身就是很复杂的,因而需要不断地学习,不断地总结与思考。教师要经常审查学生在日常活动中以及在实现自己目标的过程中能够从中获益的各种课程资源,包括知识与技能、生活经验与教学经验、教与学的方式和方法、情感态度和价值观等方面的各种课程素材。教师要把学生的学习结果积极反馈给学生,特别要向学生指出英语学习过程中的差错并分析原因,帮助学生纠正错误,找出英语学习中的难点。教师还要善于通过自我总结和积极借助他人的反馈,来分析自己的需要和风格,既要能钻研教学,又要能拿出自己的研究成果与其他人分享。

【案例】

我们的英语课堂经常出现这样的情况，大多数英语教师都习惯于在英语课上给学生听一些英文歌曲，但是某些歌曲常常和本课所教学的内容没有关系，或者难度过大，学生根本听不懂歌曲在唱什么。教师在讲台上一边播放歌曲，一边手舞足蹈，嘴里说着："Do you like this song? Let's sing together."可台下的学生却一脸茫然，不知所措。例如笔者曾听过一位老师在课堂上和学生分享了一首名为"My Small Bedroom"的歌曲，由于该歌曲的节奏欢快，歌词中又出现了大量的连续音节、不完全爆破音等，不容易上口，不要说中国学生，即使让母语为英语的外国人演唱也会感到困难。

【案例评析】英语歌曲作为小学英语教学中重要的课程资源，对学生学习兴趣的培养，课堂气氛的烘托，拓展学生的学习资源有着重要的作用。但是，如果像本案例中所描述的，教师所选取的歌曲和本课时所教学的内容毫无干系，和学生的认知能力不匹配的话，效果就大打折扣了，不但起不到正面影响，反而浪费了课堂有限的教学时间，难度过大的歌曲打击了学生学习英语的信心，让他们手足无措。

在运用英语歌曲这一课程资源时，我们应当注意以下几点：

首先，英语歌曲要适合学生歌唱。要对小学生的学习及各方面的健康成长起到启发、激励作用，尽量采用一些经典的英语歌曲，而一些流行歌曲则不太适合小学生来演唱。

其次，英语歌曲的选择应该符合教学的需要，所选歌曲的内容必须紧扣教学的内容，这样有利于学生集中学习的精力，对所学知识起到及时巩固的效果。歌曲的内容还应具有一些生动的情节，而不要简单地把教学内容做乏味的表述。

最后，选择适合学生认知水平的歌曲。英语歌曲的选择还要针对不同年龄的学生，考虑到他们已有的英语水平和音乐知识水平，有针对性地选择难易适当的英语歌曲。这样有利于学生正确理解所学英语知识，也才谈得上吸引学生的学习兴趣。

67

如何优化课堂教学活动设计，提高学生语言实践的频率？

一、什么是教学活动？

课堂教学活动通常指以教学班为单位的学生在老师的组织、指导、启发、鼓励下开展的学习活动。以学生为主体的课堂通常是由导入(复习)、新授、操练、应用等环节构成的，每个环节则一定是由一个个学习活动构成的。

二、为什么要优化教学活动设计？

现代外语教育注重语言学习的过程，强调语言学习的实践性，主张学生在语境中接触、体验和理解真实语言，并在此基础上学习和运用语言，尽可能多地为学生创造在真实语境中运用语言的机会。鼓励学生在教师的指导下，通过体验、实践、参与、探究和合作等方式，发现语言规律，逐步掌握语言知识和技能，不断调整情感态度，形成有效的学习策略，发展自主学习能力，从而达到发展语言能力的目的。在这样的课堂上，每一个教学活动的质量就显得格外重要。因此，我们应把主要精力花在活动的优化上。

三、如何在课堂教学实践中增加学生参与语言实践的频率？

加涅的信息加工学习理论具有很强的实践性，揭示了学生课堂学习和教师课堂教学的一般规律，其关于学习的观点以及教学设计的模型，对于如何安排教学，使得学生获得更多语言学习的实践机会意义深远。下面以《牛津英语教材》七年级下册第一单元 Grammar 板块“Cardinal numbers”(基数词)

教学设计为例，探讨优化课堂教学活动设计，增加学生参与语言实践频率的一些具体做法。

【案例】

● 教学内容：能够识读英语基数词并结合各种情境正确使用。

● 教学重难点：掌握并运用英语基数词，如百、千、万、十万、百万等大数字。

● 教学过程

(1) 导入——引起注意。

T：Please look at the blackboard. I'm going to draw something here. Look and see what it is.（见图1）

S：It's a man with a hat.

T：You're right. Please look at the picture carefully and tell me what the picture is made up of?

S：It's made up of numbers.

T：How clever！What numbers can you see in the picture?

图1　A man with a hat

S：I can see ...

通过由数字构成的简笔画勾勒出的人物图样，首先吸引了学生的注意，引起了学生的学习兴趣，激发了学生的学习动机，为接下来的学习做好了准备。

(2) 温故知新——告诉学习者目标。

T：You've learned the English numbers from 0 to 100. Now let's take turns to count them one by one.

S：Zero，one，two，three ...

T：I can see it's a little bit hard for you to say the big numbers. Let's learn how to say big numbers in English，OK?

由于前一环节已充分引起了学生的注意，在此基础上明确告知学习目的，有利于学生对学习结果形成期望，提高学习动机。

(3) 学习准备——刺激对先前学习的回忆。

T：Follow me and let's try to find out the rules of reading big numbers.（见图2）

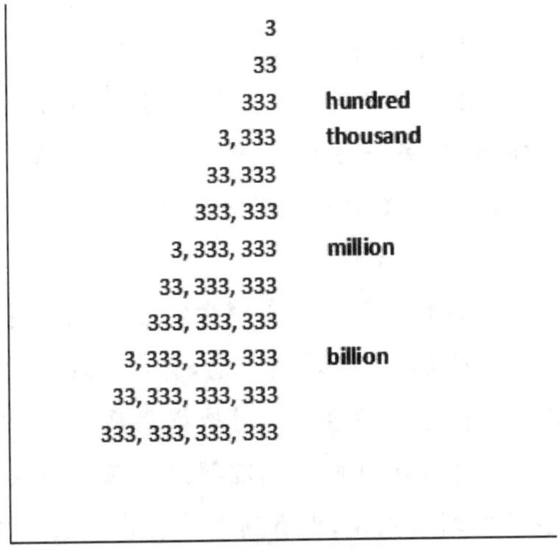

图2　认读英语大数字

数字排列的形式降低了学生对英语大数字的认读难度，并促使学生将原有的知识基础与新的知识相联系，达到了温故知新的效果。

(4) 实际操练——呈现刺激材料。

利用PPT呈现各种图片和表格，让学生通过介绍年级及学校的人数、家里房间的面积、两地之间的距离、建筑物的高度、支票上的金额等，尝试读出每组数字，以此提高学生识读英语大数字的能力。

(5) 引导学习——提供学习指导。

T：Boys and girls, let's look at the following groups of numbers. Can you read them correctly?

（教师在屏幕上分组显示年月日、钟点时数、电话/手机号码、房间号、书籍页码等数字，让学生进一步了解表达不同种类数字的正确读法。）

教师充分发挥主导作用，通过分类的方式帮助学生对学习内容进行编码，以加深印象，为信息的长期储存打好基础。

(6) 游戏竞赛——诱引行为。

教师组织学生参加含有大数字的“世界之最”游戏。第一步，将学生分为四组，从每组中选出一位代表，根据教师的指令负责举手获得答题机会。第二步，获得答题机会的小组可以任选一位成员回答问题。回答正确，得 5 分；回答错误，不扣分，但必须将答题机会让给其他组。

颇具趣味的小组游戏竞赛活动，一方面，让学生能主动参与到课堂学习中来，活用所学内容；另一方面，还考查了学生的知识面和快速反应能力，有利于教师发现学生在学习过程中存在的问题，以便及时纠正。

(7) 活动评价——提供反馈。

由于是新学内容，学生在游戏竞赛中肯定会出现各种错误，如发音不准确、读错数字等。教师及时提供反馈信息，肯定表现好的学生，纠正学生的错误，鼓励无法流利表达的学生。及时地提供反馈，可以让学生了解学习结果，以检查自己当前对学习内容的理解是否正确以及掌握情况如何。这不仅有利于学生及时纠正错误，也有利于学生学习自信心的培养。

(8) 任务测试——评定行为。

T：Let's fill in the table with your personal information. After doing it, I'd like some of you to report to your class.（见表 1）

表 1　个人信息表

Name	Age	Living address	Telephone number
Mobile phone number	City	Area of your city	Lucky number

学生独自完成后，四人一组进行组内交流，教师在教室里巡回检查，并进行一定的指导。最后，每组视具体情况推荐 1—2 名学生向全班汇报，以评定学生的掌握情况。评定行为主要是采用测试、检查的方式，巩固学习成果。由于学生的英语基础存在差异，小组活动有利于学生间的相互学习。教师以小组为单位进行评定，一方面，有利于知识掌握较好的学生主动帮助其他同学；另一方面，也能解决部分学生不愿开口说英语的问题，最终使学习结果得到巩固。

(9) 作业巩固——增强记忆与促进迁移。

作业内容为：借助网络资源，了解我们所居住的城市一些具体数据，如城市面积、城市人口、最大湖泊面积、最高建筑物高度等，第二天课前一起交流。通过作业，学生能巩固所学内容，并提高知识迁移能力，学会在实际生活中加以运用。

67

如何深挖阅读考查视角，提升学生的思维能力？

一、阅读教学的深层考查视角有哪些？

根据相关学者提出的阅读理解考查内容，并结合中考英语试题实例，笔者认为中考阅读深层考查视角应包括概括能力、篇章逻辑理解能力、篇章衔接理解能力和推测判断能力等。

1. 概括能力

概括能力是高端思维能力，需要考生在整合各类信息和理解文本的基础上用简洁的语言高度概括出整体或局部内容。为文章选标题和概括全文或段落的主旨大意都是概括能力的具体考查形式，很多地方采用的表格式任务型阅读也着重考查考生的归纳概括能力。

2. 篇章逻辑理解能力

篇章逻辑能力主要指文章的起承转合、主题与细节、论点与论据等之间的关系，理解这些关系是文章整体理解的关键，因此，对篇章逻辑的理解也是阅读测试中常考的题型。篇章逻辑理解能力考查学生对文本的真实理解情况，符合《新课标》提出的“能理解段落中各句子间的逻辑关系”的要求。

3. 篇章衔接理解能力

衔接指的是语篇中语言成分之间的语义关系，或者说是语篇中一个成分与另一个可以与之相互解释的成分之间的关系。当语篇中一个成分的含义依赖于另一个成分的解释时，便产生衔接关系。作为系统功能语法的开创者和大师，韩礼德认为实现语篇的衔接有五种手段：照应、替代、省略、连接和词汇衔接。还有学者也曾指出，篇章的衔接手段很多，比如可以借助信息的共现和复现，可以借助关联词语。对这些衔接手段的把握是理解文章的必要条件之一，也是阅读理解考查的内容。基于初中生的认知实际，中考阅读的篇章衔接理解能力的考查以“替代”为主。

4. 推测判断能力

推测判断能力的考查要求考生能读懂作者的“弦外之音”，考生应具备读懂文字背后含义的能力，进而推断出作者的态度和观点等。这样的推测必须基于足够的已知信息基础之上，而不是凭空的想象。

二、为什么要在阅读教学中深挖考查视角？

《义务教育英语课程标准》(2011 年)对初三学生的阅读技能提出了五级的目标要求：能根据上下文和构词法推断、理解生词的含义；能理解段落中各句子之间的逻辑关系；能找出文章中的主题，理解故事的情节，预测故事情节的发展和可能的结局；能读懂相应水平的常见体裁的读物；能根据不同的阅读目的，运用简单的阅读策略获取信息；能利用字典等工具书进行阅读；课外阅读量应累计达到 15 万词以上。

除了最后两条一般需在课后完成外，其他教学目标的达成主要还是依赖课堂教学，毋庸置疑，课堂是教师落实新课标最重要的阵地。然而日常阅读课堂上，笔者发现不少教师的阅读设问只触及文章内容的浅层次理解，缺乏对文章的思考和体会等深层次理解。这样的阅读理解题目不能满足学生的需求，也不能引领学生由浅入深、逐步深入地理解文章，影响了学生阅读理解的效果。

三、如何改进阅读教学设计？

1. 挖掘文本激活思维

作为一堂阅读课，要充分挖掘英语阅读教学的文本价值，让文本成为外语文字、信息传播、文本理解、情感交流和智能发展的载体。教师既要帮助学生提取表层信息，又要引导学生深入理解文字内涵和思考文本的内在逻辑及作者的观点态度。深层次解读文本意味着诸如梳理结构、提炼归纳、推断隐含意义、批判性分析等阅读策略的综合应用。阅读课应努力实现从低级阅读过程到高级阅读过程的转变，学生应与文本互动，尝试深层次挖掘文本，从而实现语言、思维和情感的共同发展。在挖掘文本时,问题的设置要充分考虑到培养学生的深层次理解能力。开放式问题能够充分激发学生思维,在实际教学中可以有意识地运用。

《牛津初中英语》九年级上册第八单元 *Murder in West Town* 一文讲述了一个侦探故事,文末并没有指明谁是真正的凶手,阅读文本给学生留下了一个悬念,这就给激发学生思维提供了广阔的空间。为此,在"读后"环节,笔者设计了一个开放式的问题:Who do you think is the real murderer? Why? 学生回答这个问题需要整合文本各处细节描写进行合理分析和判断,该问题有效地激发了学生的学习兴趣,分组讨论时课堂气氛十分热烈活跃,学生在发言时陈述各自的观点,激烈地争辩,潜移默化地培养了学生批判性思维及表达能力。

2. 依托文本重视语篇

英语阅读课上加强语篇分析是培养学生思维的重要途径,教师应以语篇文本为依托,通过问题和活动的设计培养学生的思维品质。我们读完一篇文章之后,应不只停留在理解之上,还要对语篇内容有自己的思考、判断和分析。

教师在阅读课堂上应引导学生把握整体语篇,领会文本大意,分析语篇结构,了解各种语篇衔接手段、语义关联和句际关系,通过归纳概括、分层设问引导学生深层理解文本的特定信息,关注文本中各部分内容之间的逻辑关联。同时还可以借助文章的流程图、柱状图等手段帮助学生掌握文章结构。

《牛津初中英语》九年级上册第五单元是一篇介绍音乐家谭盾的文章,文本主线是人物的成长历程和主要成就。除了对这些主线信息进行提问之外,还可针对文章标题"Music Without Boundaries"进行语篇结构方面的探讨。从文中可知,谭盾从小到大的音乐天赋一直让作品呈现出"music without boundaries"的特色。所以,笔者在课堂教学时提出以下问题:What do you think of the title of the passage? What is the real meaning of the word "boundary"? Can you tell me some examples of Tan's achievements to prove it? 学生首先围绕 boundary 一词进行了界定,明确了该词的真正含义,接着从文中查找诸多事例证明"music without boundaries",所查找出的答案实际上贯穿了全文,是文本中一条隐含的语篇结构主线。据此,笔者设计了下面的流程图帮助学生理解整体语篇结构:

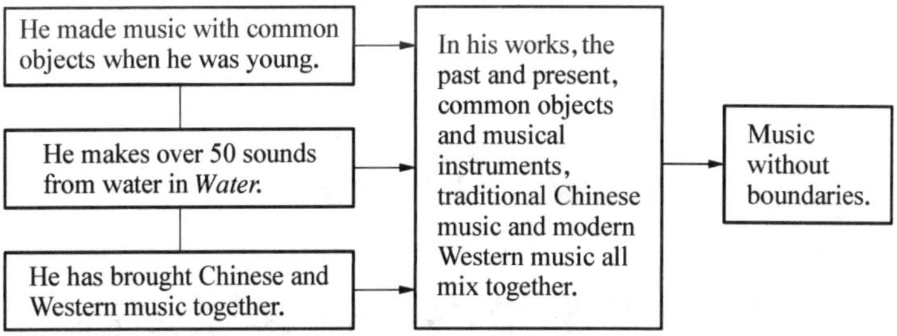

图 1　语篇结构流程图

该流程图有助于学生理清文章脉络，强化语篇意识，加深对作者观点和全文主旨大意的理解，取得了很好的教学效果。

3. 补充文本，充实话题

《牛津初中英语》教材共有 6 册书 44 个单元，覆盖了新课标要求的全部 24 个话题。教师在进行单元阅读教学时，应结合单元话题补充必要的文本材料，有目的地培养学生的体裁阅读能力。内容上要选用真实、地道的语言材料，所选材料既要有广告、海报、信息表、天气预报等应用文，又要考虑诗歌、小说、剧本、新闻等多种文本，让学生读懂相应水平的常见体裁的读物，在各类真实有效的阅读材料中逐渐培养和提升阅读能力。阅读文本时还要有意识地引导学生关注文本特征，引导学生辨别不同文体的独有特点，体会和感悟同类文体的共同点，从而总结相应的阅读策略。

在补充语篇材料时，笔者尽量选取近年来的中考试题，因为大多中考试题取材于国外原版材料，语言原汁原味，生动活泼，富有时代性。此外，中考试题的难度也与初三学生的阶段性认知规律与特性一致。下表是笔者为九年级下册第三单元补充的部分单元课外阅读材料。

表 1　《牛津初中英语》九年级下册第三单元补充阅读材料

篇目	体裁	题型	文章来源
1	应用文	阅读理解	2016 年盐城中考卷
2	图表	阅读理解	2016 年安徽中考卷
3	说明文	任务型阅读	2016 年徐州中考卷

教师应根据不同文本和不同的阅读目的指导学生运用相应的阅读策略，如略读（skimming）、扫读（scanning）、预测（predicting）等等。

69

如何利用多模态阅读教学培养学生的核心素养？

一、如何理解多模态阅读教学？

多模态阅读教学是指运用听觉、视觉、触觉等多种感官，通过图片、表格、视频、声音、文字等多种手段和符号资源组织的阅读教学活动。多模态阅读教学有助于引起学生的有意注意，激发学生的学习兴趣，提高学习效率，从而提升学生英语学科核心素养。

二、为什么要实施多模态阅读教学？

在当前阅读教学中，不少教师忽视教学方式对学习效果产生的影响，往往只运用单一的口语模态进行课堂教学，这种教学方式存在很多不足：第一，不利于长期存留。单模态教学方式无法提供形象和具体的信息，不利于留下较深的印记，所学知识容易遗忘。第二，不利于激发兴趣。学生较长时间地通过一种模态接受信息，感官刺激单一，学习变得枯燥乏味，容易降低对学习内容的关注度，导致失去学习兴趣。第三，不利于提高效率。单模态教学方式只对学生的大脑皮层产生单一的刺激，不能同时刺激多种感官、建立多种神经联系，因而学习效率不高。

三、如何利用多模态阅读教学培养学生的核心素养？

英语学科核心素养的要素包括语言能力、文化品格、思维品质和学习能力，多模态阅读教学运用图片、表格、视频等手段，创设英语学习情景，调动学生听觉、视觉、触觉等多种感官，丰富英语学习体验。经过探索与实践，笔者建议英语教师可以运用以下多模态阅读教学策略培养学生的核心素养：① 运用展示、表演培养语言能力。② 运用讨论、写作塑造文化品格。③ 运用填图、绘图训练思维品质。④ 运用多模态任务培养学习能力。

笔者以译林版《牛津高中英语》教材模块九第二单元 Reading 板块为例，展示如何运用多模态阅读教学策略培养学生语言能力、文化品格、思维品质和学习能力等英语学科核心素养。

【案例】

● Presentation

上课伊始，笔者组织学生展示搜集的图片并介绍图片内容。然后就文本主题相关背景知识进行提问，以激活学生的知识图式。在教授生词时，笔者在语境中呈现生词，并结合图片让学生猜测词汇的意义。最后展示相关词汇的图片和句子，要求学生完成词汇填空任务。

【设计理据】笔者安排学生展示、介绍图片以及在语境中运用图片呈现词汇，目的是激活学生头脑中相关知识，启发他们联系已有的知识经验。图片、文字、口语组成了多模态话语，对学生的视觉和听觉产生了多渠道刺激，有助于增强学生的感知体验，帮助学生理解词意，激发学生对文本话题的兴趣，培养学生的语言能力和学习能力。

● Mind-mapping

笔者把学生分为三人一个小组，根据文本内容提供三个文本片段分别发给三位学生，要求学生合上书本，各自快速阅读文本，然后小组合作组成一个完成的语篇。接着，笔者布置学生总结每一部分的段落大意，并填写思维导图。

【设计理据】学生在复述、讨论过程中运用口语、听觉等模态，分享了思维成果，拓展了学习资源渠道。图形与文字相结合的思维导图把文本信息转化为视觉表象，将文本内容的逻辑关系清晰地展现出来，能够帮助学生把握文本结构和主旨。学生在概括各部分主旨大意的过程中，学会了如何正确运用阅读策略关注文本主旨与结构，训练了学生的思维品质和学习能力。

● Graphing

本环节笔者首先布置任务,要求学生探究卫城的结构。接着组织学生阅读文本第二段,要求学生根据所读内容在脑海中想象雅典卫城的建筑结构。

然后要求学生根据文本内容,小组合作绘制结构图。最后,要求学生展示作品并简要说明。

【设计理据】本环节设计的任务将阅读和绘图融为一体,促使学生将文字形象化、趣味化,有助于培养学生的想象力和创造力。绘制结构图任务使得学生将文本信息转换为视觉模态符号,促使学生进行思维转换,多模态感官的刺激既加深了学生对文本的理解,又培养了学生的思维能力。

● Role-playing

笔者启发学生:卫城当前状况如何?引出文本第二部分内容,要求学生探究卫城遭到破坏的起因。学生阅读后概括表述卫城的现状及遭到损坏的原因。在此基础上,笔者布置了一个电视采访活动,就卫城的现状及遭到损坏的原因分角色表演,然后笔者选择一个小组表演采访过程,并给予评价和反馈。

【设计理据】电视采访活动,涉及口语、声音、动作等多种模态,给学生以视觉、听觉等多方面的感官刺激,能够激发学生加工文本信息的兴趣,有利于学生把文本知识内化为自己的知识。同时,电视采访活动创设了语言学习的情境,有助于学生深度理解文本内容。学生通过表演,进一步形成了语言的感知与领悟能力,培养了语言的沟通和表达能力。

● Writing

笔者首先展示两幅受到损坏的文物古迹的图片,启发学生列举生活中各种损坏文物古迹的现象,把话题由保护卫城转移到现实生活中来。然后笔者展示写作任务,要求学生针对图片中反映的破坏文物古迹的现象,从政府和公民两个角度,就如何保护文物古迹提出建议,写一篇不少于80词的海报。

【设计理据】利用图片与文字呈现写作话题,既可以激发学生兴趣,引发学生的表达欲望,又可以让学生迅速提取生活经验,形成自己的观点。学生在分析话题、阐述观点的过程中,能够展现人文修养,确立行为取向,形成正确的情感态度价值观。读后写作使得学生从解构文本转向建构文本,能够有效培养学生的创造性思维能力。

多模态教学的理念在于创新教学方式,丰富学习体验,激发学习兴趣,强化理解记忆。本文以阅读教学为案例,运用多模态方式,通过设计展示、表演、写作等任务,有效培养了学生的语言能力、文化品格、思维品质和学习能力等英语学科核心素养。

70

如何激活阅读课堂的活力?

一、什么是阅读课的活力?

所谓活力，就是旺盛的生命力。课堂活力就是课堂的生命力，教师教得引人入胜，学生学得津津有味；优秀的学生犹如森林里的参天大树，茁壮成长；暂时落后的学生犹如森林里的灌木，生机勃勃。学生无论在思想上还是行为上都表现出积极性和生动性。

二、为什么要激发阅读课的活力?

创建阅读活力课堂意义十分重大。美国二语习得专家克拉申说过，当学生醉心于阅读后，他们的英语水平提升速度是惊人的。

当学生对文本感兴趣时，其阅读的动力、速度和效果就会非同寻常。

当学生沉浸于老师令人愉悦的示范、指导、解释、反馈和评价方式、评价话语时，课堂学习的效果就非同寻常。

当学生醉心于课堂浓郁的阅读氛围，喜欢课堂阅读活动，专心致志地阅读时，其阅读效果也是非比寻常的。

因此，在课堂教学中，教师应坚持以生为本的理念，通过优选阅读内容，优化阅读任务或阅读活动，优化阅读的心理环境，优化师生、生本、生生间的多层次互动方式，激活阅读课堂，有效达成多元教学目标。

三、如何激活阅读课的活力？

1. 选择引人入胜的阅读材料

有一个来自中国的男孩名叫丹尼尔，12 岁那年跟随父母移居国外。尽管他父母付出了极大的努力，丹尼尔的中文水平还是在明显下降。他们把孩子送到中文学校去，可丹尼尔显然对中文没有兴趣，学习毫无热情。后来，老师给丹尼尔几本中文书带回家，其中一本有插图的书是《阿凡提的故事》，丹尼尔很喜欢这本书。

这本书的难度在丹尼尔的水平之上，但是，好在有插图，丹尼尔能够读懂大意，他对书中的故事产生了浓厚的兴趣。老师知道了，又给了丹尼尔几本关于阿凡提的系列图画书。丹尼尔求他妈妈要多读些，每天阅读 2—5 本。丹尼尔对这些书非常着迷，于是提出：如果妈妈为他读书，他就做家务。对于这样的安排，丹尼尔和妈妈都愉快接受。不知不觉，丹尼尔的中文水平显著提高了，但是他自己并没有意识到，也不在乎自己中文水平是否提高，他着迷的就是书中的故事。

因此，孩子读自己选择的书要比读大人布置给他们的书阅读效果要好得多。所以，我们可以推断，听读引人入胜的故事，观看引人入胜的电影，与真正令人喜欢的人交谈或许是我们习得语言的重要途径之一。

2. 优化阅读任务

在学生阅读前，教师应进行师本、师生互动，即分析文本，了解学生的兴趣与需求，制定合理的教学目标，精心设计导读活动，优化语言呈现方式，为学生参与互动式阅读做好必要的心理和知识准备。

(1) 优化导读活动。

教师可以通过与学生谈论文本的某一部分（如标题、插图等）内容，引导学生预测文章内容，为阅读做好准备。

例如，在教学 *Living with a Robot* 一课时，可以从谈论标题导入阅读。

T：What's this? What can it do?

Ss：A robot. It can do the laundry/iron the clothes/...

T：What do you think of the idea of living with a robot? Why do you think that way?

Ss: It sounds cool. The robot could do many things for me. /It must be very interesting.

T: Umm ... Mr Jiang has the same idea. He has a robot. But these days he always complains about it. Can you guess why?

学生猜测后带着疑问和浓厚的兴趣进入阅读,与文本进行互动。此外,与文本内容贴近的视频、新闻、歌曲或生活经历等都可用于导读。

(2) 优化阅读活动。

阅读课重点是读,换句话说,在阅读课上,学生的时间和精力应花在阅读上,在认读、朗读、诵读等方面下功夫。

(3) 优化读后活动。

当学生熟读课文之后,给学生机会,让他们根据自己的理解,用合适的语速、语音、语调、轻重音以及自己的表情、动作、手势等肢体语言来再现原文。例如,可以节选一部分戏剧台词,请学生进行角色扮演,通过记台词、表演、对戏等方式,让学生以轻松有趣的方式更好地理解阅读文本。

课堂阅读活动既要生动、活泼,符合初中生的认知特点,又要能有效激活学生的思维,促进其理解。教师可采取排序、填表、朗读及问答等形式进行文本信息的输入和重组。读是文本信息输入和解码的主要形式。通过不同形式的读,学生多次与文本互动,收到不同效果:通过略读了解主旨、段落大意;通过扫读查找细节;通过回读上下文猜测生词、难句的意义;等等。

教师要设计有效的阅读活动帮助学生转换、重组信息,并激活学生的思维。由于阅读理解过程中学生的思维活动具有不可观察性,所以,设计各类具有针对性的阅读活动,对于准确评估学生的阅读理解和技能发展状况具有重要的意义。

71

如何进行反思性教学？

一、如何理解反思性教学？

“反省式思考”(reflective thinking)又称“反思”(reflection)，它指的是人们对于现有的理念和知识的一种系统、有序、审慎、积极的认知过程。而在教学实践中，教师往往需要选择恰当的反思策略以解决教学问题、改善教学效果。教师通过反思自己的教学、观察课堂和评估效果来提高自己的专业素养称为反思性教学。也就是说教师在教育理论的指导下，对教学经验进行回顾、审视与重新认识，从而产生新的更趋合理的教学方案与教学行为的过程。

二、为什么要进行反思性教学？

随着国家新一轮学科素养的制定，高中英语教学对教师素质的要求愈来愈高，作为一个教育实践者，沉迷于传统的教学方法和知识框架的经验型教师已经难以满足时代的要求。如何更新自己的教育观念，如何改变自己的传统教学行为，都是很值得思考的现实问题。新一轮课程改革背景下的高中英语教学呼唤着从教者由经验型向反思型转变，呼唤着教师用真实的行动去反思新课程的理念，反思新课程实施过程中的教学策略，反思新课程教学目标的落实，反思新课程计划的实施效果。教师专业成长意味着经验的积淀加上积极的反思，并通过反思提高自我素养和课堂实践能力。

三、如何进行反思性教学,促进教师的专业发展?

1. 反思教学理念,用内化了的理论指导反思性教学

理念其实就是做事的道理,理论是用来指导实践的。虽然我们的课改已实施多年,但是一些传统教育观念仍深深植根于我们的头脑中,部分老师仍把传授语言知识作为课堂核心,穿新鞋,走老路,效果不佳。例如,在教学中我们往往还是弱化学生的主体作用,课堂往往成了教师表演的舞台,学生对学习逐渐失去兴趣,疲于应付。如何促使老师转变观念,将新的教学理念贯彻于课堂教学中呢?首先就要反思自己的教学行为是否体现新的课程理念。

基于"核心素养"的新的课程理念,就是从工具性和人文性两个角度来设置课程目标。也就是说,学习课程不仅要考虑学生应该学习哪些知识,还要考虑学生通过学习课程可以促进哪些技能和品格的形成。由此,教学评价已经将关注的中心从教师的"教"转向学生的"学","以学论教"使得教师必须在教学方式和师生关系构建上进行变革,在实践中不断审视自己的教学行为,例如自己的教学观是传统的以语言知识的简单传授为主,还是语言知识和语言技能并重;在设计教学时,是只是凭个人经验,还是有意识地反思过往、重新设计教学方案;在评价方式上,是只关注学生的知识性测试,还是既关注学生的学习结果,也关注他们的学习过程。这些贯穿于整个教学行动中的反思,都要以新的核心理念为指导,都是为了更好地发展学生的素质。教师只有内化了新的理念,才能有效进行反思性教学。关于这个方面,笔者有以下反思内容供教师思考:

- 我需要哪些信息(理论)来帮助改进我的教学?为什么?
- 我的教学信念是什么?这些信念正确吗?
- 这些教学信念是如何影响我的教学实践的?有多大影响?这些教学信念来自何处?
- 我是一个什么样的教师?
- 我作为教师的经验对我的教学有什么影响?
- 我作为学生的经验对我的教学有什么影响?

2. 反思备课环节,加强合作研讨

备课环节主要是指教学方案的编写。教学目标的确定与叙写、教学材料的

处理与准备、教学行为的选择、教学组织形式的编制以及教学方案的形成等都应全面策划。然而,当前许多教师仍习惯于独立备课,所以在教学设计环节思维空间狭窄,容易出现诸多不良倾向:有的教案设计目标单一,过分强调知识目标,导致对过程与方法、情感态度与价值观等方面的目标关注不够;有的教师照搬现成的参考资料或以往的教案,不分析学情,导致与学生实际脱节;有的教师教案的设计过于详尽,甚至连每个过程的时间安排都写进教学设计,导致统得过死,课堂缺乏生成性。这些现象表明,教师只凭老经验按部就班地进行教学,不愿深究和交流,凸显出教师问题意识薄弱、研究意识缺乏的问题。因此,反思备课环节是改变这些不良现象的有力保障。现行的教材面广量大,如果仅采用个人独立备课的形式,就难以对教材内容进行高质量的整合、修改、拓展和延伸。形成集体备课机制需要教师间的相互交流和合作创新。因此,我们的备课环节应遵循"反思—调整—实践—反思"的思路。

实行集体备课制度并不意味着放弃传统的独立备课,相反更要强化个人备课中的反思环节。集体备课前,老师们就下周上课内容提前进行自我反思,在准备教案时,首先反思自己在上一轮课堂教学的情况,等到集体备课时,向同事提出自己在教材解读、教材处理、教学策略等方面遇到的疑点与困惑,请大家帮助分析和诊断。这样联合攻关,可达到相互启发、资源共享、共同成长的目的。除了重点、难点外,还要注意学生易错点,然后把备课内容整理成教学案打印出来,在周末前发给组内教师。每位教师根据本班学生的实际对教学案进行修改,最大限度地符合本班的学情。这样的教学案在下周的课堂实践后,每位教师还应及时反思实践过程中的成败得失,进行教案的再设计。如此循环往复的备课能做到有的放矢,使教师在不断改进中把自己的教学实践提高到新的高度。针对这一点,以下反思问题供教师思考:

- 我的课堂教学形式或结构是什么?
- 在课堂上,我是如何提供学习机会的?
- 我的课堂上有着什么样的互动学习?
- 我的学生喜欢什么样的互动方式?
- 我在课堂上是如何安排小组活动的? 效果如何?
- 我通常会组织什么样的学习活动?

- 这些活动的目的是什么？效果如何？

3. 反思教学策略，通过调整和改变使教学效果显著提升

教学策略是指在教学过程中，为完成特定的目标，依据教学的主客观条件，特别是学生的实际，对所选用的教学程序、形式、方法和媒体等方面的总体考虑。在新的学科素养理念的指引下，老师急需对自己的教学策略进行反思。例如，多媒体资源的应用是现代教育的需要，它所带来的优势也是其他教学手段无法比拟的。但是，有些教师不管什么课型，无论什么内容全部都使用课件，整堂课成了课件的演示课，学生跟着课件走，教师只是把自己的“满堂灌”交给了电脑，看似学生学得“相当主动”，其实一切都离不开教师的操纵。对于这些见怪不怪的现象，是否值得我们的反思：我们应如何运用现代技术，但又能不为之所困，更不能成为它们的“奴隶”？我们是否要增进课件的交互性，使课件能根据教学的需要随意调度，增强动态的生成性？只有这样充分的反思，先进教学手段的优势才能充分发挥，进而更好地为教学服务。

由此可见，对教学策略的反思是实现教学效果的有力保障。反思教学策略，首先要反思其思想性与技巧性：教学策略是在一定的教学理念的指导下，将其转化为教学方式、程序、手段等具体行为来体现的。所以说，教学理念是教学策略的前提，而教学技巧是更好地达到教学目标的保证和“推进器”。只有教学技巧的设计而没有教学理念的指导，教学就会迷失方向，只有教学理念的支撑而没有教学技巧的配合，教学就会剩下空洞的躯干。其次要反思其目的性和适用性：目的性是指教学策略对于实现教学目标的适合与有效程度，适用性是指教学策略对于教学内容、教学过程及其规律的契合与适宜程度。最后要反思其共性化与个性化：教学策略要遵循教学规律、符合教学共性，但不同的教师、学生、内容、方法和环境都会影响教学策略的选择，所以，我们难以发现完全一样的教学过程，每个教师都能在学习、借鉴、加工、吸收他人经验的基础上结合自身的情况，发展和创造出带有鲜明个性化色彩的教学策略针对教学策略的反思，笔者有以下几点与大家分享。

- 我运用了哪些教学策略和方法？效果如何？
- 如果用别的方法或策略，效果会怎样？
- 我用了哪些辅助教学工具/媒体？

- 这些工具/媒体对学生学习的辅助作用明显吗?
- 假如再次教授这一教学内容,我还会使用同样的工具/媒体吗?
- 假如我要更换工具/媒体来重上这一内容,我会选择什么工具/媒体,为什么?
- 这节课组织了哪些学习活动? 这些活动与教学目标的关系如何?
- 学生在课堂上是否都参与本课的学习活动? 为什么?
- 学生在课堂上是否积极主动地参与学习活动? 为什么?
- 学生在课堂上是否自始至终地参与学习活动? 为什么?
- 我是怎样面对不同学生的不同学习需求的?
- 这节课的学习内容是否具有挑战性?
- 这节课的学习任务是否具有挑战性?
- 学生在这节课学了些什么? 与预期目标是否一致? 为什么?
- 这堂课上学生最喜欢的活动是什么?
- 这堂课学生最不喜欢的活动是什么?
- 学生对学习内容/任务是否感兴趣?

总之,对教学理念的反思,促使教师观念不断更新;对备课环节的反思,促使教学设计更加切合实际;对教学策略的反思,促使教学效果日益改善。只有多角度反思教学,才能使课堂教学更高效,教师的教学能力才能不断提高。由经验型教师向反思型教师的转变是实现教师专业成长的有效途径。

72

如何利用深层阅读任务培养学生的思维能力？

一、如何理解思维能力？

思维能力就是分析与综合、推理与判断、抽象与概括能力。阅读的过程实质上就是对语言信息的理解过程。理解就是思考，是分析、综合、比较、概括、判断、推理的过程，也就是思维的全过程。语言水平是提高思维水平的必要条件，反过来，思维的发展又能够促进语言水平的提高。

二、为什么要利用深层阅读任务培养学生的思维能力？

在一次高中英语“同题异构”阅读教学研讨课上，笔者与学生一同思考、解题时发现，读后任务只是处理文本浅层信息，学生基本无须思考就能在文中直接找到答案，缺乏梯度和深度，对启发思维毫无意义，降低了教学效果。受其启示，笔者整理、研究和反思了近年来所观摩的阅读教学，发现不少教师在任务设计环节存在一些问题。

第一，任务过于简单，缺乏深层理解。在完成文本的表层理解之后，不能挖掘文本设计深层次理解的任务。第二，任务不够严谨，误导思维倾向。任务存有争议，逻辑性不强，误导学生思维。第三，任务形式单一，造成思维盲区。第四，任务目标不明，缺乏有效训练。

实施深层阅读教学是培养学生思维能力的有效途径，深层阅读教学通过设计概括主旨、推理判断、分析篇章结构、领会作者意图等各种深层阅读任务，有助于激活学生思维，帮助学生能动地、创造性地理解文本深层含义。因此，阅读课教学过程中教师应该树立培养学生思维能力的意识,把阅读能力的训练与思维能力的培养有机地结合起来。

三、如何利用深层阅读任务培养学生的思维能力?

针对以上英语阅读任务设计存在的问题,根据任务设计的目标性、典型性、多样性和开放性原则,本文结合教学案例,探讨如何设计深层阅读任务,培养学生的分析与综合、推理与判断、抽象与概括的思维能力。

1. 探索性问题

(1) 思索性问题。

教师应该设计更多的思索性问题,并且关注问题的有效性。思索性问题是指那些不能仅仅依赖记忆或回忆,而是需要进行更多的思考才能回答的问题。

例如,《牛津高中英语》模块六第三单元的 *Cultural Differences* 一文讲述了一些国家的文化差异,教师在处理浅层阅读理解后,可以深入拓展关于文化差异的话题,例如:

Speaking the same language does not mean having common characteristics. For example, while many countries use the English language, their cultures can at times be completely different. Even communication between people of the same cultural background often leads to miscommunication.

然后向学生提出以下思索性问题:

What might happen if people had no idea of others' cultures?

学生根据自己的经验常识进行分析和综合,会做出各自的回答:

misunderstand each other, have difficulty in living or studying, result in embarrassment or inconvenience, result in conflict ...

教师接下来进一步提问:

What are the benefits of learning different cultures?

启发学生了解学习文化差异的益处,例如 be able to communicate smoothly, live and study comfortably, enjoy the pleasure of experiencing a different culture, widen our horizon 等等。

最后让学生小组合作探讨更深层次的问题:What do you think about "culture shock"? 学生在综合分析所学内容并讨论之后,展示自己的观点,接着教师点评，最后教师用英文展示自己对 culture shock 的理解和认识。

这些思索性问题无法从文本中找到答案，需要学生自己通过分析和综合等才能作答，并且答案具有开放性，有利于促使学生开动脑筋，增强分析和综合能力。此外，思索性问题使得学生不断地进行语言输出，有助于课堂生成，达到文本理解、语言运用和思维能力培养"三效合一"的效果。

(2) 语境类任务。

在篇章内部，句子、段落之间必须保持语义和逻辑上的连贯，符合语义、语用和认知原则。教师要引导学生利用语境、识别信号词来提高学生的分析和综合能力。比较典型的语境类任务有完形填空、任务型阅读等。模块四第三单元阅读材料主要介绍了一种新的科技成果"Realcine"(虚拟电影)的工作原理和优势，教师可以将文章改写，设计以下填词任务：

In *Realcine*, Special VR ① headsets are worn to make the viewers ② able to see a world of 3D animation and hear the sounds clearly, all around them. Special ③ gloves are also worn so that people and objects in the film can be touched. Both the headsets and the gloves are ④ connected to the *Realcine* computer system.

Each small opening in the headset ⑤ gives out smells. Special food and drink chemicals are ⑥ delivered into the viewer's mouth via a straw sensor ...

设计此类任务时应注意，一方面要巩固学生对文本意义的理解，一方面要有助于训练学生的分析和综合能力。例如，根据第一个空格前面 Special VR 和后面 are worn 等信息，分析得出空格处应填写 headsets；关于第二个空格，原文中表达为 enable the views to see ...，而分析此时空格前面有 make 一词，故 enable 应该转变为 able；通过分析 out smells，综合前面主语部分的 each，得出第五个空格应该填第三人称单数形式 gives；等等。

这类任务往往需要学生通过分析语境，综合理解语义，进行词汇转换或单词变形等多个思维过程才能正确完成，能够加深学生对文本的理解，有助于增强思维的灵活性，有效训练学生的分析和综合能力。

2. 推理性任务

(1) 猜测词义。

猜测词义需要学生对文本信息进行解码、加工和处理，是一种积极的思维活动，能够有效培养学生的推理判断能力。教学时教师应该指导学生运用结构法（word formulation）和语境法（context）两种主要策略猜测词义，要引导学生根据语篇中的信息暗示、语句逻辑关系（如因果关系、对比关系等）、标点符号（如破折号、冒号等）等来推断词义。例如，模块四第三单元阅读材料中有一个含有生词 deliver 的句子：To add to the virtual world of *Realcine*, smells are given out through small openings in the headsets. Special food and drink chemicals are delivered into the viewer's mouth via a straw sensor. 教学时可以设计一道词义猜测选择题：

A. eaten　　B. sent　　C. developed　　D. made

教师要引导学生关注本句语境，尤其是 to add to the virtual world, special food and drink chemicals, into the viewer's mouth via a straw sensor 等信息，从而猜出 delivered 的意思为 sent。然后进一步设计拓展性任务：要求学生研读以下例句，猜测 deliver 在不同语境中的意义。首先启发学生根据句子情境猜测每一句中 deliver 的含义，辨析哪一句中 deliver 的含义与原文一致，然后运用 PPT 展示释义要求学生匹配。

• The doctor delivered more than 100 babies last year.	1. to speak or read aloud to people listening
• The headmaster was preparing to deliver a speech at the ceremony then.	2. to take (letters etc.) to certain places
• Will you deliver, or do I have to come to the shop to collect the goods?	3. to help in the birth of

学生通过比较和分析能够加深对文中 deliver 的理解和记忆，同时掌握 deliver 的其他意义和用法。这类任务旨在训练学生根据语境和单词结构猜测词义的能力，不仅能使学生掌握单词的意义和用法，而且能够激发学生的思维，训练逻辑推理能力。

（2）推理判断。

教师要指导学生根据文本主题进行推理，切忌脱离原文；要指导学生判断文中没有涉及的信息以及脱离文本的绝对性的推论均是错误的。以模块七第三单元阅读材料 *The Effects of the Internet on Our Lives* 一文为例,该文本以辩论文体反映了互联网对人们生活的积极和消极影响,在文章深层阅读理解环节可以设计这样一道推理理解题:

What can we infer from the passage?

A. Nobody can live well without the Internet.

B. Though it is affecting people's private lives, the Internet remains a positive tool that helps make our lives better.

C. There is a lot of false information on the Internet.

D. With the Internet, some people would have fewer chances of meeting people.

教师引导学生逐一分析推断:A 项表述偏于极端,错在 nobody 和 without,与文本表述不一致;C 项不属于推论,与本题的题干 infer 不符;D 项 with 与文中 without 意义相悖。

设计推理判断试题要考虑到信度和效度,应该结合高考命题特点从多个角度设置干扰项。例如,脱离文本的绝对性的推论、文本中的事实、有悖于文本的相反的理解、错误的浅层理解以及文中未提到的结论等等。推理判断任务能够拓展学生思路,让学生不断通过感知体验训练思维器官和思维方法,从多个维度培养推理判断能力。

3. 设计信息筛选性任务,培养学生的抽象和概括能力

(1) 制作思维导图。

学生通过加工把语篇文字材料转换成图表材料,体现了阅读思维过程,为篇章的整体理解搭起了"脚手架",有助于准确把握篇章主题,理解篇章内容,梳理篇章结构。制作思维导图促使学生既运用左脑的词语、逻辑、数字等功能,又运用右脑的色彩、图像、符号、空间意识等功能,以不同的图解为知识结构提供不同的视觉表征,能够有效激发大脑潜能,训练思维能力。例如,在教学模块十第三单元阅读材料 *Aids Today* 一文时,笔者首先提问学生"What's the structure of this text?"此处设计三个填空任务,启发学生分析概括这篇文本的结构为 Something happened to Ajani, information about Aids, something must be done 三个部分。接着就每一部分设问:"Could you give an example? What is Aids? How to deal with the problem?"最后启发学生思

考:What's the structure of an essay of the problem-solving style? 概括得出 put forward a problem, analyze the problem, solve the problem 三个部分,通过不断启发,引导学生制作出思维导图。

制作思维导图,可以把学生零散的观点整合成一个整体,增强学生的篇章意识,使学生主动地对文章信息进行加工、处理和表达,从而培养学生的抽象概括能力和自主建构文本的能力。

(2) 确定文本标题。

标题短小精炼,概括性强,是文本中心思想最简洁的表达形式。教学时,一方面可以引导学生认真剖析教材中文本的标题,另一方面可以设计拓展性阅读标题选择题。教师应引导学生关注文本开头和结尾,锁定文本主题句,把握文本主题,应引导学生在确定文章标题时避免含义太大太笼统,或太小太片面,同时还要兼顾标题的新颖性和吸引力,激起读者的阅读兴趣。

例如,《牛津高中英语》模块二第一单元阅读材料的标题是"Boy Missing, Police Puzzled",该文报道了一个外星人乘坐飞船将男孩 Justin 带走,Justin 失踪两周后警察仍未取得调查进展的故事。教学时可以设计以下小组任务:Could you think out another title according to this passage? 学生的回答五花八门:"A Lost Boy""A Strange Phenomenon""The Effect of a UFO""A Frightening Experience with Aliens"等等,然后提问另一小组同学:"Compared with the title of this text, which one is better? Please give your reasons."

结合文本内容指导学生意识到前三个标题均偏笼统、宽泛,不够切题,最后一个又偏狭隘,只是文中某一段的大意,不能概括全文。通过对比分析可知,原文的标题最准确、精炼、有吸引力。

需要指出的是,分析、推理、概括等思维过程不是单一思维的过程,阅读过程中任务的完成不可能只通过一种思维实现,通常需要综合运用多种思维。另一方面,一项任务所起的作用也不仅是培养单一的思维能力,往往多种思维能力能够同时得到培养。

73

如何利用学科思维导图培养学生的思维能力?

一、什么是学科思维导图?

英国人东尼·伯赞(Tony Bozan)创造了“思维导图”,又称为“概念图”(concept maps),是指一套概念及其联系的二维表达方式概念,是指用某种标志来表示的某事件或物体,这种标志往往是一个词,有时是某种符号。图式通常包含一系列被放置在方框或圆圈中的概念,中间用线连接起来,连线上的词语表明两个概念之间的关系。

“学科思维导图”是在思维导图的基础上提出的概念,其更强调结构化思维,强调概念与概念之间的逻辑关系,而且要求每个概念之间必须要有清晰明确的逻辑关系,才能用引导线将其连接起来。要求与具体学科的知识结构、发展规律及思维特点,甚至教学大纲及考试大纲结合起来。因此要绘制出高品质的学科思维导图必须从逻辑思维训练入手,然后再结合各学科的知识结构及发展规律进行训练。

二、为什么要在英语教学中利用学科思维导图?

与小学阶段相比,中学英语课程的词汇量更多,知识面更广,学生在学习英语的过程中会略显吃力。如何缓解学生学习语言的不适感,成为中学英语教师不可忽视的问题。在教学过程中采用学科思维导图,可以帮助我们在以下几个方面取得突破性的进展:

第一,帮助师生掌握正确有效的学习方法策略,更快更有效地进行课本知识的传授,促进教学的效率和质量的提高。从理论的角度说,教师需要在教学中积极启发思想,指引中学生积极思考,对中学生掌握分析问题和解决问题的科学方法进行推动,最后使中学生能自主地学习,使其主体作用得以发挥。思维灵活性的提升,是一种具体的"因材施教"的策略,可以让教学和学习在具体的框架结构下变得更加个性化。

第二,通过学科思维导图的教学方式可以帮助学生改变传统的思维方式,它像一张结构清晰的地图,首先将课文内容层层深入,让学生以自己能够接受的方式由总到分如抽丝剥茧般地将问题一一解决,不再是统一通过死记硬背的方法来记英语知识点。会促成师生形成整体的观念并在头脑中创造全景图,进一步加强对所学和所教内容的整体把握,而且可以根据教学过程和需要的实际情况做出具体的、合理的调整。

三、如何利用学科思维导图让学生的思维更加灵活?

学科思维导图非常强调概念之间的逻辑关系,因此要绘制出高品质的学科思维导图必须从逻辑思维训练入手,然后再结合英语知识结构及发展规律进行训练,甚至还可以把考试规律及解题策略等融入学科思维导图中。

1. 学科思维导图让英语阅读系统化

运用思维导图进行阅读教学效果是十分明显的。借用语音、符号以及文字等方式可以让学生在做阅读理解时更加直观,更容易融入语境,也更能对阅读文章进行整体的把握,同时,学生可以很快地明确阅读文章所要表达的观点,并推断出文章的深层含义。教师应根据阅读课不同阶段的特点设计思维导图,通过主题词、图像、关键词和网络结构,帮助学生把阅读内容的主要精髓提取出来,充分调动学生的语言、内容和形式图式来促进学生理解文章内容,并对文章内容进行有效储存和回忆。

例如在教授《牛津初中英语》"Halloween"这一课时,可以理清文章的脉络,设计出如图1所示的思维导图。也可以让学生展示自己的理解力,并按照自己的理解制作思维导图,这一做法可以让教师即时监控到学生的理解过程以及理解程度,从而对学生阅读中存在的问题进行详细具体的指导,使不同层次水平的学生都能够有所进步发展。在这个过程中学生去掉了繁杂的信

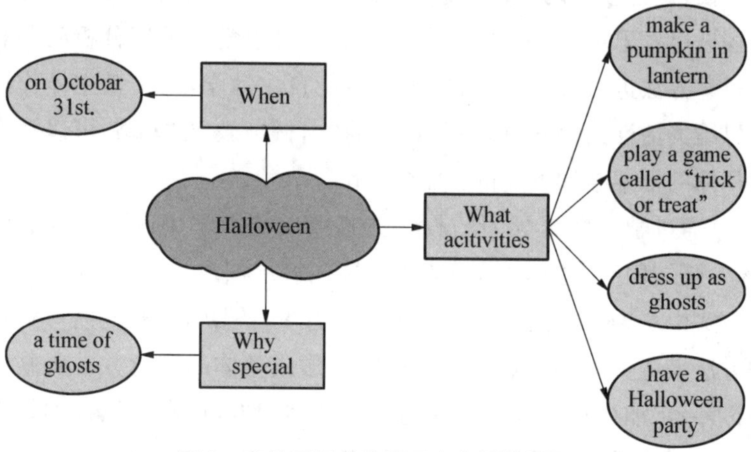

图1　有关万圣节的学习内容思维导图

息,抓住了文章的脉络,从而建立起系统化的知识体系。

2. 学科思维导图让词汇学习逻辑化

当前《牛津初中英语》教材的内容趣味性比较强,所涉及的英语词汇内容也更加繁杂,其中有很大一部分的英语词汇都是依据表示同一类意义的词汇进行编制的。因此学生在学习这些同类的词汇的过程中,比较容易产生单词与单词之间相互混淆和记忆混乱的问题。

英语教师将思维导图科学合理地应用到这类词汇教学活动中,不仅可以帮助学生形成一个直观的英语单词框架,还可以切实有效地分辨这一类的词汇,以此不断提高学生的英语单词的词汇量。如图2所示,这样的思维导图方式可以有效帮助学生辨析词汇以及相关短语。

在实际教学的过程中,英语教师还可以将英语教材中涉及的词汇之间的关联和规律全部梳理出来,并找出新学词汇与已学之间的关系。

为此,英语教师在进行教学的过程中,需要引导学生自主找出课本中的关键词汇。例如,此词汇的表达含义、词汇的主旨、词汇的表达能力、词汇的应用形式、词汇的运用范围,尤其是可以不断循环利用的词汇的词根等内容。

3. 学科思维导图让语法学习独立化

教师在应用思维导图时应该尊重学生的个体差异,引导学生进行独立思考。初中学生处在发展的重要阶段,每个学生的个性特征都不同,只有充分

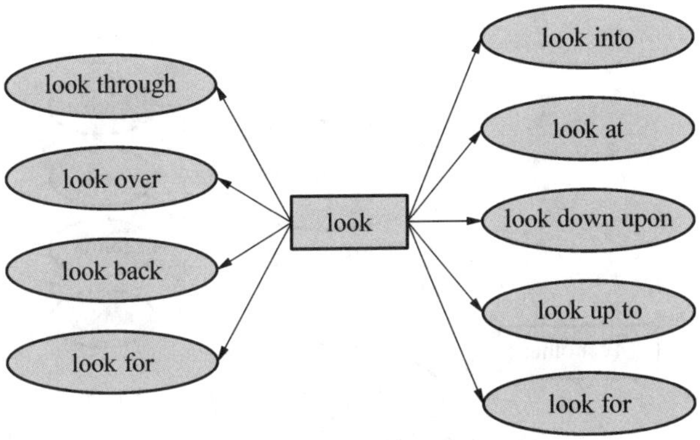

图 2 用思维导图学习单词示例

尊重学生的个性,才能提高课堂效率,调动学生的学习积极性,使学生在独立思考中形成自己的逻辑思维体系。

比如在学习介词时,教师可以根据不同学生的掌握情况进行集中讲解。介词的知识点很零散,在应用过程中如果没有形成知识网络,就会忘记一些介词的使用方法,逻辑体系会出现漏洞。教师在课堂教学前应先调查每个学生掌握知识的情况和已有基础。

一些学生对 in, on, at 等介词掌握较好,对 of, by, since 等较为抽象的介词概念掌握较差,针对这种现象,教师可以制作符合实际情况的思维导图。主题就是介词的用法,在主题之下有三个分支,分别是表示方法的介词、表示位置的介词、表示时间的介词。通过绘制思维导图,呈现每个介词的用法,引导学生根据自己的知识需要进行独立思考,从而培养学生的思考辨析能力,完善学生的知识体系,帮助他们掌握好介词的用法。

4. 学科思维导图让英语写作多彩化

学科思维导图可视化结构的特点能展示所有描写元素的内在联系,有助于学生作文的整体布局。它既可以作为教师进行写作教学的一种有效的教学策略,又可以作为学生进行写作时采用的一种有效的认知工具。

在英语写作教学中,运用思维导图的主要机制是教师启发、指引,帮助学生把新语言知识纳入或同化到原有的语言知识结构中,以思维导图的方式绘制出主题的框架(如图 3)、现存知识结构,然后组织写作素材,纳入新知识,帮助学生建立一个符合英语本族人思维习惯的、一目了然的文章图式。

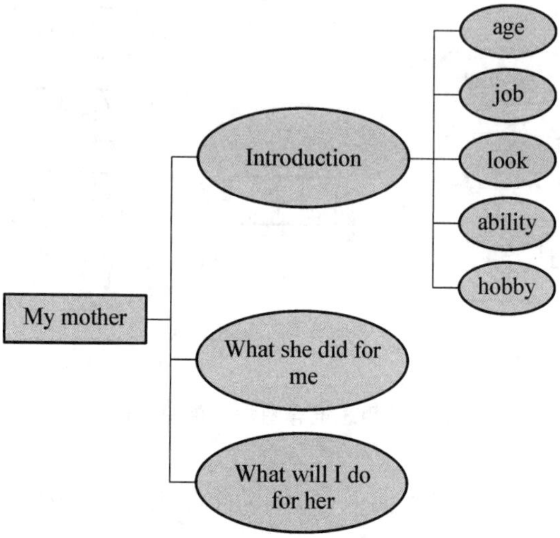

图 3　以思维导图方式绘制写作框架

最重要的是,借助思维导图这一发散性思维的工具,学生能够渐渐积累丰富的语料,每个学生都可以根据写作要求加上自己的文字喜好,选择合适的句型和结构,从而创造出高质量的英语作文。而且,学生的作文也会各放光彩,不至于千篇一律。

在英语教学中,由教师引导学生去绘制思维导图,可以让学生自行选择适合自己的学习方式,促使他们更好地学习和掌握知识,在结构规定的范围内提升自身思维的灵活性。与此同时,与伯赞思维导图相比,学科思维导图更加“应试化”,更加侧重学生的应试能力。其实,这与培养学生的学科素养的课程总要求并不矛盾。在其帮助下,学生的学科素养和应试能力均得以提升,岂不妙哉!

74

如何在阅读活动中发展学生的思维能力?

一、什么是思维能力?

思维(thinking),亦称“思考”,是日常生活中经常使用的一个多义的概念。思维的内容就是“思想”。在心理学中,思维就是人对客观现实的间接的和概括的反映过程,是在感知经验的基础上,在人脑中进行分析综合、抽象概括、形成概念,并进行判断和推理的一种高级认知过程。其基本特征是间接性和概括性。在现代认知心理学中,指运用概念、表象、符号、词、命题、知觉、信念或意向进行内隐的信息加工过程。思维能力就是对客观现实进行分析、综合、概括、抽象、比较、具体化和系统化的能力。

二、为什么要发展学生的思维能力?

无论是学生的学习活动,还是人类的一切发明创造活动,都离不开思维,思维能力是学习能力的核心。由于英语核心素养的提出,对高中学生英语思维能力的培养,从来没有像今天这样重视。当然这与国家培养人的目标、社会人才需求、国际竞争所需密不可分。英语教学到了高中阶段,学生英语思维能力的发展是教学中的重中之重。

三、如何在阅读活动中发展学生的思维能力?

思维训练不仅需要一定的训练策略,而且需要与学习内容和学习活动相结合,才能取得满意的效果。下面借助任务型阅读教学模式,以 *Christmas*

Cards 这篇文章为例，谈谈如何发展学生的思维能力。

1. 阅读前(pre-reading)

阅读，从某种意义上说，是让读者根据某些线索提出假设或猜测，并在阅读的过程中不断验证并修正假设或猜测的过程。在阅读前，教师可以组织学生开展猜测活动，让学生阅读文章的题目或插图，提出或回答问题。

Christmas Cards

It was two weeks before Christmas, and Mrs Smith was very busy. She bought a lot of Christmas cards to send to her friends and to her husband's friends, and put them on the table in the living-room. Then, when her husband came home from work, she said to him, 'Here are the Christmas cards for our friends, and here are some stamps, a pen and our book of addresses. Will you please write the cards while I am cooking the dinner?'

Mr Smith did not say anything, but walked out of the living-room and went to his study. Mrs Smith was very angry with him, but did not say anything either.

Then a minute later he came back with a box full of Christmas cards. All of them had addresses and stamps on them.

'These are from last year,' he said. 'I forgot to post them.'

就这个故事，我们如何发展学生的思维能力？

首先，是预测文章内容，流程如下：

- Give students the name of the text they will be reading.
- Provide pictures that reflect the topic of the text.
- Based on the name and pictures, ask students make 2 to 3 predictions as to what they think the text will be about.
- Ask them reasons why they made the prediction.

其次,根据标题或插图预测。先让学生看标题和插图,然后回答以下 3 个问题(括号内的文字说明该问题的目标指向):

- What is the story about? (想象、推断)
- What is a Christmas card? (抽象、概括)

最后,采用头脑风暴的方式激活背景知识。一般情况下是通过提问呈现话题、问题等,学生或集体回答,或同伴商议,或小组讨论,集思广益,激活与话题相关的各种知识。头脑风暴还可以用于词汇表达等方面的储备。如:

- Why do we send Christmas cards? (分析、综合)

这样的问题体现了阅读教学读前活动的特点(为阅读和理解做好准备):激活学生已有的、与话题相关的知识和经验,便于学生在后续的阅读中采用自上而下(top-down approach)的阅读策略,即在阅读中借助这些与话题相关的知识和经验更好地理解文章,提高阅读速度和理解的准确性。同时,也能够激发学生的学习动机,更为重要的是,这些开放性的问题为学生猜测文章内容提供了比较广阔的思维想象空间。在这里,学生可以利用话题、概念或表象进行内隐的信息加工。

2. 阅读中(while-reading)

阅读是主要的信息输入活动,是完成阅读任务的前提。因此,在阅读阶段,阅读活动主要围绕"输入"(imput)和"吸收"(intake)两个目标开展。为了实现这两个目标,读后任务的设计就显得非常重要。课程标准提出的阅读教学目标都需要思维的参与,有的甚至需要学生高级思维的参与。例如:

(1) 能利用上下文和句子结构猜测词义。

猜测词义需要学生分析语境、上下文。我们在教学中可以设计这样的活动:

Read the text and underline the words that you don't understand and try to find out their meanings according to their contexts.

(2) 能根据上下文线索预测故事情节的发展。

(3) 能识别不同文体的特征。

现行的教材一般都是围绕一个个不同的话题编写的,通常一个单元就是一个话题。在高中教材中,一个单元往往都会有两篇以上的文章。在读完两篇文章之后,可以设计如下活动:

Read the two stories and tell us the similarities and differences.

(4) 能理解阅读材料中不同的观点和态度。

既可以在课内精读教学中实施，例如，让学生阅读一篇文章，然后谈论：

Why does the author say that "big decisions are easy when you have no other options"?

也可以在课外泛读中实施，例如，安排学生阅读"安徒生童话"，然后布置任务：

What are the main features of Anderson's fairy fables?

在阅读了安徒生童话故事后，再安排学生读格林童话，并提前布置任务：

Find the similarities and differences of the fairy fables by the two authors.

以上这些分析活动的内容，既可以是文章结构方面的异同，也可以是人物性格方面的异同，还可以是语言风格方面的异同，等等。

3. 阅读后(post-reading)

读后活动是读前、读中活动的自然延续。如果说读前和读中活动的主要目的是"输入"(input)和"吸收"(intake)，那么读后活动的主要目标就是"表达或输出"(output)。在读后活动中，运用阅读材料中学习到的内容知识和语言知识也是必然要求。因此，与读前和读中活动相比，读后活动更具有语境化与综合性的特点，也更需要思维，特别是高级思维的参与，以期发展学生的高级思维能力。

例如，初中学生学习完"问路与指路"的对话后，我们设计了一个"寻宝"活动。上课老师告诉学生：

Now, boys and girls, I have something very important to tell you. I have a treasure and I hid it somewhere in our school but I forgot the exact place. Now I'd like you to find it for me. Who is willing to do it?

学生纷纷举手，老师选择了两位男生。

Well, please tell us how each of them will possibly find my treasure. You can work in groups of two.

OK. Time is up. Who will try?（老师先后让三组学生讲出自己的猜测，并让其他同学说说"whether he can find the treasure or not and why"。）

最后，外出寻宝的两个学生气喘吁吁地回到教室。老师让他们介绍各自的寻宝路线及结果。

这个设计获得了听课老师们的一致好评。大家认为,活动形式新颖有趣,吸引了全班同学积极主动地参与到活动中。活动不仅让学生在新的情境中使用了所学对话中的内容知识和语言知识,实现了知识的内化与迁移,还促使学生对寻宝路线进行分析、比较、推断,丰富了学生的思维能力。

综上所述,阅读教学中发展学生的思维能力、丰富学生的思维方式不仅非常必要,而且切实可行。只要采用任务驱动的策略,设置开放式的阅读任务,在阅读教学中发展学生的思维能力,一定能取得良好的效果。

75

如何在英语阅读教学中培养学生的思维品质？

一、如何理解思维品质？

思维品质指人的思维个性特征，反映其在思维的逻辑性、批判性、创新性等方面所表现的水平和特点。思维品质是英语学科核心素养的重要表征。思维品质的发展有助于提升学生分析问题和解决问题的能力，从跨文化的视角观察和认识世界，对事物做出正确的价值判断，促进学生的深度学习。

二、为什么要在英语阅读教学中培养学生的思维品质？

阅读理解的过程其实就是对文本的加工和解码的过程，是分析、综合、概括、判断、推理的过程。而只有具备深刻、灵活、广阔的思维品质才能更好地完成思维过程。英语阅读教学不仅要传授语言知识、加工处理文字表层信息，同时要开展文本深层阅读活动，把思维品质的培养与阅读能力的训练有机地结合起来。因此，要具备较强的阅读理解能力，培养学生的思维品质是重要途径之一。

三、如何在英语阅读教学中培养学生的思维品质？

在阅读教学时，任务设计应具有目标性、典型性、多样性和开放性，笔者建议从以下几个方面对培养学生的思维品质。

1. 设疑解惑，训练思维的深刻性

深刻性是指思维活动的抽象程度和逻辑水平，以及思维活动的深度和难度。可以设计分析文本结构、概括文本主题等分析概括类任务，或者设计词义猜测、作者意图猜测等推理性任务。

2. 启发拓展，训练思维的广阔性

广阔性是指善于抓住问题的各个方面，又不忽视其重要细节的思维品质。教学时可以设计开放性问题，要求学生认真分析题意，激活与之相应的知识图式，开展系统的、全面的思维，从整体上用联系的观点理解文本。

在教授模块五第二单元阅读材料 *The Economy or the Environment—must we choose?* 一文之后，笔者设计了一个 further discussion 任务：Which speaker do you agree with? Which speaker is more powerful to convince you? Please give the reasons. 从不同的角度思考会有不同的理由，因而通过讨论分享，学生可以相互借鉴、相互启发、拓展思维，更为广阔地认识问题。

3. 限时训练，训练思维的敏捷性

敏捷性是指在正确基础上的速度，包括速度和正确率两个要素。教育心理学认为，原始学习的速度与保持成正相关。学习快则遗忘慢，学习慢则遗忘快。教师可以运用 PPT 或卡片，把句子或者短文在一定时间内闪现，迅速捕捉句中关键词，然后就内容理解提问。

例如，快速呈现句子"The border between Canada and the United States is the longest border in the world which is not protected. "，然后提问："Is the border the longest one in the world?"引导学生抓住关键词 border，longest，not，protected 等。此外，教师要指导学生将单词组块为词组，按意群阅读，训练学生扩大视幅的能力。还要指导学生运用 skimming，scanning，guessing，predicting 等速读技巧，坚持限时阅读，及时检查阅读效果，调整阅读速度。

4. 多重变式，训练思维的灵活性

灵活性是指思维活动的灵活程度，反映了智力和能力的"迁移"。教学时就文本内容设计辩论活动，能够在一个动态的交流过程中锻炼学生的思维灵活性和敏捷性。还可以通过转换角度设计作业、变换条件得出不同结论为学生注入灵活思维的活力。

例如，在设计模块一第三单元阅读材料 *Dying to Be Thin* 一文的任务型阅读训练时，笔者改变原文表达和语境，设空不再运用原文中的 caused，destroy 和 where，而应该填写 causing，destroyed 和 which。这类任务的特点是条件变化了，结果会随之而变，能够有效培养学生的迁移能力，训练学生思维的灵活性。

5. 克服定式，训练思维的创造性

创造性即创新思维、求异思维，表现为善于独立思考、创造性地发现问题和解决问题，具有独特性、新颖性和发散性。教学中教师应基于阅读文本设计有价值的活动或任务，引导学生沿着不同的方向积极思考，从多个角度寻找尽可能多的答案。

复述、演讲和仿写文本是培养学生的创造性思维能力的有效途径。阅读教学后可以安排学生用自己的话对所学文本进行表述或演讲，指导其经常变换词组和句式，例如肯定和否定之间变换，主动语态和被动语态之间变换，同义词之间变换，反义词之间变换，句法结构改变等。要引导学生突破思维定式和程式化的思维模式，善于拓宽思路，创造出新颖、超常的思维成果。

6. 敢于质疑，训练思维的批判性

批判性是指一种有目的性的，对产生知识的过程、理论、方法、背景、证据和评价知识的标准等正确与否做出自我调节性判断的思维过程。

教授模块五第三单元阅读材料的标题为"The Perfect Copy"，笔者设计的辩题为"Cloning, Good or Bad for Us?"让学生开展辩论，引导学生在思考中突破思维定式，克服程式化思维，面对新的科技产品要树立批判性的观点。培养学生善于独立分析、敢于质疑的态度，从而培养批判性思维能力。

总之，在阅读教学活动中，应该语言教学和培养思维品质并重。在设计阅读教学任务时，应该融入思维品质的培养、思维方法的训练，制定合理、科学、有针对性的思维训练措施，通过提高思维品质来促进学生英语阅读能力的提高。

76

如何在全真的阅读教学中培养学生的思维能力?

一、什么是全真的阅读教学?

阅读教学要彰显英语课程人文性和工具性的特点,做到既面向全体、教人求真,又发展学生的阅读能力和阅读品格,从而促进学生的心智和语言统一发展。全真阅读教学的关键在于教学方法的整合。全,是指阅读教学要注重整体性;真,是指阅读教学要增强真实性。

二、为什么要追寻全真的阅读教学?

单一指向知识、技能的教学使阅读索然无味,不利于学生深度阅读和培养思维能力。阅读课上常有老师让学生阅读指定段落完成判断、选择或问答,这种指令式、程式化的阅读带来的问题是:阅读停留于文本表层,浅尝辄止,不能与文本深层对话;学生忙于答题,无心品读文本语言;阅读缺乏情感参与,难以激起兴趣和共鸣。

当下,阅读教学正由关注阅读技能向关注阅读素养转变。外语阅读素养不仅包括学生学习和运用所学语言和其他知识获取信息、建构意义的能力,还包括他们通过阅读发展跨文化理解、促进多元思维、获得审美体验、形成正确价值观的积极态度和良好习惯。阅读教学应以提升素养为出发点和落脚点,在教学中引领学生追寻全与真,让阅读在课堂真正发生,努力使阅读课堂回归原味。

三、如何实施全真阅读教学?

全真的阅读教学注重整体性,体现在立足语篇、整体发展语言技能以及确立整体的课文教学观。整体课文教学观是指课文教学是语言学习、策略培养、情感升华相辅相成、协调发展的整体过程。

全真的阅读教学强调真实性:阅读情境是真实的(学生有较强的阅读动机和兴趣);阅读过程是真实的(有一定的生词障碍,根据不同目的与文本进行多维互动,验证读前假设,体验作者情感并产生共鸣等);阅读结果是真实的(建构意义并联系生活学以致用)。

The Rare Red Wolf 是一篇演讲稿,属于应用体裁文本。文章介绍了美国珍稀动物红狼的生存现状、生活习性及面临的危机,呼吁人们帮助红狼。文本的内在逻辑是:红狼目前主要生活在动物园和保护区里,但它们习惯长途跋涉觅食,因此需要把它们放养到国家公园,这带来新的问题——照料幼狼需要的费用、灰狼和郊狼的进犯等,需要人们捐款帮助。文本内涵是理解动物与人类是平等的。演讲稿具有互动性和鼓动性的特点,让听众(读者)更容易受到感染和鼓舞,从而增强演讲效果。

本课教学对象为八年级学生,他们已经在之前的课文中学过有关"动物"主题的内容,对动物的描述及存在问题构建了初步的图式。在学习有关红狼的新内容时,可能存在的困难有:文本材料生词较多,阅读的流畅度易受影响;由于缺乏对红狼生活习性和面临危险处境的了解,学生难以产生帮助红狼的共鸣;文本的体裁结构不同于一般记叙文,对学生阅读理解也有一定障碍。

针对以上问题,教师在教学中要尤其注意引导学生克服生词障碍,主动探究阅读文本,理解文本信息之间的内在联系。

为此,笔者分别在读前、读中、读后设置了如下三个教学活动。

【活动一】

1. 观看视频,导入课题

T: Do you like wild animals? What kind of animals do you like best? Do you like watching them in zoos or in the wild?

S_1: I like pandas because they are cute.

I like wolves because they can work as a team.

...

S_2: I love to watch them in zoos ...

I love to watch them in the wild because they can live freely.

...

【设计说明】课前让学生看一个动物世界的片段,导入课题。视频中的野生动物自由自在奔跑觅食,吸引了学生的注意。观看视频后开始上课,学生谈论自己喜欢的动物,有学生提到了"狼"。而第二个问题则隐含着价值观倾向,旨在引起思考,在阅读文本后给出答案,但也有同学提到了野生动物应该在野外自由生活。

2. 呈现图片,激起探究

T: Do you like them? What kind of wolves do you like best? Are the wolves friends?

S_1: I love grey wolves because they are lovely.

S_2: I like the red wolves because they are beautiful.

T: Do you have any questions about red wolves?

S: Where do they live? What do they eat? What are they good at? ...

T: OK, let's read an article together.

【设计说明】呈现三种狼的图片主要是为了引出红狼。学生学过 8A Unit 5 Animals,基本了解介绍动物的主要方面(living place, food, abilities, qualities, problems 等)。让学生就红狼自主提问并做预测回答,容易激起他们探究红狼的兴趣。教师板书关键词,为阅读验证做好准备。而问红狼与灰狼、郊狼是否是朋友,则是从学生的思维定式出发设置悬念,激发好奇心,学生要读完全文才明白。

【活动二】

1. 通读全文，了解大意

T：What is the article about? What kind of article is it? Is it an advertisement, a letter, a poster or ...? Why does the writer write the script?

Ss：It's about the red wolf. It's a ...

【设计说明】要求学生快速浏览文章说出文章的大意以及体裁，有利于培养学生通读文本的意识和习惯。教师引导学生注意演讲稿的首尾段，了解作者想让读者和听众帮助红狼。教师顺势追问："Do you want to help the red wolf?"这个问题并不需要学生立即给出答案，而是激发学生去更多地探究了解红狼。

2. 验证假设，把握框架

T：Does the article answer all your questions? Let's check. What else does the article tell you?

【设计说明】学生对照列出的关键词验证预测并标出所在段落，根据需要可以再读文本。本活动旨在培养学生"预测—验证"的阅读习惯，增强了阅读的目的性。学生在阅读中需要判断所读信息与预测的一致性，同时对文本的内容框架进一步明了，为后续阅读做好准备。

3. 图文转换，建构图式

T：What do you know about red wolves now? Where do red wolves live?（呈现3张幻灯片：代表动物园、自然保护区、国家公园）

What do they eat?（呈现兔子、奶牛、鹿、水果蔬菜的图片）

How do they live? Match the pictures with the pictures.（呈现成年红狼、狼群、狼崽的图片）

Can you make a profile for red wolves?

【设计说明】呈现红狼的居住地、食物以及生活方式的图形、图片，目的是检测学生是否抓住了红狼生活习性的细节信息。图片呈现直观、生动，符合学生的心理特征，图文转换检测获取信息的方式能激发学生阅读的兴趣，也需要准确理解文本信息。在此基础上让学生说出红狼的主要信息，通过文—图—文的信息转换，学生顺利建立红狼的图式。

4. 平中激思,意象生情

T: What do you think of red wolves?

S: They are great. They have long legs and can run far ...

T: Do they need to hunt for food now? Is it good for them to live in zoos? Where did they live? Read the article again. Then imagine what you could see red wolves doing in 1920?

【设计说明】在学生了解红狼的基本信息后,谈谈对红狼的看法,拉近与红狼的心理距离。由红狼具有善于奔跑的能力却只能生活在动物园的矛盾,激起学生对红狼生存状态的思考。学生带着问题再读文本,寻找红狼生活领域、生活方式的变化。100 年前红狼的生活意象在想象中浮现眼前,这意象检测了阅读的效果,让学生理解了红狼数量锐减的原因,增进了学生对红狼的情感。

5. 引发思考,突破难点

T: Does the red wolf look happy? Red wolves can't live happily in zoos. Why?

Ss: No, red wolves are good at running and traveling great distances to look for food. But they can't run in zoos. The zoos are not big enough for them.

T: Right. So what can people do for them?

S: They can ***release*** red wolves from parks into these parks.

【设计说明】一只忧郁的红狼照片把学生拉回到文本,寻找红狼不能快乐生活的原因以及帮助它们的措施。在回答把红狼放养到国家公园时,学生遇到生词 release,能根据上下文和文本图片猜测到词义,区别两个 parks 的不同含义。教师趁势引导学生思考红狼的生活领域变化。至此,学生建立了红狼生活习性与生活现状以及放养之间的信息逻辑联结。

6. 一波才平,一波再起

T: But is it easy for red wolves to live in national parks? Why? Please have discussion.

S_1: No. There are not enough red wolves. People need to look after the small red wolves.

S_2: There are other wolves. They will kill red wolves

...

【设计说明】放养红狼并不容易,红狼在国家公园会遇到新的问题:幼狼需要照料、其他狼种的进犯,由此产生的昂贵费用。通过研读讨论,学生最终能够厘清文本信息之间的关联,理解红狼的生存处境,帮助红狼之情油然而生、呼之欲出,而"红狼与灰狼、郊狼是否是朋友"的问题到此也解开谜底。

7. 推波助澜,赏读文本

T: Do you want to help red wolves? How does the writer encourage the readers to help them? Read the article and find some sentences.

Ss: Yes. We have to save this animal. We can't sit around until it becomes extinct.

T: These beautiful animals need your help!

【设计说明】再次面对上课开始的问题,学生已能与文本作者情感共鸣。让学生带着这种情感从语用的角度赏读文本,学生能发现作者是如何"处心积虑"地鼓励读者(听众)帮助红狼,从而领悟、习得演讲稿的文本特征。

【活动三】

1. 给文章添加标题

2. 总结本课所学

T: Do you love to watch wild animals in zoos or in the wild?

Ss: I love to watch them in the wild because wild is their home. /I want to see them live happily. /I want to see them run freely.

【设计说明】课前笔者有意隐去了文本的题目，给学生概括文章主旨的机会。学生说出了以下标题："The Red Wolf""Red Wolves Are in Danger""Please Help Red Wolves"。说明他们已经基本读懂文章。而对另一个问题的回答也表明学生已基本认识到动物和人类是平等的，最后以 return(回归)概括对野生动物的态度。

【教学反思】当前不少阅读课堂存在阅读时间不足的问题，难以看到学生思维的痕迹，教学目标难以自然生成。笔者认为，学会真实阅读是阅读教学的目标之一，让阅读真正在课堂发生是实现这一目标的关键。

本课着力创设切合学生心理而又环环相扣的问题，让学生始终在读前有疑，又在读后释疑、再生疑，形成与文本的多元互动，有效培养了思维品质。阅读的过程有些生涩，但却是真实的。学生通过阅读建构了红狼的图式，贯通了文本信息之间的逻辑关系。

此外，真实的阅读生成了真实的情感，阅读的过程也是情感升华的过程。本课中，学生对红狼的情感，从读前对红狼的好奇，到了解红狼生活特性后的喜爱；从想象 100 年前红狼的生活，到看到它们现在在动物园失去自由从而生成对红狼的同情；由放养红狼的开心，到对它们在国家公园遇到的危险的担忧，进而产生帮助红狼的共鸣。一条情感线索伴随着阅读曲折起伏。而首尾关于在哪儿看野生动物的问题最终生成为"动物与人都是平等的"这一价值态度。

77

如何在书面表达教学中培养学生的思维品质？

一、思维品质是什么？

思维品质指思维在逻辑性、批判性、创造性等方面所表现的能力和水平。其发展有助于提升学生分析和解决问题的能力，使他们能够从跨文化视角观察和认识世界，对事物做出正确的价值判断。

二、英语教师为什么要在书面表达教学中培养学生的思维品质？

《普通高中英语课程标准(2017年版)》对高中毕业生提出的三级思维能力目标是：正确观察语言和文化的各种现象，通过比较，从错综复杂的信息中，识别关键问题，把握全局；根据不同的环境条件，综合分析各种信息之间的内在关联和存在的各种矛盾，梳理产生这些矛盾的原因，从中推断出他们之间形成的各种逻辑关系；根据所获得的综合信息，归纳、概括内在形成的规律，建构新的概念，并在实践中，用于处理、解决新的问题，从多视角认识世界；针对各种观点和思想的假设前提，提出合理的质疑，通过辨析、判断其价值，做出正确的评价，以此形成自己独立的思想。

在平时的教学中，由于书面表达的高综合性和难以操作性，教师怕教、学生怕写、教师怕讲评，导致书面表达在日常的教学中如同一个“烫手的山芋”，不能立足于学生的思维品质培养而被有效地处理。教师的书面表达批阅通常把重点落在修正学生的语法错误上，而忽视了学生行文的内容、逻辑和思想，提高学生的书面表达能力措施最常见的是背诵范文。

三、如何在书面表达教学中培养学生的思维品质?

教师怎样以书面表达教学为路径,发展学生的思维品质呢?

1. 通过概要写作,训练逻辑思维能力

《普通高等学校招生全国统一考试英语科考试说明》针对概要写作题型,提出以下要求:① 对原文要点的正确理解和客观呈现;② 准确应用词汇和语法结构;③ 上下文连贯;④ 全面表述各要点。

概要写作要求学生在准确理解阅读文本材料的基础上,把握中心信息和关键信息,并用自己的语言进行重构概括。概要写作是对学生的阅读能力、理解能力、判断能力、概括能力、表达能力和逻辑思维能力的综合考查。例如,2016 江苏高考书面表达的写作的第一个要求就是用约 30 个单词写出下文概要。

In recent years, Internet voting has become increasingly popular in China. People not only cast on-line votes themselves, but also urge others to vote for competitions like the "Most Beautiful Teacher" and the "Cutest Baby".

Li Jiang, a high school student, is invited to vote in the "Best Police Officer" competition, organized by the local government to let the public have a better understanding of police officers' daily work. Li Jiang visits the website and reads all the stories. He is deeply moved by their glorious deeds. He is already thinking of becoming a policeman himself in the future.

Su Hua is invited by his uncle to vote for his cousin in the "Future Singer" competition. He has already received three similar invitations this week. His uncle tells him that if his cousin wins the competition, the family will win an overseas tour for free. Su Hua likes his cousin very much, but he finds other singers perform even better. To vote, or not to vote? This is a question that troubles him very much.

笔者设置了几个由点到面、有逻辑关联的阅读任务,引导学生学会梳理信息、分析归纳和把握主旨，从而达到逻辑思维训练的目的。

Task: Read through the passage and answer the following questions.

Q_1: What's the topic of the passage?

Q_2: What phenomenon is talked about in the passage?

Q_3: What influence does the phenomenon bring about?

首先，学生速读文本，很快能找到文本话题是围绕 Internet voting 展开，这就是概述的关键词。然后，学生从第一段可寻读到文本阐述的现象，即 Internet voting has become increasingly popular，以及 more and more people are getting involved in the competitions。但第二个重要信息需要学生用自己的语言进行归纳。第三个问题要求学生通读二三两段，分析、综合段落间的内在逻辑，得出 Internet voting is beneficial to some people, while it puts others into a dilemma over whether to vote or not 这一结论。

这 3 个问题有目的、有导向，在回答问题的过程中，学生需要在读中观察、分析、比较、综合和概括，用 30 个左右的单词提炼出文章的概要：

Internet voting is quite popular nowadays. Many people are somewhat puzzled at the negative side of the voting, although some are quite happy with it, and active in doing it.

这一系列活动不仅引导学生认知如何进行审题和文本概述的解题步骤，还潜移默化地训练学生进行分析、梳理和概括信息的逻辑思维能力，为写作的下一个环节做好铺垫。

2. 通过讨论形成图式提纲，训练逻辑思维和批判性思维能力

读后活动是语言输出和反馈的过程，是提升学生思维品质的关键环节。在该环节中，教师应通过设计口、笔头教学活动，将文本内容、语言知识和思维能力有机结合，以实现语言能力和思维能力的内化和迁移，从而达到提升学生思维品质的目的。

书面表达的第二个写作要求是“用约 120 个单词阐述你对网络投票的看法，并用 2—3 个理由或论据支撑你的看法”。这要求学生整理出一个脉络清晰、逻辑严谨、言之有理、言之有据的图式提纲。在框架的基础上分小组进行讨论、辩论，对网络投票行为形成自己的批判性观点，并尽量打开思维，思考支撑自己观点的多维理由或论据，发展批判性思维能力。

3. 基于观点和现象给予独立评价或建议，训练创造性和深度思维能力

江苏卷书面表达的最后一个要求往往是开放式问题，如：2017 年江苏高考书面表达的第三点要求是谈谈你对我国电影票房收入走向的看法，并简要说明理由。这是基于学生阐述了自己对我国电影票房收入变化的原因分析的假设前提，然后提出合理的票房走向判断，并给予自己独立思考的理由以支撑。要想赢得阅卷老师的青睐，学生就要提出自己有创意的且有一定思想深度的分析。

笔者提供几个方向供学生小组讨论，帮助学生打开思路，挖掘深度思想，发表具有创造性的观点。

Q_1：Will the film market boom or witness a slowdown?

$S_{正}$：The box-office income will probably enjoy a slight increase.

$S_{反}$：The film market may witness a slowdown in the near future.

Q_2：What aspects lead you to think so?

$S_{正}$：① The fast economic development is probably the most powerful engine driving the constant growth in the box-office income, so an increase is possible in the investment in the movie industry and the number of quality movies. ② The application of new technologies and the wide appeal of movie stars can also account for the increase. ③ Filming technology has advanced and more quality films are on offer. ④ The quality of life has improved and watching films is regarded as a good means of entertainment.

$S_{反}$：① Cinemas have gradually given way to the rise of the internet and cellphones, and the ticket price is on the increase. ② The Internet increased options for movie lovers. On the Internet people can seek information about their favourite stars and buy tickets at a discount as well, which is both time-saving and economical. Some viewers began to turn away from cinemas, leading to a slower growth.

基于话题，要求学生阐明己见，激发他们在批判质疑的讨论中积极反思和内省，自觉修正认识，在讨论、辨识并理解各方观点和论据后，学生结合自身知识、经验积累等进行有创意的、富有内容和意义的、有序的表述。

4. 培养思维品质的同时不忽视语言能力的培养

北京师范大学教授王蔷在“基于学科核心素养的英语课堂教学改革”的报告中说到，思维品质是心智特征，语言能力是学科基础。书面表达就是学生用自己的语言表达自己的思想，但如果学生的语言能力不够，这一定会影响其思维呈现的效果。所以，教师培养学生思维品质的同时，必须重视学生语言能力的培养。在面批学生书面表达的时候，学生常在旁边说：“老师，我是这么想的，但我可能表达得不到位、不准确。”也就是说，学生的思维可能是有深度的、有发散性的、有创造力的，但因为缺乏正确、恰当表述自己思想的能力而导致词不达意，最终影响自己的书面表达得分。因此，教师务必在书面表达教学备课时，将思维品质的培养和语言能力的培养融为一体，这样，长此以往，学生才能将自己的语言能力和思维品质发展到相媲美的程度，真正游刃有余地用准确、恰当的语言表达自己的思想。

78

如何提升学生的创造性思维能力?

一、什么是创造性思维?

创造性思维,是一种具有开创意义的思维活动,即开拓人类认识新领域、开创人类认识新成果的思维活动。创造性思维是以感知、记忆、思考、联想、理解等能力为基础,具有综合性、探索性和求新性特征的高级心理活动,需要人们付出艰苦的脑力劳动。心理学认为:创造思维是指思维不仅能提示客观事物的本质及内在联系,而且能在此基础上产生新颖的、具有社会价值的、前所未有的思维成果。

二、为什么要发展学生的创造性思维?

创造性思维是各种出类拔萃的人才所必须具备的基本素质。创造性思维是在一般思维的基础上发展起来的,它是后天培养与训练的结果。一项创造性思维成果往往要经过长期的探索、刻苦的钻研,甚至多次的挫折方能取得,而创造性思维能力也要经过长期的知识积累、素质磨砺才能具备,至于创造性思维的过程,则离不开众多推理、想象、联想、直觉等思维活动。创造性思维是人类的高级心理活动。

三、如何发展学生的创造性思维?

卓别林说:“和拉提琴或弹钢琴相似,思考也是需要每天练习的。”因此,我们可以有意识地从几个方面培养学生的创造性思维。

1. 培养学生的想象力

爱因斯坦说过："想象力比知识更重要，因为知识是有限的，而想象力概括着世界的一切，推动着进步，并且是知识进化的源泉。"

想象力是人类运用储存在大脑中的信息进行综合分析、推测和设想的思维能力。在思维过程中，如果没有想象的参与，思考就发生困难。特别是创造想象，它是由思维调节的。

青少年爱幻想，甚至爱做"白日梦"，这是都是创造思维的萌芽，我们必须要珍惜、保护宝贵财富。因为，幻想是构成创造性想象的准备阶段，今天还在你幻想中的东西，明天就可能出现在你创造性的构思中。那么，在教学实践中，我们应该怎么做才能保护并提升学生的想象力呢？

(1) 联想训练。

在词汇教学中，我们可以让学生围绕一个单词联想，再由此联想其他与其相关的词汇，培养发散思维。例如，

- **School**：classroom，library，office，playground，people ...
- **Classroom**：art room，music room，science room ...
- **Library**：librarian，books ...
- **Office**：teachers office，staff office，headmasters office ...
- **Red**：red flag，roses，blood，fire，red cap，red coat，fire engine ...

...

(2) 想象。

第一，在阅读教学中训练想象力。例如，学生阅读完童话故事 *Alice in the Wonderland* 后，老师可以提出以下问题，发展学生的想象力。

- 关于童话故事：What is your reaction(反应) to the story? Surprising? Meaningful? Delightful? Please explain your reactions.
- 关于人物角色：Which character do you find most interesting? /What do you imagine her/his life was like before or after the story?
- 关于事件情境：What mood or atmosphere did the first paragraph try to achieve?
- 关于故事主题：What attitude/habits/responsibilities does Alice pass to us?

第二,在写作教学中训练想象能力。输出活动(说和写)中,我们可以发展学生的想象能力。例如:

● Say something about your life in the year 2025.

● Schools on the moon.

● The AI era.

第三,为学生提示故事的开头和结尾,让学生想象。例如:

开头:She stumbled and fell into a dark hole.

结尾:She was so glad to be home again.

2. 培养学生的发散思维

发散思维是指假如一个问题可能有多种答案,那就以这个问题为中心,思考的方向往外散发,找出适当的答案越多越好,而不是只找一个正确的答案。人在这种思维中,可左冲右突,在适合的各种答案中充分表现出思维的创造性成分。在课堂教学的许多环节中,发散思维都是大有可为的。例如:

● List as many as possible the uses of a smart phone.

● Please name the healthy food. The more, the better.

● What will you think of when you see the word ______?

● Suppose you could have a superpower for a day. What would it be? What would you do for the day?

● Imagine you are travelling somewhere really exotic like on a volcano, on an island, in a desert, in a jungle, or even on another planet like Mars. Write a short letter to your friend summarizing what you have done there.

● What words will occur to you whenever the name Yuan Longping is mentioned?

● Imagine you could talk with animals. What would you do? What animals would you talk to? What would you talk about?

3. 发展学生的聚合思维

(1) 给学生提供众多事物,让学生说出共同点。

例如:rivers, lakes, sea, ocean, stream ...

学生找出共同点:

● They have water, waves, fish ... in them.

- Ships and boats can move on them.
- People can make use of water to ...

(2) 通过说学会类比，突出创造性。

例如，给学生一个句子“The house is old, red, cold and small.”。学生用比喻说出房子是多么老旧，多么红……

- The house is as old as my Granny.
- The house is as red as an fire engine.
- The house is as cold as an ice box.
- The house is as small as a match box.

(3) 通过因果联想，突出发散思维。

给出两个表面上不相干的词汇或事件，让学生说出两者之间的因果关系。例如“It was raining.”“My little sister was crying.”两句，请合理推断。学生可能说出：

- It was raining. My little sister was crying because she couldn't go to school.
- It was raining. My little sister was crying because she was afraid of thunder.
- It was raining. My little sister was crying because the house was not safe for her.

总之，发展学生的创造性思维能力是我们英语课堂应有的责任和追求，也是回答“钱学森之问”[①]最为切实可行的途径。只要我们心中有这个方面的育人意识，就一定能够创造性地运用教材，创造性地选择和运用教学策略和方法，在引导学生学习好语言的同时，发展学生的创造性思维能力。

① 2005 年，温家宝总理在看望著名科学家钱学森时，钱老感慨道：“这么多年培养的学生，还没有哪一个的学术成就，能够跟民国时期培养的大师相比。”钱老又发问：“为什么我们的学校总是培养不出杰出的人才。”

79

如何在阅读教学中培养学生的创新思维能力?

一、什么是创新思维能力?

所谓创新思维,是指人们运用已有知识和经验增长开拓新领域的思维能力,亦即在人们的思维领域中追求最佳、最新独创知识的思维。爱因斯坦说过:"创新思维只是一种新颖而有价值的,非传统的,具有高度机动性和坚持性,而且能清楚地勾画和解决问题的思维能力。"创新思维不是每个人天生就有的,它是通过人们的学习和实践而不断培养和发展起来的。

二、为什么要培养创新思维能力?

创新是一个民族科技发展的源泉,是实现现代化的强劲动力。二十一世纪是知识经济的新时代,而知识经济是以不断创新为基础的经济,创新是这个时代的灵魂。培养学生的创新精神是教育的职责。现行牛津初中英语教材,每个单元都以话题为主线,包含阅读、单词学习等多个板块,教师可以充分利用阅读板块,充分挖掘教材内容,精心设计立体式、开放式、激活学生多角度思维的问题和任务,逐步培养学生的创新性思维的能力。在英语阅读教学中,教师可以基于阅读文本,引导学生沿着不同的方向积极思考,多角度思考问题可能的答案,创造性地运用语言表达自己的观点和想法,发展创造性思维能力。

三、如何在阅读教学中培养学生的创新思维能力？

1. 开放性问题的设计

开放性问题的使用，有助于有效扩展信息，引导被问者积极开展创造性思维，提供更多更复杂、更有意义的语言输出，进而促进学习者的语言习得。阅读教学中，教师可以将文本与学生生活实际紧密结合，设计开放性问题，激活学生的思维，引导学生结合文本进行思考，生成自己独特的观点，进而逐步发展学生的创新性思维能力。

教学《牛津初中英语》七年级下册第六单元 *Down the Rabbit Hole* 一文时，笔者通过设计环环相扣的开放性问题，引导学生在品读文本的同时，不断思考，生成自己独特的观点：

- What is special about the rabbit?
- If you were Alice, would you run after the rabbit?
- If you were Alice, would you jump down the rabbit hole?
- How did Alice feel in the rabbit hall? How do you know?
- If you were Alice, would drink the juice in the bottle?

这些问题以 Reading 中的文本信息为依托，密切联系学生的生活实际和情感体验，问题没有唯一答案，是多元的、开放性的。学生可以从多个角度思考问题，创造性地运用语言，畅所欲言，表达自己与众不同的观点。学生不再是读者，而是故事的主人翁，设身处地去感受 Alice 的所见、所闻、所想、所做，感受 Alice 的感受，思维非常活跃。

在此基础上，笔者引导学生想象故事的发展结局：Imagine what will happen next? Could Alice get out of the hole? Would the rabbit appear again? How could Alice go back home? 这些问题有更大的开放性，学生可以随意想象，创造性地发挥，思维能力和语言能力得到充分发展和提高。

2. 在情境中创编对话

阅读文本中包含了很多信息，阅读中教师要充分利用这些有用的信息，为学生搭建创新思维的支架和平台。教师可以根据阅读文本设计相关的情景会话，引导学生充分发挥想象，调动学生参与课堂的学习兴趣和积极性。设计情景会话时既要紧扣教材，又要高于教材，不能拘泥于教材，既要联系学生生活实际，又要高于学生的现实生活；不但要有一定的开放性和自主性，还要能激发学生的创新性思维。如《牛津初中英语》八年级下册第五单元 *Giant Pandas* 一文介绍了熊猫的生长过程、遇到的问题以及我们应该采取何种措施帮助熊猫，笔者根据课文文本创设情境，引导学生在对话中创造性地运用语言，想象熊猫和猎人以及农夫之间的对话。拟人化的对话也能更好地帮助学生体会熊猫的现状和困境，增强他们保护动物、保护大自然的意识。学生在创编对话时充分发挥创造力和想象力，思维能力得到发展和提高。

3. 续写和改写故事

续写故事和改写故事结尾能够有效激发学生的想象力和创新思维。阅读教学中，教师可以借助于故事体阅读材料，引导学生续写或者改写故事，锻炼和培养学生的创造性思维能力。

如《牛津初中英语》七年级下册第六单元 *Down the Rabbit Hole* 一文节选自童话故事《爱丽丝漫游奇遇记》，笔者在教学时，让学生阅读简写过的、适合初一学生阅读的故事结尾：Alice 成为被砍头的对象，她非常害怕，在危险的时刻，她惊醒了，发现原来是一场梦。笔者引导学生根据自己的想象，改写故事结尾。学生的世界和 Alice 一样，是那样纯真，想象力非常丰富，给出了很多有趣的、奇怪的、惊人的故事结尾。比如说关键时刻，那个穿外套的兔子救了她，也有学生写故事中的猫和老鼠救了她，也有学生写她的父母找到了她将她救了回去。这些新颖的、打破固定思维的结尾，不但激发了学生的阅读兴趣和学习兴趣，而且可以培养学生的创造性思维能力。

4. 鼓励学生质疑

质疑是创新的起点。质疑的过程，是学生积极思维、不断创造的过程。学生只有思维活跃、善于提问才能不断发现问题、分析问题和解决问题。笔者在教学中经常积极鼓励和引导学生敢想、敢问、敢于质疑、敢于回答，不断培养学生的问题意识、质疑习惯和创新精神。教师要有意识地引导学生质疑字词、句子，质疑文章标题、信息、作者观点、隐含含义等等。

如《牛津初中英语》九年级上册第八单元的阅读文本是关于一个电脑工程师被杀的案件，教学中，笔者引导学生随着案件的介绍描述，寻找线索进行假设、推理、质疑和不断验证，引导学生学会根据阅读文本去质疑和推理论证。罪犯会是那个半夜沿着马路狂奔的人吗？他的衬衫上为什么会有血迹？

引导学生质疑:也许他衬衫上的血迹是因为其他原因,也许他沿着马路狂奔是因为发生了什么意外,或者他急着要去什么地方,案件发生是不是与受害人的老板有关,或者是他的同事?在阅读过程中,学生的思维非常活跃积极,细心缜密,不断质疑和排除疑问,阅读的过程,也是学生创新性思维不断发展和提高的过程。

5. 小组合作学习

随着课改的深入,小组合作学习越来越被广泛地使用。"合作学习过程中的观点冲突会引发讨论和争论,可以促使新问题和新观点的产生,引导学生超越给出的信息思考,这为学生发展创新性思维提供了一个理想的平台"。教师可以组织小组合作学习,引导学生讨论、辩论,小组成员之间互相学习、互相借鉴、互相补充和促进,在商讨、辩论中引发观点的碰撞,生成新的信息和知识,有助于学生创新性思维能力的培养。

比如有一篇课文是关于一次时装表演演出,学生身着不同时代不同风格的衣服,展现自己独特的风采。阅读后笔者引导学生小组合作,三人负责表演,一人担任解说员,介绍其他三人的服饰和特点。小组成员首先需要合作讨论,发挥想象,再用英语写出解说词。

培养学生的创新思维是一个长期的、循序渐进的过程,教师要做有心人,想方设法多方面创造机会,充分挖掘教材资源和生活资源,为学生提供训练创新性思维的机会和平台。教师要针对不同的阅读材料,考虑不同年龄学生的特点和兴趣,以学生为主体,设计有思考价值和意义的问题和任务,鼓励学生发表自己独特的见解,展示自己的个性,培养学生的创造性思维能力。

80

如何利用文学欣赏选修课发展学生的批判性思维能力?

一、如何理解批判性思维?

批判性思维是指依据一定的标准、情景、数据、事件、习俗、信念、规则、价值观念等对事物进行评价、推断、判断和辨别,既是思维技能,也是思维倾向。在当代教育界,批判性思维被普遍确立为教育的重要目标之一。

二、为什么要通过文学欣赏选修课发展学生的批判性思维能力?

基于批判性思维能力培养的文学欣赏选修课的开设,有利于高中英语选修和必修课程的整合,有利于营造出轻松、有趣的氛围,让学生了解外国文化的精华,享受地道、原汁原味的英语语言资料,比较中外思维之异同,鼓励学生学会多用英语,培养学生发现问题、分析问题、解决问题和批判性思维的能力,增强学生的世界意识,充分体现语言学习对学生发展的价值。

三、如何通过文学欣赏选修课发展学生的批判性思维能力?

1. 选材原则

高中英语教材中所选的文学材料大多为经典著作,教师应充分利用教材。《牛津高中英语》模块八是文学欣赏模块。第一单元阅读部分介绍了狄更斯的小说《远大前程》,Project 部分选择了彭斯的诗《一朵红红的玫瑰》并进行了赏析;第二单元选择了歌剧《图兰朵》;第四单元 Project 部分选择了电影

《哈利·波特》等。人教版英语教材选入的文学作品有莫泊桑的短篇小说《项链》、莎士比亚的《威尼斯商人》、欧·亨利的《麦琪的礼物》、马克·吐温的《百万英镑》、狄更斯的《圣诞颂歌》等。但仅靠课本上的几篇课文肯定是不够的,教师可利用选修课,根据学生的认知水平和语言能力,选择相应的文学作品或改编本,如简·奥斯丁的《傲慢与偏见》,狄更斯的《双城记》,艾米特·勃朗特的《呼啸山庄》等作品材料,补充、拓展、提升,切实提高学生的文学欣赏能力和批判性思维能力。面对浩如烟海的文学作品,要选择学生可理解的作品,因为没有理解就没有欣赏。

2. 科学原则

(1) 主体是学生。

在文学阅读课堂上不能以教师为中心,小心翼翼地引导学生最终得出权威预见的结论。因为阅读是特定读者在特定环境下对特定文本的特殊体验。阅读不是读者对于文本的理解,而是读者、文本、环境三者的交互过程。因此,在文学欣赏教学中,教师不应期望学生对每个文学文本都有一个与你所想或与教参相似的"正确"理解。

(2) 先理解,后欣赏。

应根据自己擅长的教学模式和学生的认知水平,选择作品,留给学生足够的时间让他们自己首先阅读作品,阅读后,鼓励生生、师生间充分、自由地交流和讨论,再通过写评论、表演、思维碰撞等方式,表达、加深学生对作品的理解,提升鉴赏和批判性思维能力。

笔者以厦门外国语学校林芸老师选取的美国著名短篇小说家欧·亨利的作品《最后一片常春藤叶》文学欣赏课为例,围绕教学分析,以批判性思维目标为基点,按照以下四个步骤进行课堂教学。

【第一部分】导入3分钟

学生之前已经接触过欧·亨利的其他作品,对作者的背景已经基本了解,课堂只进行简要回顾,以此作为导入,让学生热身、进入状态。

【第二部分】阅读理解(6分钟)

教师请学生首先阅读文章,然后回答以下几个问题:

- What's the setting of the story?

- How many characters are there in the story? What's the relationship between them?
- What struck Greenwich Village?
- What did her friends do for her?
- What was the result of their efforts?

通过回答以上问题，了解学生对故事的基本信息及主要线索的理解程度，不同的读者对“谁是文章的主角”理解是不一样的。以上基本信息问题答完后，可进一步引导学生思考：“为何这一情节简单的作品能够成为家喻户晓的杰作？其成功之处在哪里？”目的在于引导学生在接下来的鉴赏和讨论环节中进行观察和思考，养成批判性思维习惯。

【第三部分】赏析(20 分钟)

Task 1: How did the author characterize the protagonist?

Task 2: How many threads can you find in the story?

Task 3: How many conflicts can you find in the story?

Task 4: How many places of foreshadowing can you find in the story?

Task 5: Discovering a factor that contributes to a successful story.

对作品的主角、线索、冲突、成功因素等深入分析和欣赏，是文学欣赏课的重点。文学欣赏有别于文学阅读，重点在于“赏”与“析”，短暂的课堂时间不足以完成从阅读到欣赏的全过程，因此，让学生在课外完成阅读，并进行一些力所能及的分析工作是必要的。将学生分成小组，从不同的角度分析作品，既可以减少学生的负担，也可以促进他们做得更精。在课堂上，同学们通过小组展示，博采众长。其中一组同学用简洁的图表，总结了他们对成功故事要素的理解如下：

A successful story has a strong and attractive plot.

【第四部分】启发(10 分钟)

Discuss in groups:

Question 1 What does the author hope to express with the story?

Question 2 What inspiration can you get from the story?

在以上三部分完成的基础上，再对上述两个更有深度的问题进行探讨，侧重于让学生表达个人对作品的理解以及感悟，也是将之前的点滴收获再进行整合、重组和总结的过程，在老师的引导下分享、拓展、升华，使学生在品味文学作品的同时，享受思维的乐趣，获得成就感。有两组同学总结他们的讨论结果如下：

The last leaf falls,
but hope survives,
and spring is not far away ...

将文学欣赏课推向高潮，同时又对下一节课充满了期待，实现了发展学生批判性思维能力的目标。

81

如何优化课堂提问，发展学生的创新思维能力？

一、学习英语与发展思维能力的关系是什么？

随着素质教育的不断深化，学科核心素养的养成越来越受到人们的重视。英语作为一门语言学科，其核心素养不仅包括语言能力和学习能力，还包括文化品格和思维品质。英语是用于交流的工具，学习英语的过程是学生接触其他文化、形成跨文化理解意识与能力的重要途径。同时，英语也是思维的工具。学生要借助思维来学习和使用英语，而学习和使用英语又能进一步促进学生思维能力的发展。

二、为什么要通过优化课堂提问发展学生的创新思维能力？

根据程晓堂提出的十种思维能力，创新思维能力（即创造性思维能力）是思维能力中层次较高的一种能力。所谓创造性思维是指人类在认识和改造客观世界的活动中，运用各种可能的思维形式和方法，发现问题，找出新的解决办法，从而产生新事物的思维活动。人类正是凭借着创造性思维，不断地认识和改造世界，推动着科学技术飞速发展。

青少年阶段是思维能力形成和发展的重要阶段。此阶段的学校课程包括英语课程都肩负着培养学生思维能力的重任。而学校的教育教学活动是在课堂的情境下，以教师和学生作为对话的主体，言语行为是课堂中的主要教学行为。其中，提问又占绝对重要的比例。因此，课堂提问的优化，不但能帮助学生理解、巩固新知识，更能启发学生去思考和探索，从而发展学生的思维能力。

三、如何通过优化课堂提问，发展学生的创新思维能力？

1. 情境式提问

情境式提问是指以教材内容为载体，有目的、有意识地设计一些情境。在情境下提问，使学生头脑里不仅有概念，更有思想、情感和内心感受。在情境式提问下，学生更愿意有自我意识和独立思考的意识。在这种精神自由的状态下，学生的积累往往会被调动起来，表达让人“眼前一亮”。

例如，《牛津初中英语》八年级下册第四单元的课文是小说 *Gulliver in Lilliput* 的节选。文章第三段的内容是这样的：

Then I felt something on my leg. It moved up over my stomach and neck until it was standing near my face. I looked down and saw a very small man. He was the same size as my little finger.

读完这段生动的文字后，教师提问学生：

“What would Gulliver say to the small man at that time?”

提问之后，学生的回答几乎千篇一律，都是“Who are you?”“Where am I?”教师提醒学生：每个人都是独一无二的，因此反应也应该是不一样的。接着，教师对问题做了改动：

T：“Suppose you are Gulliver. You found that you were tied to the ground and a strange tiny man was standing near your face. How would you feel?”

S：“strange, tired, funny, angry, afraid, scared, surprised ...”

此时，教师继续提问：

T：“So what would you say?”

学生的思想打开了闸门，富有个性化，创造性的回答开始出现。选取学生的部分回答：

- Oh, are you a man? Can you speak?
- How cute you are! Can I know your name?
- Where am I, what do you want to do?
- Damn it! Let me go! Now!

2. 渐进式提问

渐进式提问就是对有一定难度、深度或抽象概念的问题，由浅入深，循序渐进地进行提问。问题层层推进，环环相扣，有比较强的逻辑性。学生在教师的引导下进行思考，思维向深度发展。这种提问方式遵循学生认知发展的规律，又有效分散难点，激发学生思考的热情。在问题的诱导下，学生的创造性思维得以延伸。

以《牛津初中英语》九年级上册第四单元"Growing Up"的阅读课为例。在 After-reading 环节，教师提问学生一系列问题，如下所示：

① What big dream did Spud Webb have?

② While attending junior high, why was he refused by the school team? Did he lose heart? What did he do then?

③ In senior high, why did Spud have to sit in the stands? What did he do then?

④ No university would invite Spud to play basketball. Why? After that, what did he do?

⑤ Why wasn't NBA interested in him after he graduated. Then what did he do to catch the attention of NBA?

⑥ What makes it hard for Spud to realize his dream? And what helps him realize his dream at last?

⑦ What do you think is the key to success?

其中问题①至问题⑤都可以直接从文章中找到答案，学生回答起来不困难。问题⑥是对问题①至问题⑥的归纳，因为有了前面问题的铺垫，回答也不费劲。回答完问题①至问题⑥后，教师用 PPT 向学生展示名人爱因斯坦、乔布斯、海伦·凯勒、马云等几位名人的成长经历。最后，抛出问题⑦。学生积极思考，回答各不相同：IQ，talent，luck，hard work，interest 等等。

渐进式的提问方式可避免引出一大堆同类的回答，这种提问方式的目的是让学生的思维做必要的延伸和创新。

3. 激趣式提问

青少年学生正处于想象力发展最快的时期，他们的思维灵敏度高，对事物保持着新鲜感，有可贵的好奇心。但学生的想象力有时需要外部信息去激发。这需要教师用智慧去提出能够激发学生兴趣、诱发其想象力的问题。而发展想象力，也就是发展创造性思维。

例如，《牛津初中英语》七年级上册第二单元第一课的 Comic Strip 部分，漫画内容是 Eddie 与 Hobo 围绕 sport 这个话题展开的一段有趣对话。Hobo 问 Eddie 是否喜欢运动，Eddie 认为自己是喜欢运动的，理由是他每天走到饭碗跟前很多次。对话只有四、五句，读完总让人觉得缺少了 Hobo 的机智应答。而本节课的教学目标之一是让学生意识到运动有益，于是，教师提问学生："If you are Hobo, what will you do to help Eddie do more sport?"学生的思维一时陷入僵局，教师给出一个范例："I will put Eddie's bowl on a high place, so he has to climb up to get it."学生会意地微笑，并认真思考其他办法。有的学生回答他将会把运动的好处列举给 Eddie 听，晓之以理，动之以情；有的说会把家布置成 sports centre，每天陪伴 Eddie 去参加运动；也有的说告诉 Eddie 狗狗运动会即将开始，凡是参赛者都可以领到很多食物；也有学生说给 Eddie 找一个女朋友，让她告诉 Eddie：Girl dogs only like sporty dogs。这个环节设计了一个激趣式的问题，帮助学生开拓思维，寻找解决问题的多种方法，生成真正意义上的对话，并充分培养和锻炼了学生的综合语言运用能力。

4. 研讨式提问

人的思维往往有惯性，受限于传统认识，无法跳出常规思维的范围。这种局限性导致学生不敢想。而研讨式提问，激励学生就某一问题展开讨论，各抒己见，从而产生尽可能多的想法和观点。较之于个人，小组讨论能获得更多创意，启迪学生的思维。

以《牛津初中英语》八年级下册第八单元 Integrated Skills 中的 Part B 为例，这段对话的主题为环境保护。教学时，教师提问学生："What measures can be taken to reduce the pollution?"学生用头脑风暴的方式，想出了很多减少污染的办法，如"use basket instead of plastic bags""ride bicycles to the places nearby"等。这种研讨式提问，促使学生多角度观察生活，丰富体验，发展思维，学生的世界也会变得更广阔。

5. 开放式提问

开放式的问题(open-ended questions)没有肯定或否定的答案，甚至它们的答案都是不可预测的。开放式的问题需要一定的思维含量，需要时间认真思考，不是那种一问就能回答的浅层次问题。开放式问题的答案一般也不是事实，而是学生对于一个话题的个人情感和观点。因此，开放式的问题旨在拓展学生的思维，增强他们的洞察力和思考力，鼓励学生从不同角度去看问题，从而提出有原创性的个人见解(original ideas)。

笔者在选用《新概念英语》第三册第15课*Fifty Pence Worth of Trouble*作为阅读拓展课素材时，让学生关注课文中最后一段的最后一句话“糖果店老板娘听说了小男孩遇到的麻烦后，赏给他一大盒巧克力”。无缘无故，糖果店老板娘为什么破费奖励这个小男孩呢？于是，在教学过程中，笔者就设置了下面的问题，学生们思考的积极性一下子就被调动起来了。

T：Why did the owner of the sweet shop present George with many chocolates?

S_1：Because she wanted to comfort George and make him less upset.

S_2：Because George was a loyal customer who took a lot of trouble to go to her sweet shop and buy chocolates.

S_3：Because she wanted to take advantage of/make full use of the event to promote her sweet shop.

开放式问题有利于学生跳出常规思维框架，以新颖、独到、奇妙的思维方式找到解决问题的突破口，有利于学生创新思维能力的培养。

教师课堂提问的方式与发展学生创新思维能力关系密切。但培养和发展学生创新思维能力是很复杂的工作，需要有相关的知识和理论支撑。本文尝试探讨如何围绕英语核心素养来设计和实施课堂教学，旨在从教学实践的角度谈如何在课堂教学中，通过优化课堂提问，渗透创新思维能力的培养。

82

如何发展学生的发散思维能力?

一、什么是发散思维?

发散思维，又称辐射思维、放射思维、扩散思维或求异思维，是指大脑在思维时呈扩散的思维模式，它表现为思维视野广阔，思维呈现出多维发散状。如“一题多解”“一事多写”“一物多用”等。发散思维有以下特点。

第一，流畅性。流畅性指人们在尽可能短的时间内生成并表达出尽可能多的思维观念，并且尽快地适应、消化新的概念。机智与流畅性密切相关。流畅性反映的是发散思维的速度和数量特征。

第二，变通性。变通性就是克服人们头脑中某种自己设置的僵化的思维框架，按照某一新的方向来思索问题的过程。变通性需要借助横向类比、跨域转化、触类旁通，使发散思维沿着不同的方面和方向扩散，表现出极其丰富的多样性和多面性。

第三，独特性。独特性指人们在发散思维中做出不同寻常的、异于他人的新奇反应的能力。独特性是发散思维的最高目标。

第四，多感官性。多感官性指的是多感官参与思维，不仅运用视觉和听觉，而且也充分利用其他感官感知和加工信息。发散思维还与情感有密切关系。如果思维者能够想办法激发兴趣，产生激情，把信息情绪化，赋予信息以感情色彩，会提高发散思维的速度与效果。

二、为什么要发展发散思维能力?

发散思维是创造性思维的最主要的特点,是测定创造力的主要标志之一。想象是人脑创新活动的源泉,联想使源泉汇合,而发散思维就为这个源泉的流淌提供了广阔的通道。在创造性思维的技巧性方法中,有许多都是与发散思维有密切关系的。

发散思维的主要功能就是为随后的聚合思维提供尽可能多的解题思路和方案。这些方案不可能每一个都十分正确、有价值,但是一定要在数量上有足够的保证。

在英语课堂教学中渗透发散思维的训练,不仅能发展学生的思维能力,培养学生的创造性,还能活跃课堂气氛,集中学生的注意力,激发学生的学习兴趣,增加课堂思维活动的容量。

三、如何在英语教学中发展学生的发散思维能力?

1. 了解发散思维的主要方法

根据有关研究,发散思维主要表现为立体思维、平面思维、逆向思维、侧向思维、横向思维、多路思维和组合思维等。

2. 在语言学习活动中渗透不同的发散思维方法

(1) 立体思维。

立体思维就是在思考问题时跳出点、线、面的限制,进行立体式思维。例如:

If you have a big garden, what kinds of trees, flowers and grass will you plant in it to make your garden beautiful?

(2) 平面思维。

平面思维以构思二维平面图形为特点的发散思维形式。在教学中,我们可以通过提问发展平面思维能力。例如:

What can be used as soldiers? List as many as possible.

一般认为,只有“人”才能作为“兵”。但是,历史和现实都告诉我们,还有很多其他东西都可以作为“兵”:

Besides people, many other things can be used as soldiers, such as wind，rain，snow，water，fire，Internet，laser ...

（3）逆向思维。

逆向思维法是指从事物的反面去思考问题的思维方法。这种方法常常使问题获得创造性的解决。例如，“司马光砸缸救人”就是典型的逆向思维的例子。英语中，伊索寓言 *The North Wind and the Sun*（《北风与太阳》）也同样使用了逆向思维。

网上有一则小故事，说的是印度有一家电影院，常有戴帽子的妇女去看电影。帽子挡住了后面观众的视线。大家请电影院经理张贴一张“场内禁止戴帽子”的告示。经理摇摇头说：“这不太妥当，只有允许她们戴帽子才行。”大家听了，不知何意，感到很困惑。第二天，影片放映之前，经理在银幕上放映了一则告示：“本院为了照顾年老或患有疾病的女客，可允许她们照常戴帽子，在放映电影时不必摘下。”这下，所有女客都摘下了帽子。

我们可以将这则小故事适当改编，应用到教学中，先用英语向学生介绍故事：

In India there is a cinema where women always wear caps when they watch films. But their caps block the eyesight of the people behind them. People asked the manager of the cinema to stop them from wearing caps but the manager refused to do so. “It is not proper，only when we let them wear caps will they take off their caps.” Everyone was confused by his words.

However，the next day all the women took off their caps when they entered the cinema.

这时候，教师可以暂停叙述，提问学生：

- What did the manager do to make them take off their caps?
- If you were the manager，what would you do to make them take off their caps?

（4）侧向思维或横向思维。

从与问题相距很远的事物中受到启示，从而解决问题的思维方式。通俗地说，就是不走“正”道、另辟蹊径、旁敲侧击、触类旁通、指桑骂槐、他山之石可以攻玉、醉翁之意不在酒、项庄舞剑意在沛公、别在一棵树上吊死。例如，在学习了关于环境保护的话题后，可以提出这样的问题：

- What can we do to prevent people from using plastic bags?
- What can we do to prevent people from cutting or scribing something in scenic spots?

(5) 多路思维。

解决问题时不是一条路走到黑，而是从多角度、多方面思考，这是发散思维最一般的形式(逆向、侧向、横向思维是其中的特殊形式)。例如，以“电线”为主题，设想它的各种用途，作为导体，学生们自然地把它和“电”“信号”等联系起来，但如果你把电线的组成、体积、长度、韧性、重量等要素考虑进去，你会发现电线的用途无穷无尽。如：可加工成织针，弯曲做鱼钩，可以做成弹簧，缠绕加工制成电磁铁，铜丝熔化可以铸铜字、铜像，等等。

第四章

83

如何理解和落实情感态度目标？

一、什么是情感态度？

情感指学习者在学习过程中的感情（emotion）、感觉（feeling）、情绪（mood）、态度（attitude）等。英语教学中的情感态度指兴趣、动机、自信、意志和合作精神等影响学生学习过程和学习效果的相关因素以及在学习过程中逐渐形成的祖国意识和国际视野。心理学研究表明，情感态度在很多方面直接或间接地影响学习的效果。积极乐观的情感态度，活泼开朗的性格，有助于学生积极投入到语言学习活动中，有利于发挥学生学习英语的潜能，提高学习效果。

二、为什么要发展学生的情感态度？

情感因素是影响学习的主要因素之一，情感对人的认知和行为有调节功能和推动作用。

英语学习需要“输入—吸收—输出”的过程。但是有大量适合的语言输入并不等于学习者可以学好目的语，第二语言习得的进程还受到情感因素的影响。语言输入（input）必须通过情感过滤（filter）才有可能变成情感的摄入（intake）。在此过程中，情感因素对语言习得是否能够获得足够的语言摄入（intake）起着过滤的作用。

情感因素包括动机、自信心及焦虑程度。学习者动机不足、缺乏自信及极度焦虑会阻碍语言的摄入，因而阻碍语言学习或习得；相反，低焦虑感、高动机、高自信会加速语言的习得。因此,语言习得者的情感过滤强度因人而异。消极的外语学习态度对语言输入有很强的过滤作用。持消极态度的语言学习者不仅不会主动地获取更多的输入,即使能够理解语言的输入,也不会习得。情感障碍就像一堵墙,“输入”一旦碰上它,其中一部分就反弹回来,而不能进入学习者大脑中的“语言习得机制”。这样,习得者学习语言的能力就大打折扣。相反,对外语学习持积极态度的人,其情感过滤的作用很弱。没有了“情感障碍”这堵墙,“大量可理解的输入”就会畅通无阻地进入“语言习得机制”中去,经过“内化”成为学习者的语言能力。就动机而言,如果学生具备了强烈的学习动机,良好的学习愿望,浓厚的学习兴趣和大胆的实践精神,就会乐于参与各种英语学习,乐于模仿、练习,敢于运用,大胆实践并能自觉地克服学习中碰到的困难,从而不断提高英语语言水平,获得成就感和自信心。因此,我们应把培养和发展学生的情感尽可能地融入日常的英语教学之中。

所以,教师应在教学中不断激发并强化学生的学习兴趣,并引导他们逐渐将兴趣转化为稳定的学习动机,以使他们树立自信心,锻炼克服困难的意志,认识自己学习的优势与不足,乐于与他人合作,养成和谐、健康向上的品格,并且增强祖国意识,拓展国际视野。

三、如何在课堂教学中落实“情感目标”?

学生是各具情感特征、认识特征、社会特征的具体学习者。学习是学生自觉、积极、主动的心理认知活动。任何人都不能替代。在教学过程中,教师必须认识到学生是学习的主体、认识的主体、发展的主体,要树立“学生是英语学习的主人”这一观点,课堂教学的一切活动都必须以强调学生主动性、积极性为出发点,引导学生主动探索,积极思维,自觉实践,生动活泼地发展,在这一发展过程中,学生产生的情感过滤是一大阻碍。

1. 唤醒积极的情感态度

如前所述,保持积极的学习态度是英语学习成功的关键。因此,学习的第一步是要唤醒学生积极的情感态度,并使其贯穿于学习的全过程,使学生积极地、可持续地投入到学习中去。

【案例】Advantages Bombing(优点大轰炸)

T:Now everyone, please write on a piece of paper two or three advantages of our class.

(Students begin to write.)

T: OK, would you please share with your partner what you wrote?

Ss: Yes!

T: Good job. Now put what you wrote on the paper. Please read and remember all the advantages of our class.

以上案例用于班级,可以帮助学生建立荣誉感、自豪感、自信心。另外,还可以利用这个活动来调动某一个小组、某一同学或者某些学科学习优秀的学生。

为了让活动取得预期效果,教师不妨为学生提供一些表示个人品格的英语单词,作为学生表达时的参考,也为学生充分、有意义的表达提供支持。

2. 激发动机

需要是个体内部不平衡状态的反映,表现为个体对内外在环境和条件的一种稳定的欲求,是个体活动的基本动力,是个体行为动力的基本源泉。需要总是指向某种东西、条件或活动的结果等,具有周期性,并随着满足需要的具体内容和方式的改变而不断变化和发展。所以,美国前教育部长泰洛尔·贝尔曾说:"关于教育,有三件事要牢记——一是动机,二是动机,三还是动机。"满足了需要,才能产生动机。

一般来说,具有游戏或竞争性质的活动能够激发学生的学习兴趣。例如,组织初学者参与单词拼写游戏、数字学习游戏等等;稍高水平的学生可以参与辩论活动。以下辩论话题较为新颖有趣、贴近学生生活,可供教师参考:

表 1　利用有趣的辩论话题激发学生兴趣

正方	反方
Borrow money when you need it	Never borrow money
Living in a big city	Living in the country
Having a large family	Not having childen

续表

正方	反方
Parents support children until they grow up	Children become independent as soon as possible
Parents help doing homework	Children doing homework without help
For homework	Against homework
...	...

3. 利用好奇心

好奇心是人对某些事物感兴趣却又不甚了解时产生的想了解某事物的心理状态。好奇心是个体学习的内在动机之一,是个体寻求知识的动力,也是创造性人才的重要特征。好奇心作为一种内在动机,它既具有认知性特征,能够引发个体的探索行为,又具有情感性特征,可以使个体从探索中获得愉快的体验。个体在好奇心的驱使下表现出来的观察、提问、操作、选择性坚持、积极情绪等有助于学习活动的有效进行。教师应当充分认识到好奇心对学生的发展和教育教学的重要价值。

4. 实施个性化教学

学生作为个体参与到教学活动中来,能够感觉到他被作为一个独特的个体对待,这样的体验对学生来说是非常重要的。在非个性化的氛围中,学生会感觉到自己的存在是无关紧要的,没有人在乎他,因此也没有动力参与活动、表达自己的想法。因此,为学生个体提供机会,让他们分享观点、规划未来、讨论辩论、参与班级重要事务等,对于发展学生的情感态度就显得尤其重要。

在日常教学中,我们可以设计下列活动,让学生充分展示自我:

- After reading a controversial topic, students can write letters to the editor.
- Divide the students into two large groups and each group members write a letter for help. Then exchange the letters and each group members read the letter and write back, giving suggestions or solutions.
- Students give mini-presentations about their hopes or dreams for the future.

- Students can talk about a person they admire.

5. 身教重于言教

学生对于学习的情感态度一方面受学生年龄、需要或外在诱因(如目标)的影响,另一方面,教师对于学科教学的兴趣、能力和热情等是学生形成良好学习态度的重要影响源。这种影响可能比一些有趣的活动更能引发学生的学习兴趣和愿望。

例如,有一位家长对她孩子的老师说:“老师,我家闺女说您就像百科全书啊,问您问题一般都难不倒您,她可佩服您啦!每天最期待的就是您的英语课。”

教师充当知识传授者、团体的领导者、模范公民、纪律的维护者、家长的代理人、亲密朋友、心理辅导者等多重角色。学生喜欢的老师具有以下特征:

- 如果教师被学生看成家长代理人,希望教师具有仁慈体谅、耐心温和、亲切等特点;
- 如果学生把教师看成知识传播者,希望教师精通教学业务,兴趣广泛,知识渊博,语言明了;
- 如果学生把教师看成团体的领导者,希望教师能够做到公正民主,处事有原则;
- 如果学生把教师看成模范公民,希望教师言行一致、开朗、直爽、守纪律;
- 如果学生把教师看成朋友,希望教师表现出同情、理解、关心学生,真诚,值得信赖等特点。

落实核心素养,重要的是要关注学习的过程,关注学生在学习过程中的努力程度和价值判断。这些都与情感态度息息相关。教学中,教师必须了解学生的需要,如营造安全的学习氛围以满足学生安全的需要;赏识和接纳每一个学生以满足学生被认同的需要或归属与爱的需要;尊重每一个学生的独特性以及尊重的需要;根据学生的能力差异或学习起点,设计可行的学习目标和学习任务,确保及时奖赏,让学生体验成功的喜悦以满足学生学习动力的需要。只有做到了这些,才能激发并维持学生对英语学习的兴趣。

84

如何培养学生的人文底蕴？

一、如何理解人文底蕴？

所谓人文底蕴，就是人类精神成就的广度和深度，即个人或群体所秉持的可上溯较久的道德观念、人生理念等文化特征。其内涵有二，一是指个人或者人群所具有的，例如，我们的语文老师在课堂上表现出深厚的文化底蕴。二是这些文化特征都有渊源以及演化，是长期积累下来的、独特的地域性文化，例如南京是个具有历史文化底蕴的城市。

“人文底蕴”是指一个人对文化的深厚了解，包含文史哲、琴棋书画等滋润人的精神、提升人的精神境界、为人的健康发展提供精神支撑的原动力。“人文底蕴”对人的精神走向有极大的影响，为修身养性输送源源不断的养分。一个具有人文底蕴的人是舒展的人，往往心智豁达，情感纯净，意志坚定。

二、为什么要在英语教学中提升学生的人文底蕴？

首先，外语学习与人文底蕴具有天然的相辅相成的关系。没有文化底蕴，学生既不能准确地理解英语，也不能得体地使用英语，更不能说自己学会了英语。

其次，语言不仅仅是语音、语法、词汇等语言知识，也不仅仅是听说读写等语言技能，语言还是文化的载体。因此，学习语言既要学习语言知识，也要学习语言技能，更要学习语言所承载的文化。

最后，语言所承载的文化也是激发学生学习动机和学习兴趣的重要因素。目前，就有不少“老外”因为喜欢中国的文化来中国学习汉语。同样，在我们的课堂上，有的学生是因为教师的文化底蕴深厚而喜欢老师，进而喜欢老师教的学科；有的学生是因为对英语文化感兴趣而学习英语；还有学生是因为喜欢英语课堂上浓厚的文化氛围，进而喜欢英语。

三、如何提升学生的人文底蕴？

（一）人文底蕴教学路径

1. 提高教师自身的人文底蕴

作为非母语使用者，教师和学生一样缺少接触英语的机会，缺乏使用英语的信心和必要的文化知识，所以，教师语言素养和教学素养的提高是重中之重。要知道，教师自身就是学生形成综合素养的重要资源。

2. 提升人文底蕴的教育意识

人文底蕴的教育意识来自教育实践，来自语言学习。在这个意义上，意识是教育实践的产物。对学生来说，如果脱离教育实践，不接触提升人文底蕴的学习活动，就不会形成人文底蕴。从教学的角度来看，教给学生什么，学生才可能拥有什么。教学中人文底蕴的缺失，必然导致学生人文底蕴的低下。因此，教师在备课、上课以及评价学生时，自身要具备人文底蕴，心中要装着人文底蕴，才能在教学实践中有意识地提升学生的人文底蕴。

3. 在外语教学中强化人文底蕴

如前文所述，所谓文化底蕴，就是人类精神成就的广度和深度，即个人或群体所秉持的可上溯较久的道德观念、人生理念等文化特征。也是个人或群体学识的修养和精神的修养。这就要求我们在处理教材文本时密切关注教材中的人文因素，抓住人文底蕴教育的机会。英语字母、单词、谚语、篇章等等，都有文化底蕴的因素可以挖掘。

（二）人文底蕴教学策略

无论是“语言素养”中的基础知识和基本技能的教学，还是“综合素养”中的策略、情感、文化的教学，都需要相应的教学策略。选择和使用教学策略应遵循以下原则：

- 教学策略要与教学目标和教学任务相匹配
- 教学策略要与学习方式(自主、合作还是探究)相匹配
- 教学策略要与教学组织形式(个别学习、小组、小班)相匹配
- 教学策略要与学生的认知风格相适应

(三)提升人文底蕴的教学案例

1. 增加学生的人文知识积淀

人文积淀的内涵主要指具有古今中外人文领域基本知识和成果的积累,能理解和掌握人文思想中所蕴含的认识方法和实践方法。为了增强学生的人文积淀,我们一方面可以在教材选取上侧重人文领域的知识和成果等方面的内容,另一方面也要引导学生加强人文知识和成果的课外阅读,以及举办相关活动以增加学生的人文积淀。

【案例】

约在3000年前,在腓尼基字母表中,字母写起来形似字母V,中间再加一横,代表牛头或牛角,后来希腊人将它倒过来写。对于古代腓尼基人来说,牛意味着财富,吃、穿、耕作都少不了它。这也许就是A被列为第一个字母的缘故吧。

这样的字母教学不仅形象生动,而且大大拓宽了学生的视野,为提升文化底蕴奠定了基础。

2. 提升学生的人文情怀

人文情怀主要指具有以人为本的意识,尊重、维护人的尊严和价值,关切人的生存、发展和幸福。提升学生的人文情怀就是要引导学生树立和培养以人为本的观念、意识,尊重、维护人的尊严和价值,始终把人作为核心,关心人的生存、人的价值、人的尊严以及人的发展等。

美国之音有"Words and Their Stories"这一专题节目,旨在向学习英语的听众介绍美国英语中生动有趣的词语和惯用法,并从科学研究和通俗词源学的角度来解释它们的含意、产生的背景及其在使用过程中的演变情况等。节目通过讲故事的形式讲解每一个词语。这是VOA Special English中的优秀节目之一,是学习美国英语的极好材料。通过收听这一节目,听众不仅能学

到各种有趣的典故和地道的美国英语，而且能获得美国的社会文化背景知识，加深对美国历史传统与现状的了解。

3. 诗歌教学

诗歌教学旨在让学生具有艺术知识，技能与方法的积累，能理解和尊重文化艺术的多样性，具有发现、感知、欣赏、评价美的意识和基本能力，具有健康的审美价值取向，具有艺术表达和创意表现的兴趣和意识，能在生活中拓展和升华美等。

在英语诗歌教学中，应引导学生欣赏英语诗歌的节奏美、意象美和哲理美。以节奏美为例，鲜明的节奏是诗歌最明显的特征，是诗歌音乐美的显著标志。节奏，指声音的强弱变化，即重读与轻读的安排。有规律地交替使用轻读与重读，就构成了诗的节奏感。不同的节奏格式可为诗歌渲染出不同的气氛。

如英语诗歌中最常用的抑扬格(一个轻音和一个重音所构成的音步)常表现出庄重、铿锵有力的节奏。雪莱的《西风颂》(*Odd to the West Wind*)采用的是抑扬格，澎湃激昂、一泻千里，歌颂西风摧毁一切旧事物、滋润一切新事物的精神。

O wild West Wind, thou breath of Autumn's being
Thou, from whose unseen presence the leaves dead
Are driven, like ghosts from an enchanter fleeing,
Yellow, and black, and pale, and hectic red,
...

而抑抑扬格(两个轻音和一个重音所构成的音步)则多表达凝重、忧郁、哀婉的情绪。

The life that I have
Is all that I have
And the life that I have
Is yours
The love that I have
Of the life that I have
Is yours, and yours and yours
A sleep I shall have

A rest I shall have
Yet death will be but a pause
For the peace of the years
In the long green grass
Will be yours, and yours and yours

英语诗歌和谐优美的音韵,通过重复使用相同或相近的音素,能增强诗歌的节奏性,也能使全诗在音响上联结成为一个和谐的整体,达到音乐效果。英语诗歌的韵律形式最常用的有头韵(词首音素的重复)、行间韵(行内诗居中的字与行末的字的押韵)和尾韵(词尾音素的重复)。押韵能够创造一种流畅和谐的旋律,使行间节奏明晰,读起来朗朗上口,听起来悠扬悦耳。英语诗歌抑扬顿挫的节奏美、和谐统一的韵律美,使人们在领略声音美的同时领会诗歌的意味。同时,感情产生变化,诗句的节奏也会随之变化。

85

如何理解和落实“文化意识”目标？

一、什么是文化意识？

文化意识(cultural awareness)指的是人们在交际活动中表现出的对文化因素的知晓度、敏感性或警觉性。一般分为四个层次：一是对那些被认为怪异的、表面文化现象的认知；二是对那些与母语文化相反而又被认为是不可思议的、显著的文化特征的认知；三是通过理性分析从而取得对文化特征的认知；四是从异文化持有者的角度感知异文化。第四个层次是跨文化意识的最高境界，要求参与者具备“移情”和“文化融入”的能力。

二、为什么要发展学生的文化意识？

《义务教育英语课程标准》中指出小学阶段的文化意识目标是：知道英语中最简单的称谓语、问候语和告别语；对一般的赞扬、请求等做出适当的反应；知道国际上最重要的文娱和体育活动；知道英语国家中最常见的饮料和食品的名称；知道主要英语国家的首都和国旗；了解世界上主要国家的重要标志物(如英国的大本钟等)；了解英语国家中重要的节假日以及了解一些日常交际中的中外文化差异。

语言有丰富的文化内涵，从对语言的定义的发展可见一斑。语言不仅是一套符号系统，不仅仅是交际的工具，还是文化的载体。换句话说，只有学会了有关语言的知识(符号系统)，学会了用语言知识进行交流，并且学会用语言进行得体的交流，我们才算学会了一门语言。

文化意识是跨文化交际能力的重要基础和保证，只有具有一定的文化意识，才能在跨文化交际的过程中根据话题、场景、文化背景使用得体的英语，才能理解英语所蕴藏、承载的社会文化。因此，培养学生的跨文化交际能力已经成为英语教学的首要教学任务和目标之一。教师应根据学生的语言水平、认知能力和生活经验，创设尽可能真实的跨文化交际情境，让学生在体验跨文化交流的过程中，逐步形成跨文化交际的能力。

在外语教学中，文化是指所学语言国家的历史地理、风土人情、传统习俗、生活方式、行为规范、文学艺术、价值观念等。在学习英语的过程中，接触和了解英语国家文化有助于对英语的理解和使用，有助于加深对中华民族优秀传统文化的认识与热爱，有助于接受全人类先进文化的熏陶，有益于培养世界意识。

三、如何发展学生的文化意识？

在教学中，教师应根据学生的年龄特点和认知能力，逐步扩展文化知识的内容和范围。英语教学应有利于学生理解异国文化、拓展文化视野、形成跨文化意识，加深对中华民族优秀传统文化的理解与热爱。

1. 培养学生的跨文化意识

教师应当结合教学内容，引导学生关注语言和语用的文化因素，了解中外文化的异同，逐步增强学生对英语文化的理解力，为开展跨文化交流做准备。

跨文化意识的培养是一个潜移默化的过程，需要通过多种渠道，运用灵活多样的方法来进行。

2. 利用课本丰富学生的文化知识

文化教育是一个潜移默化的过程，仅仅依靠课堂教学是远远不够的，教师还要充分利用课外活动来扩大学生的知识面，鼓励他们在课外进行具体的语言实践。教师可以组织学生定期出板报、墙报，充分利用板报、墙报等形式向学生介绍英语国家的历史地理、风土人情、日常生活习惯等文化背景知识。

3. 通过比较培养对目的语文化的认识

课堂教学是培养学生文化意识的主要途径，教师可在精讲课文时渗透英语国家的文化，或创造机会使学生在模拟和创设的情境中感受异国文化。在教授与打招呼、问候、赞扬等话题相关的内容时，教师可通过对比中西不同的表达方式，引导学生体会不同民族文化的差异。教师也可利用各种机会，不断向学生介绍英语文化知识。如学习“thank you”时，教师向学生介绍美国人“thank you”不离口的习惯，如顾客递上钱时，店员说“thank you”，找回零钱后，顾客还一声“thank you”；孩子在家中给父母递上一杯茶，父母也习惯地说一声“thank you”。

4. 通过语言实践培养跨文化交际意识

组织学生观看主题积极向上、内容贴近学生生活、语言地道、发音清晰的影片，不但可以使学生有机会模仿地道的语音、语调，学会贴切的英文表达，更重要的是能让他们直观地了解英语国家的生活方式、思维方式以及价值观等。

通过具体的语言实践，用课程标准中规定的话题或主题，有条件的学校可以充分利用外教资源，组织学生参与到具体的交际实践中，从而培养学生在实际交流中应具备的多元文化意识。课后，教师还可以组织多种课外活动，如英语角、英语晚会等形式多样的活动，为学生创设更多用语言进行交际的机会。

5. 培养学生文化意识的教学原则

一是遵循实用性的原则。对小学生来说，所学习的英语知识基本是与日常交际相关联的内容，因此我们在进行文化导入时，要围绕这些内容详细地讲解，去除交际中的文化差异，让学生反复训练，达到学以致用的目的。

二是遵循循序渐进的原则。小学生有自己的年龄特点，他们受自身知识和认识能力的影响，对新鲜事物有一个由浅入深，由现象到本质，逐步扩展其范围的认知过程，教师在对其讲授英语国家文化背景时也要遵守这个原则，这样才能让学生更好地理解。

【案例】

(1) Free talk

T：Today we are going to learn how to make a newspaper on holidays. What holiday do you know?（学生谈论节日以及相关的习俗，教师对于学生不是非常了解的节日做补充说明，或者提问与节日相关的问题，并现场收集学生准备好的图片和文字，为后面做报纸做准备。）

(2) Introduce Thanksgiving

T: Today is Thanksgiving Day. Do you want to know more about Thanksgiving Day? Here's a short video. Please watch and listen carefully. (播放视频) Now, can you say something about Thanksgiving Day?

S: People usually eat turkeys, pumpkin pies and apple pies on that day. They usually watch the Thanksgiving parades and football games.

(3) Make a newspaper

T: OK, Thanksgiving is very important in the USA, just like Mid-Autumn Festival in China. People usually have a big dinner with their families and friends. I want to make a newspaper on Thanksgiving Day. Who can come and help me? (请3个同学上来一起做报纸,边讲边贴,询问这3个同学的意见,为其他学生做示范。)

完成现场海报制作后,教师可以请学生自行选择一个节日,六人一组制作海报,教师在现场指导,并与学生共同交流。制作结束后,请每个小组上台分别介绍自己小组设计的海报。

【案例评析】在英语的语言教学中介绍西方文化知识,能够有效促进学生对文化差异的了解。这不但可以激发学生学习英语的兴趣,提高英语教学的效率,而且也是正确理解、把握和运用英语的关键。这节活动课的教学案例,很好地体现了如何在英语课堂上落实"文化意识"目标。

首先,本课的设计注重培养学生的跨文化意识。教师从歌曲导入,引出主题"holidays",教师先简单介绍学生已知的节日,再引出 Thanksgiving Day 的介绍。学生对中国的节日比较熟悉,对国外的 Christmas 等节日也了解较多,但是对感恩节了解不多,此时通过教师的介绍和学生的补充,学生对这些节日有了更具体的了解,为后面的"制作节日报纸"的活动奠定基础。

其次,注重培养学生跨文化交际的能力。教师引导学生对中外的节日做了详细的介绍,使学生进一步熟悉这些节日。在此基础上制作"节日报纸",使学生能有意识地归纳整理所学知识,培养学生获取、整合信息的能力,扩大他们的文化视野。做好报纸后,教师安排学生互相交流,有效地促进了学生对中外文化的了解。

86

如何促进文化意识的有效生成?

一、如何理解文化意识?

文化意识是基于文化知识,在文化理解和文化认同的一系列学习活动基础上形成的人文修养和行为取向。2017 年课程标准按照三个级别划分文化意识:

- 一级水平:了解中外优秀传统文化,形成正确的价值观;
- 二级水平:感悟中外传统文化的精神内涵,树立正确的价值观;
- 三级水平:汲取优秀文化,具有正确的价值观、健康的审美情趣和道德情感。

二、为什么要促进英语课堂文化意识的有效生成?

语言是文化的载体,因此,语言和文化是密不可分的。语言具有工具性和文化性,两者相辅相成,不可分割。然而,在现实的课堂教学中,语言的工具性被放大,而文化性被忽略。传统课堂教学注重预设,教学过程就是教师不折不扣地执行教案的过程,尤其是在应试教育的背景下,教师的课堂教学过多地强调知识的传授,有时候承载着丰富文化内涵的语篇被肢解为支离破碎的语言点,而传承文化内涵的整体语篇,往往被忽略,教学中往往忽视学生的情感态度及价值观的培养。而今在新课程三维目标和核心素养的背景下,课堂教学不仅仅是知识的传输,更需要教师具备教育的智慧,从思想上顾及学生的身心成长,顾及课堂上师生共同活动中有利于促进文化品格教育的各种元素,以实现新课程倡导的学科育人价值。

三、如何促成英语课堂文化意识教育的有效生成?

1. 在教学设计中关注文化意识生成

教学设计是需要预设的。但是,课堂教学如果一味地按照预先的设计进行,不考虑教学环境的变化,那么课堂教学将变得机械,失去生机和乐趣。教师要因学生而动,因情景而变,充分运用自己的教育机智,让自己融入课堂,与学生一道共同"生成"有效的课堂。

【案例1】

这是一堂语法课,教学内容是"情态动词+have done"句型。课前教室里叽叽喳喳,还有同学的抽屉内传出了中韩足球比赛的现场直播声音,这样的课堂环境无法让学生立即进入学习状态。我灵机一动,迅速跳过我原先准备好的导入内容,来到该生的面前,开始了以下一段对话:

T: What were you listening to just now?

S: I was listening to a football live broadcast between China and Korea.

T: I also enjoy football. What about the result?

S: I am afraid this time we might lose the game again.

T: Why does China always lose the games?

S: As is known to us all, the Chinese players don't make their efforts.

T: It's really the same with you students. As a student, you have to focus on what you are doing. Otherwise you would probably fail just like them. So you shouldn't have listened to the live broadcast before class. Don't you think so?

此时,我适时地把"should have done"这个句型写在黑板上,并做了适当的讲解。学生的思路一下子被拉回到正常的教学秩序当中,课堂导入也非常的自然。同时引入价值取向:作为一名学生应该如何做事、做人?

2. 在调整变通中生成文化意识教育

教学目标是统领教学活动的灵魂,是教学活动开展的核心,教学设计首先要确立预设的教学目标。但教学目标并不是一成不变的,课堂教学具有较强的灵活性,学生的学习状况、条件、情景随时会发生变化,预设的教学目标可能会显得不合理、不完善、不适宜，在教学实施过程中，就需要开放地添加一些灵活的成分，接纳一些始料未及的信息，关注学生文化意识的生成。

【案例 2】

在牛津高中英语模块五第二单元的课文 *The Economy or the Environment Must We Choose* 的教学中，我安排了一个主题为“Environment and development”的讨论环节。按照预设，学生根据课前预习，四人一组交流讨论，师生共同评价总结，以达成培养学生分析问题、解决问题、合作探究等能力的目标。课堂教学正按照预设按部就班地进行着。当我准备进行下一个环节时，却发现有个同学举起右手，明亮的眼睛里透出一丝忧郁的神情，原来这位同学是个环保志愿者。我立即抓住时机，请他上讲台，只见他慷慨陈词：

Boys and girls, I quite agree with most of you. It's important and also possible to improve our living standards without damaging the environment. In my opinion, however, protecting the environment is more important, because we are facing serious pollution. Look at the river flowing in front of our school. This river used to be clean and clear, but the factories nearby have been pouring in a lot of waste water. Most of the fish are dying from it and it is also terrible-smelling ...

一段发人深思的发言让原本热闹和兴奋的课堂变得沉默下来，这不正是进行环保教育、形成正确的行为取向的好机会吗？经过斟酌，我决定再添加三个问题让同学们继续讨论：

- If pollution continues, what kind of river will it turn into?
- What attitude should we take to this issue?
- What measures should we take to protect this river?

三个问题，环环相扣，层层深入。学生积极思考，大胆想象，踊跃发言，全身心地投入到学习之中，保护环境、爱护地球的教育“润物细无声”地进行着。这节课在动态生成过程中唤醒学生的环保意识，实现了价值观的引导，实现了更高层次的教学目标。

3. 在教学资源开发利用中生成文化意识

在课堂上，学生在与教材、教师、同伴对话的过程中，总会不断产生新的教学生长点，这些都是很好的课程资源。教师要善于把握，敏感地意识到其课程价值，并及时加以引导，会产生意想不到的效果。

【案例3】

这是一堂试卷讲评课，评讲一篇有关感恩节的阅读文章。正当我按照常规，逐字逐句地给学生翻译时，我发现有个同学举手"有话要说"。原来这位同学随父母定居美国多年，有着切身的感恩节生活体验。我随即放弃了备课中预设的教学内容，把课堂交给了他。他走上讲台，打开自己的个人网页，用一幅幅精美的图片声情并茂地给同学们讲述了感恩节的由来及相关的背景知识，还给我们放了一段他们家过感恩节的视频。这一动态生成的教学资源，不仅让我们真正感受到了异国文化，更给学生提供了一次"感恩教育"的机会。

在课堂教学中，无论是哪个环节，都会有学生灵性的迸发，面对学生意外的"插嘴"，老师应该倾听他们的"高谈阔论"，因为在学生的"插嘴"中也能挖掘出丰富的教学资源。因此，关注学生的经验、让学生的"资源"在课堂上闪光，是每一位创新型教师所追求的教学境界，精彩的课堂属于智慧的教师。

程晓堂教授把学科素养中的"文化品格"解释为"对中外文化的理解和对优秀文化的认同，是学生在全球化背景下表现出来的知识素质、人文修养和行为取向"。英语学科课程目标不仅仅是让学生掌握一种交流的工具，而且通过课程的学习达到提升学生文化品质的目标；基于学科核心素养的课堂教学就是要求教师做到"心中有学生，眼中有资源"，以新课程理念为指导，深入剖析教材和学生，灵活运用教学方法，改变单一途径和碎片化的知识传授方式，注重资源的整合和关联，实现学生语言、文化、思维的深度融合，引领有效的文化意识教育的动态生成，让精彩的课堂释放师生生命的活力。

87

如何强化课文教学，培养学生的文化意识？

一、如何理解文化意识？

一般认为，人类文化主要包含科学、道德和艺术三个方面。而文化本身，从广义上说是指除政治、经济、军事外的一种观念形态、精神活动的产物。从人类学角度看，文化是一个社会成员所获得的知识、信仰、艺术、道德、习俗及其他能力的综合体；从心理学角度看，文化是影响某一群体总体行为的态度、类型、价值观和准则。文化知识指学生了解的中外文化知识；文化理解指学生对中外文化及其差异的理解过程或理解能力。文化意识的培育有助于学生增强国家认同和家国情怀，坚定文化自信，树立人类命运共同体意识，学会做人做事，成长为有文明素养和社会责任感的人。

二、为什么利用课文教学培养学生文化意识？

《普通高中英语课程标准(2017 年版)》明确将培养学生的文化意识定为英语教学的课程目标之一，要让学生获得文化知识，理解文化内涵，比较文化异同，汲取文化精华，形成正确的价值观，坚定文化自信，形成自尊、自信、自强的良好品格，具备一定的跨文化沟通。

文化意识的培养不仅有助于学生正确理解和得体运用语言，而且有助于学生提高跨文化交际的能力。在教学实践中教师要充分利用教材，在教学各个方面、各个阶段进行跨文化意识与英语教学的有机结合。

三、如何利用课文教学培养学生的文化意识？

1. 在词汇教学中培养学生跨文化意识

词汇所包含的文化信息相当大，因为不同国家或地区所特有的社会结构、生活方式、物质环境和精神世界等信息往往通过它们特有的词汇表现出来。比如“dragon”一词在中西方文化中差异就很大。在中国文化中，龙被视为大吉大利的神灵，汉语中许多跟“龙”有关的词语都含有喜庆吉祥的积极意味，如“龙腾虎跃”“龙飞凤舞”。但在西方文化中，“dragon”却象征恶势力。在英语中如果把一名女性叫作“dragon”，则表明她很凶狠，令人讨厌，是个悍妇。

在教学过程中，教师应善于引导学生洞察英语词汇中的文化信息，比较相同词语在不同文化中的意义（特别是比喻意义和联想意义）的差异，从而更好地理解和记忆英语词汇，培养文化意识。例如，《牛津高中英语》模块九第三单元的 Project 板块是一篇关于颜色与文化差异的文章，在文章阅读的基础上，教师可以组织学生分小组进行如下活动：选取其中一种颜色，利用比较法对该颜色及其所反映的中西文化特征进行探究，并列举相关词语，最后小组代表进行口头陈述。通过分小组比较和列举颜色词汇在中西文化中的差异，学生不仅积累了丰富的词语，而且对词语所关联的文化信息有了更深刻的理解。

此外，词汇中的习语（包括谚语、格言、警句、俗语等）是经长期使用固定下来并传播开来的，蕴含和积淀了深厚的文化特色。鼓励学生平时多积累并使用英语习语，有利于增强学生的文化意识。牛津教材中也不乏一些生动的习语，如 a piece of cake（小菜一碟），have butterflies in my stomach（很惊慌），rain cats and dogs（下大雨），as cool as a cucumber（很镇静），as easy as pie（很容易、小菜一碟），as plain as day（显而易见），on paper（理论上），not your cup of tea（不喜欢），face the music（承担后果），cost an arm and a leg（付出巨大的代价），等等。

2. 在语法教学中培养学生的跨文化意识

不同语言在句子结构及表达方法上存在着差异，这些差异往往是语言学习过程中的障碍，也会在跨文化交际中带来麻烦。英汉两种语言也是如此。英语的句子通常比较长，而汉语的句子相对来说比较短。英语里有分词短语、不定式短语、介词短语、独立成分等各种结构，以及各种从句交叉使用，还常常从句里套从句，这就使得英语句子常常长达几行。而汉语句子相对较短，即使是长句，也总是由数个意义有关联的句子成分排列而成，其间用逗号等标点符号分开。中国学生往往不能很快适应英语句式结构方面的特点，容易受到汉语的影响，于是便出现了不符合英语习惯的表达，即中式英语（Chinglish）的现象。

例如，《牛津高中英语》模块一的语法重点是定语从句，这是很多学生在语法学习过程中较为头疼的英语句式。因为汉语句子里没有定语从句这一语言现象，表达习惯是定语不宜过长，且大多置于名词中心词之前。而英语句子中定语从句的使用频率很高，且绝大部分后置，在语言结构上的主要特点是长短不一，繁简不一，限制的强弱不一。因此，教学过程中，教师应注重对英语句式特点的介绍和分析，不宜将英语定语从句直译成过长的汉语定语或将汉语句子直译成没有关联的英语短句。此外，还要通过适当训练，强化学生将英语句型和汉语句型相互转化的能力。在教学过程中，教师要有意识地加强学生对文化差异的敏感性，使学生能更地道、更纯正地运用所学句式。

3. *在语篇教学中培养学生跨文化意识*

英汉两种语言的逻辑思维存在很大的差异。英语的逻辑思维是直线式的，对于思想的表达大都是开门见山，通常是以一个主题句开头，直截了当地说明这一段落的中心思想，然后围绕主题句进行分类陈述，并为中心思想在以后句子中的发展做好准备。而汉语的思维逻辑常常是螺旋形的，主题点出之前，先从外围谈起，逐步引入，点出主题以后步步深入。仔细分析学生的英文作文，我们不难发现这样的现象：在学习过程中，如果学生不注意英汉语篇的差异，这些学生即使对英语词汇、语法已掌握得很熟练，但由于受汉语文化思维模式的影响，他们的作文往往会过多地绕圈子，主要呈螺旋形思维方式。

因此，无论是在阅读还是在写作教学中，教师都应当将语篇知识贯穿其中，让学生关注英语的篇章是如何由独立的句子组成、篇章的主题及篇章各部分之间是什么关系，从而使学生避免在英语使用过程中受汉语的逻辑思维影响。笔者将以《牛津高中英语》模块七第三单元的议论文 *The Effects of the Internet on Our Lives* 为例，探讨如何将语篇知识融入英语教学中。

【案例】

(1) 读前预测。

从学生已掌握的英语议论文基本知识入手，引导学生根据文章标题对文章的大致框架进行初步预测。

The effects of the Internet on our lives:

- the positive effects
- the negative effects

(2) 头脑风暴。

鼓励学生积极动脑,拓展思路,对互联网的积极影响和消极影响做尽可能多的列举。

The positive effects: source of information, keeping in touch with others more easily, getting to know the world more easily, on-line shopping, on-line friendship, on-line school, on-line business ...

The negative effects: on-line cheating, being addicted to online games, health problem, poor eyesight, affect our normal life ...

(3) 阅读策略——议论文的篇章结构。

引导学生一起探究议论文的篇章结构特点。

- Thesis statement(what the argument is about)
- A list of main points(what the argument is going to argue for/against)
- Supporting facts(providing detailed information to support the each main point)
- A conclusion(where the main points of the argument is restated)

(4) 分析文章的篇章结构。

仔细阅读文章第一部分,将文章的篇章结构以图表的形式体现出来,并进一步验证我们在第三步中对议论文的篇章结构的探索。

(5) 推测文章内容。

在文章第一部分的篇章结构图的基础上,引导学生对文章第二部分的篇章结构及内容进行合理推测。随后,速读文章第二部分,对推测进行纠错和验证,并完成文章第二部分的篇章结构图。

(6) 复述课文。

课文学习之后,将学生分成小组,组内成员根据文章的篇章结构图对课文内容分部分进行复述,在复述过程中体会议论文的文章层次结构。最后,全体学生在教师的引导下,一起对议论文篇章结构做一次回顾。

88

如何利用情感素材培养学生的文化意识?

一、什么是情感素材和文化意识?

情感素材是指既适合学生学习，又有利于提升他们的核心素养，并且有利于学生结合自身生活经验对这些素材进行多元化解读的素材。这些素材能够加深学生对于多元文化和价值观的理解和体验，激发学生用个性化的语言或其他方式展示自己的内心感受，让自己的情感在教师的引领下得到升华。

文化意识是指学生对中外文化的理解和对优秀文化的认同，是学生在全球化背景下表现出的文化意识、人文修养和行为取向。文化意识核心素养不仅仅指学生要了解一些语言素材所反映的文化现象、情感态度与价值观，更包括如何正确解释和评价这些素材所反映的文化传统和社会文化现象，尝试去比较和归纳素材所反映的文化现象，从而形成自己的文化立场与态度、文化认同感和文化鉴别能力。

二、为什么要培养学生的文化意识?

1. 文化意识的培养对学生的成长具有重大的意义

在英语学习的过程中，学生必然会接触到大量的有关中外文化的文章。在学习这些文章的过程中，学生要接触文章背后的社会现象和文化背景。青少年时期是学生的情感态度和价值观发展的重要阶段，英语学科对学生形成积极的情感态度和价值观有重要的影响。不同的民族有不同的情感态度和价值观，这些情感态度和价值观以各种形式体现在语言和语言使用中。从这个角度来看，文化意识的内涵超越了以往所说的跨文化意识和跨文化交际能力。

2. 当今中学英语教学中对学生文化意识的培养有所缺失

由于中学生面临中、高考升学的压力，为了追求考试成绩，当今的中学英语教学依然十分重视学生语言能力的培养，注重词汇的积累、语法的教学以及知识点的讲解等等，对学生的评价也多停留在分数的表象上，所以中学英语课堂上对学生文化意识培养严重缺失。其实教材中有很多材料可以挖掘并用以引导学生的文化价值观，只是我们在教学过程中只看到了知识点而忽略了教材中的情感因素和文化因素。因此在中学英语教学中如何利用情感素材进行文化教学、培养学生的文化意识是一个亟须解决的问题。

三、如何利用情感素材培养学生的文化意识?

1. 深入挖掘情感素材中的人物品质和文化内涵

《牛津初中英语》九年级上册第五单元 Reading 板块介绍了著名的旅美音乐家谭盾。文中提到谭盾架起了东西方文化之间的桥梁，他的音乐既有东方的传统性又有西方的现代性，是对东西方文化一种美好的诠释。但是这部分内容在文中仅有简单的几句话，学生对之缺乏深入的思考和理解。教师可以抓住契机，通过音乐这个重要的文化符号带领学生了解东西方文化的差异以及双方的共同点。教师可以带领学生感悟谭盾的成长之路，通过谭盾的成长经历和求学经历使同学们明白，正是谭盾的聪明、努力，以及到西方求学和生活的经历造就了他对东西方文化差异的认识，并帮助他找到了他自己的文化认同感，从而才能成功地将东西方音乐和文化很好地糅合在自己的作品中。教师如果一味强调知识点，那么学生学到的就仅仅是一些支离破碎的语言，如果教师能够依托教材，深入挖掘谭盾的音乐特点以及形成他音乐特色的原因，那么对学生文化品格的形成就有巨大的促进作用。而且如果能够将西方文化中的一些经典的音乐介绍给学生聆听，并做介绍的话，那么他们对于西方文化的历史和背景也会有更进一步的认知。

2. 利用情感素材真正触及学生内心

在平时的教学中，教师不能够只是就教材教知识，而要将中国的传统文化和西方的文化穿插在学生的课堂学习和课外拓展之中，还要对这些情感素材进行精心挑选和准备，要真正触及学生的内心。如在教学生记月份的时候,除了要求学生记住月份、序数词等语言目标之外,对于和生日相关的文化知识均可以涉及,例如中国传统生日文化、孝文化等,也可以渗透在教学中。情感交流的深入,可以引起学生心灵的共鸣,更好地作用于教学。

又如推荐学生观看经典电影《勇敢的心》。这部电影有真挚的爱情,有在危难时不离不弃的兄弟之情,也有为了民族而舍生取义的豪情,尤其是主人公华莱士最后被押上断头台时喊出的那句“freedom”,给人以深深的震撼。由于电影是全英语,教师应要求学生仔细研究人物的对话,对人物的语气、表情、动作进行细致的分析,并且对人物的台词进行记忆。此外,教师还需要学生了解电影中的背景音乐、人物关系。教师在提出要求之后,开始与学生共同观看电影。学生在观看的同时,需要结合教师的要求将重点内容记录在本子上。观看结束后,学生可以结合自己对电影的感受对电影进行点评。学生在诸如此类的学习过程中,文化意识也就得到了潜移默化的培养和提高。

3. 情感素材和学生生活实际紧密相连

《牛津初中英语》八年级下册第五单元中谈到了餐桌礼仪,文中对礼仪的介绍很少,如果教师只是将教材中的内容告知学生,那么对于学生来说,他们对于餐桌礼仪,尤其是中西方不同文化的差异性就不会很有很全面、清楚的了解。笔者学校有一门礼仪校本课程,于是笔者将本单元内容与校本课程结合起来,并且和学生生活实践紧密相连。教师让学生从家里带来餐具和食物,分别以中西方的餐桌礼仪进行了模拟用餐,重点是让学生全面了解中西方餐桌礼仪的差异性,又让学生找到了中西方餐桌礼仪中所含有的共同点。这样一节课下来,不仅起到了很好的英语学习效果,也让学生真真切切地感受到了中西方文化的差异性,同时,学生对两种文化背景下的餐桌礼仪的共同点也有了自己的见解,那就是相互的尊重和谦让。很多学生表示,对于许多中式餐桌的礼仪,他们在平时根本没注意或者根本不知道,在今后就会更加注重了,不知不觉中,学生的文化意识又得到了增强。

4. 利用情感素材加强中国传统文化的培养

在实际生活中,我们也发现很多初中学生盲目崇拜日本文化、韩国文化和西方文化,对于源远流长的中国文化反而缺乏一种认同感。文化意识的培养就是要教会初中学生认识到不同文化之间的独特性,站在一个新的角度和位置更深刻地理解本民族文化,从而建构起更完善、更全面的价值观和世界观,绝不能不分良莠一味追求日韩文化或西方文化的价值观,甚至继承别人的行为规范和思维方式,认为日韩文化、西方文化优越于我们本族的文化。漠视中国传统文化,对塑造人才、完善人性,对民族、国家的复兴和发展是非常危险的。帮助学生学会一些中国优秀传统文化及当代文化的表达方法,在英语教学和学习中合理地渗透中华传统文化。在组织课堂教学活动中,可以在合适的时候引导学生在活动中思考并讨论中国传统文化中的相关元素。尝试在考试中增加中国文化元素,在课堂内外英语主题活动的设计上适当地融入中国传统文化。同时作为教师,要端正自身的价值观,提升文化素养。英语教师应该时时注意自己的言行态度,明确自己的身份,正确培养中学生的本土文化意识。学生文化意识的培养和语言学习是相辅相成的,教学中,无论教师采用哪种教学方式,其最终目的都应是为了学生文化意识的发展。

作为英语学科核心素养的构成要素,英语教师必须发现并利用身边适合中学生的情感素材,不断加强学生文化意识的培养,增强学生的国家认同和家国情怀,加强学生对"本文化"和"异文化"区别的赏析与批判能力,从而形成自己的文化立场与态度、文化认同感和文化鉴别能力。同时,教师也要注重学生语言能力、思维品质和学习能力的均衡发展,不断创新教学内容和教学手段,为培养高素质的人才打下良好的基础。

◆◆ 89 ◆◆

如何在英语教学中培养学生的文化意识?

一、如何理解文化意识?

文化意识指向人的内心,指向做人态度、做事方式和社会责任感等,指向人或事物在价值观念、思维方式、行为方式等方面所表现出来的精神、气质、风格等特征,而文化知识则是塑造文化品格的基础,学习文化知识旨在积淀人文精神,实现忘记知识之后的品格形成。

二、为什么要在英语教学中培养学生的文化意识?

比起文化知识来说,文化意识显然对外语教学的文化教学赋予了新的内涵,提出了更高的要求,让"培养什么人"的问题实实在在落实到了外语教育文化教学的维度上。

此外,当下中学英语教学中存在这样一种普遍现象:文化教学只是语言教学的调味品。语言是主角,是红花,是第一性的,是属于"课内"的内容;文化是配角,是绿叶,是第二性的,是属于"课外"的内容。这种现象是我们长期以来在外语教学中过分注重语言的工具性功能,而忽略了其人文性功能的结果所导致的。可见此种现象若得不到改变,英语教学依然是"穿新鞋,走老路"。

美国语言学家萨丕尔曾说过:"语言的背后是有东西的,而且语言不能离开文化存在。文化的生命力在于传播,这是文化得以生存的力量。"因此,在中学英语教学中教文化知识是必要的,但不能只单纯注意语言教学,而必须加强文化意识的教育。

三、如何在课堂教学实践中培养学生的文化意识？

教师应在教学实践中重视语言文化差异及对语言的影响，让学生在实际情景中正确运用语言。因此，在教学实践中，我们应从下面几个方面着手来培养学生的文化意识。

1. 深入挖掘语言素材，体会文章的文化内涵

无论执教哪个版本的教材，都需要我们静下心来细细钻研每个模块、每篇文章的编排。在完成语言知识点、语法学习之外，我们一定要带着学生深入思考，教学的终极目标是育人，教师要让学生在不断的学习中进行自我完善，提升文化意识。以《牛津初中英语》九年级上册中的 Reading 板块为例，其中一个单元的主题是让学生谈论自己的性格，并描述适合自己性格的职业，教师可让学生一起讨论何为积极性格和消极性格，并深入探讨积极性格在日常学习生活的待人待物过程中发挥的作用。

另一个单元的阅读材料讲述的是青少年成长中遇到的问题。教师可引领学生明白这样一个道理：每个人的成长过程中都会有烦恼也有收获，但我们始终要相信，坚持是通向成功唯一的道路。在课堂教学中，如果老师只是简单地从词汇、句式、语法的层面完成应试的阅读课教学，就大大削弱了经典文章所传达出来的人文情怀，学生的文化品格也很难在教学过程中潜移默化地被培养、熏陶出来。如果学生在学习中养成了这些美好的人文情趣，对其今后的成长大有益处，绝不是几个知识点、语法点、考点等所能比拟的。

2. 紧密联系学生实际，开展文化意识的培养

在教授《牛津初中英语》七年级上册第五单元综合技能板块（Integrated skills）的 Speak up 对话时，教师在设计上可以紧紧围绕两条主线：一条是语言学习线——购物功能表达，另一条则是文化品格线——母亲节的感恩教育。在明晰母亲节为母亲挑选礼物的任务型教学过程中，学生通过自主学习、同伴合作、小组合作和情境体验等方式，在创设的真实情境中进行交际、会话，包括买卖物品、挑选商品、讨价还价、付款等，达到用英语进行购物交流、训练英语交际能力的目的，并形成了自主、互助的学习策略，同时增强了学生英语表达的信心，使他们体会到合作学习的重要性和英语的趣味性。而最深层次的是，学生在学习的过程中，能够逐渐体会到母亲的不易，学会感恩。

在教学的最后一个环节，教师可引导学生开放讨论问题：What's the best

gift for mom? 学生在组长的带领下,分组展开讨论。有的学生认为最好的礼物一定是母亲最喜欢的东西(衣服、爱吃的食物、绿色植物等),这就要求学生平日要当一个留心观察生活的人,学会体贴、关心母亲。有的学生提出,给母亲的礼物一定是能够传递浓浓爱意的(康乃馨、围裙、护手霜等),平时的家务活大都由妈妈承担,我们应该学会理解并力所能及地帮助妈妈。也有学生指出,所有的礼物都能够传递爱意,但是从家长的角度而言,最能够表达对母亲的深深感激之情的,一定是自己要把自己照顾好,在生活、学习、活动等方面不让妈妈操心,这是不是母亲节最好的礼物呢? 纵观这一思考、讨论、表述的过程,学生的情感得到了共鸣,逐步升华了感恩主题,学生进一步体会到母爱的伟大,形成行为取向的教育做到了"润物细无声"。

3. 通过介绍节日文化,增进国际理解能力

节日文化是学生感兴趣的话题。教师应该巧借这个话题,介绍相关的背景知识,帮助学生了解英语国家中重要的节假日及主要庆祝方式。以中国的传统节日春节为例,学生在学习的过程中,基于自身对春节的理解,能够在已经掌握的语言知识的基础上,不断扩充词汇及相关英文表达。对教师而言,在教材学习的基础之上,需要进一步针对话题进行适当拓展,培养学生的综合语用能力因此,在有关"春节"的话题教授中,教师可以利用线上线下的资源进行拓展延伸,增强学生对本国文化的认同感及热爱。学生在学习了教材中的春节文化习俗后,可以通过该资源了解春节的历史。同时,根据自身的兴趣点、知识水平和偏好,学生还可以选择异国文化习俗进行学习(万圣节、感恩节等)。美国的感恩节是每年 11 月份的第 4 个星期四,在传统意义上是一个喜庆丰收、合家欢聚的重大节日。加拿大也有感恩节,但时间是每年 10 月份的第 2 个星期一。教师在课堂上可以向学生介绍人们在哪里庆祝感恩节,什么时候庆祝,为什么庆祝,怎样庆祝及感恩节的主食(火鸡)等等背景知识。

在教学过程中,纵观学生从收集资料到介绍展示的整个过程,他们不仅用真实的情感体验了西方的节日文化,加深了对本土文化的理解和感悟,还极大地激发了学习的主动性和积极性,将英语教学延伸到了课堂教学之外,培养了国际视野,融入了文化教育。

所谓培养学生的文化意识实则在培养具有文化的人,这里的"文化"就如作家梁晓声所描述的那样:"根植于内心的修养,无须提醒的自觉,以约束为前提的自由,为别人着想的善良。"

90

如何通过读写活动培养学生的审美习惯?

一、学生审美习惯的养成点在哪里?

审美习惯指个体在审美中循着固有的心理和惯性与已知对象同化、和谐的心理趋势。学生的审美习惯,指的是在教师的引领下,学生感悟、欣赏、评价、创造语言文化美的方式。培养学生核心素养的过程,就是养成其良好的审美习惯的过程。因此,学生审美习惯的养成点,就在日常教学实践活动中。

二、为什么要利用读写活动培养学生的审美习惯?

英语教学要教学生语言表达,更要教学生文化,教学生审美,让每一位学生形成丰富完整的文化背景。开展课堂读写活动,既是培养学生语言能力的重要手段,也是养成学生审美习惯的必然路径。教师因而能够引领学生研习文本,挖掘文本内涵及其美学意蕴,建立自己的趣味标准和审美理想。与听说相比较,读写更有益于思考与积淀,效度更高,也就更能促成习惯养成。

三、如何通过课堂读写活动,培养学生的审美习惯?

1. 多元赏读:提升审美品位

在各类课型中,选择、整合经典文学作品和科学名篇,开展赏读教学,培养学生诵读经典的认知习惯,在更高的语言层次和审美角度上感悟、欣赏和表达,提升审美品位。在课堂情境中处理经典篇章,可用以下三种方法。

表 1 赏读材料课堂整合训练方法

名称	形式		要求
多维读写训练法	● 少量标准化选择题 ● 着重读写训练主观题 ● 名篇诵读		语境完整 确保效度 慎删慎改
双语比较整合法	● 视听文本对比 ● 故事梗概编写 ● 影视角色扮演		融汇文化内涵评析难点亮点
读书笔记交流法	“每天赏两句”	每节课约 2 分钟，鉴赏好句子	品读要点亮点
	“每周读一节”	每周一节阅读课，执行阅读计划	好书交流、小组合作
		每周至少写一篇随笔，词数不限	组员互评、教师批改
	“每月一汇报”	每月一节课汇报读书成果	不拘形式

比如高一新生英语衔接课，教师可以整合英译中国古诗和英语原声电影片段，讲练词汇、语法和韵律，同时，结合语义、意象、句法、语篇，指导学生运用“多维读写”“双语比较”等方法，寻找作品的意义，获得参与作品意义构成的“权力”。赏析示例如下。

表 2 讲学案中教学环节示例

教学环节	教学材料整合	教学目的
词汇	“千里莺啼绿映红”中的“绿映红”英译是 green against red，还是 red against green?	让学生了解词的灵活与准确
赏析(兼及语法、幻灯展示)	● Let us fight for a world of reason—a world where science and progress will lead to the happiness of us all. (《大独裁者》) ● And if God had gifted me with some beauty and much wealth, I should have made it as hard for you to leave me, as it is now for me to leave you. (《简·爱》) ● — I couldn't sleep. — Nor I. (= Nor could I) (《傲慢与偏见》) ● It is I who should be making amends. (《傲慢与偏见》)	让学生接触典型句型: ● 定语从句 ● 虚拟语气 ● 倒装句、强调句

2. 多维写作：培养审美自觉

文本叙述中的定式以及定式中的千变万化，已成为许多作品的一种美学追求，读者期盼着这种定式或模式，并从其再现中获得愉悦。

“类型场景写作”(type scene writing)，就是这样一种写作模式，它结合了全部或部分语篇内容，设立新标题，并要求基于原文完成“场景”写作。“type scene”意为类型场景，或者类型格局，是一种固定的格局，在日常教学中多次重复使用，形成了一个个相似的叙事类型。在叙事写作中，学生努力用好所学知识点以讲求文辞、紧扣原文主题以确立文体、侧重第一人称以拓展文思、熟悉类型场景以探求文理。

以模块二第二单元 Reading 板块的 *An Adventure in Africa* 一文为例，这篇文章设立了四个新标题：

- My trip on camels —A postcard from Sahara
- To drink the blood, or not? —A postcard from a Kenya village
- Distance means defence —A postcard from the Wild Kingdom
- A good choice for adventure —A postcard from the New West Road

教师可以选取第 3 个标题“Distance means defence —A postcard from the Wild Kingdom”，让学生展开想象，以 Lion King(狮子王)的角色来写作。

为何建立这种固定的格局？目的是要让学生习惯、期盼使用这种模式，获得满足愉悦。同时，用第一人称写作，能促使学生加速融入作者的思路历程，更加专注于阅读，写作更为简单快捷，更有趣味，从而高质量地完成读写任务。这样不仅能激发学生的读写兴趣，还能有助于突出主题和刻画人物，促进文本理解。

类型场景写作，大多是在讲自己的故事，故事讲得好不好，取决于三个方面：写作场景设计、教学环节设置、写作难度调整。

(1) 写作场景设计。

场景设计源于文本解读。解读得深刻与否、全面与否，并不重要，重要的是让学生从不同角度与层面交流互补，发现更多的阅读视角与途径，培养多元讨论的习惯，目的在于确立叙事视角。写作中，学生以不同视角讲故事，大大提高了美学效果，收获更多的阅读享受。我们可以在多元细读中设计新标题、新场景。比如用标题制造悬念和激发兴趣，增强戏剧性。以上文标题

“Distance means defence —A postcard from the Wild Kingdom”为例,要求以狮子王的口吻来写,那么狮子王要说些什么,就是一种悬念,学生可以发挥自己的想象力,天马行空,自由发挥。

(2) 教学环节设置。

设置好写作教学环节,就是选取合适的活动时间点。不必都在课堂最后安排写作活动,可以灵活设计,在课堂前期或中期选取恰当的写作时间点,再辅以段落写作等铺垫练习,让学生完成段落甚至语篇的写作,并以个人或小组的形式展示成果,然后教师评价或学生互评,达成教学目标。

(3) 写作难度调整。

教师可以结合不同的阅读策略,给学生搭建不同难度的写作“脚手架”,灵活调整写作难度。还以上文提到的 *An adventure in Africa* 一文为例,教师可以结合阅读策略,给出明信片的写作格式,让学生依据原文内容和写作格式进行写作。

此外,教师还可以从词、句、篇等不同角度,用文本、音频和视频等多种材料,在个人读写、小组合作和互动评议等多维层面,开展写作活动,确立一种写作模式,让学生习惯于这种模式,在创作语篇时,直接或间接地体现自己的角色,也为期待的目标读者设置角色,从而实现语篇的人际意义,逐步建立起自己的写作标准、趣味取向和美学追求,养成审美好习惯。

91

如何让孩子成为彬彬有礼的人？

一、什么是礼仪？

礼仪是在人际交往中，以一定的约定俗成的程序方式来表现的律己敬人的过程，涉及穿着、交往、沟通、情商等方面的内容，在家庭、学校和各类公共场所，礼仪无处不在。因此，礼仪是我们在生活中不可缺少的一种能力。礼仪是一门学问，有特定的要求。

从个人修养的角度来看，礼仪可以说是一个人内在修养和素质的外在表现。从交际的角度来说，礼仪可以说是人际交往中适用的一种艺术、一种交际方式或交际方法，是人际交往中约定俗成的示人以尊重、友好的习惯做法。就个人而言，表现在举止文明、动作优雅、姿态潇洒、手势得当、表情自然、仪表端庄等。礼貌或礼节是这世界上人们和睦相处所必不可少的，也体现了一个人的教养和人格。

二、为什么要在英语课上渗透礼仪？

语言学习不仅要学习语言知识、语言技能，还要通过语言来学习文化、形成正确的价值观念。语言又是文化的载体，学习一门语言不仅仅意味着学会了语音、语法、词汇等，也不仅仅是能够使用这些语言知识，还要能够准确地理解和得体地表达，才算真正学会了一门语言。而得体的表达离不开文化素养，得体的表达更离不开礼节、礼貌、礼仪。

每个家庭、每一位老师都希望自己的孩子或学生做到彬彬有礼。所以，我们有必要教会学生学习一些基本礼节,如怎样打招呼、握手和交谈,怎样对年长者表示尊重,在公共场所保持安静,不要随意打断别人谈话,不要翻动别人的个人物品,等等。

三、如何培养彬彬有礼的学生?

教育孩子有礼貌也要分步实施,因为孩子的理解力和表现力是逐步发展的。因此,让一个两岁的孩子咀嚼时不要张大嘴巴是徒劳的,而孩子到了四五岁的时候,他们对于规矩就有了一定的理解力和执行力。

1. 学会尊重

礼仪的本质是对人的尊重,尊重的本质在于感受性。因此,感受性是我们能教给孩子的最有价值的品质。自幼培养的感受性让孩子成为有礼貌的孩子,因为有了感受性,他们就会关心或在意别人的感觉。这些不是有关礼仪的教科书能交给孩子的。我们培养学生要自信,但是,只有不凌驾于尊重和礼仪之上的自信才是才算是健康的自信。

2. 教会礼貌用语

学说礼貌用语宜早不宜迟。两岁孩子尽管不知道礼貌用语的价值,但是他会说"请""谢谢"等礼貌用语。这就意味着我们已经把美好的词汇植入孩子的心灵,他们在成长过程中会"请"开始,"谢谢"结束,受到别人帮助时就知道怎么样让帮助他的人开心。尽早要求学生用比较正规的方式和成年人说话,如使用"Ms. ""Mrs" "Mr. "等称谓。

3. 以身示范

榜样的力量是无穷的,身边的榜样更是如此。作为教师,如果我们没有礼貌,要求作为孩子的学生有礼貌是不公平的,也是没有说服力的。老师在孩子身边讲话要谨慎,因为孩子善于模范成年人的话语行为。

在日常的课堂教学中,师生互动占据课堂互动的大部分时间。这是我们对学生进行礼仪教育的良机。要注意的是,与学生互动应该与其他成人互动一样,多多使用 "please" "thank you" "you're welcome" 以及 "excuse me" 等用语以对待成年人相同的礼节对待我们的中小学生,让学生感受到什么才是彬彬有礼的交谈。

假以时日,学生就能将这些社交语言变成自己的工具,变成自己素养的一部分，并在行为上表现为“无须提醒的自觉”。

4. 价值认可

学生来到学校，得到老师的认可和同伴的尊重对他们来说非常重要。在英语课堂上，孩子为了表现自己，得到老师的认可，会显得有些“人来疯”，忘记了礼仪，也忘记了班级规约。这时，最好的做法就是关注孩子的存在，认可礼仪的价值。当众表扬有礼貌的行为，既鼓励了有礼貌的孩子，也为别的孩子树立榜样。和违规学生个别交谈和讨论，确保学生理解并在今后能说到做到。在教学中，对不良行为不能视而不见或熟视无睹，只要有违反规矩的行为就要及时提醒和教育。

5. 礼貌地纠错

教师在纠正学生的错误言行时往往不注意自己的礼仪。建议老师在纠错时，也要对孩子使用诸如“please”“thank you”“excuse me”“I’m sorry”“may I”等礼貌用语，并鼓励孩子也这么说。

总而言之，养成彬彬有礼的人不是一朝一夕之功，不可能一蹴而就，必须持之以恒，从课内到课外，从学校到社会，从家长到老师，多方位、多角度，在实践中通过点点滴滴对学生施加影响，让学生崇尚真善美，形成正确的价值观念，有能力做出正确的价值判断并表现出合乎社会主义价值观的行为规范。

92

如何通过戏剧课培养学生的语言文化品味？

一、什么是综合语言能力？

语言综合运用能力指的是正确理解并准确使用语言的能力，是由语言知识（语音、语法、词汇、话题、功能）、语言技能（听说读写）、情感态度、交际策略和文化意识等多种因素构成的综合能力。综合语言能力的提升是培养学生文化品位的前提和基础，没有扎实的语言知识，熟练的语言技能，学生就无法表达自己的思想、感情和意愿态度。但是，仅仅有语言知识和语言技能，没有正确的情感态度与文化意识，要实现有品位、高水平的交流也是一句空话。

二、为什么要通过戏剧课程培养学生的综合语言能力？

1. 有利于培养阅读兴趣

为什么要培养阅读各类小说、戏剧（包括影视）的兴趣？阅读兴趣是学生汲取思想艺术营养、提高学生文学与文化素养的重要原动力。如果一个人对小说、戏剧、影视既无欣赏兴趣，也无解读能力，很难说他是一个读书人。一个对中国古典名著一无所知、全无兴趣的中国人，和一个对莎士比亚、弥尔顿、狄更斯等名家一无所知、全无兴趣的英国人，一样不可高估其文化素养。

2. 有利于提升人文素养

作为再现生活的叙事型作品，小说、戏剧名著和影视作品具有复杂的文化内涵和丰富的思想艺术营养,是人类把握世界、认识社会、反映生活并对自己的生存状态进行文化反思的特殊形式。小说、戏剧以及现代形成的影视剧具有巨大影响力,对人类的精神世界乃至人类文化的演变进程,有着十分深刻的影响,一个有知识的现代人完全不接触小说、戏剧、影视而能形成较高水准的文化素养是难以想象的。

3. 有利于发展文化理解力

古今中外的小说戏剧作品各有自己的源头、传统和特色。不同国家、不同时代、不同流派的小说和戏剧,都体现了不同时代的精神和不同民族的心理,作品表现的价值判断和审美取向也有很大的差异。英语作为外语课程,更要有开放的文化视野、良好的文化心态,丰富的课程资源,以便学生更好地学习代表人类进步方向的世界先进文化,学会尊重不同民族、不同宗教、不同地域的文化,理解不同的价值观和审美观,以丰富我们的精神世界,改善我们的知识结构和思维模式,培养多样化的文学眼光,形成世界文学的广阔视野。

4. 有利于准确理解和使用语言

通过阅读小说和戏剧课学习,学生不仅可以通过阅读和表演附带习得英语词汇、语法,学会在语境中理解语言,把握故事情节,理解和体会人物复杂的思想和丰富的感情,还可以掌握英语的表达方式和语言及结构。学生通过广泛的阅读和表演,内化了这些知识,进而提高了综合语言运用能力。

三、如何开展戏剧课教学?

叙事是小说和戏剧的基本艺术特性,在情节编织和人物形象的塑造中表达作者对生活的思考。生活有多么复杂,往往叙事作品的蕴涵就有多么复杂。因此,利用小说和戏剧培养学生的综合语言运用能力要从以下几个方面入手。

1. 培养兴趣,主动阅读

教师首先要引导学生探索小说或戏剧的背景、故事梗概等。介绍什么、如何介绍、介绍到什么程度,以能够激发学生的阅读兴趣和阅读愿望为主要原则。对作品的具体解读,可从多个角度和层面入手,例如从情节结构、人物形象、戏剧冲突、叙事方式、语言风格、表现技巧等角度,学习透视作品的表层意义和深层意义、解剖其内部结构和外部结构、分析人物性格的多侧面、品味作品语言的多层次含义等。

2. 引导品读,深化理解

著名作家弗朗西斯·培根曾说过:"Reading makes a full man."可见,阅读对于每个人的成长都有着举足轻重的作用。应该鼓励学生从不同的角度和层面多向度地解读文本,避免简单化和绝对化。这样才能培养兴趣。掌握了阅读方法,形成相应的鉴赏策略,阅读鉴赏的能力与水平也就提高了。

3. 示范朗诵,感受内涵

通过朗诵示范,让学生深入理解人物,包括各种心理和情绪,并能够通过语音语调等技术来表达诸如高兴、伤心、生气、担忧、烦恼等情绪。

【案例】合作表演,提升能力

1. 热身游戏

首先,让学生来到舞台上,教师发出指令"GO",学生在舞台上走动,要求走遍舞台,不留空间。教师发出指令"STOP",学生立即停止,反复数次。

接着,老师发生指令"CLAP""JUMP",学生做出相应的动作,反复数次,然后结合指令"GO""STOP"一起练习。然后老师说"KNEES",学生双手触摸膝盖,老师说"SKY",学生双手伸向天空。反复数次后,结合前面的指令一起练习。

最后,老师发出指令,要求学生做出与指令相反的动作。先慢后快,反复数次。

然后学生小组思考:

做完游戏后,教师可引导学生思考以下问题:

- What skills were we working on?
- 学生或许能回答:

2. 反思

学生回到座位后,教师提问:

- What is theatre?

- What makes a good actor/actress?
- How is acting different from reading a book?
- How is acting different from watching a movie?

为了扮演好不同情境下的不同角色，学生需要有情境意识，关注细节。同时，要按照小说的艺术规律来诵读小说，按照戏剧的艺术规律来欣赏戏剧，把小说读成小说，把戏剧读成戏剧，进行一些朗诵和表演实践，有利于学生体验、领会和品味，更好地把握小说与戏剧这两种文学形式。

这样的戏剧课教学不仅可以帮助学生深入理解作品，享受诵读，更好地学习英语，提高英语的表达能力，而且能让学生走出"舒适区"，大胆地表演，展示自己对作品的理解，大大提高学生学习英语的乐趣。

93

如何在英语教学中渗透幽默文化？

一、什么是幽默？

一般来说，幽默分为语言幽默和非语言幽默。语言幽默是借助语言手段，“用俏皮、含蓄、机智的方法所达到的使人发笑、潜移默化的修辞效果”的一种幽默。很多学者认为幽默主要包括两个方面：欣赏幽默的能力和创造幽默的能力。

二、为什么要在英语教学中渗透幽默文化？

沉闷、刻板的英语教学似一潭死水，无法激发学生的学习热情和动力。初中生活泼好动，如果教师一味讲解知识点和语法，过于关注教学任务和目标的达成，忽略课堂气氛和学生的学习过程，往往适得其反，教学效果很差。幽默可以缓解课堂中的紧张气氛，消除焦躁和紧张情绪，营造和谐的课堂氛围，形成平等、民主的课堂文化。幽默能够帮助学生感受英语学习的魅力，获得积极的情感体验，有利于学生养成乐观开朗的个性，引导学生善于发现事物积极、有趣的一面，养成乐观幽默的性格和人生态度。英语教师应当提升自己的英语文化素养，在教学英语知识、技能的同时，运用英语幽默优化英语教学。

幽默是英语的重要语言特色，是英语这门语言的典型特征和精华。英语口语和书面语往往简洁生动而又具有夸张、诙谐、讽刺等意味。恰当的幽默如同调味品，能给课堂注入活力和感染力，催生有效教学交往，给学生思维和想象的空间，构建和谐的教学文化。幽默既是有效的教学手段，也是渗透英语文化、运用英语交际的方式。教学中引导学生欣赏和品味语言中的幽默，可以让学生认识到英语的语言特色及其交际功能，加深对英语文化的理解，塑造、完善学生的品格，提升跨文化交际的意识和能力。

三、如何在英语教学中渗透幽默文化？

1. 品读文本，品味幽默

教材文本中有很多语言，蕴含着丰富的幽默元素，教师要引导学生充分品读、赏读、有感情朗读这些语言，有助于学生的英语语感和语言欣赏能力的提高。译林版英语教材每个单元都用卡通人物的漫画导入单元学习，漫画中的对话虽简短，意义却耐人寻味。漫画中 Hobo 和 Eddie 简单的语言蕴含着丰富的情感色彩，课上教师可以让不同的学生进行角色扮演，让学生学会欣赏语言，读出对话语言中的幽默、讽刺、调侃等特有的语言意味。

在英语课外阅读的语篇中，也有很多小故事，以意想不到的结尾让人啼笑皆非。教师可以适当选择这些有趣的语篇，让学生在听和读的过程中，感受语言的幽默。

2. 师生交流，体验幽默

英语课堂离不开师生互动交流。教师可以在与学生的自由交谈中渗透幽默，以达到活跃课堂气氛的作用。如在译林版《牛津初中英语》教材九年级下册第一单元阅读文本教学中，笔者与学生谈论长城，问学生“为什么很多游客参观长城”，有学生答“因为不到长城非好汉”。我因势利导，追问学生：“你曾经去过长城吗？”当学生说“没有”时，我调侃道：“So you are not a true man.”再联系自己去过长城，借助夸张的表情和动作制造幽默效果。

3. 选用例句实现幽默

词汇教学容易使学生觉得枯燥无味，恰当的例句选择能“引起学生注意、帮助理解、加深记忆语言现象”。幽默的例句能加深学生的印象，起到事半功倍的效果。如在学习单词“trouble”时，我选择例句“Don't trouble trouble until trouble troubles you.”(不要庸人自扰，自寻烦恼)。例句中同时包含trouble作为动词和名词的用法，学生读起来朗朗上口，富有节奏感。又如在《牛津初中英语》九年级上册第六单元教学中，我选用夸张的表情和动作给出例句：I don't like horror films because I get scared easily. 我再以英语解释句子含义：If I watch horror films, I will be too frightened to fall asleep at night. Maybe I will have terrible dreams. 学生不仅理解了scared的含义，而且在后续的语言输出任务“谈论自己最喜欢和最不喜欢的电视节目”，很多学生运用了例句表达自己的想法。

4. 借用幽默渗透文化

英语中有大量的谚语习语，在实际的教学中，有时候误用、错用及理解的失误反而会带来幽默的效果。教师可以在课堂中借用这些谚语和习语，或者是关于这些谚语的幽默故事，创造意想不到的教学效果，在幽默中渗透文化教学，提高学生的文化意识和跨文化交际能力。例如，有一次学生在谈论自己收到的生日礼物时，我说了一句“You are really a lucky dog”，班级学生误解了“a lucky dog”的真正含义，于是全班哄堂大笑。此时我再解释“a lucky dog”意为“幸运儿”，既活跃了课堂气氛，又能激发学生的学习热情。

5. 运用幽默生成情感

英语学科具有工具性和人文性双重性质。英语教学不只是帮助学生获取知识和掌握技能，还应渗透情感价值观教育，以提高学生的人文素养。在课堂互动中运用幽默“欲扬先抑”，可以自然实现语言学习和情感教育的“一箭双雕”。比如在《牛津初中英语》九年级上册第四单元“Teenage Problems” Welcome to the unit板块教学中，在谈论阳光中学各个学生的烦恼以后，笔者呈现网络漫画“江南Style”，学生看图后忍俊不禁。笔者再介绍自己的烦恼，弟弟总是在家里大声唱这首歌并跳舞，影响家里人的生活，却不知如何解决，启发学生们帮忙出主意。当时正是流行歌曲《江南Style》最流行的时候，学生很兴奋，提出了很多很好的建议。笔者适时引入本单元主题：每个人都可能遇到问题。有问题，可以和朋友、父母、老师等分享，找出解决的方法。在此基础上，学生生生对话，谈论自己的问题并互提建议。

6. 巧用幽默化解意外

课堂中难免会发生一些意外,比如一些突发的学生违纪行为或者意外事件的发生。直接批评学生,容易造成师生关系的紧张和对抗情绪的产生,往往会激化矛盾,影响教育效果。适当使用幽默,反而能有效起到润滑剂的作用,避免问题的激化和冲突的发生。

"知之者不如好之者,好之者不如乐之者。"一个成功的英语教师要善于在教学中适度使用幽默来有意识地激发学生的学习兴趣,激励学生不断调整学习状态,使得学生乐于学习、善于学习,体验英语的语言魅力,促进心智发展和品格形成,培养综合语言运用能力。

94

如何通过“读、赏、写、品”让学生感受英语诗歌之美？

一、诗歌之美源自哪里？

诗歌是用最凝练的语言、最丰富的情感、最美妙的想象组合而成的语言艺术，它有绘画一样的视觉，音乐一样的风格，神话一样的意境，在各种艺术门类里，最有魅力的莫过于诗歌。

美是诗的灵魂。诗歌之美，包括形式美和内涵美两个方面。形式美，指诗歌的文字美、韵律美、节奏美、画面美等；内涵美，指诗歌的意境美、风格美、情感美、主旨美等，这两个方面共同构成了诗歌的美学表现形式。诗歌的魅力由诗歌的美学特征和美学意向构成，是通过语言、韵律、意境等多种形式来表现的。它或以语惊人，或以韵悦人，或以境迷人，或以情动人，是一种非常复杂的美学价值创作。

二、为什么要在英语教学中重视诗歌教学？

作为一种文学体裁，任何一个国家、一个时代的诗歌都具有其自身独特的艺术特征，通过抒情、言志和叙事将其所处时代的各种美集中表现出来。诗歌在中学英语教学中承载着语言理解、文化渗透、审美教育等功能。但一线教学往往对教材中原本数量极少的诗歌资源持漠视态度，讲不深、析不透、赏不够，无法真正发挥诗歌应有的教学功能，因而无法实现课标“欣赏浅显的英语文学作品”的目标要求。因此，有效利用教材资源、优化教学设计，帮助学生了解英语国家最具代表性的诗歌的特征，欣赏和体会语言文字创造出的韵律美、语言美、蕴意美等，对实现英语教学的文化功能是十分有必要的。

三、如何在课堂教学中帮助学生感受诗歌之美？

《义务教育英语课程标准(2011年版)》明确提出“了解英文诗歌中的节奏和韵律，能在老师的帮助下欣赏浅显的英文诗歌作品”这一教学目标。这也给中学英语诗歌教学指明了方向。英文诗歌教学重在赏析，教师应从多个角度挖掘诗歌特点，从节奏、韵律、语言、意象等不同视角引导学生体会诗人的情感表达和意境创设。

英语诗歌具有强烈的节奏美、韵律美、意境美等特点，因此“诗歌教学的过程实际上就是教师帮助学生感受美、体会美、想象美、欣赏美的过程”。在课堂教学中，教师要有意识地引导学生学习英语诗歌节奏和韵律基本知识，欣赏诗歌中的韵律美，意境美，想象美。学生在学习、欣赏了诗歌的优美韵律、意境以及饱含情感的语言后，自己的内在精神也会被美的境界潜移默化地影响，情感内涵也更加丰富。在实际教学过程中，教师可以从以下几个方面来引导学生学习、欣赏诗歌中的“美”。

1. 欣赏诗歌的韵律美

押韵是指重复元音或辅音以达到一定音韵效果的诗歌写作方法。“英语诗歌和中国的诗歌一样有押韵的美”。教师要注重诗歌的基本知识教学，逐一处理四个季节，让学生欣赏诗歌的韵律美，并让学生找出诗中押韵的词进行朗读品味。

在欣赏诗歌韵律美时，要充分利用好朗读的功效。“朗读诗歌可让学生注意词句的准确度，把握内在节奏及诗作者渗透情感的各个角度”。诗歌与节奏、韵律密不可分，学生只有在反复的朗读中，才能读出诗歌的节奏韵律。以《牛津初中英语》八年级上册第七单元阅读板块中的诗歌Seasons为例，如Spring部分，bright，kite，flowers，showers等词，Summer部分days，shade，pool，cool等词，只有通过反复朗读，才能发现单词中/aɪ/，/au/，/ei/，/uː/等相同的韵脚。有感情地朗读还可以帮助学生理解诗歌，通过反复朗读，不仅能使学生感受到诗歌的韵律美，而且能够触动学生的情感之弦，读出诗人对四季的喜爱之情。

朗读调动了学生的视、听等各种感官，使学生初步感知到了诗歌的美妙意境和奇妙情感，体验到了学习诗歌的乐趣，充分调动了学生学习诗歌的积极性，为诗歌的进一步学习打下了良好的心理铺垫。

2. 欣赏诗歌的意境美

不同于其他文学体裁，诗歌讲究的是一种意境。因此，在诗歌教学过程中，应引导学生找出诗中的景物描写，让他们感受由此创造的意境美。教师指导学生借助已有的生活积累，对诗歌文本进行诵读赏析，带领学生初步感知诗歌的美妙意境，让学生走进诗情画意的情境中，去品味诗歌的意境之美。在欣赏了诗歌的韵律美后，教师提出了两个问题：

- Try to find words to show us beautiful sights.
- Try to find words to show feelings.

学生们思维活跃起来，给出了各式各样的精彩答案。

通过这番引导分析，学生就会情不自禁忆起阳春、晴夏、凉秋、寒冬的四季美景，回味起由它们组成的美妙意境，得到情感的愉悦和美的享受。

3. 欣赏诗歌的意象美

想象丰富是诗歌的重要特点，这一特点是通过诗歌的语言和创设的画面来体现的。诗歌的语言隽永，意境深远，必须充分朗读才能感受到，在此基础上抓住关键词句来赏析，最后让学生自己作画描绘诗中所展现的画面。这样学生会感受到蕴含在其中的魅力，享受到审美情趣，最终能够提高学生的审美能力，发展他们的想象力和思维力。开展诗歌教学时，教师要求学生小组合作，先反复诵读、赏析关键词句，然后组内分工，借助简笔画把诗意融于画面，帮助学生感受诗歌的画面美，易于学生清晰理解诗意。学生不仅描绘出了四季的美景，甚至将新春将至、鸟鸣花放的想象画卷也都描绘出来，露出了陶醉的神情。

经过对诗歌的欣赏品味，学生由初步感知诗歌阶段进入了深入感悟诗歌阶段，为进一步学习诗歌奠定了情感基础、知识基础。

通过朗读、欣赏诗歌，了解英语诗歌的节奏、韵律等特点，学生开始有了一股想要创作的冲动，教师紧紧抓住这一时机，适时引导学生进行诗歌创作的尝试，培养学生的思维创造力。初中阶段的英语诗歌学习只是初级阶段，所以教师引导学生充分利用学到的诗歌写作技巧、语言特色，积极开展诗歌仿写训练。以 Spring 部分为例：The days of spring are windy and bright. What a perfect time to fly a kite! 教师要求学生从短语“fly a kite”“plant a tree”“catch a butterfly”中选一个最佳的填入“The days on weekends are happy and free. What a ________ time to ________!”学生根据已经掌握的诗歌的押韵特点，立即回答：“What a perfect/wonderful time to plant a tree.”接着老师适时诱导，启发学生可以大胆想象，造出更多的句子，学生思维活跃，兴致勃勃地回答：“What a perfect time to watch TV/drink a cup of coffee or tea!”学生体验了成功的快乐，觉得诗歌并不那么难写，接着老师遵循由易到难的原则，在 Summer 部分，呈现范文后，老师仅提供部分动词短语和名词，让学生自己选择进行创作，有同学这样写道：

Those sweet memories of summer days,
Are about swimming in the sea,
And catching butterflies and bees.

诗歌富于想象，符合初中生善于想象这一特点。这些简单的诗歌仿写尝试，不但证明了学生具有很大的诗歌创作潜能，而且说明了学生多彩的学习生活和内心的真实感受是他们诗歌创作的源泉。

英语诗歌教学不仅对学生的语言知识和语言能力培养有益，更对学生情感态度和文化意识的培养有着极其重要的意义。如何通过精心设计课堂教学任务，从而达到诗歌教学的工具性、人文性，尤其是文化性功能，还有待于教师的努力。

95

如何整合经典语料，培养学生的汉语言文化意识？

一、什么是经典语料？

经典语料是具有典范性、权威性，经历史选择出来的，最能代表语言文化精髓的作品或语言材料。这些语料之所以被当作经典，是因为其具有标准或规范的地位和作用，如典籍、典范、字典等。

二、为什么要用经典语料培养学生的汉语言文化意识？

汉语言文化经典在英语教学中至少有两个重要作用：一是作为两种文化对比的工具，更深刻地揭示英语语言文化的主要特征，让学生深入了解本民族文化的本质特征；二是调节学生本民族文化心理，调动学生学习外语和外族文化的积极性，增强他们的学习动机。培养学生汉语言文化意识，就是教学生语言文化，完善母语文化背景，促进学生形成自强不息和适性自然的中华文化精神，从而更好地认识英语与文化的关系，为不同的文化信念寻找合理解释，增补丰富知识信念系统，提升文化品格，为自主学习和可持续学习创造条件。

三、如何利用文化经典语料培养学生的文化意识？

经典语料是最明显承载文化信息、反应人类社会文化生活的工具。语料的句子结构、话语结构、篇章结构也在一定程度上反映了我们的思维方式和思维习惯。因此，我们要引导学生比较归纳词汇和语篇反映的文化，形成自己的文化立场与态度、文化认同感和文化鉴别能力，养成浓厚的汉语言文化意识。在经典语料中，汉语言文化意识扎根和生长得更纯正、更强大。比如在高一新生英语衔接系列课上，整合运用经典英译古诗和英语原声电影片段，讲练词汇与句法，赏析韵律和语篇。

1. 语知为本，渗透文化

语言知识是语言能力的重要组成部分，是学生能力提升的基础所在。在词汇讲练环节，选用如下三句古诗，讲练拼写与构词（spelling and word-formation）：

- Last night there was wind and rain. How many flowers in mud have lain!（夜来风雨声，花落知多少？）
- D'you know the food on your plate, each grain was hard-earned, mate?（谁知盘中餐，粒粒皆辛苦。）
- So weep not like those with a puerile heart, when we come to the crossroads, where we must part.（无为在歧路，儿女共沾巾。）

具体要求是，学生结合译文，复习巩固单词 lie 和 lay 的词形词义变化；总结拓展与 hard-earned 构词有异同的词例；掌握 crossroads 的构词特征与内涵，并比较分析 trouser 与 trousers，custom 与 customs，time 与 times，physic 与 physics，water 与 waters 等单词词义的异同，等等。

在语篇建构和表达意义的过程中，词汇展现了丰富的情感色彩。比如让学生诵读古诗"No land has been lying fallow. Yet peasants still have to borrow, or starve!"（四海无闲田，农夫犹饿死。），具体了解和感知其中 peasants 与 farmers 所传递的情感与文化的差异，以及英汉两种语言所表达的不同意象。

2. 意义为先，理解文化

在教与学活动中，无论是讲练词汇、句法，还是语篇赏析，对各类文本材料，都要引领学生先搞懂语义，再谈及词法、句法与结构等。坚持"意义为先"的原则，要明确语境、句法、义项、搭配等，都是语言本身意义生成的基本要素。

比如引导学生体会古诗"An old man in raincape in a small boat, is alone on a freezing river—fishing in whirling snow."（孤舟蓑笠翁，独钓寒江雪。）

中为何用“freezing river”，而不是用 frozen river？因为前者既忠于原文语境，又展现出生动意境，也合乎生活常理。

贯彻“意义为先”原则，还需要重视词的动态意义。比如，所选诗句“The setting sun dips behind the mountains”（白日依山尽）中，“dip”意为“下沉”，生动有力。再如“He's somewhere in this mountain，I'm sure. But the clouds are thick，there's no way to locate him.”（只在此山中，云深不知处。）中，“thick”一词用来翻译“深”，而在“The grass has grown thick on the plain.”（离离原上草）句中，“thick”意指汉语“离离”，两处译文准确鲜活，在表明本义（特定事物的厚度或距离）的基础上，分别描摹了云彩密布和野草繁盛之情状。汉语往往丰富简约，而英语常常精准完整，比如诗句“My white hair streams back many miles long”（白发三千丈）的“stream”用作动词，生动形象，不仅填补了汉语原句省略的谓语部分，而且突出体现了英汉语言结构及思维方式的差异。又如，“My white hair has turned thin from scratching”（白头搔更短）诗句中，“thin”准确表达了“短”所含的头发稀疏之意。

3. 对比分析，赏析为重

赏析英译古诗或者英语原声电影，实质上就是让学生学习运用英语语言知识建构和表达意义，养成主动参与语言实践的习惯，自觉比较英汉语言的表达方式和文化内涵，逐步建立起以汉语言文化为根基的多元文化背景。比如，诗句“Swallows that in the halls of grand houses used to nest”（旧时王谢堂前燕）意译了六朝“王谢”两大望族，能启发学生比较分析英汉两种语言不同的处理方式。

上述古诗英译大多押韵或采用英诗近似韵（assonance），保留原诗韵律，又体现英诗风味。比如，学生赏读诗句“The earth and the sky always have a tomorrow. I weep，alone，for sorrow.”（念天地之悠悠，独怆然而涕下。），既感悟到了“tomorrow”的意味，也欣赏到了押韵的妙处。

而在原声电影《傲慢与偏见》（*Pride and Prejudice*）的对白中，强调了倒装、省略、强调等句法结构特征：

— I couldn't sleep.

— Nor I. My aunt ...

— Yes，she was here.

— How can I ever make amends for such behaviour?

— After what you've done for Lydia and, I suspect, for Jane, it is I who should be making amends.

在《简·爱》(*Jane Eyre*)中，突出了虚拟语气的句式与理解：

"And if God had gifted me with some beauty and much wealth, I could make it as hard for you to leave me, as it is now for me to leave you .... it is my spirit that addresses your spirit; just as if both had passed through the grave, and we stood at God's feet, equal — as we are!"

坚持实用性原则，讲解电影对白中的句式，与作者"对话"，探求语篇(对白)的人际意义，对比分析其中所反映的文化传统与社会现象，归纳评价汉英文化的异同，让文化教学紧密糅合于语言交际实践，可以激发学生学习语言和文化的兴趣，提升文化意识，形成良性循环。

96

如何渗透文化知识,塑造学生的文化意识?

一、如何理解文化意识?

李红恩在《论英语课程的文化意识》中对文化意识进行了如下阐释:“文化意识就是指人或事物(或某一类人、某一类事物)在价值观念、思维方式、行为方式等方面所表现出来的精神、气质、风格、特点与特征,它既是对人或事物的文化属性的规定,也是其价值取向的重要表征。”

二、为什么要渗透文化知识?

但长期以来,受结构主义语言学的影响,在语言教学上,我们重语言形式,轻文化导入及跨文化意识的培养。事实上,语言本身就是一种文化现象,它是文化的载体,也是文化的重要组成部分,二者紧密相连、不可分割。语言和文化相互依存、相互影响的关系在不同文化背景的人们进行交际时表现得较为明显,要真正掌握一种语言就必须了解这种语言的特定社会背景,否则就没有真正掌握这种语言。因此教师在课堂上除了教授语言知识外,还应适时、适度地导入相关的文化知识。

三、如何渗透文化知识?

我国语言学家张占一把语言教学中的文化知识按功能划分为两种:知识文化和交际文化。知识文化是指一个民族的政治、经济、教育、宗教、法律、文化艺术等文化知识;交际文化是指两个文化背景不同的人进行交际时,那些影响信息准确传达（即引起偏误或误解）的语言和非语言因素，包括问候、致谢、称呼等习语和委婉语、禁忌语等。

在课堂上，我们紧扣教材，融合相关文化背景知识。具体做法如下：

1. 预习铺垫法

牛津教材每个单元均围绕一个话题进行。在接触每个单元前，教师可以先介绍该单元的文化背景，扫清学习新单元的文化障碍。我们常利用教育网站，鼓励学生预先搜索新单元的文化背景知识。教育网站为英语教学提供了大量的文化背景知识，加之学生对于网络兴趣浓厚，因而接受得很快。同时教师也可以在网络上寻找并挑选适合学生阅读的文化背景知识，下载到自己的文件夹中，以便随时分享给学生。

例如，在学习《牛津高中英语》模块二第一单元 *Tales of the Unexplained* 一文时，教师预先请学生上网寻找感兴趣的那些“不解之谜”，并以 PPT 的形式在课上向其他同学介绍。结果学生热情高涨，分享了大量的未解之谜，如喜马拉雅雪人、尼斯湖水怪等。

本来该单元对于高中学生来说很遥远，内容是他们生活中难以触摸的事物。但这种预习铺垫，使学生拥有了一定的文化知识储备，让他们能顺利投入到该单元的学习中。

2. 情景交际法

牛津教材第一课时为 Welcome to the unit，是渗透交际文化的主阵地。我们可以将每单元话题中所隐含的“交际文化”显性化。比如第一单元的主题为“School Life”，主要练习了问路的交际用语“Excuse me, how can I get to/arrive at/reach ...?”“Excuse me, which is the nearest way?”“Excuse me, can you tell me the way to ...?”等。教师可以借助这些教材中所提供的日常交际用语，让学生设置新情景，进行对话。例如给国外来的笔友聊聊“南京二日游”的安排——熟悉的话题，随意的对话，学生会很乐意。对话中会涉及旅游景点、交通方式等内容，学生运用已有语汇就可完成。在模拟真实情景的过程中，学生能够切实地感受英语语言和文化。而教师则可以针对学生在对话中出现的一些中式英语、中式表达习惯进行纠正，增强学生对文化差异的敏感性，培养他们跨文化交际的意识。在日常生活交际方面，英汉文化有很多差异。只有增加对“交际文化”的了解，才能使学生在跨文化交际时，扫清文化障碍，更自如地与他人交流。

3. 融合注解，比较差异法

牛津教材每单元所选课文，均蕴涵丰富的文化内涵。因此在进行课文教学时，教师应注意融入相关的文化背景知识。例如在学习"Growing Pains"一课时，我介绍了风靡一时的美剧*Growing Pains*（《成长的烦恼》）：

The program was about a family of six who lived on Long Island near New York. The father was a doctor and the mother was a reporter. They had four children. The oldest child was Mike. He was the important reason for the program's huge success. The program was so popular in the USA that many of the people, both at home and abroad, still watch them now.

通过提供相关的西方文化背景知识，学生得以对本文有更全面系统的认识。当在课文中遇到一些特殊的描写以及有特定含义的内容时，教师应及时加以注释，做到语言知识讲到哪里，文化知识诠释到哪里。

教学中还可以通过对比两种文化的差异来导入文化。人们常说的汉语式的英语是指仿照汉语的表达习惯和方法产生的不符合英语表达习惯的句式或表达，其中就包括由于没有考虑到中西文化的差异而出现的貌似正确实则错误的表达。因而我们经常让学生对比英美国家的人和中国人对恭维和谦虚的不同反应，对比不同国家对家族关系称谓的区别，送礼、宴请、招待的方法和方式的不同，等等。让学生既了解了英美国家的风俗习惯，又知道了本民族的习俗。例如在学习"Good Manners"一课时，我们设计了一份表格，让学生分别从餐具的摆放、餐前礼仪、餐中礼仪、餐桌上的谈话礼仪、饮酒礼仪等各方面与中式宴会礼仪进行比较。增强学生对文化差异的敏感性，培养他们的跨文化交际意识。

4. 举办丰富多彩的课外活动，创设英语学习环境

第一，利用校园广播，营造英语文化氛围。我校广播台初期仅有中文版，后来，我们决定尝试发挥校园广播的优势，利用第二课堂时间，精选内容，以多种多样的节目形式，进行英语文化背景知识的介绍，以帮助学生增加对以英语为母语的国家的了解。主持、播音、编辑等工作全部由学生担任。在播放内容上，我们根据"知识文化"和"交际文化" 这两方面精选了一些素材。在节目编排时考虑到英语课堂教学和学生认知心理的特点，主要分以下五个栏

目:① “English Songs Appreciation”。介绍乡村音乐、古典音乐、流行音乐等音乐流派,并播放一些经典或时尚歌曲。② “News”。该栏目旨在介绍国内外时事及校内重要新闻。③ “Background knowledge”。该栏目题材涉及英美学生生活、青年、家庭、社会、职业、节日等主题。④ “Cultural differences”。主要向听众介绍一些有趣的文化差异现象。⑤ “Students' articles”。该栏目是学生自由发挥的空间。我们还将各栏目的播出时间尽可能安排在相关的英语课堂教学内容前后,以求最佳收听效果,这样使学生对本单元话题的背景知识有一定的了解,为上课做好准备。

第二,建立英语角。编辑适合学生特点的英语小报。

第三,举行各类与英语话题相关的活动。如英语竞技活动、英语晚会、英语节目会演、英文宣传栏等,让学生在浓郁的外语学习氛围中生活和学习。

总之,教师应注意外语文化知识和社会风俗习惯的实例,挖掘教材中的文化背景知识。在教学中,从不同方面对比中西方文化的差异,并指明其文化意义或使用中的文化规约。同时拓宽文化导入渠道,培养学生的文化意识和跨文化交际的能力,以更好地培养学生的文化意识。

◆ 97 ◆

如何在英语教学中开展吟诵活动？

一、什么是吟诵？

所谓吟诵就是运用重音、节奏、语调等语音手段把语言材料中的思想感情表达出来，也就是清晰响亮地把词汇、句子、文章等语言文字材料念出来。从英语的角度，吟诵是 read，repeat，recite，这是学习英语必须经历的过程，符合认知规律。古人云："熟读唐诗三百首，不会作诗也会吟。"由此可见吟诵在语言习得中的重要性。吟诵是汉文化圈中的人们对汉语诗文的传统诵读方式，也是中国人学习文化时高效的学习方法，有着两千年以上的历史，代代相传，人人皆能，在历史上起到过极其重要的社会作用，有着重大的文化价值。汉语的诗词文赋，大部分是使用吟诵的方式创作的，所以也只有通过吟诵的方式，才能深刻体会其精神内涵和审美韵味。

二、为何要寓古之"吟诵"于今之英语教学？

吟诵是学习语言很好的途径，而语言的习得是有共性的，因此吟诵不光是汉语语言习得的重要策略，在英语习得的过程中，也是一个不容忽视的习得策略。新课程标准也明确指出：英语教学要重视朗读，要让学生充分地读，在读中整体感知，在读中培养语感，在读中受到情感的熏陶。吟诵不仅仅有助于学生掌握英语单词的语音，同时也是"学习和掌握文章句法、语言节律、诗词格律、修辞艺术和理解内容的有效手段"。因此，我们完全可以古为今用，中为西用，把古之"吟诵"应用到我们的英语教学中。

三、如何寓古之“吟诵”于今之英语教学？

吟诵在英语教学中的应用很广泛，从词汇教学到诗歌赏析，从文本阅读到语法教学，从写作教学到英语学科实践活动，都可以采用吟诵策略，我们要把吟诵落实到英语教学的每一个环节，使吟诵成为英语教学一个必不可少的策略。

1. 利用吟诵感受英语词、句、文，培养语感，激发兴趣

《普通高中英语课程标准》指出，高中学生学习外语可以促进心智、情感、态度与价值观的发展和综合人文素养的提高，在“文化意识”的目标描述中，强调英语教学要扩大学生接触异国文化的范围，帮助学生拓展视野。很多英语老师认为在语文课堂上，学生可以声情并茂地朗读，在读中体悟汉语的句法、语言节律、诗词格律、修辞艺术等，而在英语课上却不好操作。事实是这样吗？笔者认为并非只有古汉语诗词才有韵味，才适合吟诵，其实英语也有很多韵味十足的美句可以吟诵欣赏。如经典谚语：No pains, no gains. /A friend in need is a friend indeed. /Seeing is believing. /Where there is a will, there is a way.

吟诵这些句子会发现朗朗上口，很有汉语里的押韵的味道，其实在英语里这也是一种修辞手法，叫尾韵(rhyme)。

除经典谚语外，还有很多经典诗歌可以作为吟诵的素材。如《牛津高中英语》模块八里的彭斯(Robert Burns)的《红红的玫瑰》(*A Red, Red Rose*)，英国浪漫主义诗人约翰·济慈(John Keats)的作品《夜莺颂》(*Ode to a Nightingale*)等等，让学生吟诵这些伟大的作品，他们会感受到比吟诵汉语古诗词不一样的境界。

这些经典的英文诗完全可以像古汉语诗词一样要求吟诵，读得多了，学生自然会体会到英语韵律的美。

2. 利用吟诵辅助语法教学，激发学生的学习兴趣

也许很多教师认为吟诵与语法课没什么关系，其实在语法上运用吟诵不但能帮助学生记忆语法规则，还能改变语法课的枯燥性。例如在教学虚拟语气时，笔者尝试把语法和吟诵美文联系在一起，学生主动学习的欲望很强，起到非常好的效果。具体操作是这样的：课前对海伦·凯勒进行了简介，让学生有个

初步的了解,激发学生的学习兴趣,然后布置学生吟诵美文《假如给我三天光明》的简写本。

第二天根据学生已经掌握的背景知识,我板书了这样两个句子让学生朗读:

If she hadn't had a high fever when she was 19 months old, she wouldn't have been deaf and blind.

Without Anne's help, Helen wouldn't have learned to read, write and even speak.

读完之后让学生分析这两个句子的特点,然后讲解虚拟语气的用法。

根据学生所读的《假如给我三天光明》简写本的内容,把学生分成3组,请他们针对主人公对三天活动的精彩畅想进行复述,每个小组复述其中的某一天。教师给个开头:

If I had three days to see, I should divide it into three parts. The first day I should call to me all my dear friends and ...

最后师生共同总结虚拟语气的语法。这样本节语法课既习得了语法,还欣赏了美文,在美文中体悟语法,在语法中回味美文。

3. 利用吟诵提高书面表达,保证语言的准确性和地道性

有足够的输入才会有输出,教师在教学不难发现很多学生在写作时出现一些不合英语习惯的表达,常常出现Chinglish,让我们哭笑不得,这些其实都是输入不足而引起的输出受阻。利用吟诵可以很好地解决这个问题。如:可以让学生吟诵每年的高考范文,吟诵英语美句,常用句式等。教师要善于发现总结,有计划地为学生提供吟诵的素材,指导学生吟诵,可以每周设计一次吟诵内容供学生参考,并有意识地引导他们将所吟诵的内容运用到写作中去,保证他们写作的准确性和地道性。

4. 利用吟诵开展英语学科实践活动,掀起学习英语的氛围

课堂采用吟诵式教学,在学科实践活动时可以利用吟诵来展示成果,掀起学习英语的氛围。如在高一年级可以每周开放英语角,集中时间、地点进行吟诵比赛、吟唱英文歌曲,营造吟诵氛围,培养语感激发兴趣;高二年级在《牛津高中英语》模块六第一单元Project板块有两个英语短剧(*The Invisible Bench*, *The Important Paper*),模块八有文学作品《远大前程》,教师可以充分

利用课本素材,要求学生表演课本剧,鼓励学生自创英语短剧或表演英美文学作品,最后开展英语戏剧节活动展示成果;高三年级可以开展励志演讲活动,鼓励学生吟诵经典演讲稿,为高考加油鼓劲。

《英语课程标准》指出:读是辨认和理解语言,即辨认文字符号并将文字符号转换为有意义的信息输入的能力,它可以促进语言表达能力(说和写)的提高。作为英语教师首先要具有吟诵意识,意识到吟诵在英语教学中的重要性,把吟诵贯穿于教学过程的始终。课前指导学生吟诵,课中示范吟诵,课后拓展吟诵,并及时的反馈评价,展示吟诵成果,真正把吟诵贯穿于英语教学的始终。实践是学习英语的关键,通过言语活动学习掌握语言知识,进一步提高语言能力,都离不开实践。而吟诵,作为一种重要的语言学习方法,历来是我国传统教学中一种常用且行之有效的教学方法之一。在英语教学中合理地引入具有中国本土特色的教学方法,可以有效地提高学生的英语阅读能力,培养语感。在严格的双基养成训练中,佳段佳篇的吟诵无疑将极大地激发学生的外语学习兴趣,提升学生的英语学习素养,引领学生感受英语的语言之美,发现英语语言学习的规律。英语课堂上的琅琅的书声需要我们广大英语教学者精心的指导和师生双方不懈的坚持。我们在英语教学中要高度重视和重新审视吟诵在教学中的作用,使学生从吟诵中真正感受到英语语言文字的无穷魅力,从而进一步提高英语学习的效率,让吟诵在英语教学中萌发出勃勃生机。

第五章

98

如何在课堂教学中培养学生解决问题的能力？

一、什么是问题解决能力？

问题解决(problem solving)能力是由一定的问题情景引发的，由一定的目标驱动的，应用各种认知活动、技能等，经过一系列的思维操作，使问题得以解决的能力。提出问题是解决问题的先决条件，学生要善于发现问题、解决问题。

二、为什么要发展学生解决问题的能力？

教育的目的之一，也是最一般的目的，就是培养能够自食其力的人。人生就是解决一系列问题的过程。个体克服生活、学习、实践中新的矛盾时的复杂心理活动，其中主要是思维活动。

教育工作者要做好教育，就要着重研究学生学习知识、应用知识过程中的问题解决的能力。教会学生发现问题、分析问题、解决问题，是教育的主要任务。

三、如何在课堂教学中培养学生解决问题的能力？

本文以参加全国小学英语赛赛课一等奖第一名的课例来说明如何在课堂教学中培养学生解决问题的能力。

本课教学内容的主题是“校园霸凌”。书中主人公Jerry因生病而掉光了头发，被几个大孩子欺辱。当班上的同学和老师发现后，他们伸出援手，用剪掉自己的头发的方式，给Jerry支持和鼓励。

本课的授课对象为厦门外国语学校五年级学生。对于高年段的学生来说，他们在心智、理解能力上进一步成熟，并逐步具备深度阅读文本和深入谈论严肃话题的能力。基于这一学情，我们选择了此类有现实意义的绘本，旨在培养学生阅读技能的同时，将情感态度、思维品质、解决问题的策略等，“润物细无声”地渗透在每一个教学环节中，有效地实现语言能力和核心素养的兼修。

本课的教学目标之一是在整体理解绘本大意的基础上，深入探讨“校园霸凌”这一现实问题，并提供解决方案。

因为是全国赛课，上课伊始，教师通过自由谈论缓解学生的紧张情绪，迅速点题，进入读前活动。

1. 读前活动(pre-reading)

首先，呈现一系列真实的霸凌照片，学生观看照片，谈论自己的感受及原因。同时教授bullying，trip up，pull等单词。

然后，学生谈论自己身边是否存在霸凌现象或问题。以调动学生情感为抓手，从身边的真实事件入手，创设问题情境，开始阅读进入读中活动(while-reading)。

2. 读中活动(while-reading)

(1) 预测与提问。

学生通过四个疑问词(图1)，对封面主人公Jerry进行预测。

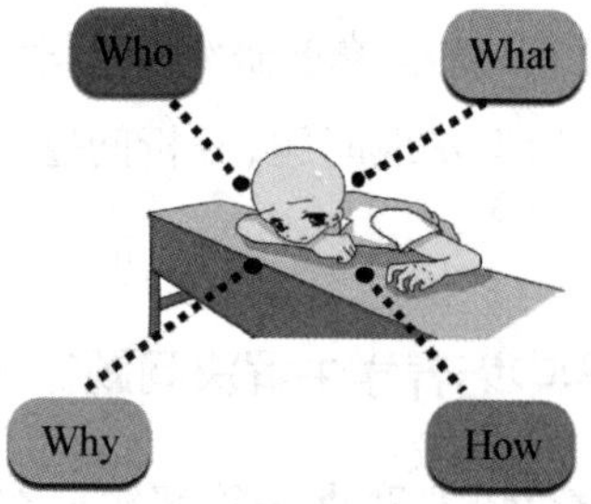

图1　读中活动展示图片(4W)

T: Before we read this story, do you have any questions?

S_1: Why does he lose his hair?

S_2: Why is he very sad?

S_3: ...

预测有助于引发学生的思考与发问,四个疑问词"who, what, why, how"为有效的提问提供了目标和方向。预测有助于激活学生对文本的阅读兴趣,学生带着问题读文本,并从文本中找寻答案。

T: You have got some questions. I am not sure either. The only way to get the answers is to read the book. Because reading lesson is always about reading. Let's open our book and start reading.

学生快速默读全书,教师提示学生以"整页整段"的方式泛读。接着两人一组讨论,借助四个疑问词,用 3—4 句话概括故事大意。最后,学生陈述:"Jerry is ill and he loses his hair. The older boys are bullying him. Jerry is very sad. His classmates help him."

整体通读有助于学生理解绘本全貌,掌握故事的主体脉络,避免对文本进行松散的分割处理。两人一组讨论和四个关键词的提示,有利于学生在目标引领下自主学习,能够有效提升陈述时的语言质量。

(2) 细读并分组填写习题册。

聚焦细节问题"What do the bullies do?""How does Jerry feel?"

绘本故事篇幅较长,共 21 页。通过寻找关键词并提取关键信息,既培养了学生自主合作阅读的习惯,又在保证绘本整体阅读的基础上,让学生体会 Jerry 的情绪并给出问题解决方案。教师可以利用哭泣的音效和图片拉远的动画效果,烘托 Jerry 的无助情绪,鼓励学生移情,试想如果自己是主人公应该如何面对霸凌者,保护自己。

T: Jerry, Jerry ... Jerry feels sad, helpless and ...

Ss: Afraid.

T: Right. Look at the colour.

Ss: Black.

T: It looks like Jerry is living in a dark world. What would you do if you were Jerry?

S_1：Tell the bullies' parents.

S_2：I will call the government.

T：Today the government is taking care of everything!

T：Jerry does ask for help. Let's have a look.（学生默读）

T：So who helps Jerry in the picture book?

Ss：Jerry's classmates.

T：How do they help?

S_3：They cut their hair.

通过生动地呈现 Jerry 的情感状态，有效帮助学生移情，在感受情绪的基础上，讨论自己遇到此类问题如何进行自我保护，挖掘文本背后的价值，鼓励学生提供解决方案。

（3）阅读与信息定位。

教师以“Why do they cut their hair?”进行提问，学生尝试从课文中寻找语言点，回答该问题。

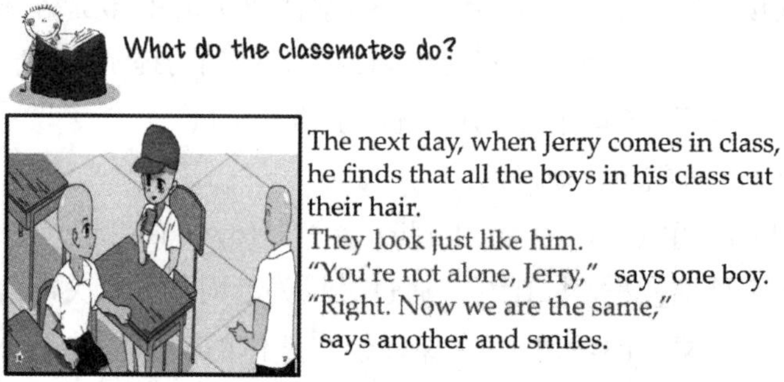

图 2　“Why do they cut their hair?”问题情境

借助以上问题情境，让学生思考“If you were Jerry's classmates, what would you do to help?”并对这个拓展性问题进行思考与回答：

S_1：I will tell the policeman.

S_2：I will tell the teacher and he will call Jerry's parents.

S_3：I will tell Jerry that don't be sad and you are good.

T：So you want to encourage.

S_4：I will tell the bullies that bullying is wrong.

3. *读后活动*(post-reading)

(1) 制作防霸凌手册。

分为三个栏目：

- What is bullying?
- How bad is bullying?
- How do we help others?

防霸凌手册整合好以后，教师可以组织学生一起对课题进行再次探析：

T：Can you guess what is the name of this anti-bullying handbook?

Ss：Say No to Bullying.

(2) 全体学生宣誓。

"I，(name)，will not bully others. I will not let others bully me，either. I will help others when they are in trouble. Strongly，I say no to bullying，say NO to bullying，say NO to bullying."

上述片段告诉我们，这样运用阅读策略进行深层次阅读，对绘本的传情达意进行体验与感知，泛读与精读相结合的教学与学习方式，能够使绘本更好地服务于生活，为生活中的问题提供解决方案，培养学生的问题解决能力与知识运用能力。

99

如何开展体验式阅读？

一、什么是体验式阅读？

体验式阅读是指在阅读过程中，通过创设与文本相关的情境，组织相应的体验活动，在阅读者和绘本之间建立纽带关系，唤醒阅读者的真实情感与体会，最终达到理想的阅读目标。

二、为什么要开展体验式阅读？

体验是学习，尤其是情感态度学习的重要途径，是认识周围事物的实践形式。体验能使学习者全身心地参与学习过程，使学习者真正成为课堂的主角。在体验式学习中，教师不是单方面地传授知识，而是提供一些看得见 、听得见、可感知的活动或媒介，努力为学生的体验做好准备，让学生渴望学习、乐于学习，积极主动地地投入学习过程，并积极接触语言、运用语言，在亲身体验过程中掌握语言。

三、如何开展体验式学习？

为了更好地阐述如何在英文绘本教学中使用体验式教学策略，本文对笔者在南京市小学英语教学竞赛中的一等奖课例“Rubber Head Pencil”进行剖析，探讨具体的操作方法。

“Rubber Head Pencil”是江苏译林出版社《跟上兔子》系列绘本丛书之一,其预设读者对象是六年级学生。该绘本讲述的是贫穷的画家Lipman因为买不起画笔,用短小的笔头进行绘画。但是,短小的笔头和橡皮经常丢失,这让他很生气。Lipman通过一系列实验,终于利用锡皮发明出了橡皮头铅笔,成为一位发明家。在教授过程中,笔者通过采用五种不同的体验方式,在完成阅读任务的同时,帮助学生品读文本、感悟绘本精神。

1. *在读图中体验*

在读图中体验,是通过仔细读图,识别、提取插图信息,换位思考、获得感悟的活动过程。绘本的一个重要特征是书中有大量的插图,因此在阅读教学中,插图是重要的观察对象。教学中应该格外重视观察图片的过程,体会插图传达给读者的情与意。

“Rubber Head Pencil”这节课以几幅Lipman的图片开篇(见图1),笔者对学生做了以下观图指导。

图1 “Rubber Head Pencil”一课开头图片

T: Boys and girls, please look at the pictures. What do you see?

Ss: I see...

(教师用投影笔在图中重点线索上稍作停留)

T: Great. Look at the pictures again. Try to finish the chart in groups.(见表1)

表 1　观察图片并在横线上补全信息

I see ...	I think ...
He is a painter. He doesn't wear good clothes. His pencils are short. He draws from morning to evening.	His painting is good. He is very poor. He draws a lot. /He doesn't have money. He loves drawing very much.

T：Now tell me，if you were the man in the picture，how would you feel?（体验）

S_1：I feel unhappy. I can't buy things I need.

S_2：I don't feel good because I am very poor.

T：I agree. Let's read with all these feelings.（带着体会到的情感阅读）

在阅读该段时，学生在语调中呈现出了同情的语气，特别强调了 so poor，loves drawing，never gives up 这几个关键词。本环节中，学生在图片细节的引导下，仔细观察、整理图片信息，并进行换位思考，直观地感受到一个画家贫穷却有追求的生活，这种情感体验为深入学习该绘本打下基础。同时，在图片的启发下，学生把感情渗透在课文的朗读中，也有助于朗读技能的提升。

2. 在情景中体验

“语言总是在一定的情景中使用的。如果学生能在相对完整的、真实的情景中接触、体验、理解和学习语言的意义和用法，也能更好地掌握语言的形式”。在情景中体验，指的是通过模拟创造绘本中的情景，让学生身临其境地体验故事情节，体会人物的思想感情。

本课中，笔者带领学生对 Lipman 寻找文具的一段进行情景体验，主要用了“情景创设”和“声音渲染”两种方式，将绘本可视化、可听化，拉近了学生与文本间的距离。

(1) 情景创设。

课前放置好简易画架、画框、座椅、文具包，并用桌布遮盖。

T：Time flies back. Suppose you are Lipman. You are right here in your studio. Now Let's count three.（欲揭开桌布）

Ss：Three，two，one.（随着倒计时揭开桌布，露出画架桌椅）

T：What can you see in this room?

Ss：Easel，paper，a painting box，a chair...

T：But listen...（播放音效）

（2）声音渲染。

PPT 中循环播放推拉抽屉的杂乱音效。

T：What's wrong? What happened?（教师作疑惑状，环顾教室四周）

S_1：The painting box is falling.（学生感觉置身于现场，用现在进行时回答）

S_2：Lipman is looking for the rubber and pencil，but he can't find them.（多数学生表示赞同）

T：Why can't he find them?

Ss：Because they are so small.

T：Right！Have a look，they are tiny！（打开文具包，向学生展示铅笔、橡皮道具）

《义务教育英语课程标准》在基本理念第四条中指出，“现代外语教育注重语言学习的过程，强调语言学习的实践性，主张学生在语境中接触、体验和理解真实语言，并在此基础上学习和运用语言”。在这节课中，学生仿佛走进了 Lipman 当年的画室，目睹他拮据、窘迫的生活。这种身临其境的体验，有助于学生对文字的理解。

一本绘本讲述一个故事，因此，绘本本身就是一个完整的大情景。教师要善于利用这个已有情景，在课堂中营造相仿的氛围，在阅读中丰富体验，在体验中回归阅读。

3. 在品读中体验

一个单词或短语所表达的意思、包含的情绪，通常是由上下文决定的。品读就是引导学生根据绘本中的上下文，对文字反复地阅读并加以品味，以便感悟绘本故事中蕴藏的意义和人物的情绪态度。

绘本中，主人公 Lipman 不断寻找铅笔橡皮，这引起了他的阵阵怒火，而这正是推动他进行发明创造的动力。在学习该片段时，教师可以引导学生对文字进行逐字品读，用拍手或拍桌的方式辅助语音语调，以体验主人公的烦躁与愤怒。以下为品读的具体步骤。

（1）默读，画线找出文中表示“橡皮铅笔很难找”的句子。

（2）与全班同学分享找到的句子。

(3) 集体品读，对加点单词进行重读，并配以表情、语调、肢体动作。

Ss：Lipman looked for it for a long time.

But after a while, his rubber was missing again.

It might have been the shortest pencil in the world.

Lipman looked for it manytimes the whole day.

T：(随即采访 S_1) If you were Lipman, how would you feel? (体验)

S_1：Very tired. Very angry. (生气状)

T：Why?

S_1：Because I look for them for a whole day. But I can't find them!

...

T：What a waste of time! Now you feel exactly how Lipman felt. (PPT同步出现 Lipman 生气的脸)

学生在朗读这些语句时，有的拍手拍桌，有的皱紧眉头，完全自发地体会到绘本人物的情绪。由此可见在绘本阅读中，"教师应引导学生细心品读所学文本，把握文本的深层意义，在品读的过程中体悟阅读文本中蕴含的深刻道理"。这是一种深层阅读，也是一种深层体验。

4. 在操作中体验

在操作中体验是指创设基于绘本内容的活动，如"角色扮演"和"动手操作"等，在活动中体验故事的发展。在本课中，除了学生对主人公 Lipman 进行角色扮演外，还特别设置了做试验的环节，和主人公 Lipman 用同样的材料、做同样的实验，体会发明过程中的苦与乐。同时，体验的过程也助推学生对生词的理解，学生能够正确应用 silk, bind together, fix firmly, fail, iron sheet, get loose 等生词。以下为具体的操作步骤。

(1) 默读绘本，归纳书中的材料。

(2) 教师示范做实验，验证胶水、铁片能否将橡皮固定在铅笔上。

(3) 教师与学生共同完成实验表格。

(4) 学生用材料包中的材料进行实验，并完成实验表格。

(5) 学生分组汇报，展示橡皮头铅笔的成品。

(6) 再次阅读绘本，回答基于书本的问题。

在实验过程中，小组里传来此起彼伏的掌声、欢呼声、叹息声，可见在基于绘本的动手操作中，学生深切体验到了发明家所需的品格与永不言败的精神。“感情上的生动联系和活动的联结，把儿童亲身的各种经验综合在一起。”体验式学习理论的代表人物大卫·科尔布也倡导在学习过程中与所学对象进行直观接触。显然，在绘本教学中仅仅就书论书，单方面强调阅读技巧与策略，无视对内容的感悟和体验，是无法进行如此深层次的品读的。

5. *在移情中体验*

情感迁移是一种情感对另一种情感形成的影响，即人在认知过程中，产生的内心体验和感受的转移、交流和升华。绘本最后一段是对发明家品质的总结，结合文字，笔者将实验现场抓拍的学生面部表情，与书中 Lipman 的表情进行比对，学生能够产生情感迁移与共鸣。(见图 2、图 3)

图 2　课本中 Lipman 的表情描绘

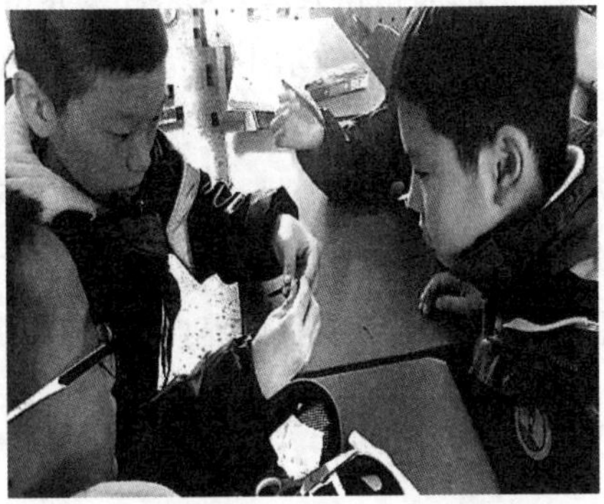

图 3　课堂上抓拍到的学生表情

T：Every inventor has his moments. Sometimes he is worried. Sometimes...

S_1：He is angry.

S_2：Sometimes he is excited.

T：Look at your faces. See? You are focused. You are happy. You are worried. You just look like Lipman.(移情) Inventors are not far away. Who are the inventors?

Ss：We are!(激动、异口同声)

T：And my future inventors，when you meet difficulties，what can you do?

S_1：We can think and observe.

S_2：Try new ways.（对现实中的问题给出合理解决方案）

T：Exactly. You think，observe，try，sometimes you may fail，but you never give up. And finally you can make a difference.

（在板书上贴重点单词 think，observe，try，fail，never give up，make a difference）

通过对比学生与 Lipman 做实验过程中相似的表情，教师成功地进行了身份迁移与情感迁移。学生"同步移情，被引入绘本美的氛围，受到感染和教育，从而对作品的内涵有更深入的理解"。感受到强烈内心震撼的同时，对于"生活中遇到困难该怎么办"这一实际问题，学生们给出了自己的对策和建议。充分的感情体验，赋予学生解决实际问题的信心，绘本的内涵被再次升华，学生的品格得到塑造，综合素养得以提升。

在英文绘本教学中进行体验式的阅读方法，不仅有利于加深学生对绘本文字内容的理解，也有助于学生体会文本中蕴藏的意境，品读情感、丰满人格、提升综合修养。每一本英语绘本都蕴含着其特有的温度和文化，能够反映不同的审美与价值。体验式阅读对于学生体会文字下的精神世界，发展学生的多元智能与核心素养，都有着长足的益处。

◆ 100 ◆

如何指导学生做好英语课堂笔记?

一、什么是课堂笔记?

课堂笔记不仅仅是学生听课时对学习要点所做的系统性记录,也是学生思考、消化和加工所学内容的逻辑思路的具体表征。

二、为什么要培养学生做课堂笔记的能力?

做课堂笔记是学生学习过程中一个不可缺少的环节,也是培养学生学习能力的有效途径。对于复习已学过的知识、克服头脑记忆储存知识的局限性非常重要,记笔记的过程就是对信息筛选、浓缩的过程,有利于锻炼思维,提高捕捉重要信息的能力及信息的加工能力。要做好听课笔记,学生的思想进程与教师的思想进程必须一致,必须抛开与听课无关的杂念,思想不能"开小差",笔记内容要注意重点、难点、疑点、新观点,听课笔记可用自己的话,用关键词和线索性语句提纲挈领地记录。

记好课堂笔记是一项重要的学习活动。好的课堂笔记可以使学习内容层次分明,条理清楚,也可以加深我们对学习内容的理解,提高听课质量,方便日后的复习;对上课容易分心的同学来说,还可以帮助他们集中注意力。

三、如何指导学生做好英语课堂笔记?

1. 记什么

课堂上,老师讲的东西很多。有的同学抓不住要点,老师讲什么就记什么。单词、短语、句子全部记在本子上，甚至连单词的读音也要用汉语注音。这样做有害无益。既影响听课，又可能形成不良的读音习惯。因此，听课时要有所选择，有所取舍。

(1) 记课题。

记课题的目的是使课堂笔记眉目清楚，便于复习时翻阅查找。一般应记第几单元、第几课。有可能的话，还要记一个单元、一节课的主要学习目标。因为目标本身对我们的学习有着激励和导向作用。

(2) 记主要纲目。

清晰完备的纲目对于我们形成知识网络，整体把握课堂学习内容很有帮助。不少同学在课堂听课时，往往只注意一些语言现象而忽视对课文的整体理解。这种“只见树木，不见森林”“抓了芝麻，丢了西瓜”的做法一定要改正。

(3) 记重点、难点、疑点、特点。

哪些是重点、难点常常因人而异。同样的问题对张三来说很容易，对李四就可能是重点、难点。这需要学生在上课前做好预习工作，对于预习时发现的疑点，上课时应格外小心，重点记录。另外，拼读规则、语法规则、构词规则等一般都有例外。记住一些特例，其他的按照规则处理，既可减轻记忆负担，又能提高学习效率。

(4) 记典型例句。

为了让同学们熟悉某些语言现象，教师会提供很多语句供学生操练。这时，教师要提醒学生，不必也不可能记下每一个句子，只要记住典型的例句就足够了。

2. 怎么记

课堂上，一边听、一边记，还要积极参与课堂教学活动。一定要处理好记笔记与课堂教学活动的关系，不能因为记笔记而误了参与活动的机会。因此，记录时除了要有所取舍外，还要快速、准确。教师可以建议学生从以下几个方面入手。

(1) 用字母替代。

老师在讲课时总有一些单词、词组、短语、句子和语法术语要反复使用。我们可以用一些英文字母来代替。例如用T、V分别代表“时态”和“语态”；用P、PP分别表示“过去式”和“过去分词”；用e. g. 代替for example；用i. e. 代替 that is 等。关于这种替代,同学们可以参照英语辞书。

(2) 用符号替代。

老师有时要对一些重要语言点举例说明其用法,或对一些相同或相近的语言点进行梳理、归纳,难免要重复出现一些相同的词。这时,我们可以用符号来代替。英语中有很多动词是非常活跃的。他们可与名词、副词、介词灵活组合,构成常用短语。如:take 一词非常活跃,可以构成很多短语。如果一一记录,就要多次重复。我们就可以用"~"来代替:~care of, ~ cold, ~ heart, ~ off, ~ place,等等。有时甚至可以用"~"来代替整个短语。比如例句中有 take care of,我们就用"~" 来代替这个短语,例如:

- I have to ~ of my little brother when my mother is out.

(3) 用自己习惯的其他形式。

如果讲解的内容课本上已经做了总结和归纳,教师可提醒学生不必重复记录,只要注明页码即可,以便课后查阅。有时为了集中注意力听课,部分内容虽然很重要,但是无暇顾及记笔记,可以留下空格,等课余时间补记。笔记的字迹不宜太紧太密。有的学生在笔记本边上空余出约四分之一的空白,留作日后补充,或记下自己的疑问、看法,甚至自己的思想火花,等等,这种方法非常灵活有效,可以推荐给其他同学。

3. 如何指导

(1) 板书示范。

教师的板书是学生课堂笔记的范本。因此,在板书时要考虑学生"记什么"和"怎么记"的问题,重点突出,条目清楚。

(2) 思路示范。

教师在上课的时候应向学生介绍解题方法和分析思路,并及时写下,方便学生下课之后加以消化。教师对解题思路的示范对于启迪学生的思维、开阔学生的视野、开发学生的智力等均大有益处。

(3) 归纳和总结。

在日常教学中教师要提醒学生特别留意老师上课结束之后的概括总结,找出重点及各部分之间的联系,寻找规律,学会融会贯通。

101

如何培养学生英语学习的兴趣?

一、什么是兴趣?

所谓兴趣,就是个体积极探究某种事物或进行某种活动的倾向。心理学家把兴趣分为两类:① 直接兴趣,由对事物或活动本身感到需要而产生。事物或活动本身具有满足需要的强化作用,是产生直接兴趣的外部条件。② 间接兴趣,由对活动的结果感到需要而产生,认识到活动的结果具有达到某种公认目标的工具性价值,是产生间接兴趣的内部条件。学生的学习兴趣是推动学习活动的内部动机。评价课堂教学的标准是:学生对知识和能力的理解和掌握程度,智力和能力的发展水平和内驱力是否真正形成。

二、为什么要培训学生的学习兴趣?

积极主动、乐于探究的学习态度是学生学习任何学科的重要前提。因此,我国基础教育英语课程的任务是:激发和培养学生学习英语的兴趣,使学生树立自信心,养成良好的学习习惯,形成有效的学习策略,发展自主学习的能力和合作精神。

另外,有研究标明,影响学习成绩的各种因素的比重是:学习习惯占33%,兴趣占26%,智力占15%,家庭影响占5%,其他因素占21%。唤起并保持学生的学习兴趣,对于发展学生的知识、技能具有决定性的意义。儿童对于新事物的好奇是促使他们学习新知识、掌握新技能、解决新问题的强烈动机。主动积极的思考与活动是诱导儿童走向教学的前提条件,也是儿童巩固知识、形成能力、生动活泼发展的决定性条件。

三、如何诱发并维持学习兴趣与愿望?

除了在思想上应重视保护学生的好奇心和求知欲外,激发学生英语学习的兴趣重在教学实践。

1. 学习内容要有趣味性

美国心理学家布鲁纳说:"学习最好的刺激是对所学材料的兴趣。"但是,我国学生接触英语的机会缺乏学习英语的环境。与学生的认知发展水平相比,教材内容非常容易理解,但学生是学外语,词汇和句子都是新的。这时要充分挖掘英语语言本身的趣味性,激发学生对英语的兴趣。此外,要选择有趣的学习内容,利用内容激发学生的学习兴趣。

2. 学习活动要有趣味性

课堂是由学习活动构成的,学习活动的质量决定了学习的质量。学习活动质量的重要指标是学习活动的趣味性。有趣的学习活动才能吸引学生积极主动地参与到学习过程中来,才能保证学习的有效性,才能促进学生语言能力的发展。例如,我们让学生练习 can 的用法,利用学生喜欢小动物的心理,选择"animals can"这一活动,不仅可以有效地练习学生口语,还可以练习学生的写作技能。

图 1 "Animals can"课堂活动示例

3. 教学方法要有趣味性

让学生主动参与、积极思考是很不容易的事。教学中让学生主动参与、积极思考，与教师讲解、灌输相比，如果在教学之后不久测验所学内容，两种方法的结果几乎没有什么差异。但是，过了一段时间之后再测验知识的保持量和认知的熟练程度，前一种方法的优势就会展示出来。而且，在难度更大、以所学知识为基础的新课题的测验中，前者也是占据优势。还有人做过类似的实验：新知识呈现的方法不同，学习、理解所需要的时间也不同。语言描述需要 2.8 秒，线条图画需要 1.5 秒，黑白照片需要 1.2 秒，彩色照片需要 0.9

秒,看直观事物只需要 0.4 秒。

4. 学习环境要有支持性

维果斯基曾说,教育过程是三个方面的积极过程,即学生的积极性、教师的积极性以及处于他们二者之间的环境的积极性。因此,教师要努力营造支持性的学习环境。学习环境可分为物理环境和心理环境,一般而言,物理环境是相对稳定的,心理环境则是不稳定的、易改变的。所以,教师应该把着力点放在积极的学习心理环境的营造上,为学生提供安全的、积极的学习环境。